W0359368

Das große Luis Trenker Buch

C. Bertelsmann Verlag

Mit 31 farbigen und 29 einfarbigen Aufnahmen.
Zusammenstellung des Bildteils unter Mitarbeit von
Herbert Reinoß.

© Verlagsgruppe Bertelsmann GmbH/C. Bertelsmann Verlag,
München, Gütersloh, Wien 1974
Umschlagfoto: Herbert Apelt
Gesamtherstellung: Mohndruck Reinhard Mohn OHG, Gütersloh
ISBN 3-570-02303-6 · Printed in Germany

Inhalt

Carl Zuckmayer · Grüß Gott, Luis! 7

Kindheit und Jugend 9

Berge und Geschichten 79

Die Front in Fels und Eis 137

Die Welt des Films 165

Heimat und Welt 259

Liebe und Treue zur Heimat 333

Zeittafel 347

Hanns Arens · Nachwort 351

Grüß Gott, Luis!

Luis Trenker: Wenn die Namen der großen Schauspieler, die unsere, vor der Jahrhundertwende geborene Generation begeisterten, selbst im Zeitalter der Aufzeichnungen von den Heutigen fast vergessen sind, so wird es niemanden geben, der je einen seiner Filme sah oder ein Buch von den Bergen las, und den seinen nicht kennt. Das liegt nicht nur daran, daß er mit seinen achtzig Jahren noch gesund und produktiv unter den Lebenden ist – viel eher an der Tatsache, daß er niemals ein ›Mime‹ war, wenn er auch die für ihn geschaffenen Rollen stets meisterte, sondern – eine Natur. Und das, glaube ich, ist das schönste, was man von einem Menschen sagen kann.

Luis Trenker hatte niemals den Ehrgeiz, ein ›Versteller‹ zu sein (was gewiß auch die großen Schauspieler nicht sind, sie nennen sich nur selbstironisch so) – keiner, der von einer Gestalt in die andere schlüpft und das eigene Gesicht in die verschiedensten Masken wandeln kann. Was Luis Trenker zeigte, war immer *sein* Gesicht, war immer er selbst – auch dann, wenn er in einem Tiroler Volksaufstand zu Beginn des neunzehnten Jahrhunderts eine historische Figur zu spielen hatte. Er spielte sie nicht, er *war* die Figur, ein Mensch mit seinem Gesicht. Dieses sonnenverbrannte, wettergefurchte Gesicht, das wir alle kennen – es ist in jedem Zug durchaus *echt* und ehrlich, dabei ohne einen Hauch falscher Biederkeit. Es zeigt, wie die Gesichter vieler seiner Landsleute aus dem Grödnertal, auch die Härte, die dem bäuerischen Leben eignet, auch die List, die der Mann braucht, der gewohnt ist, mit der Natur zu leben und zu kämpfen.

Bei diesen Leuten aus dem Grödnertal in Südtirol, die teils ein kräftiges, alpenländisches Deutsch, teils ladinisch sprechen, findet man, wie vielfach bei Grenzvölkern, einen ursprünglichen Kunstsinn, der sich nicht nur im bäuerlichen Handwerk äußert: es ist eine Landschaft der Bildschnitzer, die sie seit eh und je hervorbrachte, wie wenig andere. Etwas von diesem Naturtalent ist in Luis Trenker lebendig: auch wenn er nur einen Mauerhaken einschlägt oder ein Seil schlingt, hat es künstlerischen Stil. Und man spürt an jedem Handgriff, den er am Felsen braucht, seine Liebe zum Berg – sein volles Leben.

Es ist sein Charakter, der ihn, über alle bergsteigerische Artistik hinaus, den Menschen ans Herz wachsen ließ.

Als ich im letzten Sommer, beim allgemeinen schweizerischen Bergführerfest hier in Saas Fee, zu dem Vertreter und Gruppen aus allen Alpen-Kantonen gekommen waren, in einer Dankrede für eine mir erwiesene Freundschaftsbezeugung seinen Namen nannte und eine gemeinsame Ehrenadresse an Luis Trenker vorschlug, da brach von allen Seiten spontane Begeisterung los – bei den ›welschen‹ ebenso wie bei den deutschen. »Notre grand camarade montagnard!«

Das ist er und bleibt er, solange er lebt und in jeder seiner Äußerungen – wie in diesem Buch.
Grüß Gott, Luis!

Saas Fee, 15. Mai 1974

Kindheit und Jugend

Meine Heimat Südtirol

Furdenang heißt das alte Haus im Grödnertal, in dem ich zur Welt gekommen bin. Wer dieses Haus in St. Ulrich sucht, wird es kaum finden, denn es liegt völlig unberührt von der Hast der Zeit und unbeachtet vom Getriebe des Fremdenverkehrs auf der schattigen Seite des Grödentales. Während drüben auf der Sonnenseite St. Ulrich mit Hotels, Villen und Pensionen ins Große gewachsen ist, blieb auf der stilleren Seite alles so unverändert, als wäre inzwischen in der Welt nicht viel geschehen. Das alte, vertraute Haus Furdenang steht heute fast genauso bescheiden und ein wenig vergessen da, wie es damals aussah, als ich noch als fröhlicher Bub über den Stubenboden gerutscht bin und auf den Wiesen rings um das Haus oder im nahen Lärchenwald mit den Nachbarbuben Räuber und Gendarm spielte.

Es liegt abseits vom Dorf, auf der gegenüberliegenden Seite des Berges. Gewiß ist, daß der Name Furdenang wie viele andere in unserem Tal üblichen Namen in eine längst vergangene Zeit zurückreicht. Mit diesen Ortsbezeichnungen rätisch-illyrischer Herkunft ist das Älteste, das Ursprünglichste, das Menschen in den Bergen geschaffen haben, verbunden. Vieles ist ins Dunkel zurückgeglitten, doch die aus grauer Vorzeit stammenden Namen sind geblieben.

Als vor anderthalb Jahrtausenden die Bayern über den Brenner zogen und das Land, das wir heute Südtirol nennen, urbar machten und besiedelten, gaben sie den Bergen, den Wäldern, den Flüssen, den Gehöften, die sie schufen, Namen aus ihrer eigenen Sprache. Sie bauten wehrhafte Burgen, züchteten an den sonnigen Südhängen von Etsch und Eisack Reben, gründeten Klöster und Kirchengemeinden. Meine Heimatgemeinde Gröden, ladinisch Ortisei, erhielt nach dem Gründer der Pfarrei, dem Bischof Ulrich von Freising, den Namen St. Ulrich.

Da gab es also den Bach, den Wald, den Kofel, den Bichl und so fort, und die Menschen, die dort lebten, waren die Kofler, die Bichler und, wenn man will, die Oberkofler, die Unterkofler. Auch der Name, den mein Vater in das Tal gebracht hat, ist von dieser Art, denn Trenkwald heißt im oberen Inntal eine kleine Gemeinde, in welcher das umliegende Gelände zusammengefaßt ist.

Während ich für längere Zeit zu Filmarbeiten in Kalifornien war, wurde Furdenang hinter meinem Rücken verkauft. Ich habe viele Jahre hindurch versucht, das Haus wieder in den Besitz meiner Familie zurückzubringen. Vergeblich! Der Mann, der mein Vertrauen besaß und der mir sein Wort gegeben hatte, sich während meiner Abwesenheit um das Haus zu kümmern, ließ mich im Stich. Dieser Wortbruch eines Menschen, dem ich vertraute, gehört zu den schmerzlichsten Erfahrungen meines Lebens. Wenn etwas mich tröstete, so das Wissen, daß es keiner meiner Landsleute aus dem Heimattal war.

Furdenang war ja nicht nur das Geburtshaus meiner Urgroßeltern, des

Großvaters und meiner Mutter, es war viel mehr, es war ein Stück Heimat, mit einem Wort: das Elternhaus.
Mein Vater stammte aus dem oberen Inntal, aus einer Gegend also, in der die kräftigsten Männer, die härtesten Köpfe und die genügsamsten Bauern Tirols daheim sind. Nach einer dreijährigen Lehrzeit in München war er als junger Kirchenmaler über den Brenner gezogen und hatte bei den Bildschnitzern im Grödental nicht nur Arbeit und Verdienst, sondern bald auch eine junge Frau und ein sicheres Heim gefunden. Meine Mutter entstammte einem der ältesten ladinischen Geschlechter des Tales.
Die Ladiner Tirols gehören, ähnlich wie die Bündner Romanen in der Schweiz, zur ursprünglichen Bevölkerung des Landes, die sich in den abgelegenen Bergtälern auch nach der aus dem Norden kommenden bajuwarischen Einwanderung ihre seltsame Sprache und Eigenart bewahrt hat. Außer den Grödnern zählt man auch die Badioten in Enneberg und Abtei, die Fassaner im obersten Fassatal, die Buchensteiner und in gewissem Sinne auch die Ampezzaner in Cortina zu den Ladinern. Seit Tirol besteht, sind die Ladiner immer treu zu ihrer Heimat gestanden und haben dem Land nicht nur Künstler und Kaufleute, sondern auch gute Soldaten gestellt, ja, als während des Ersten Weltkrieges die Front mitten durch ihre Heimat lief, von Sexten quer durch die Dolomiten bis ins Fassatal, haben sich die Ladiner unter schwierigsten Verhältnissen stets zu ihrem Vaterland bekannt. Diese Gesinnung läßt auf einen gesunden Instinkt schließen: Die nicht sehr zahlreichen Ladiner glaubten ihre Eigenart in der vielsprachigen österreichisch-ungarischen Monarchie besser erhalten zu können als beim lateinischen Nachbarn.
Welch großes Glück bedeutet es doch für einen Menschen, ein Stück Boden zu kennen, auf dem man daheim ist! Ich kenne Tirol bis in die letzten, verlassensten Täler hinein, aber ich weiß keinen vertrauteren Platz als jenen. Über dem schattigen Tal steigt der Bergwald auf. Darüber liegt das weite, offene Gelände der Seiseralm; und über diesem größten Almgelände der Ostalpen ragen die kühnsten Felsgebilde der Dolomiten auf: der Langkofel, die Sella, der Rosengarten, der Schlern. Es ist die schönste Landschaft, die ich in den Alpen kenne, und ich rate jedem, der über den Brenner südwärts fährt, auch wenn ihn die Sehnsucht nach »ewiger« Sonne, nach blauem Meer und, weiß Gott, nach »dolce vita« an irgendeinem Badestrand noch so sehr bedrängt, dort, bald nach Brixen, wo sich das Eisacktal zu einer wilden Schlucht verengt, in die Dolomitenstraße einzubiegen und in das Grödental zu fahren. Wenn sich dann vor St. Ulrich plötzlich das Tal öffnet und über grünen Wiesen und heiteren Lärchen der unbeschreiblich schöne Dom des Langkofel in den Himmel ragt, vergißt man alle Verlockungen des Südens und genießt dankbar das Glück dieser Stunde.
Dieses herrliche Stück aus Gottes Schöpfung habe ich ganz unmittelbar erlebt, das heißt, ich habe es auf meinem Hosenboden »er-fahren«. Als mir die Welt im Tale zu eng und zu klein wurde, war ich am liebsten oben

in den Bergwäldern und auf den Almen. Dann schickten mich die Eltern, kaum daß ich richtig in die Hosen gewachsen war, für ein halbes Jahr zu einem Bauern übers Joch ins Abteital nach Colfuschg. Nun sah ich die heimatliche Welt von der anderen Seite, und sie gefiel mir nicht weniger gut als zuvor, vor allem weil ich jetzt jeden Morgen unter der Südwand des Sass Songher und den Türmen der Sellagruppe erwachte. Die Sella ist ein Reich, in dem es alles gibt, was der Berg dem Menschen geben kann: verwegene, lotrecht hochschießende Wände, breite, fast horizontal verlaufende Hochflächen und Terrassen, düstere schnee- und eiserfüllte Schluchten, freundliche Täler, Gipfel, über die man mit den Händen in den Hosentaschen dahinbummeln kann, Türme, die selbst den kühnsten Kletterer freudig erschauern lassen. Als kleiner Bub hatte ich unter der Führung meines Vaters bei einer Durchsteigung der Sass-Songher-Südwand ein unvergeßliches Gipfelerlebnis, und als junger Bergführeraspirant habe ich mir in der Sella den alpinen Befähigungsnachweis geholt. Die Erstbesteigung des Großen Murfreitturmes über die Nordostwand und des ersten Sellaturmes über die Südwand, die ich gemeinsam mit meinem Freund Hans Pescosta durchführte, hat den alten Grödner Bergführern gezeigt, daß wir jungen Führeraspiranten im Fels so gut daheim waren wie sie selber.

Der sogenannte Ernst des Lebens hatte für mich in dem Augenblick begonnen, da ich von Vater und Mutter fortkam und mein Tal nicht mehr sehen konnte. Ich war nach Bozen in ein Institut gekommen, wurde in die strenge Uniform des »Josefinums« gesteckt; auf der Kappe prangte ein schönes, goldenes »J«. Ich sollte wie die anderen achtzig Buben ein braves, frommes Knäblein werden. Mich aber brachte das Heimweh schier um. Ein Fluchtversuch endete rascher als erwartet. Mit der Zeit aber begriff ich, daß man auch in einer Stadt wie Bozen, von der aus man von den Dolomiten allerdings nur den Rosengarten sehen konnte, und auch diesen nur von ferne, ganz gut leben kann.

Bozen war damals noch eine in sich geschlossene Stadt, ringsum von Weinbergen und Obstgärten umgeben, die im Frühling alles in ein Blüteland verwandelten. Allmählich wurde mir klar, daß beides zusammengehört: Das stille, einsame Bergtal, in dem ich geboren wurde, und diese rührige Stadt mit ihren stolzen Bürgerhäusern, mit den Lauben, dem Obstmarkt und dem unvergeßlich schönen Turm der gotischen Pfarrkirche – wie gerne wäre ich einmal hinaufgestiegen, um die Stadt und alles von oben zu sehen! Und, nicht zu vergessen, die Burgen ringsum: Runkelstein, die Haselburg, Rabenstein, Karneid, Sigmundskron und viele noch, jede anders, jede ein Stück Geschichte dieses Landes, jede eine Welt für sich und doch alle in einzigartiger Weise aufeinander abgestimmt. Aus den Burgen, die wir, größer geworden, samstags und sonntags durchstreiften, lernten wir nicht weniger Geschichte als aus den Büchern.

Mein Onkel Leo und die Mutter meinten, ich hätte das Zeug zum Studieren. Widerwillig nur gab der Vater nach und ließ mich über den Brenner nach Innsbruck ziehen. Innsbruck war das andere, das väterliche Tirol, ernster, strenger, härter als der milde, mütterliche Süden des Landes. Aber je weiter ich von daheim fortkam, desto tiefer fühlte ich immer wieder meinen stillen unsichtbaren Begleiter, das Heimweh. Jetzt, da alles, was mir bisher Tirol bedeutet hatte – die Gipfel der Dolomiten, die Weinberge und Obstgärten um Bozen, die Burgen an der Etsch –, in weiter Ferne lag, konnte ich mich in diesem »anderen« Tirol lange nicht zurechtfinden. In jugendlichem Eifer machte ich meinen Mitschülern, die nur »auf dem Inn herabgeschwommen waren«, mit beredten Worten, wenn nötig auch mit den Fäusten, klar, daß nur wir aus Südtirol richtige, das heißt ganze Tiroler wären. Erst später, als ich im kaiserlichen Wien und dann in Graz die Technische Hochschule besuchte und meinen Eltern das Architekturdiplom nach Hause brachte, wurde mir klar, daß der geschichtliche Auftrag meiner Heimat darin besteht, den Süden wie den Norden, das heitere Etschland wie das rauhe Inntal, zu einer Einheit zusammenzufassen, ein Auftrag, den das alte »Land im Gebirge« schon viele Jahrhunderte lang erfüllt hat.

Aber noch ehe ich dies vollends begriffen, bekam ich reichlich Gelegenheit, meine Anhänglichkeit und Liebe zu diesem Land unter Beweis zu stellen. Als junger Soldat lernte ich erst den Krieg in den Ebenen Galiziens und dann an den Grenzen Tirols kennen. Es waren harte Erfahrungen, deren schwerste der frühe Tod meiner besten Freunde war oder etwa die nächtliche Sprengung des Lagazuoigipfels oberhalb des Falzaregopasses am 20. Juni 1917; Erlebnisse, die aus uns unbekümmerten jungen Burschen ernste Männer machten. Worte, Gedanken, Pläne – alles hatte der Sturm des Krieges hinweggefegt.

Der Krieg ging zu Ende. Südtirol wurde vom Norden getrennt und kam zu Italien. Aber nach alldem, was wir in diesen harten Jahren erlebt hatten, wurde uns die Heimat trotz der geänderten Grenzen teurer als zuvor. Es kamen die Jahre, in denen ich, wie es sich für einen aufgeschlossenen, unternehmungslustigen Menschen gehört, in die Welt hinauszog. Über Norwegen nach Spitzbergen, über England und New York nach Kalifornien, über Rom nach dem geheimnisvollen Kontinent Afrika. Ich lernte in fremden Sprachen parlieren und fand Freunde in vielen Ländern. Ich sah, wie groß, reich und mannigfaltig die Welt ist und wie klein Tirol. Trotzdem: Je mehr sich mir das Leben erschloß, desto deutlicher spürte ich, welches Glück es ist, als Mensch einer Zeit, in der die überlieferten Maßstäbe wankend geworden sind und alles ins Unüberschaubare wächst, einen Platz zu haben, und wäre er noch so klein, auf den man seine Füße hinstellen und sagen kann: Hier bin ich daheim. Das habe ich gefunden, richtiger gesagt: niemals aufgegeben oder verloren, einen Ort, an dem die Leute du zu mir sagen und an dem ich nicht mehr gelte als jeder andere.

Die Mutter

Deutlich sehe ich die Mutter vor mir. Sie hat mir, dem kleinen Buben, dem angehenden Bergsteiger, dem Architekten, Regisseur und Filmdarsteller, alles bedeutet, Heimat und Welt in einem. Ebenso, aber herber, strenger und bestimmter als die Mutter der Vater. Da sind die Schwestern, Brüder und Nachbarn alle, und vor mir taucht das kleine, etwas abseits gelegene bäuerliche Haus auf, in dem ich geboren und aufgewachsen bin: Furdenang. Vor dem Haus liegt die Wiese. Weiter drüben führt die Straße vorbei, die man in unser Tal, das Grödental, gebaut hat. Und wieder sind Wiesen da und drunten der muntere Bach. Dunkel, steil und schattig steigt der Fichtenwald empor, von mancherlei wildem Geschröf durchsetzt. Er führt zu den weiten, offenen Wiesenböden der Seiseralm. Mitten in dieser beschaulichen Landschaft aber erhebt sich trotzig und stolz, schweigsam und geheimnisvoll der Langkofel, der schönste aller Berge in den Dolomiten. Sein Bild war mir immer nah, im Donner grollender Gewitterhimmel so gut wie im Glanz friedvoller Abendsonnen; überallhin begleitete es mein Denken und Fühlen.

Man hat in unserer Zeit, in der neben viel Gutem auch allerhand Unheil über die Menschen gekommen ist, für eine Welt, wie ich sie geschildert habe, eine neue Bezeichnung gefunden, man spricht von einer »heilen« Welt. In dieser hatte alles seinen sicheren Platz, vom Pfarrer bis zum Kaiser und von den beiden über das Irdische hinaus bis zum lieben Gott im Himmel. Diese »heile« Welt, nach der sich in unserer Zeit unzählige Menschen sehnen, war zugleich auch karg und streng. Wenn es darauf ankäme, so glaube ich, würde es wenig Menschen geben, die bereit wären, ihren heutigen Lebensstandard mit jenem der »heilen« Welt einzutauschen.

Die Eltern haben mich gelehrt, überall das Gute zu suchen, die Menschen zu lieben und den Blick nach oben zu richten. Beide, Vater und Mutter, haben ein hohes Alter erreicht. Ja, mein Vater hat es als der damals älteste Bürger des Grödentales auf neunzig Jahre gebracht. Still, mit Gott und der Welt versöhnt, haben mich meine Eltern verlassen und sind doch als Trost und Hoffnung bei mir geblieben.

Je älter ich werde, desto häufiger denke ich an meine Mutter. Ich sehe sie vor mir in ihrem schwarzen, bläulich schimmernden Haar, das erst sehr spät von weißen Fäden durchzogen wurde, das gute, sanfte, wohlgeformte Gesicht, eben das Muttergesicht, das kein Kind je vergessen kann. Der liebende Blick ihrer Augen erwärmte unsere Kinderherzen an jedem Morgen; ihr Morgengebet war unser Morgengebet, ihre Freuden waren unsere Freuden, ihr Schmerz unser Schmerz, ihre Sprache unsere Sprache. Es gab keine Stimme auf Erden, die ich lieber gehört hätte als die Stimme der Mutter, deren Wohlklang durch die ladinische Sprache, eben die Muttersprache, mich besonders an sie fesselte.

Die ladinische oder auch rätoromanische Sprache wird heute noch in den Dolomitentälern und im Kanton Graubünden gesprochen. Ihre

Liebster Luis!

Herzlichen Dank für Brief der mich sehr freute besonders daß du bald kommst, danke auch innigst für das Geld u. die guten Orangen, welche ich als Medizin mit großer Freude nehme, bist wohl a recht guter Liaber, es sind nicht viele solche Söhne, – ich sage für Alles tausend Vergelts-Gott. Hier ist es jetzt sehr schön ./.

Der Feuerteufel läuft schon 5. Tage, morgen gehe ich weil diese Tage war immer ausverkauft ich freue mich schon drauf. – gestern hat Nandl den Hr. Canonikus Gamper gesehen er fragte – hast du Film noch Montag, den müssen wir uns anschauen also die Pfarrgeistlichkeit hat auch interesse. die ganzen Badiotsch i Vedomes bleiben u. 80 Grödner lamentieren auch. – Nun lieber Luis lebe wohl u. komm bald, sei herzl. gegrüßt, u. tausend mal innigsten Dank für Alles.

Der liebe Gott beschütze Euch!

d. 4.5.41. Mama

Aus einem Brief der Mutter

Ursprünge reichen weit in die vorrömische Zeit der Etrusker, der Kelten und Illyrer zurück. Der Zauber einer längst untergegangenen, geheimnisvollen Welt voller Legenden überstrahlt sie. Kein Wunder, daß der Wohllaut dieser Sprache mein Wesen nicht weniger beeinflußte, als unsere Berge dies getan haben.

Die Mutter war für uns alle immer da. Sie stand am Morgen als erste auf und ging abends als letzte zurRuhe. Hundertmal am Tag hieß es: Mutter, komm! Mutter, hilf! Mutter, gib! Und hundertmal gab sie, half sie, lief sie, tröstete sie, immer bereit, immer geduldig und das eigene Wohl vergessend. Ach, was wäre eine Kindheit ohne Mutter! Das wäre wohl wie eine Welt ohne Sonne, ohne Himmel und ohne Liebe.

Sie mußte ihre Liebe und Fürsorge auf sechs Kinder verteilen. Und doch hatte ich immer das Gefühl, als wäre sie nur für mich allein da. Dies ist wohl ein besonderes Geheimnis der Mütter, das wir niemals ganz ergründen können: für jedes Kind ganz da zu sein. Ihre ungeteilte Liebe, das war die Sonne über meiner Kindheit.

Ein Erlebnis mit der Mutter ist mir besonders gut in Erinnerung geblieben. Ich war damals etwa zehn Jahre alt. Die fremden Gäste, die wir in unserem Haus beherbergt hatten, waren abgereist. Die stillen Herbsttage waren gekommen. Da sagte mein Vater, während wir bei Tisch saßen: »Wie wär's, Mutter, wenn du für zwei oder drei Wochen auf unsere Schwaige gehen würdest? Es würde dir gewiß guttun.« Die Schwaige, das war eine Almhütte, spärlich und primitiv eingerichtet, mit einem hübschen Söller rundum. Sie lag auf der Seiseralm, am Fuße des Langkofel. Sie ist übrigens unverändert geblieben und sieht noch genauso aus, wie sie in meinen Bubenträumen weiterlebt.

Ich durfte die Mutter begleiten. Mehl, Salz, Brot und alles, was sonst noch da oben in der Einsamkeit nötig war, wurde im Rucksack verstaut. Ach, die glücklichen Tage! Die Mutter schlief in der kleinen Kammer. Wir verkrochen uns ins Heu. Die Seiseralm war ein ideales Kinderreich. Was gab es doch da oben auf den weiten Bergwiesen, in den herrlichen Lärchenwäldern, im steilen Geschröf alles zu entdecken! Alles, was ein Kinderherz erfreute, und alles, was wir erlebten, erlebten wir mit der Mutter. Nach einigen Tagen kam auch unsere Magd hinauf, die Stina-sourda (sourda ist ladinisch und heißt taub). Wenn ihr die Mutter etwas sagen wollte, schob sie immer das Kopftuch zurück, um das Ohr frei zu machen. Dann sagte die Mutter ins Ohr, was zu tun war. Die Stina-sourda hatte Lebensmittel heraufgetragen, so daß wir die goldenen Tage auf der Seiseralm nochmals verlängern konnten. Ich sage die goldenen Tage, weil sich die Lärchen bereits zu verfärben begannen und lichtumflossen in der Morgensonne standen. Niemals ist uns die Mutter so nahe gewesen wie in jenen Herbsttagen auf unserer einsamen Schwaige, über der heute wie damals die sonnigen Türme des Langkofels in den blauen Himmel ragen.

Viele Jahre später, als ich eine eigene Familie gegründet hatte und mit Hilda, meiner Frau, und unseren Kindern in das stille Haus in Gries bei

Bozen eingezogen war, zog die Mutter vom Grödnertal zu uns heraus. Hilda und den Kindern wurde sie zur neuen Hausmutter und unentbehrlichen Hilfe. Und was ich ihr gegenüber gelegentlich an Güte und Aufmerksamkeit versäumte, erfüllte Hilda mit stets stiller Fürsorglichkeit. Die Mutter war somit wie eh und je der gute Geist unseres Hauses. Niemals war sie müßig, immer fand sie etwas zu tun. So wurde unser Heim sehr bald zur beliebten Einkehr für alle Grödner, die in der Stadt etwas zu besorgen hatten und sich in der ungewohnten Umgebung nicht zurechtfinden konnten. Für alle hatte sie einen guten Rat, einen Trost bereit, dazu einen Teller Suppe, eine Schale Kaffee, auch ein wenig Geld, wenn es not tat. Nie hat mich die Mutter um etwas gebeten, auch wenn sie das eine oder andere gebraucht hätte. Und doch hatte sie immer zu geben, zu schenken. Wie sie das zuwege brachte, weiß ich heute noch nicht.

Aus all ihren Worten, Briefen, Gesten strömte die Sorge um das seelische und körperliche Wohl ihrer Kinder. Alle Tage, alle Stunden ihres Daseins galten uns. Noch im Alter von fünfzig Jahren hatte ich das große Glück, sie vor schwierigen Entscheidungen um Rat fragen zu können. Ich schätzte ihren klugen, schlichten, menschlich ergreifenden Rat über alles. Oftmals kam ich erst viel später zu der Einsicht, wie recht die Mutter jedesmal gehabt hatte. Immer ausgleichend, gütig und aus frommem Herzen kam ihr Urteil. Wie oft hat sie mir, dem kleinen Schulbuben, ihren Segen mitgegeben, wenn ich zur Tür hinausging. Wie oft hat sie mir, wenn ich als junger, begeisterter Bergsteiger oben in den Felsen etwas Besonderes vorhatte, das Kreuzeszeichen auf die Stirne gemacht. Vor allem galt ihre Sorge auch meinen oft reichlich verwegenen bergsteigerischen Unternehmungen in den kritischen Jahren vor dem Ersten Weltkrieg. Sie mahnte oft zur Vorsicht und erzählte mir, dem Leichtfertigen, sie hätte geträumt, wie man mich, in weiße Leintücher gebettet, auf einer Bahre tot von den Felsen heruntergebracht hätte. Oder wenn sie mir rührende Briefe an die Dolomitenfront schrieb, in denen sie immer wieder ihre Sorge um mein Leben und das meines ebenfalls eingerückten Vaters zum Ausdruck brachte, und nicht minder schließlich, als ich als Regisseur am Matterhorn oder im Montblanc-Gebiet tätig war.

Ich war bei ihr, als sie sich, sechsundsiebzig Jahre alt, zum Sterben niederlegte. Es war der erschütterndste Augenblick in meinem Leben, als mir der Benediktinermönch, der mit uns allen im Sterbezimmer anwesend war, zuflüsterte: »Jetzt stirbt Ihre Mutter.« Eine etwas jüngere Schwester saß neben ihr am Kopfende und bat die in den letzten Zügen Liegende mit ruhigen Worten, als ginge es nun auf eine Reise in ein seliges Land hinüber, im Jenseits drüben die ihr im Tode vorausgegangenen Eltern, Schwester und Brüder herzlichst von uns zu grüßen.

Mit einem kaum hörbaren Seufzer der Erleichterung entschlief die Mutter. Eine unbegreifliche Ratlosigkeit blieb. Lange Zeit konnte ich nicht begreifen, daß sie nun für immer fortgegangen war und daß sie nie mehr zur Tür hereinkommen würde, sosehr wir auch darauf warteten.

Der Vater

Im Gegensatz zu den Bewohnern des Grödnertales, die als Ladiner durch ihr eigentümliches, aus geheimnisvollen Urtiefen entspringendes Volkstum geprägt wurden und zumeist heitere, innerlich ausgeglichene, oft künstlerisch begabte Menschen sind, war mein Vater aus durchaus anderem Holz. Er stammte aus dem oberen Inntal. Die Menschen dort sind ernst, aufrecht, charakterstark und, wenn es um ihr Recht geht, auch eigensinnig. Im Oberinntal ist es Brauch, nicht viel zu reden, sondern sich auf sich selbst zu verlassen, wenn es gilt, seinen Mann zu stellen. Mein Vater war groß, schlank und zäh, wie man sich eben einen Tiroler vorstellt. Mit meinem Vater, dem verhaltenen Oberinntaler, und der heiteren, ladinischen Mutter haben sich gleichsam die Extreme tirolischen Volkstums gefunden.

Der Vater war als Kirchenmaler in unser Tal gekommen. Wie war es immer gemütlich in seiner Werkstätte! Ringsum standen die holzgeschnitzten Figuren herum, die er bemalte. Wie gut roch es nach Zirbelholz, nach Wald und Harz, durchsetzt vom sonderbaren Terpentingeruch der Farben! Freundliche Engel blickten von der Wand auf die Gottesmutter und den heiligen Josef herab. Daneben stand der stolze Ritter Florian, der mit einem Wasserschaff die aus dem brennenden Haus zu seinen Füßen emporzüngelnden Flammen zu löschen versuchte. Mit schmerzverzerrtem Gesicht wand sich der von Pfeilen durchbohrte Sebastian, daneben standen ernst und feierlich die Apostel Petrus und Paulus, der eine mit dem Schlüssel, der andere mit dem Schwert. In dieser vornehmen, geradezu himmlischen Umgebung fühlte ich mich wohl. Der Vater war, während er den Mantel der Muttergottes oder die Krone des Jesuskindes liebevoll vergoldete, recht still und in sich versunken, so daß er mich zeitweise völlig vergaß, was mir recht behagte, weil ich während dieser Zeit ungestört spielen konnte, wie ich wollte.

Wenn ich einmal etwas angestellt hatte – und irgend etwas stellt so ein kleiner Lausbub immer an –, nahm mich die Mutter beiseite, blickte mich vorwurfsvoll an und sagte bloß: »Ja, schämst du dich denn nicht, Bub!« Das schlug mir jedesmal tief ins Herz. Manches Mal ließ mich eine solche Mahnung tagelang nicht mehr los, denn ich hatte wohl gespürt, wie sehr mich die Mutter liebte und wie arg ich sie mit meinem unbedachten Streich verletzt hatte.

Der Vater reagierte auf solche Vorkommnisse völlig anders. Er war es nicht gewohnt, viele Worte zu machen; dafür hatte er eine überaus rasche Hand, die ich oft genug zu spüren bekam. Darüber war ich meistens recht zornig. Ein unbändiger Trotz erwachte in mir. Gewiß steckte eben auch etwas von der Art des Vaters in mir selbst. Ich brauchte lange, um mit einer väterlichen Ohrfeige, insbesondere wenn sie mich, wie mir manchmal schien, ungerechterweise getroffen hatte, fertig zu werden. Erst viel später, als ich selbst längst schon Vater geworden war und mit drei eigenen

Buben zurechtkommen mußte, entdeckte ich, daß auch in einer solchen Ohrfeige ein Stück Liebe stecken kann, was allerdings, wie ich weiß, auch meinen Buben, wenn sie mal eine bekommen hatten, erst etwas später bewußt geworden ist.

Nachdem in unserer Familie auf mich, den Ältesten, vier Mädchen folgten und erst als sechstes Kind wieder ein Bub zur Welt kam, der kleine, blondschopfige Zenz, wurde ich so etwas wie der Liebling des Vaters. Wie stolz war ich, wenn er mich sonntags nach dem Kirchgang auf die Alm mitnahm. So ein Spaziergang, wie er es nannte, dauerte oft Stunden.

Auf dem Weg hat er mir mit viel Liebe und Geduld die Namen der Berge genannt, die höchsten Gipfel beschrieben, mir von den Männern erzählt, die sie zum erstenmal bestiegen hatten, und auch von Gefahren und Unglücken. Dazu kamen dann manchmal auch Geschichten von bösen Menschen, deren Seelen keine Ruhe mehr fänden in den Gräbern, und von guten Feen, die hoch oben unter den Gipfeln hausten. Bald kannte ich die wichtigsten Gipfel der Langkofelgruppe, der Sella und der Puezgruppe, konnte eine Fichte von einer Tanne unterscheiden und eine Lärche von einer Zirbelkiefer. Ja, vom Vater habe ich allerhand gelernt, oftmals, ohne es gleich zu merken.

Einmal hat er mich ganz hoch hinauf auf einen Bergsattel mitgenommen, immer ist er weitergegangen, und ich bin müd geworden, es war im Hochsommer, sehr heiß war's, und immer ist er noch weitergestiegen. Ich weiß nimmer, was er suchte oder wollte. Ein Riesendurst hat mich geplagt, aber nie wäre es mir eingefallen zu sagen: »Ich bin müd, Vater, ich möcht' mal rasten.«

Erst als wir endlich zu einem kleinen lustigen Bach kamen, hat er sich niedergesetzt und gesagt: »Komm, setz dich her, jetzt rasten wir!« Und dann hat er in die Tasche gegriffen und ein Stück Brot herausgenommen und ein Stück Käse, schön eingewickelt in Papier. Den halben Käs hat er mir gegeben, den halben hat er gegessen, das halbe Brot hat er mir gegeben, das andere hat er gegessen. Dazu haben wir frisches Bergwasser getrunken. Es war eine meiner schönsten Rasten, und wie gut hat's mir gefallen, neben dem Vater sitzen zu dürfen wie ein Großer.

Ja, der Vater war streng, aber doch wieder gut, und ich bin ihm noch heute dankbar dafür. Einmal, mitten in der Nacht – so genau erinnere ich mich daran, als wäre es erst gestern gewesen –, haben die Sturmglocken geläutet, und als ich erschrocken ans Fenster sprang, sah ich, wie drüben in Sabeding, also gar nicht weit von unserem Haus entfernt, ein Stadel lichterloh brannte. Da war auch schon der Vater: »Schnell, komm, wir müssen löschen helfen!«

Die Mutter wehrte ab: »Du wirst doch den Buben nicht mitnehmen wollen«, beschwor sie den Vater. »Für so etwas ist er noch viel zu klein.«

»Zum Wassertragen reicht's allemal«, sagte der Vater, und mir war es schon recht.

Der Hof von Sabeding stand auf und auf im Feuer. Da die Feuerwehrmänner über das steile Gelände nicht anfahren konnten, wurden Stoffeimer ausgeteilt. Man stellte mich sogleich in die Kette, die vollen Wassereimer wurden durchgereicht. Doch das half wenig. Der Vater lief mit den anderen Männern in das brennende Haus, um Sachen herauszutragen. Jedesmal, wenn er zwischen Feuer und Rauch verschwand, glaubte ich, alles würde über ihm zusammenbrechen und er käme darin um. Eine schreckliche Angst bedrückte mich in jener unheimlichen Nacht: die züngelnden, zum Himmel auflodernden Flammen, alles war ein Knistern, Fauchen und Krachen, dann plötzlich wieder eine unheimliche Stille über der bösen Sprache des Feuers, dessen Krack-krack-krack in glühenden Funken durch den nachtschwarzen Himmel stob, dazu die gespenstigen Rufe der Feuerwehrmänner. Der Wind, die Flammen, das Keuchen und das Brüllen der geretteten Kühe und Kälber – es war ein Eindruck, den ich nie mehr vergessen habe. Alles Hab und Gut war verloren, drei Kinder standen zitternd da, halb im Hemd noch; der Bauer und die Bäuerin weinten. Der Vater hat gesagt, eines der Kinder könne bei uns bleiben, bis die Eltern eine neue Behausung gefunden haben. Auch ein anderer Nachbar hatte sich bereit erklärt, ein Kind zu sich zu nehmen. Da haben die Kinder noch mehr geweint und gebeten, beieinander bleiben zu dürfen; bei den Eltern bleiben, beisammenbleiben wollten sie. Darauf hat der Vater mit den Eltern gesprochen, worauf die verschreckten Kinder zu uns kommen und bleiben durften, bis die ganze Familie bei einem Bauern ein neues Obdach gefunden hatte. Einige Jahre später wurde das Haus von Sabeding zwischen Bach, Wiese und Wald wieder schön aufgebaut und der Stadel auch.

Einmal mußte ich den Vater zum Essen rufen, weil er die Mutter zu lange warten ließ. Dabei gab es Tiroler Knödl, sein Leibgericht. Ich lief die Stiege hinunter in die Werkstatt und fand den Vater in Gesellschaft eines fremden Besuchers. Dieser saß ihm gegenüber und skizzierte auf einem Zeichenblock das Gesicht des Vaters, der gerade an der Vergoldung einer Muttergottes arbeitete. Der fremde, etwas blaß und kränklich aussehende Mann hatte eine Brille vor den Augen, das gab ihm ein gelehrtes Aussehen. Doch wenn er lächelte, war er wie einer von uns. Ich hielt ihn für einen Maler. Vorsichtig sagte ich: »Vater, du sollst schnell essen gehen. Die Mutter wartet.«

»Ich komme schon, geh nur wieder hinauf!«

Ich lief die Treppe von der Werkstatt zurück in die Wohnung hinauf. Wir beteten und warteten, doch der Vater kam nicht.

»Jetzt geh noch mal hinunter und sag dem Vater, er soll endlich kommen, die Knödel müssen gegessen werden, sonst werden sie hart.«

Das wußte ich, und hungrig war ich auch. Ich lief also wieder hinunter und sagte immerzu: »Vater, du mußt kommen«, und wich nicht von der Stelle, bis er mich anfuhr: »Schnutzete i nutschete!« Er wollte wohl in Gegenwart des fremden Herrn nicht einfach auf deutsch »Schneuz dich und verschwinde« sagen. Dieses »Schnutzete i nutschete!« aber machte

mir gewaltigen Eindruck, denn es war das erste und einzige Mal, daß mich der Vater ladinisch angesprochen hatte!
Kaum war der Fremde fort, nahm mich der Vater bei den Ohren: »Weißt du, wer das war?«
»Nein«, sagte ich. »Aber die Mutter wartet mit den Knödeln.«
»Ach was, die Knödel, das war ein großer Dichter, der schöne Bücher schreibt, er heißt Peter Rosegger und kommt aus der Steiermark. Merk dir das für die Schule.« Und auf ging's zu den Knödeln.
Viel später erst begriff ich, wie sehr der Vater über den Besuch Peter Roseggers erfreut gewesen war. Die Mutter aber meinte, Vater hätte ihn eben zum Essen einladen sollen. Vielleicht hätten ihm unsere Tiroler Knödl besser geschmeckt als die steirischen.
Recht wohltuend war für mich Vaters Liebe, sein Verständnis für Musik. Wenn er bei der Dorfmusik auf seinem Baßflügelhorn ein Solo spielte, war ich stolz und hielt die Noten über meinem Kopf ganz still, damit er sie ja gut lesen konnte, und wenn er im Männerquartett beim Mondscheinwirt mitsang, ging mir das Herz auf, auch wenn ich müde wurde vom langen Warten, während die Männer bei Wein und Bier bis spät abends saßen. Größer geworden, war ich ihm dankbar, wenn er, während ich auf meiner Geige übte, in der Stube oder wo es auch war, strikte Ruhe befahl, sogar die Mutter ermahnte, ein Gespräch zu unterbrechen, wenn ich im Nebenzimmer eine Arie von Händel, ein Lied von Schubert oder die Träumerei von Schumann spielte.
Im Sommer ging der Vater gern auf die Berge. Hager und kerngesund wie er war, stieg er leichtfüßig und ohne die geringsten Atembeschwerden noch im Alter von 75 Jahren über die Almen. Für größere Bergtouren nahm er sich in jedem Jahr vierzehn Tage bis drei Wochen Zeit. Die Gipfel der nahe liegenden Marmolata, die Boespitze, den Rosengarten, den Ortler und die für ihn heimatlichen Gipfel der Ötztaler hatte er alle bestiegen. Wenn er dann sonnengebräunt heimkam, hatte er viel zu erzählen.
Einmal, als sein Onkel, der Dekan Josef Trenker, in Stilfes am Brenner gestorben war, nahm er mich, ich war etwa zehn Jahre alt, zum Begräbnis mit. Sein Onkel war jahrelang als Pfarrer in Elbingenalp tätig gewesen, hochgeachtet, weil er die im evangelischen Glauben erzogene Gemahlin König Maximilans II., die preußische Prinzessin Marie-Friederike, bevor sie zum katholischen Glauben übergetreten war, unterwiesen hatte und in der Folge ihr Beichtvater geworden war. Der Dekan hatte eine stattliche Anzahl Briefe der Königin hinterlassen, in welchen sie über das tragische Schicksal ihres Sohnes Otto klagte und um Rat und Trost bat. Eine Autogrammsammlung, in der König Ludwig II., Richard Wagner und viele andere vertreten waren, befand sich lange in Vaters Besitz.
Nach dem tragischen Tod des bayerischen Königs Ludwig II. wurde der Dekan von Elbingenalp, dem Lieblingsaufenthalt des damaligen bayerischen Adels, in das kleine österreichische Dörfchen Stilfes versetzt, wohl weil er als Beichtvater der Königin Marie zuviel wußte.

Unvergeßlich bleiben mir vierzehn schöne, sonnige Tage in Vigo di Cortesano, einem winzigen Bergdorf oberhalb Trient, wo der Vater beauftragt war, den Hauptaltar und einige Heiligenfiguren zu restaurieren. Um nicht allein zu sein und weil Ferien waren, nahm er mich mit. Wir wohnten im Pfarrhaus. Auf dem Tisch unserer Schlafkammer stand jeden Abend eine Flasche Wein, die der Vater, eine Pfeife rauchend, mit viel Genuß trank, während ich einschlief.

Da er nicht italienisch konnte, die beiden geistlichen Herren nicht deutsch sprachen, waren wir meistens allein. In der Kirche mußte ich die Leiter halten, Farben holen, Pinsel bereitlegen – zur Marende, zur Jause, natürlich Wein holen, der dem Vater so gut schmeckte, daß er manchmal bedenklich schwankend auf der Leiter stand und ich Angst bekam, daß er herunterfallen könnte. Meist weinselig und guter Laune, wurde er doch einmal sehr zornig, weil man uns zum Mittagessen, das wir mit dem Pfarrer und seinem Cooperator einnahmen, Kreuzschnäbel und Lerchen mit Polenta aufgetischt hatte! Trotz guten Zuredens – »Si, si sono ucellini, ma sono tanti buoni« – weigerte sich der Vater, einen Bissen zu sich zu nehmen, von mir gar nicht zu reden, weil mir vor den kleinen, schwarzgerösteten Vögelchen grauste. Der Vater stand auf, dankte und nahm mich mit in die kleine, nahe gelegene Osteria, wo wir Polenta mit Käse bekamen.

Als der Vater viele Jahre später die Werkstatt geschlossen hatte, langweilte er sich nie. Er blieb seinen alten Freunden verbunden, wanderte viel mit ihnen, genehmigte sich ein Gläschen Wein, las die Zeitung, schrieb uns nach Berlin die Neuigkeiten aus der Heimat, sammelte Mineralien und Briefmarken oder malte Landschaftsbilder, eine Liebhaberei, die ich von ihm geerbt habe.

Während des Zweiten Weltkrieges ging es meinen Eltern nicht sonderlich gut. Wir konnten ihnen dank der Umsicht meiner Frau Hilda und meiner Verdienstmöglichkeiten in Berlin regelmäßig etwas Geld anweisen lassen, was nicht ganz einfach war, weil Südtirol in Italien, also im Ausland lag. Als ich einmal gegen Kriegsende daheim auf Besuch weilte, war mir das Geld ausgegangen. Ich sah mich gezwungen, den Vater um Aushilfe zu bitten. »Du hast doch selber Geld hier«, sagte er. Ich: »Nein, keinen Pfennig!« Er: »Doch, doch – du hast ein Konto auf der Sparkasse.«

Zu meiner Überraschung stellte sich heraus, daß sich der sparsame Vater von den bescheidenen Beträgen, die wir ihm im Lauf der Jahre gesandt hatten, jedesmal die Hälfte abgespart und auf ein Konto meines Namens hinterlegt hatte, ohne je ein Wort darüber zu verlieren.

Vaters Worte auf dem Gipfel

Wie gerne denke ich an die glückliche Zeit, als noch keinerlei Hast und Unrast die Tage trübten, keine Sorgen um das Morgen mich plagten und ich die Tage empfing, wie sie ein gütiges Schicksal mir schenkte. Die kleine

Welt, in der ich lebte, erschien mir groß und unendlich schön. Die andere Welt, von der die Leute sprachen, wenn sie sonntags aus der Kirche kamen oder aus dem Gasthaus, war mir unbekannt; ich ahnte sie nur. Weit hinter den hochgelegenen Jöchern und Bergwiesen mochte sie liegen mit ihren Straßen, Maschinen und gewaltigen Städten. Auch die Schule war fern, drüben über dem Paß, nicht aber die Mutter, die sich, als ich fortging, einige Tränen von der Wange gewischt hatte, und nicht der Vater, der auch während meines Aufenthalts beim Schrottbauern in Colfuschg eigentlich immer gegenwärtig war. Die Burgl, unser braver Hausgeist, ihr Bruder Martin und ihre Eltern waren keine fremden Menschen mehr für mich. Ich fühlte mich fast wie daheim, wußte Bescheid mit den Schafen, den Kühen und dem Haflingerpferdchen, mit dem umzugehen mir Martl beigebracht hatte. Auch war ich schon etwas erwachsener geworden und konnte mich in allerlei Dingen nützlich erweisen, mir sozusagen mein tägliches Brot selber verdienen, was der Schrottbauer mit Wohlgefallen bemerkte.

Beim Abschied von daheim hatte die Mutter gesagt, der Vater werde mich einmal besuchen, um zu sehen, wie es mir gehe. Und tatsächlich, an einem Sonntag früh sah ich ihn über den schmalen Weg unter dem Acker daherkommen. Laut rufend bin ich ihm entgegengelaufen und habe ihn aufgeregt und voller Freude gleich in die Stube geführt zum Bauern, der im Begriff war, mit Burgl und Martin nach Corvara hinüber in die Kirche zu gehen. So blieben alle noch ein bißchen beisammen. Der Vater wurde mit Milch und Brot bewirtet; ich saß dabei und horchte zu, nicht ohne dann und wann ein Stückchen von der Birne abzubeißen, die mir der Vater als mütterlichen Gruß mitgebracht hatte. Neugierig betrachtete ich seinen Rucksack auf der Ofenbank, in dem ich allerlei gute Sachen vermutete. Nach einer kurzen Zeit begaben sich alle nach dem etwa eine Wegstunde entfernten Dorf Corvara, das mit seiner Kirche und dem Wirtshaus wie eine große Welt erschien. Der Vater jedoch stieg mit mir zu den Lärchenwiesen hinauf, wo meine kleine, an den Boden sich hinschmiegende, von Schnee, Sonnenbrand, Wind, Blitz und Donner schiefgedrückte Almhütte lag. Sie war in den vergangenen zwei Sommern zu meinem heimlichen Palast geworden.

Vor den braunen Balken auf der Bank rasteten wir und genossen unser Mittagsbrot. Vom Tal herauf klang das sonntägliche Läuten der Kirchenglocken. Hinter uns ragte die goldene Felsenburg in das strahlende Blau des Himmels.

Nach meinem ersten, durch den Zorn des Himmels fehlgeschlagenen Versuch, von dem ich an anderer Stelle erzählt habe, hatte ich es nie mehr gewagt, allein bis an den Fuß der großen Wand zu steigen oder den jäh aus dem grünen Wiesengrund emporwachsenden Fels zu berühren. Sorgsam behielt ich das Geheimnis jenes Abenteuers für mich. Aber da stand nun der Vater und schaute zum Gipfel des Sass Songher.

 »Da sollten wir einmal hinauf«, meinte er.

Fast erschrocken schaute ich zu ihm auf, bog dann den Kopf ein wenig zurück und blickte zum Gipfel. Nicht einmal im Schlaf hätte ich den verwegenen Gedanken zu träumen gewagt, einmal selbst dort oben stehen zu dürfen, und nun schien er mir, als der Vater ihn aussprach, gar nicht mehr so vermessen.
Als es Abend wurde, waren wir wieder im Dorf bei der Burgl. An jenem Abend war es das erste Mal, daß ich nach dem gemeinsamen Essen vor das Haus ging, mich in der von Vergißmeinnichtblüten übersäten Wiese auf einen Stein setzte und zum Berg hinaufschaute. Es war Sitte, daß wir uns, wenn auch nicht gerade mit der Sonne, so doch gleich nach ihrem Versinken schlafen legten und mit ihr wieder aufstanden. An jenem Abend blieb ich ein bißchen länger auf. Und während die Schatten des Tales hinankrochen zu den mächtigen Sockeln und alles in stilles Dämmern hüllten, stand der Gipfel noch im wunderbaren Leuchten verfangen, allein im matten Blau, unermeßlich hoch und wie aus einem inneren Feuer glühend, bis auch er in das samtene Dunkel versank.
Halb im Traum das große Ereignis des kommenden Tages erwartend, saß ich noch da, als der Vater kam und mich ermahnte, schlafen zu gehen, denn morgen würden wir auf den Sass Songher steigen. Mit einem Gute-Nacht-Gruß und kurzem Nachtgebet schlief ich rasch und zufrieden ein.
Rucksack, Proviant, Seil und eine zweite Lodenjoppe hatte der Vater für mich mitgebracht, und im frühen Dämmern des Morgens brachen wir auf. Schweigend und in gemächlichen Schritten gelangten wir nach einer Stunde an meine Almhütte, die wir links liegen ließen. Durch steiler werdende Schuttrinnen erreichten wir zwischen den immer seltener werdenden Zirbelkiefern und Wetterlärchen nach weiteren eineinhalb Stunden die ersten Felsenrippen. Ich spürte keinerlei Müdigkeit. Leichte Nebelschleier zogen über das Grödner Joch den Sellastock entlang und verdeckten zeitweise die bereits weit unter uns liegenden Bauerngehöfte. Das helle Geläut der Morgenglocke klang fern und verloren. Der Vater setzte sich unter einen wuchtigen Felsklotz in den Schotter, nahm Brot und Speck aus dem Rucksack, gab mir davon und auch einen Schluck kalten Kaffee. Dann nahm er das Seil und machte den Knoten um meine Brustschlinge fest.
»So, Bub«, sagte der Vater, der bisher wenig gesprochen hatte, »jetzt steigen wir ein. Sei vorsichtig mit jedem Schritt! Warte, während ich steige, und gib acht, daß das Seil sich nicht verfängt. Nachsteigen darfst du erst, wenn ich rufe. Hast du verstanden?«
»Ja, Vater, habe alles verstanden, ich passe schon auf, geh nur«, antwortete ich und war gespannt wie eine Feder auf das beginnende Abenteuer meiner ersten Kletterei im Fels.
Von Stufe zu Stufe, von Wandabsatz zu Wandabsatz ging es nun höher und höher. Zwischen Steigen, Warten, Sichern und Nachsteigen verflog die Zeit im Flug. Der Vater stieg sehr ruhig, vorsichtig und so selbstverständlich, als ob er schon zehnmal die wuchtig sich über uns auftürmenden

Felsbastionen durchklettert hätte. An seinem Seil fühlte ich mich sicher. Durch seine von Zeit zu Zeit erfolgenden Weisungen wurde ich rasch mit dem bisher gefürchteten Berg vertraut. Der immer großartiger sich weitende Blick in die Tiefen der grünen Täler und der Glanz der sonnigen, lichtüberfluteten Türme, Schluchten und Wände gegenüber erfüllten mich mit einem merkwürdigen, bisher nie gekannten Gefühl von Freiheit.
Während kleiner Verschnaufpausen erzählte mir der Vater dies und jenes über das Bergsteigen, und als er fragte, ob ich müde sei oder ob ich Angst hätte, sagte ich: »Nein, gar nicht.« Und als ich einmal ausrutschte, sagte er: »Merk dir's, Bub: Sei vorsichtig! Ein leichtsinniger Augenblick genügt – und du bist dein ganzes Leben lang tot.« Und dann meinte er auch, daß nur Menschen mit einer reinen Seele die Berge wirklich und wahrhaftig liebhaben könnten.
»Was muß man denn tun, um eine reine Seele zu haben?« fragte ich.
»Man muß versuchen, aus seinen Gedanken immer etwas Gutes zu formen und den Blick zum Schöpfer des Himmels und der Erde zu erheben, der uns allein die Kraft zum Guten geben kann«, antwortete der Vater.
Als wir über das letzte Gratstück den Gipfel des Sass Songher erreicht hatten, waren alle Nebel tief unter uns verschwunden. Ein reiner, unendlich weiter Himmel wölbte sich über die Welt der tausend Gipfel um uns. Wir standen allein mitten im ungeheuren Raum zwischen Himmel und Erde und atmeten voll Wohlbehagen die gute, klare Luft. Die Sonne erfüllte uns mit ihrer wunderbaren Wärme. Sie schien so strahlend, daß wir mit unseren Augen gar nicht in ihr gewaltiges Licht hineinschauen konnten.
»Siehst du«, sagte der Vater nach einer Weile, »so muß es wohl sein, wenn wir einmal droben stehen vor dem Allmächtigen, nur noch gewaltiger und herrlicher.«

Mein Freund Mansueto

Wiesen, Häuser und Zäune waren tief in die runden weichen Polster des Winters gebettet, der Atem vor den eigenen Augen dampfte, und meine Hände suchten Wärme in den dünnen Hosentaschen. Ich lief, von der Mutter ins Freie geschickt, meist schnell hinunter in den Kuhstall zum guten Mansueto. Dort war es warm und wohlig, die Mäuler der Kühe mahlten schnaufend ihr Heu, Mansueto nickte mir freundlich zu und tat weiter seine Arbeit, ohne sich um mich zu kümmern. Ich hockte zufrieden in einer Ecke, da war eine kleine Kiste mit allerlei Habseligkeiten, und schaute dem Mansueto beim Füttern der Tiere zu. Stundenlang konnte ich so sitzen, ohne ein Wort zu sagen.
Nachher, wenn die Kälber versorgt, die Milch gesammelt oder die kleinen Kälber unter gutem Zureden getränkt worden waren, setzte sich Mansueto zu mir und erzählte mir von seinen Schützlingen, beschwerte sich über die Bleß, lobte die Perla und fragte auch mich um meine Meinung

über dies und jenes. Die Stallkatze, die Schafe, die Kühe und die Kälber, alle waren mir gut bekannt, am liebsten mochte ich aber den stillen Mansueto. Er war vielleicht der Geringste unter den Leuten, die bei meinem Großvater im Dienst standen, aber gewiß nicht der Unwichtigste, denn er melkte zehn Kühe und versorgte vier Kälber und viele Hennen. Ich hatte Mansueto lieber als meinen Großvater, der, bärtig und streng, ehrgeizig, immer voller Eile, sehr viel zu tun hatte, mich kaum sah, wenn ich ihm begegnete. Dabei war er aber geachtet und geschätzt wie kaum ein anderer im Tal. Hunderten armer Holzschnitzer hatte er in unermüdlichem Fleiß Arbeit und Brot verschafft, und manch armes Bergbäuerlein verdankt die Tatsache, daß es heute noch auf seinem Höflein als eigener Herr schalten und walten kann, der Umsicht und Hilfe meines Großvaters. Er hatte drei Söhne, deren jüngster, der Leo, damals fünfzehn Jahre alt war und zur Zeit dieser kleinen Geschichte in der Tischlerei des Großvaters arbeitete.

Einmal schaute ich ihm zu, wie er Bretter hobelte. Stolz zeigte er mir, wie er aus einem Hobelstrich über das ganze Brett hin einen einzigen langen Hobelspan hervorzauberte. Immer wieder setzte er den Hobel an, und ich hatte nichts zu tun, als ihn und die zischend sich ringelnden Hobelspäne zu bewundern. Das Spiel wäre ergötzlich noch lange so fortgegangen, wenn uns nicht plötzlich schwere Tritte den Großvater angezeigt hätten! Die Gesellen hobelten schneller, der Onkel Leo, selbst noch ein Lehrbub, schaute sich erschreckt um. Ich mußte verschwinden, irgend etwas mußte sofort mit mir geschehen. Kurzerhand packte er mich am Kragen und steckte mich in eine fertige Kiste, warf einen Deckel darauf und zwei bis drei leere Kisten darüber. Der Gefürchtete trat ein, ging hin und her, gab Anordnungen und stellte Fragen.

Mit klopfenden Schläfen, den Atem anhaltend, blieb ich im finsteren Gefängnis, bis die Luft wieder rein war, dann packte mich Leo wieder aus, und unser Spiel konnte weitergehen.

Das war nun beim Mansueto alles ganz anders, da kam niemand plötzlich in den Stall gerumpelt, da war es immer ruhig, und es roch nach Bergheu und trockenen Blumen.

Immer hatte der einsilbige Mansueto ein gutes Wort für mich, nie war er unleidig oder eilig, zur Marktzeit war auch stets ein kleines Geschenk bereit, ein bleierner Hahn, der laut krähte, wenn man hinten hineinblies, oder eine kleine Mundharmonika oder eine Handvoll Nüsse. »Schau, Luis«, pflegte er zu sagen, »das habe ich dir vom Markt mitgebracht.«

War es ein Wunder, daß ich Mansueto viel wärmer in mein Herz geschlossen hatte als alle strengen Großväter zusammengenommen? Wenn ich eine Freude hatte, lief ich zu Mansueto, wenn mich ein Schmerz bedrückte, trug ich meine Sorgen weinend zu ihm in den dunklen warmen Stall, er wußte immer Rat und hatte immer ein gutes Wort.

So ging das auch eines Tages mit einem meiner zehn Finger. An unser Haus war eine Holzhütte gebaut. Gern spielte ich dort, meist konnte ich

auch der Versuchung nicht widerstehen, mit dem schweren Beil Holz zu hacken, wie es mein Vater jeden Mittag machte. Das Schicksal wollte es, daß meine siebenjährige Schwester eines Tages selbst mit dem Beil spielen wollte. Ein Hölzchen, das sie gerade abgespalten hatte und das nun verlockend auf dem Hackstock lag, gefiel mir, und ich wollte es nehmen. Aber mein Schwesterlein hielt das Beil drohend in beiden Armen, ich langte mit dem Zeigefinger nach dem Ding.
»Ich hacke dir den Finger ab, wenn du das Hölzchen nimmst.«
Ich konnte der Versuchung nicht widerstehen, und so fiel das Beil mit dumpfem Schlag nieder, direkt auf meinen Zeigefinger, Blut floß, und das vorderste Gelenk meines armen Fingers hing nur mehr an einem Hautfetzen, pendelte halt- und hilflos am schmerzenden Gelenk. Linchen tat, was siebenjährige Mädchen meistens in solchen Fällen zu tun pflegen, sie lief davon. Ich stand hilflos und weinend vor Schmerz und Schreck da. Zum Vater? Nein, das gab Prügel. Zur Mutter, die krank im Bett lag? Nein, dann erfährt's sofort der Vater, und es gab doch Prügel.
Heute weiß ich selbst nicht mehr wie, aber nach wenigen Minuten stand ich schluchzend im Stall vor Mansueto und hielt ihm die in mein Taschentuch gehüllte blutende Hand hin. In seiner stillen Art beruhigte er mich, kniff die Lippen zusammen, schüttelte besorgt den Kopf, setzte mich auf ein Heubündel, ging an seine kleine Kiste, öffnete sie, fand bald die richtige Medizin und begann mich zu behandeln, indem er mit einem Holzstäbchen aus einem Tiegel wohlriechendes Baumharz herauskratzte und es in und um meine Wunde schmierte. Dies tat furchtbar weh, aber dann band er barmherzig alles mit einem alten Leinenfetzen zusammen und sagte, nun müsse man den Finger heilen lassen.
Erst abends, als es zu dämmern begann, ging ich heim. Die Mutter war krank, der Vater saß an diesem Tag allein in der Küche mit uns Kindern. Die Magd stellte das Essen auf den Tisch. Links von mir saß mein Schwesterchen, sie zeigte keine Spur von Reue. Ich hatte ein schlechtes Gewissen, und so ließ ich die rechte Hand unter dem Tisch, nahm den Löffel in die linke und begann zu essen. Ich saß rechts vom Vater; die Mutter, deren Fehlen uns alle sehr bedrückte, schlief schon. Bei mir trug allerdings der stark schmerzende Finger sein gutes Teil zu meinem besonders stillen Benehmen bei. Die Wunde tat weh, und ich wußte nicht, wie ich die Hand, während ich meine Suppe aß, halten sollte, da fragte der Vater:
»Seit wann hält man den Löffel in der linken Hand?«
Schüchtern antwortete ich: »Weil mir die rechte Hand so weh tut.«
»Was fehlt denn?«
»Weil er nicht nachgegeben hat«, platzte nun Linchen heraus. »Ich habe gesagt, er soll den Finger wegtun, aber er hat nicht gefolgt, und nachher hab' ich ihm hineingehackt.«
»So, so, in den Finger gehackt. Eigentlich sollte ich euch beide durchhauen«, murmelte der Vater und ließ mich, ohne sich weiter um die Wunde zu kümmern, mit der linken Hand weiterlöffeln. Später fragte er,

den Verband betrachtend, wer mich verbunden hätte. Ich antwortete: »Der Mansueto«, worauf der Vater nichts mehr sagte und uns schlafen gehen ließ.

Am folgenden Tag besuchte der Gemeindearzt die Mutter. Der Vater muß an Mansuetos medizinischen Kenntnissen doch gewisse Zweifel gehegt haben, denn als der Doktor gehen wollte, bat er ihn, nachzusehen, was mit meinem Finger sei.

Was nun in unserer Küche begann, war kein Spaß für mich. Der Herr Doktor entblößte vorerst die Wunde, sah, daß der Finger tatsächlich nur mehr an ein paar Fleischfasern hing, Knochengelenk, alles durchgeschlagen war, sah noch etwas Schlimmeres, nämlich, daß die Wunde innen und außen und rundherum mit dickem schwarzbraunen Baumharz verschmiert und verklebt war.

»Ja, ja, ja«, machte der Doktor und schnalzte mit der Zunge, »ja, Bub, wer hat denn das gemacht?«

»Der Mansueto«, sagte ich.

»So, so, der Mansueto«, wiederholte er und ließ sich eine Schüssel siedend heißen Wassers geben. »Ja, der Mansueto ist ein braver Mensch, er kann vielleicht Viecher kurieren, weißt du, aber nicht Menschen.«

Dann begann er das viele Pech mit einem Taschenmesser abzulösen und abzuschaben. Das tat höllisch weh und dauerte furchtbar lange. Nach einer halben Stunde war er damit fertig und legte mir einen frischen Verband an.

Von nun an mußte ich jeden zweiten, später jeden dritten Tag zum Doktor. Natürlich ging ich auch zum Mansueto, erzählte ihm, was man mit seinem Pech gemacht hatte, und zeigte ihm den neuen Verband.

»Ah, nein, nein«, sagte er kopfschüttelnd und ein bißchen verlegen, »was diese Doktoren alles machen, ich hatte dich so schön verbunden, das gute Pech hat dir sicher fürs erste geholfen, tut's dir noch weh?« –

Noch viele, viele Jahre blieb Mansueto mein Freund, jahraus, jahrein schnitt er das Heu, lieferte die Milch, mähte das Gras und pflegte das Vieh. Ich wurde größer, kam in die Fremde und wieder heim. Wieder vergingen Jahre, Mansueto blieb. Sein Kopf wurde grau und schließlich weiß. Er überlebte meinen Großvater um viele Jahre.

Aber als dann später vom Hof viele Wiesen und auch noch der Wald verkauft worden waren und nur mehr zwei Kühe im Stalle standen, begann er Schnaps zu trinken. Oft und oft sah ich den guten Alten zum Stall schwanken, ohne ihm helfen zu können. Und so fand man ihn eines Morgens im Winter friedlich schlafend an der Türe seines Stadels. Aus jenem Schlummer ist er nicht wieder erwacht.

Die mächtige Scheune mit ihrem tiefragenden Dach, dem Hof und dem Brunnen steht heute noch da, und mir ist's, wenn ich daran vorübergehe, immer, als schauten mich die guten Augen Mansuetos an, als grüßten sie mich und als sagten sie: »Schau, Luis, das hab' ich dir heute auf dem Markt gekauft . . .«

Der Fuhrmann mit den zwei Schimmeln

Die Wiesen standen grün und blumig. Der Bach rollte und rauschte bald laut und nahe, bald fern und leiser vor dem Fenster meiner Dachkammer. Der Wald stand ruhig, voll süßer Dunkelheit und Kühle. Die Berge ragten wie leuchtende Götterkronen über die Landschaft in jenen reichen Sommern der Jugendzeit.
Aber das Spielen in den Wiesen und am Bach und das faule Zuschauen, während Mägde und Knechte auf den Feldern arbeiteten, gefiel uns bald nimmer. Wir Buben wollten auch zugreifen und mithelfen.
Es gab männliche Arbeiten und solche, die etwas weibisch sein mochten, wie zum Beispiel das Auskehren der Stuben, das Jäten von Unkraut oder gar das Hüten der Gänse, was mir oft zufiel, sosehr ich auch versuchte, das Geschäft meinen Schwestern zuzuschanzen, die sich ja auch mit den plappernden, watschelnden Viechern viel besser verstanden als ich.
Am liebsten wäre ich damals Fuhrmann geworden. So ein Fuhrknecht, der hatte ein Pferd, das konnte man mit hü und hott, mit »Hü, Brauner« oder »Eha, Mizzi« anreden, lenken und rufen. Man hatte zwei lederne Leitseile in der Hand und eine schöne Peitsche! Wie sie diese halten und schwingen konnten, die Roßknechte! Das waren keine Knechte mehr, wenn sie selbstbewußt und stolz neben dem Fuhrwerk hergingen, das waren Herren! Aus den hellen Hemdsärmeln schauten die kräftigen, braunen Arme hervor, und ihre Sehnen strafften sich, wenn sie ausholten zum schnalzenden Peitschenschlag. »Tlich – tlach – tlich – tlach – – – tlaaaaach . . .« Und vom Walde hallte es wider, und wenn einer von ihnen vorbeifuhr am Hause seiner Mutter oder wenn sie anzeigen wollten, daß sie bald kämen, dann schnalzten sie auch einmal drei schneidige Takte mit ihrer Peitsche. Der federnde Peitschenstecken wurde in der rechten Hand getragen wie der Säbel vom Hauptmann der Kompanie.
Vorn am Ende des Peitschenstrickes war der Schmatz aus roter Seide befestigt. Den schenkte dem jungen Knecht nicht selten eine Magd, die er gern sah oder die ihn gern sah. Je lieber er das Mädel hatte, um so heller und schöner schnalzte der Schmatz.
Und erst der Wagen selbst, auf dem er Steine, Holz, Getreide, Mehl und alles, was ins Tal kam, führte! Bergab mußte gebremst werden, wenn's dann eben und geradeaus ging, wurden die quietschenden Bremsen wieder aufgemacht. Bergauf durfte nie aufgesessen werden. Gute Knechte, ordentliche Kerle saßen selten auf, sie gingen neben Roß und Fuhrwerk her und schauten zum Zeug. Wenn sie aber aufsaßen, dann wußten die Rosse schon, daß es flott gehen sollte, spitzten die Ohren und zogen im lustigen Trab davon.
Es war mein kindlicher Stolz, neben so einem Fuhrmann hergehen zu können und gelegentlich aufsitzen zu dürfen. Es gab da brummige, grantige Teufel, die uns Buben gleich wegjagten, und es gab freundliche, lustige Gesellen, die uns gern ein Stück des Weges mitnahmen. Mein Großvater

hatte zwölf Pferde im Stall und dazu vier Knechte. Der netteste hieß Albert. Der lachte und rief und schnalzte mit der Peitsche, daß es eine Freude war, und seine beiden Schimmel, die Poppa und den Fritz, die hielt er wie seine Geschwister, es waren die zwei schönsten Pferde des Tales. Sauber und blitzblank. Wie der Herr, so's G'scherr! Grünseiden glänzte sein Halstüchel auf dem zwilchenen Hemd, und stets flatterte eine schneidige Spielhahnfeder oder glühte eine rotseidene Nelke auf seinem Hut. Und wenn's gar auf mehrere Wochen mit den Rossen hinausging nach Franzensfeste zum Holzführen, dann jodelte und jauchzte der Albert vor Glück und Freude. Sein »Hü« und »Hott« hörten alle Leute gern. Nie gab er den Tieren die Peitsche, der Albert mit dem allzeit lachenden Gesicht. Wenn seine zwei Schimmel den Pflug zogen oder die Egge, wenn sie die schweren Erntewagen in den Stadel brachten oder im Winter das Holz führten, merkte man ihren Eifer und ihre Freude an der Arbeit. Und wenn sie sonntags einmal fein mit der Kalesche ausfahren oder im klingenden Lauf mit dem Schlitten über den Schneeweg dahintraben durften, trugen sie ihre Köpfe noch stolzer als sonst!

Ja, Fuhrmann werden, das war mein Traum.

Eines Tages ging's im Hof des Großvaters besonders laut und lebendig her, fast wie vor einem Almauftrieb. Schon um vier Uhr früh kamen die Knechte, tränkten und fütterten die Pferde, richteten die Kummete und Protzen her. Alle zwölf Rosse sollten ins Pustertal hinaus, drei Wochen lang, ins Holz. Der Albert war ganz festtäglich heute. Ich durfte bis Waidbruck ins Eisacktal mitfahren. Von da sollte ich mit einem der Knechte, der die Fuhrleute bis nach Waidbruck begleitete, wieder nach Hause zurückfahren.

Still und bewundernd schaute ich den Knechten zu, hörte das wohlige Grunzen der Pferdemäuler, die ihren Hafer zwischen den Kiefern zerrieben. Die Luft im Stall war warm und roch gut nach Pferden, Leder und Heu. Sauber hielten sie den Stall, das konnte man schon sagen, keine Hennen durften herein und kein anderes Viehzeug.

Der Albert war an jenem Tage ganz außer sich vor Freude. Seine Augen glänzten unheimlich, und was er redete, war nicht immer zusammenhängend. Aber niemand nahm das ernst, weil man's beim Albert nicht so genaunahm. Er war noch so jung, und nicht nur wir Buben, alle mochten den lebensfrischen, stets lachenden, fröhlichen Burschen.

»Hü, Hott . . . Schimmel, Hü!« – Alberts Fuhrwerk war das erste, das ließ er sich nicht nehmen. Wir saßen auf, der Albert rechts, mit Peitsche, Leitseil und Bremse zur Hand, ich links daneben auf dem Holzbock des niederen breiten Rädergestelles. Jeder hatte zwei gute Pferdedecken auf dem Sitz, damit die Knochen beim Holpern über Stock und Stein nicht weh taten. Es war fünf Uhr früh, als unsere beiden Schimmel in stolzem Trab durch das Dorf hinaus fuhren. Albert jodelte, und seine Spielhahnfeder flatterte im frischen Morgenwind.

Hinter uns folgten drei doppelspännige und vier einspännige Fuhrwerke.

Es war eine große und schöne Expedition. Der Großvater grüßte den ältesten der Knechte und gab ihm noch einmal kurz Auftrag und Weisung mit auf den Weg.
Wir mochten noch gar nicht lange gefahren sein, als Albert plötzlich ohne Grund ein paarmal laut auflachte und mit sich selbst zu sprechen anfing. Dabei sah er mich mit glänzenden Augen an und rief den Pferdchen zu, redete mit diesen, trieb sie schließlich zu scharfem Trab an, stand auf, hielt die Leitseile in der linken Hand und ließ mit der rechten die Peitsche über die Rücken der Pferde sausen, daß diese erschrocken die Ohren nach rückwärts legten und hellauf wieherten, wenn ihnen der schallende Strick um die Ohren pfiff. Albert wurde immer toller, er schrie jetzt laut und hieb mit der Peitsche auf die Rosse ein, seine Augen glühten, in der linken Faust hielt er die Zügel und riß die nun wild dahingaloppierenden Rosse hin und her, wie es der holprige Weg verlangte. In toller Jagd hetzten die scheu gewordenen Tiere dahin. Der Weg war stark abschüssig. Immer toller und immer wilder jagten Rosse und Fuhrwerk. Ich hielt mich laut schreiend mit beiden Fäusten am Holzbock fest, um nicht vom Wagen zu stürzen und unter die Räder oder Hufe zu kommen. Hilflos, ängstlich und verzweifelt starrte ich zum Albert auf, der wie ein König dastand und seine Peitsche schwang.
Das kleinste Hindernis, welches auf dem Weg auftauchte, mußte uns zum Verhängnis werden. Keine Gewalt hätte die mit fliehenden Mähnen jagenden, vollständig verrückt gewordenen Pferde mehr aufhalten können. Der Weg war schmal, steil und unübersichtlich. Rechts von uns ragten Felsen in die Höhe, links gähnte neben einem brüchigen Geländer der drohende Abgrund zum wilden Grödnerbach. Ich zitterte an allen Gliedern und schrie Albert immerfort zu, er solle bremsen.
An einer heftigen Biegung nach rechts flog ich schließlich, durch das Aufprallen der Räder auf einen Stein, im Bogen vom Wagen, überschlug mich und blieb im Gestrüpp einer Staude unterhalb des Weges über dem wildschäumenden Bach hängen.
Alberts wilde Schimmeljagd raste talwärts davon. Ich kroch mit schmerzenden Knochen wieder auf den Weg hinauf. Hart am Rande blieb ich hilflos weinend sitzen.
Endlich kamen die nachfolgenden Fuhrwerke und nahmen mich mit nach Waidbruck. Die Knechte schüttelten die Köpfe, als ich ihnen von Alberts toller Jagd und den wild gewordenen Pferden erzählte.
In Waidbruck standen zitternd und schweißbedeckt die Schimmel. Auch den Albert sah ich. Seinen Hut hatte er verloren. Wirr hingen ihm die schweißnassen Haare in die Stirn. Seine Augen waren müde und glanzlos geworden, die kräftigen braunen Arme hingen schlaff herunter. Er war ganz still und erkannte mich nicht mehr. Zwei Männer führten den willenlosen armen Burschen fort in ein Haus.
»Der isch narrisch gworden, der kommt nach Hall ins Narrenhaus«, sagten die Knechte.

Lange Jahre wartete ich auf den lachenden, lustigen Albert. Sooft ich die Schimmel sah, bekam ich Sehnsucht nahm ihm. Aber ich habe ihn nie wiedergesehen.

Der Stern von Bethlehem

In den ersten Dezembertagen wandert als Vorbote der Weihnachtszeit der heilige Nikolaus durchs Land. Bei uns in Tirol kommt er aber nicht allein, da wird er von einem Engel begleitet, einem freundlichen Engel mit Flügeln. Da kam also der Nikolaus, wir wissen ja, wie er ausschaut: gütig, mit weißem Bart und pelzverbrämter Kappe, den Bischofsstab in der Hand und in einem langen goldbestickten roten Mantel. Der Engel trug ein Körbl, da waren Äpfel und Nüsse drin und andere gute Sachen. Aber hinter dem Nikolaus war, wie es meist im Leben ist, nicht nur Gutes und Schönes, sondern auch Böses. Ein richtiger Teufel ist hinter ihm gestanden mit einem langen Schweif und klirrenden Ketten. Zottig und schwarz war er, auf dem Rücken hatte er einen großen Korb. Einmal hab' ich aus dem Korb zwei Paar Füße herausragen sehen. Kein Zweifel, die bösen Kinder waren vom Satan mit dem Kopf nach unten in den Korb gesteckt und mitgenommen worden.
Aber das war vor vielen Jahren, als ich noch sehr klein war. Wir haben uns natürlich vor dem Teufel gefürchtet, doch der heilige Nikolaus war ja da und der Engel, und das war ein großer Trost. Und dann war noch der Vater da. Der Vater war stark, der hätt' sich des Teufels schon erwehrt, und die Mutter war ja auch noch da. Unsere Angst wurde aber sehr groß, als der Nikolaus die Mutter und den Vater fragte: »Waren die Kinder brav? Wie war es in der Schule?« Und die Mutter hat gesagt, das Linchen, meine Schwester, wie auch das Hannele, sei immer sehr lieb.
Mit einem Mal drehte sich der Nikolaus zu mir und fragte: »Der Bub da? War der auch immer brav?«
Der kalte Schreck packte mich; ich hab' genau gewußt, daß ich gar nicht immer brav war. Ich hab' mich mit beiden Händen an Mutters Rock gehalten und hab' mir gedacht: Was wird denn jetzt geschehen, wenn sie sagt, was ich alles angestellt habe? Aber die Mutter hat das nicht getan und hat gesagt: »Der Luis – ja, ja, der war auch immer recht brav.«
Nie hab' ich die Mutter lieber gehabt als in dem Moment, und da hab' ich mir gedacht, sie ist doch die beste Mutter von der ganzen Welt, und daraufhin, weil der Teufel trotz aller Ermahnungen des heiligen Nikolaus keine Ruh gegeben und wild herumgerasselt hat mit den Ketten – es waren richtige, eiserne, vom Stall –, hat der Nikolaus die Tür aufgemacht und gesagt: »Marsch! Hinaus mit dir!«

Die Langkofel-Gruppe vom Pordoijoch aus gesehen

Und weil er nicht gleich gefolgt hat, ist die Stimme des Heiligen fast wie Donner geworden. »Fort mit dir, hinaus!« hat er gerufen, und der zottige Teufel ist wie der Blitz zur Tür hinaus.
Der Nikolaus ist noch ein bißchen geblieben und hat uns ermahnt, brav zu sein und Vater und Mutter immer zu folgen. Der Engel hat Geschenke verteilt, und nachdem der Nikolaus gegangen war, hat die Mutter gesagt: »Bald wird Weihnachten sein, und wir werden die Geburt des Christkindleins feiern.«
Die nächsten Wochen waren voller Erwartung. Ich bin damals in die Grödner Volksschule gegangen und hatte in der Religionsstunde gelernt, was Weihnachten bedeutet: daß vor fast zweitausend Jahren das Christkind im Stall zu Bethlehem auf die Welt gekommen ist und ein Engel den Hirten vom Himmel die frohe Botschaft gebracht hat: »Fürchtet Euch nicht! Ich verkünde Euch eine große Freude, die allem Volk zuteil werden soll: Heute ist in der Stadt Davids der Heiland geboren, der Messias, der Herr. Und dies sei Euch zum Zeichen: Ihr werdet ein Kind finden, das in Windeln gehüllt ist und in einer Krippe liegt.« Die Hirten eilten nach Bethlehem und fanden Maria und Joseph und das Kindlein in der Krippe.
Mein Vater hat viele Weihnachtskrippen gebaut mit dem Stall von Bethlehem, den Hügeln und Palmen von Jerusalem im Hintergrund, und ich hab' die Heiligen Drei Könige, die dem Stern gefolgt sind, gut gekannt, den Melchior, den Kaspar und den Balthasar, und das war ein Schwarzer, ein Mohr.
Der Vater hat uns, als die Zeit kam, nachmittags meist hinausgeschickt auf den Weg, wo wir mit anderen Kindern gerodelt haben. Als uns die Mutter eines Nachmittags besonders sauber angezogen und gesagt hat: »So, Kinder, geht jetzt ein bißl zum Mansueto in den Stall hinunter und kommt in einer Stunde wieder«, da ahnte ich schon etwas.
Es war schon dunkel, und es war viel Schnee, und meine Schwester Linchen ist neben mir hergestapft in ihren Patschen und hat gesagt: »Gehn wir lieber zum Großvater, vielleicht ist das Christkindl schon dort?«
Aber dem Großvater bin ich aus dem Weg gegangen, der war immer so streng. Ich hab' mir gedacht, da gehe ich lieber gleich zum guten Mansueto in den Stall, der war mein Freund, bei ihm ist es warm und gemütlich.
Im Stall war Licht, und wir sind hineingegangen und haben zum Mansueto »Grüß Gott!« gesagt. Er hat gerade eine Kuh gemolken, auf dem Boden war die Stallaterne mit dem Kerzenlicht.
»Ah! Ihr seid es, Kinder, ihr kommt zu mir heute, das ist lieb von euch!« Wir haben beim Mansueto gewartet, bis er fertig war mit dem Melken.

oben links: Die Eltern
oben rechts: Trenker und sein Freund Hans Pescosta
unten: Furdenang, das Geburtshaus der Mutter

»Du, Mansueto, heut kommt's Christkindl«, hab' ich zu ihm gesagt.
»Ja, heut ist Heiliger Abend.«
»Kommt es zu dir auch?«
»Zu mir wird es wohl nicht kommen. Ich bin alt und allein, und keine Kinder sind da, und so fliegt das Christkindl wohl nur schnell durch den Stall«, meinte Mansueto.
»Dann kommst du zu uns. Zu uns kommt es gewiß.«
»Wenn ich darf, komme ich gern.«
Dann hat er die Milch versorgt, sich noch einen sauberen Rock angezogen und die Laterne genommen und ist mit uns gegangen.
An der Haustür haben wir geklopft und gerufen. Die Mutter ist gekommen und hat aufgeschlossen, der Vater hat den Mansueto begrüßt, und Burgl, unsere Magd, hatte eine frische Schürze um.
Ich hab' immer gemeint, das Christkindl könnte man vielleicht sehen, das fliegt ganz still hoch am Himmel durch die Nacht über das verschneite Tal hin, und darüber glitzern die Sterne, und darunter liegen der dunkle Wald und die Bergspitzen, und dann wird es vielleicht hereinhuschen durchs Fenster, und es wird ein Licht sein wie im Himmel, und ich hab' die Mutter gefragt, ob man das Christkindl auch sehen kann, wenn es kommt.
»Wie stellst du dir das vor?« sagte die Mutter. »Das Christkind muß überall sein, draußen am Meer über den Schiffen, in den großen Städten wird es sein und in den kleinen Bauernhöfen, es muß bei den Armen sein und bei den Reichen, bei den Kranken und den Gesunden, überall. Also sehen kann man es nicht, man muß es sich denken und muß spüren, daß es unter uns ist.«
Dann ist die Stubentür aufgegangen – und da war ein heller Lichterglanz, viele Kerzen haben gebrannt am Weihnachtsbaum, und die Mutter hat uns an den Händen hingeführt. Linchen, das Hannele und mich. Es roch nach Tannenharz, Kerzenlicht und gebratenen Äpfeln. Am Fuß des Christbaums war die Weihnachtskrippe, die der Vater selbst geschnitzt hat. Der heilige Joseph mit dem Bart und die Mutter Gottes. In der Futterkrippe mit lachendem Gesichtlein und ausgebreiteten Armen das liebe Christkindl, dahinter eine Kuh und ein Esel.
Wir knieten nieder und beteten das Vaterunser. Der Mansueto kniete neben uns, er hat gut nach Heu gerochen wie im Stall und hat mit uns gebetet. Er ist ein bißchen länger auf den Knien geblieben als wir.
Der Mansueto hat Wollsocken bekommen und warme, feste Fäustlinge. Als er wieder gegangen war, hat die Mutter gesagt, um arme Menschen, die niemanden haben, müsse man sich an solchen Tagen besonders kümmern, und es sei recht gewesen, daß wir ihn mitgebracht haben.

Später bin ich manchmal auch recht einsam gewesen zu Weihnachten. So ist es mir einmal in Berlin nach der Premiere eines Films, in dem ich die Hauptrolle spielte, ergangen. Die Aufführung war sehr feierlich, und ich war ganz benommen von dem vielen Applaus der Berliner an jenem

22. Dezember 1926. Am 23. Dezember wollte ich heimfahren, um den Heiligen Abend mit Mutter und Vater und den Geschwistern zu feiern. Aber am 23. begegnete ich meinem Freund, dem Kameramann Sepp Allgeier. Er war sehr lustig und fragte: »Hast du schon dein Reisegeld von der Filmgesellschaft?«

»Nein«, sagte ich, »heute war das Büro gesperrt.«

»Dann bleibst noch da, morgen geh ich mit dir zur Kasse, und wir fahren am Abend gemeinsam, das ist für beide netter.«

»Ausgerechnet am Heiligen Abend soll ich mit dir im Zug sitzen? Nein, das ist nichts.«

»Ach was«, hat er gesagt, »denk doch an die Eisenbahner, die Matrosen und die vielen anderen, die am Weihnachtsabend ihren Dienst tun müssen. Und außerdem könnten wir uns morgen den Film noch einmal anschauen. Wär doch auch ganz schön, nicht?«

Die Verlockung hat gewirkt; ich blieb.

Aber am nächsten Abend habe ich am Bahnhof vergeblich auf den Sepp gewartet; er hatte mich sitzenlassen. Ich hab' den Zug versäumt, weil ich immer noch hoffte, der Sepp würde doch noch kommen. So stand ich am 24. Dezember 1926 um halb elf Uhr nachts allein in Berlin auf dem Anhalter Bahnhof.

Während ich so verlassen dastand, kam ein Herr auf mich zu, an seiner Seite eine kleine, dunkle Frau, und sagte: »Ja, Herr Trenker, was machen Sie so allein am Bahnhof?«

Ich hab' ihn gleich erkannt. Es war der Kritiker Dr. Mendl von der Filmzeitschrift »Lichtbildbühne«. Ich sagte, warum ich hier sei.

»Dürfen wir Sie einladen, mit zu uns zu kommen? So allein am Weihnachtsabend, das ist doch nichts. Wir haben zwar nur eine bescheidene Wohnung in Steglitz draußen, aber ein kleines Christkind, unser zwei Monate altes Töchterchen, liegt in der Wiege, und einen Weihnachtsbaum haben wir auch, also kommen Sie doch mit, wir freuen uns.«

Ich nahm die freundliche Einladung gern an und fuhr mit den beiden in der Elektrischen nach Steglitz. In der kleinen Wohnung war es warm und gemütlich, am Christbaum brannten die Kerzenlichter, die Wiege mit dem schlafenden Kind stand in der Ecke, und wir blieben, bis die Glocken von den Berliner Kirchen zur Christmette läuteten.

Nach jenem Abend sind dann viele Jahre vergangen. Im Sommer 1960, vierunddreißig Jahre später, befand ich mich in einer Buchhandlung am Berliner Kurfürstendamm und suchte ein bestimmtes Buch. Kam eine hübsche Verkäuferin auf mich zu. »Herr Trenker, Sie kennen mich natürlich nicht«, sagte sie, »aber ich freue mich herzlich, Sie endlich einmal persönlich zu sehen.«

»Sie kennen mich wohl vom Fernsehen oder vom Film her?«

»Das auch, aber nein, nein, mein Vater und meine Mutter haben Sie gekannt, sie haben mir oft erzählt, daß Sie vor vielen Jahren das Weihnachtsfest bei uns gefeiert haben, als ich noch ein kleines Kind war und in der

Wiege lag. Ich bin die Tochter von Dr. Mendl. Können Sie sich noch an ihn erinnern?«

Das war vielleicht eine Überraschung für mich – natürlich, vor dreißig Jahren war das gewesen . . . Ich erinnerte mich gleich und sagte: »So liebe Menschen wie Ihre Eltern vergißt man nicht. Wie geht es ihnen? Leben sie noch?«

Sie schüttelte den Kopf und fügte leise hinzu: »Sie wissen, der Krieg und die Konzentrationslager – Mutter und Vater sind darin umgekommen – ich wurde auf dem Lande von guten Leuten aufgezogen.«

Als ich nach einem Jahr wieder in Berlin war und in derselben Buchhandlung nach ihr fragte, war Fräulein Mendl nicht mehr da. Kein Mensch konnte mir Auskunft geben, wohin sie verzogen war, so sehr ich auch fragte. Nun schicke ich ihr auf diesem Wege meine guten Gedanken.

Während der düsteren Kriegsjahre war meine Familie in Kitzbühel. Dort waltete in jener Zeit ein besonders guter Pfarrer. Er hieß Josef Schmid, und wir verehrten ihn sehr, weil er so schön von der Kanzel herunter predigen konnte. Keiner hat das Credo beim Hochamt mit so ergreifender Stimme gesungen, und nie werde ich die Weihnachtsbotschaft vergessen, die er jedes Jahr um Mitternacht den andächtigen Besuchern der Christmette verkündet hat.

Während wir von unserem kleinen Haus am Lebenberg im tiefen Schnee zur Kirche hinuntergegangen sind, haben alle Glocken geläutet. Sie klangen in der stillen, heiligen Nacht viel schöner als sonst. Meine beiden kleinen Buben, Florian und Ferdinand, führte ich an der Hand, die kleine Barbara ging an der Hand der Mutter. Es war so, als würde das göttliche Kindlein hoch über uns durch den stillen Himmel schweben und alles, alle Menschen, Tiere und Häuser segnen. Die Bauern kamen mit ihren schwankenden Laternenlichtern von ihren Höfen herunter.

In der Kirche herrschte eine tiefe Erwartung. Die Kerzenlichter, das Orgelspiel, die Priester am Altar, alles bereitete sich auf den großen Augenblick vor, an dem unser Pfarrer die Botschaft verkünden würde vom Engel, der den Hirten auf dem Berge die Geburt des Herrn im Stall zu Bethlehem brachte; das waren wahrhaftig unvergeßliche, ergreifende Stunden. Nie habe ich die Christnacht andächtiger erlebt als damals. Und als wir, noch ganz vom großen Ereignis erfüllt, in die kalte, sternenglitzernde Winternacht hinausgegangen sind, stapften wir wieder durch den Schnee heimwärts. Meine Frau mit Florian und Barbara voraus, ich mit dem kleinen Ferdl hinterher.

Im Gehen so blieb der Bub plötzlich stehen und zeigte zum Himmel hinauf. »Du«, sagte er, »schau da oben: die vielen, vielen Sterne. Welcher ist denn der Stern von Bethlehem? Ist das vielleicht der glänzende dort?«

»Nein, das ist der Abendstern. Weißt du, den richtigen, den wirklichen, den kann man hier und heute nicht sehen, das war ein ganz besonderer.«

»Aber der dort oben ist doch auch recht schön, nicht?«

»Ja, der Abendstern ist freilich schön.«
»Du«, sagte er und sah mich mit ernster Miene an. »Möchtest du ihn haben?«
»O ja, den möcht' ich schon gern.«
»Dann schenk' ich ihn dir«, sagte er nun mit fester Stimme.
Und sooft ich seit jener Christnacht zum nächtlichen Himmel hinaufschaue, weiß ich: Der Abendstern gehört mir, den hat mir der Ferdl geschenkt.

Heimweh und Sehnsucht

Die Berge leuchteten in hellen Farben, stolz standen sie da, umflutet vom Licht der sinkenden Sonne, als glühten sie von innen her, und ihre Füße badeten in den kühlen Wiesen. Der Wind wehte von den Gipfeln nieder, rauschte durch die sich neigenden Tannenwipfel, im leisen Hauch strich er über die Blumen und Blüten, trug ihren süßen Duft in die Täler und schenkte jedem, der da ging, etwas von dem Wohlklang des göttlichen Friedens in der Natur.
Des Abends, wenn der Vater heimkam, wußte die Mutter, jetzt ist die Arbeit aus, und am Sonntag wurde in die Kirche gegangen, wo der Vater im Chor mitsang. Ganz genau konnte ich seine Stimme heraushören.
»Nun ja«, sagte der Vater an einem solchen Sonntag auf dem Heimweg zu mir, »morgen fährst du also in die Stadt zur Schule. Mir wäre es lieber, du bliebest daheim. Bleib ein braver Mensch, Bub, und behalte ein gutes Herz.«
»Wie tut man das?« fragte ich.
»Indem man alles für gut nimmt, eh man nicht ganz sicher weiß, daß es schlecht ist.«
»Ja, Vater«, sagte ich und wollte mir seine Worte merken.
Am anderen Morgen um vier Uhr früh weckte mich die Mutter. Es hieß fortgehen von daheim, von der Stätte aller schönen Stunden und Spiele, es hieß die hohen, kühlen Ahornbäume in unserer Wiese verlassen, den Bach und den Langkofel, und wäre die Mutter nicht mit mir gefahren an jenem Tag, ich glaube, ich wäre sehr unglücklich gewesen. Eigentlich hätte ich wie bei anderen Gelegenheiten zu Fuß die drei Stunden Weges durch das Tal bis zur Eisenbahnstation gehen sollen, aber die Mutter hatte diesmal einen Einspänner bestellt, der uns durch das noch im Schlaf liegende Dorf in die Fremde führen sollte. Der Grödnerbach rauschte den Weg entlang sein Lied hell und fröhlich, je nach den Steinen und Blöcken, über die er dahinfloß. Stumm saß ich in der Kutsche neben der Mutter und war glücklich über ihre Nähe.
In der Stadt Bozen nahm man mich in die zweite Klasse der Bürgerschule auf, und an die Stelle der Mutter trat eine gutmütige, aber strenge Lokomotivführerswitwe, bei der ich in einem kleinen sonnigen Zimmer

untergebracht wurde. Ihre Tochter Anna band in einem Hutmodeladen Schleifchen oder Blumen auf große Damenhüte, wie sie damals den Leuten gefielen.
Alles, was ich liebte, war mit einem Male weit weg: die grünen Blumenwiesen der Seiseralm, die rotglühenden Felsen und Türme der Sella, die kleinen Waldwege, die erdduftenden Äcker, die braven Schimmel des Großvaters, die sonnendunklen Almhütten, die Freunde alle, der schmierige, sommersprossige Meyer Peppele, der schlangenwendige Stainer Wastl, der gute Mansueto, die alte Anna Maria und die große Stille, die allabendlich vom Himmel heruntersank.
In der Schule gab es nicht selten Raufereien, die mein Gemüt erfrischten, oder auch sonst Dinge, die den Unterricht würzten; da ich aber von der Einsamkeit meiner kleinen Welt her an die Ruhe in der Natur gewohnt war, blieb ich immer etwas zurückhaltend und gern allein. Die ersten Wochen nach meiner Ankunft weinte ich, wie das wegen meines Heimwehs auch später manchmal noch geschah, oft und heimlich bitterheiße Tränen. Die Sehnsucht nach den stillen Tagen und der Stimme der Mutter war zu groß, später kühlte die Zeit den heißen Schmerz; ich begann selbständig zu werden und erfuhr, daß es in der Welt außer dem Heimattal, dem Elternhaus und dem Langkofel auch sonst noch schöne Dinge gibt, und lernte mit Eifer und Fleiß.
Selten einmal durfte ich spazierengehen, aber fast nie allein. Ich erwähnte schon, daß Frau Rainer trotz ihrer Güte auch mit ihrer Tochter und mit sich selbst sehr streng war. Ihr Mann, ein Lokomotivführer, war bei einem Eisenbahnunglück ums Leben bekommen; sie hatte mir den Hergang des Unglücks oft erzählt, und sie gedachte des Verstorbenen mit einer rührenden und treuen Anhänglichkeit. Sein Bild hing im Eßzimmer, sein Blick war frci und offen, und ein starker Schnurrbart zierte das männliche Gesicht. Stets schmückte eine frische Blume oder ein Tannenzweig sein Bild. Das harte Schicksal hatte den Sinn der Witwe vom Irdischen aufs Jenseitige gelenkt.
Manchmal kamen auch ihre Schwestern zu Besuch, es waren zwei rundliche Tanten ohne Anhang. Sie kümmerten sich sehr um mich. Immer hatten sie an mir etwas auszusetzen: Einmal war ich ihnen zu laut, dann wieder zu still, dann zu blaß und dann wieder zu rot im Gesicht. Aß ich viel, war es nicht recht, aß ich wenig, fragten sie, ob ich krank sei. Immer aber vertratschten sie mich: Einmal hatten sie mich naschen gesehen, ein andermal mich gerade ertappt, als ich aus einem Zuckerbäckerladen kam, und einmal gar, als ich mir morgens auf dem Schulweg bei einem Obststand um zwei Kreuzer Äpfel gekauft hatte. Einen ganzen großen Hut voll hatte ich bekommen, da rauschten die Tanten daher; vor Schreck fiel mir der Hut auf den Boden, die Äpfel rollten in alle Richtungen davon, ich hatte zu tun, um sie wieder zusammenzuklauben. Natürlich gab's daheim nachher Verhöre, Verdächtigungen und mißtrauische Blicke. Ich fürchtete die beiden Tanten mehr als den Teufel, der mir bisher viel weniger Schere-

reien gebracht hatte als sie, aber die Tochter Anna mochte ich gern, sie half mir bei den Schulaufgaben.

Da wurde einmal ein großes Alpenvereinsfest gefeiert. Es war das schönste Fest, an das ich mich aus meiner Jugendzeit erinnere. Große Edelweißsterne prangten als Lichtflammen an den Berghalden, viele Fremde waren da, die sich in bunten Scharen auf dem Waltherplatz und auf der Talferpromenade drängten. Musikbanden spielten, Fackelzüge marschierten durch die Stadt, Lampions glühten an hundert Stellen, es war alles voller Freude, und man genoß nach dem festlichen Sonntag den schönen Abend. Ich durfte mit den Tanten noch auf den Waltherplatz gehen. Im Vorgarten eines der großen Hotels spielte eine Militärkapelle, und man ging herum und staunte über die Höhenfeuer, die von den Bergen heruntergrüßten.

Ich brachte Mund und Augen nimmer zu, so viel gab es zu schauen und so viel stürmte auf mein Gemüt ein. Bald aber zog mich der erste Geiger des Orchesters derart in seinen Bann, daß ich den Kopf zwischen die Buchsbaumbüsche steckte und die Welt um mich in ein Meer von Melodien versank. Ich hörte nur die Streicher und über allen den Sologeiger. Er spielte so schön und mit so viel Seele und innerer Beteiligung, daß ich bleiben wollte, soviel die Tanten und Frau Rainer auch zum Aufbruch mahnten. Und als sie mich wegzerren wollten, hielt ich mich mit beiden Händen so fest an den Buchsbaumbüschen, daß diese umzustürzen drohten. Also gaben die Tanten nach. Der Geiger hatte tiefdunkles, fast pechschwarzes Haar und einen Bogenstrich, der die Geige zum Schluchzen und Jauchzen brachte und mit ihr mein ganzes Herz. Ich war restlos glücklich; aber schon wieder mahnten die unerbittlichen Tanten. Sofort griff ich wieder in die Buchsbaumstauden und war entschlossen, eher eine Eiche umzureißen als nachzugeben.

Alle Fenster der großen, breiten Barockfassade des Hotels waren erleuchtet, sie stand hinter dem schönen Konzertgarten, in dem sich die Gäste ihrer sorglosen Stimmung hingaben. Aus vielen Fenstern blickten Menschen auf den sommerlichen festlichen Platz, den das marmorne Denkmal des Minnesängers Walther von der Vogelweide zierte. Jetzt blieb mein Blick an einem seltsamen Kopf in einem Fenster des ersten Geschosses haften. Er war schmal, anziehend, die Gesichtszüge kräftig und klar gezeichnet. Die Haare fielen links und rechts des blassen Antlitzes fast bis auf die Schultern. Der Kopf war schön und auffallend, ich habe ihn bis heute nicht vergessen, er erinnerte mich an das Bildnis eines Italieners im Zimmer meines Vaters. Der Mann lehnte allein am Fenster und lauschte regungslos, immer in derselben Stellung verharrend, den Kopf auf die rechte Hand gestützt, in der von flimmerndem Kerzenlicht erleuchteten Fensteröffnung.

Der Geiger hatte aufgehört zu spielen, das große Orchester strömte nun im Wohlklang der Instrumente über, der Fremde rührte sich nicht, und ich schaute und schaute, unter den vielen Gesichtern und Menschen fesselte mich nur mehr jener merkwürdige Mann aus der Fremde. Wo

mochte er wohl herkommen? Vielleicht aus einem Land, von dem ich noch nie etwas gehört hatte. Ich starrte noch zum erleuchteten Fenster, als die Musik verklungen war, da fragte mich Frau Rainer, was es denn da oben zu sehen gäbe? Nur halb hörte ich ihre Worte. Nach nochmaliger eindringlicher Frage deutete ich zu dem fremden Mann hinauf und sagte: »Siehst du den Herrn dort oben am Fenster, den mit den langen Haaren, der ist aber schön!«
Frau Rainer schaute, ihrem Blick folgten auch die anderen, auch Anna, die Tochter, sah hin. Kopfschüttelnd fragte mich die Frau: »Was hast du denn, was willst du denn von dem?«
»Ich möchte gerne wissen, was der ist«, sagte ich.
»Was der ist?«
Die Achsel zuckend, sagte die eine Tante lächelnd:
»Was kann denn schon ein Mensch, der so aussieht, sein? Ein Schauspieler halt oder sonst so ein Künstler.«
»Oh, das möchte ich auch werden, ein Schauspieler oder Künstler!« rief ich begeistert aus und blickte wieder zu dem fremden Mann hinauf.
Die Tanten waren entsetzt. Die Köpfe schüttelnd, nahmen sie mich unter ihre Fittiche, führten mich aus dem Zauber jener gefährlichen Erscheinung fort und verboten mir, noch einmal derartige Gedanken zu äußern. Schauspieler werden – na, so was!

Der Mann mit den Aprikosen

In den Ferien braucht man nicht in die Schule zu gehen. Da hat man Zeit und darf vielleicht auch einmal ein bissel länger schlafen. Durch das offene Fenster hab' ich immer gleich nach dem Aufwachen gehorcht, weil ich mir gedacht hab': Ich wart' noch ein bissel, bis die Mutter kommt, oder bis sie mich ruft. Meistens hat sie von unten – da war eine kleine Terrasse, und zu der führte im Freien eine steinerne Treppe hinauf – gegen sieben Uhr früh gerufen: »Luis, steh auf, es ist Zeit!« Und dann bin ich erst richtig wach geworden, weil es die Stimme der Mutter war. Aber ich hab' auch immer so ein bißchen spekuliert, ob denn die Obstfrau schon kommt.
In meinem Heimatort in Gröden, der 1236 Meter hoch über dem Meer liegt, wächst kaum Obst, weil der Winter zu früh kommt. Obst war daher damals für uns eine ganz besondere Delikatesse, fast unerreichbar. Es war auch nicht billig, nur reiche Leute haben sich Obst geleistet. Die Bauern schon gar nicht, und der Vater wollte überhaupt nichts wissen davon. Für den Vater war Obst Luxus. Brot war für ihn wichtig oder Milch und Tiroler Knödl oder ein Stück Fleisch, ja, das war eine Nahrung, aber Obst? Die Mutter jedoch, die dann und wann recht gern eine Aprikose gegessen hat oder einen Pfirsich, die hat für uns Kinder immer von der Anda Marianna, so hieß die Obstfrau, ein paar Birnen oder Äpfel gekauft.
Und frühmorgens, noch im Bett, hab' ich schon gepaßt: Zack, zack, zack,

ist die Anda Marianna über die Treppe herauf, und die Mutter hat gesagt: »Guten Morgen, grüß Gott, Anda Marianna, was haben Sie heut Gutes für uns?«

»Heut gibt's Aprikosen und Birnen. Wolln S' ein paar Aprikosen, sie sind so schön heut.«

Hat die Mutter gesagt: »Ja, ja, für 'n Luis ein paar Aprikosen möcht' ich schon nehmen. Was kosten sie denn?«

»Acht Kreuzer das viertel Kilo.«

»Na ja, geben Sie mir ein halbes Pfund.« Und dann hat die Mutter zu meinem Fenster hinaufgerufen: »Luis, steh auf, komm, kriegst auch gute Aprikosen!«

Jetzt ich aber 'raus aus dem Bett und 'rein in meine Lederhosen und hinunter über die Stiegen und – hmmmmm – wie hat das geduftet! Mein Gott, das war ein Frühstück, so ein paar frische Aprikosen! Das war ein Morgengruß, für den ich der Mutter immer besonders dankbar war. Und dann durfte ich gehen; entweder war dem Vater in der Werkstatt zu helfen, es war ein Brief aufzugeben oder sonst etwas zu besorgen, nichts Eiliges meist. Und ich bin ganz gemütlich 'rausgeschlendert durchs Dorf. Die Sonne schien warm, es war schön, war ja Sommer.

Weiter unten, gegenüber vom Großvaterhaus, da war ein altes Sägewerk mit einem Sägeblatt. Heut hat man ganz andere, moderne Sägewerke mit sieben, acht oder zehn Stahlblättern, die schneiden aus einem Stamm gar gleich zehn Bretter heraus. Aber damals war eben alles noch viel gemütlicher, es hat alles viel mehr Zeit gehabt. Und da hat der Sägemeister, der hieß Battista, der hat da – tschak-tschak-tschak! – das ganze Jahr hindurch seine Bretter geschnitten; Tag und Nacht hat die Säge gearbeitet, immer wieder ein Brett aus dem Stamm. Gern hab' ich da zugeschaut, wie der Stamm – tschak-tschak-tschak – immer wieder ein bißchen weitergezogen worden ist vom Mechanismus. Getrieben wurde das Ganze vom Bach; da war vom Bach her eine Rinne angebaut gewesen, und da war ein großes Holzrad mit Schaufeln, und das Wasser ist von der Rinne auf die Holzschaufeln gefallen – sssrr! – und hat das ganze Werkel lustig getrieben. Oft hab' ich helfen dürfen, den Wagen schieben oder Bretter tragen, und manchmal hab' ich dafür sogar ein paar Kreuzer bekommen.

Und so bin ich dann gemütlich weitergegangen bis zum Kirchplatz hinaus. Da lief links ein Geländer 'rauf, längs dem schmalen Dorfweg, auf dem die Leut gegangen sind. Und da war ein Geländer, das heißt, es waren vierkantige Balken zwischen den Pfosten, den Weg entlang. Meistens bin ich nicht unten auf dem Weg gegangen, sondern auf die Balken gestiegen und dann so eins, zwei drei, vier hinaufbalanciert bis zum Platz. Das war ein gutes Training. Es war heikel und spannend, weil es links drei, vier Meter tief in einen Acker gegangen ist.

Beim Kirchplatz – da war das Postgebäude, und da war ein Hotel, das »Hotel zum weißen Rößl«, und gegenüber war das »Hotel zum schwarzen Adler«, und da sind die Sommerfrischler aus der Stadt gekommen mit

der Postkutsche, die von vier Pferden gezogen wurde. Vor den fremden Gästen haben wir natürlich einen großen Respekt gehabt. Es waren alles studierte Leute, das waren Leute aus der Großstadt, aus Wien, aus München, aus Berlin, und wir Buben, wir haben bloß so geschaut. Denn das war alles sehr vornehm. In so ein Hotel ist ja unsereiner überhaupt nie hineingekommen.
Aber zu dem Obststand bin ich schon hingegangen, wenn ich ein paar Kreuzer gehabt hab', und da hab' ich dann geschaut. Es waren viele Trauben da, Birnen und Aprikosen, die haben halt so geduftet, und ich hab' hin und her überlegt und hab' dann etwas gekauft. Die Frau hat mich schon gekannt, natürlich. Daneben war eine Sitzbank, auf die hab' ich mich zufrieden hingesetzt und mein Obst gegessen. Die Bank steht heut noch da, auf der bin ich dann später als Bergführer gesessen und hab' auf Touristen gewartet. Da war auch der schöne Blick auf den Langkofel und auf die anderen Berge. Also da bin ich sitzen geblieben und hab' andächtig und mit viel Genuß Aprikosen gegessen, alle schön geteilt, und den Kern, ja, den Kern hab' ich dann mit einem Stein herausgeklopft und hab ihn auch gegessen.
Und einmal, wie ich da so sitze, kommt ein Herr aus dem Hotel heraus. Kommt zu dem Obststand und kauft ein bißchen von dem und ein bißchen von dem und auch ein paar Aprikosen, und dann schaut er mich so freundlich an und sagt: »Na, Junge, willst du nicht auch ein paar Aprikosen haben? Du ißt sicher ganz gern Obst, was?«
Ich hab' gesagt: »Ja, freilich, Obst eß ich freilich gern« und hab' gelacht. Der Herr war sehr freundlich und äußerst vornehm. Einen weißen Anzug hat er angehabt aus einem Seidenstoff. Und helle, sauber geputzte gelbe Schuhe hat er angehabt und einen feinen, weichen Strohhut auf dem Kopf, so einen Panamahut, einen weißen. So ein vornehmer und schöner Herr hatte mich noch nie angeredet, und ich war ganz glücklich darüber, daß er gefragt hatte, ob ich ein paar Aprikosen möchte. Und ich hab' gedacht, schon recht, wenn mir der Herr welche kaufen tät . . .
Und da hat er zu der Frau gesagt: »Ach bitte, geben Sie dem Jungen ein Pfund Aprikosen. Aber sehr schöne, bitte sehr! Und dann geben Sie ihm noch – willst du vielleicht auch ein paar Pfirsiche? Legen Sie noch ein halbes Pfund Pfirsiche dazu.« Jetzt hab' ich Pfirsiche und Aprikosen gehabt und hab' sie in beiden Händen gehalten und hab' mich recht bedankt. Und da hat er zu mir gesagt: »Weißt du, wenn du morgen wieder herkommst, so um die gleiche Zeit vormittags, kauf ich dir wieder Aprikosen und auch Pfirsiche.«
Ach fein! hab' ich mir gedacht, und »Danke schön!« hab' ich gesagt und bin recht froh heimgegangen. Auf dem Weg hab' ich mein Obst gegessen und hab' niemand etwas gesagt, der Mutter nichts, dem Vater nichts, dem Leo nichts.
Aber am nächsten Tag bin ich wieder hinausgelaufen auf den Kirchplatz und hab' vor dem Obststandl auf den feinen Herrn gewartet, und tatsäch-

lich: Gegen elf Uhr mittags ist er in der Tür vom Hotel erschienen, wieder mit dem eleganten Panama-Strohhut und mit dem weißen Anzug und seinem Spazierstock, ich erinnere mich ganz genau, und dann ist er lachend auf mich zugekommen und hat mir herzlich die Hände geschüttelt und hat gesagt: »Na, lieber Junge, das freut mich aber, daß du gekommen bist! Jetzt kaufen wir gleich wieder Obst für dich!« Und er hat mir wieder Aprikosen gekauft und ist dann mit mir gegangen und hat gefragt: »Ist in der Nähe eine Konditorei?«
»Ja, ja«, sag' ich, »da unten ist eine Konditorei, eine gute.«
Und dann sind wir gemütlich 'runterspaziert zur Konditorei, und er ist hineingegangen und hat mir eine Tüte Schokoladezuckern herausgebracht. »Weißt du«, hat er gesagt, »wenn du morgen wieder kommst, dann kauf' ich dir wieder etwas, und dann machen wir zusammen einen schönen Spaziergang.«
»Ja, durch's Dorf zu uns heim«, hab' ich gemeint, »da gehen wir da oben über den Weg . . .«
»Nein, nein, nein, nicht durch das Dorf«, hat er mich unterbrochen. »Weißt du, wir gehen lieber irgendwohin, wo wenig Leute sind, keine Leute, so in ein schattiges Tal, so in einen Wald, wo es kühl ist, und wo uns niemand begegnet. Das ist viel schöner und ruhiger, weißt du?«
»Ja«, hab' ich gesagt, »das kann man auch machen. Da gehn wir dann ins Anna-Tal hinein, das ist ganz schattig und kühl.« Ich hab' ja die Umgebung gut gekannt. »Und da sind Lärchen und Tannen und Wiesen . . .«
Das gefiel nun dem Herrn, und er sagte: »Dann gehen wir also spazieren. Du kriegst von mir immer Obst und Bonbons, und auch sonst schenke ich dir allerhand.«
Da hab' ich mir gedacht: Donnerwetter, das wird aber schön! Und hab' gesagt: »Gut, da bin ich morgen um elf Uhr wieder da.«
»Ja«, sagt er, »morgen um elf Uhr am Obststand.«
Ich bin heimgelaufen und hab' mich gefreut und hab' mir gedacht: Also morgen führ' ich den Herrn in das Tal 'rein, in das Anna-Tal, da ist es schön schattig, und da sind die Lärchen, und da ist es kühl, und da ist der Anna-Bach. Aber dann hab' ich mir wieder gedacht: Warum soll ich denn gerade dorthin? Gewiß wird er mir schöne Geschichten erzählen, Märchen vielleicht, so von Feen wie in Tausendundeine Nacht – und das hat mich recht beschäftigt.
Wie ich heimgekommen bin, hab' ich überlegt, ob ich es vielleicht doch der Mutter sagen soll. Aber der Mutter hab' ich es dann nicht gesagt, warum, weiß ich heut nicht mehr. Dem Vater hab' ich's auch nicht gesagt, denn da hätt' ich müssen in die Werkstatt hinuntergehen, und der Vater hätte wahrscheinlich gesagt: » Bleib lieber da und trag Holz in die Küche hinauf«, und da kneift man dann ganz gern. Aber die ganze Geschichte hat mich sehr beschäftigt. Sogar beim Einschlafen hab' ich mir noch überlegt, wo ich den Herrn wohl morgen hinführen sollte und was er mir alles schenken wird, und wie weit wir dann in den Wald hineingehen werden.

Und am nächsten Tag früh bin ich dann aufgestanden und hab' mir vorgenommen: Jetzt, sagen tu' ich's doch! Sagen muß ich's einfach, wenn ich so einen Spaziergang mit einem fremden Herrn machen soll. Ich geh' zum Onkel Leo. Der Leo war wie ein Freund und wie ein Onkel und auch wie ein Vater, alles halt, aber nicht so streng. Ich hätte es vielleicht auch der Mutter gesagt oder dem Vater, aber weil der Leo da war, bin ich schnell hinuntergelaufen und hab' ihm erzählt, was der vornehme Herr mir alles geschenkt und was er mir alles versprochen hat. Und hab' ihn gefragt: »Gell, mit dem kann ich schon gehen? Gell, was meinst denn du?«
Und der Leo hat gesagt: »Komisch ist das schon. Wer weiß, was der will. Es ist jedenfalls gut, wenn ich mit dir hinaus zum Platz gehe, und dann schau' ich mir den Herrn an und rede mit ihm ein paar Worte, und nachher sag' ich dir, ob du mit ihm gehen darfst oder nicht.«
Es war ja damals allgemein so bei uns, daß man mit einem fremden Menschen nicht so ohne weiteres gegangen ist. Und ein Fremder hat einen auch gar nicht angeredet, so mir nichts dir nichts. Die Eltern der anderen Kinder hat man gekannt und die Schulbuben auch, die Mädeln, mit denen man gestritten hat in der Schule und so, die hat man auch gekannt. Den Lehrer, die Nachbarn, die hat man auch alle gekannt, und den Herrn Pfarrer auch und die Verwandten. Da hat's ja nichts gegeben, das gehörte alles zusammen. Aber mit einem ganz fremden Menschen gehen, das war neu, und deshalb hab' ich den Leo gefragt.
Da war zum Beispiel ein Mann mit Orangen, der ist im Winter durchs Dorf gegangen. Ui – hätt' ich gern einmal eine Orange gekauft und gegessen! Und der Mann hat einen Korb gehabt, mit einem Riemen um die Schultern hat er den Korb getragen, und ich hab' mich immer vor ihm gefürchtet, obwohl ich mir eine Orange so sehr gewünscht habe. Und noch dazu hat der einen Bart gehabt, so einen großen, schwarzen geringelten Bart, zwei stechende Augen und einen schwarzen Hut, und er war ganz dunkel im Gesicht und mager. Es war ein Italiener, ein Fremder also, von weit her. Er war nicht böse, er hat nur Orangen verkauft, aber eben ein Fremder. Einfach fremd! Und zu einem Fremden ist man nicht gegangen.
Jetzt komm' ich wieder zurück zum Leo. Also der Leo sagte: »Ich geh' mit dir hinaus.« Ich war froh, und so sind wir miteinander zum Obststandl auf dem Kirchplatz gegangen, der Leo und ich. Wenn ein guter Freund wie der Leo neben einem ist, dann ist alles in Ordnung, nicht? Ich habe geschaut – es war elf Uhr, aber der elegante Herr mit den gelben Schuhen und dem seidenen Anzug war noch nicht da.
Der Leo hat mit mir ein bißchen gewartet und hat mich gefragt: »Wo ist er denn jetzt, dein vornehmer Herr?«
Ich war ganz traurig, und endlich hab' ich geglaubt, jetzt kommt er nimmer. Schad, schad!
Und der Leo hat gesagt: »Warte da, ich geh' schnell 'rüber zur Post, ich komm' gleich wieder zurück.«
Und derweil der Leo hinübergegangen ist zur Post und seine Briefe einge-

worfen hat, kommt doch der fremde Herr zur Hoteltür heraus, schön, elegant mit Spazierstock und Strohhut, kommt lachend auf mich zu, und ich rufe: »Leo, Leo, schau, dort ist er, da kommt der Herr, da ist er!« Und der Leo kommt zu mir, und wie der fremde Mann gesehen hat, daß der Leo bei mir ist, bleibt er stehen, schaut, kehrt um und geht zurück in sein Hotel – weg war er!

Ich hab' mir gedacht: Warum geht er denn jetzt zurück? ... Und dann hab' ich wohl dumm geschaut und zum Leo gesagt: »Schau, verschwunden! Jetzt ist er zurückgegangen! Warum denn, was hat er denn?«

Der Leo hat den Kopf geschüttelt und etwas vor sich hin gemurmelt und dann zu mir gesagt: »Siehst du, jetzt ist er davongelaufen! Wer weiß, was der wollte! Der Mann hat ein schlechtes Gewissen, das ist klar; er hat Angst bekommen, als er mich gesehen hat. Der hätt dich vielleicht weiß Gott wo hingeführt, und du hättest gar nimmer heimgefunden. Na, ist ja gut, merk dir's für ein anderes Mal.«

Ich war ganz traurig und doch wieder recht froh, daß es so gegangen ist.

»Schau«, hat der Leo gesagt, »ein gut erzogener Hund geht auch nur mit seinem Herrn oder mit jemand, den er gut kennt. Er nimmt auch keinen Bissen von fremden Leuten. Und so solltest es eigentlich auch du machen.«

Gruß an den Langkofel

Frühmorgens, wenn ich in meiner Dachkammer erwachte, war das erste ein Sprung zum Fenster. Schien die Sonne, so war draußen alles in ein einziges Licht verwandelt, die Talstraße, die grünen Wiesen und weiter unten der glitzernde Bach, aus dessen Talgrund der dunkle Wald zur lieblichen Seiseralm aufstieg. Hinter und über dem scharfgezackten Waldrand aber war nichts als Himmel und mittendrin, hoch, geheimnisvoll und ewig, der Langkofel, unerreichbar und märchenhaft.

Wenn die Sonne im Osten noch tief stand, strahlten die Umrisse in einem Lichtglanz ohnegleichen, die seine dem Tal zugewandten Türme, Wände, Schluchten und Pfeiler, von azurfarbenen Schleiern umgeben, fern und unwirklich erscheinen ließen.

Gegen den späten Nachmittag aber begann der hohe Berg zu leben, als hätte er Feuer gefangen, seine Türme erglühten im goldenen Abendlicht von innen her, schweigend und unwirklich, fast nicht mehr zu unserer Welt gehörend. Und wenn ich als kleiner Bub durch Mutters Küchenfenster ins Tal hineinblickte, sah ich an solchen Abenden oft starke Männer mit Rucksack, Seil und Pickel die staubige Talstraße herauskommen, ihre Gesichter waren so voller Sonnenglanz wie der Berg, ihre Schritte fest und wuchtig.

»Vater«, fragte ich dann, »von wo kommen denn diese Männer?«

»Die kommen vom Langkofel«, antwortete er.

Ich erschrak fast: »Kann man denn da hinaufsteigen?«
»Ja, freilich, aber nicht ein jeder kann das«, sagte er. »Da hinauf kommen nur wenige. Der erste, der mit zwei anderen dort oben auf dem Gipfel gestanden ist, heißt Paul Grohmann. Für ihn wird jetzt auf dem Hügel ober unserem Haus ein Denkmal gebaut.«
Ich will nicht sagen, daß ich mit meinen sieben Jahren begriffen habe, was die Ersteigung jenes Berges oder überhaupt eines Gipfels bedeutete oder was Bergsteigen war, doch ahnte ich, daß dieser Paul Grohmann ein Reich betreten hatte, das für andere Menschen bisher unerreichbar gewesen war. Von da ab bewunderte ich immer wieder die Männer, die mit staubigen Nagelschuhen, Seil und Rucksack auf der Landstraße daherkamen, und ich fühlte, daß sie etwas Großes, Einmaliges erlebt haben mußten.
Als dann auch der Vater mit solchen Männern auf die Berge stieg und nachher begeistert erzählte, was er erlebt hatte – war es da verwunderlich, daß ich mit Sehnsucht den Tag erwartete, an dem er auch mich einmal mitnehmen würde? – Rascher als erwartet kam der Tag.
Aber anstatt zum Langkofel nahm er mich zum Begräbnis eines abgestürzten Engländers mit. Auf dem Weg zum Friedhof erzählte er mir, daß der berühmte Alpinist in der Langkofel-Gruppe verunglückt sei. Während der lange Zug der Betenden den fremden Mann auf seinem letzten Weg begleitete, stand ich neben dem Vater ganz nahe an der Gruft hinter dem Turm des Kirchleins und sah den zerbrochenen Eispickel und das Seil des Verunglückten, sah die Kränze mit Alpenrosen, Edelweiß und Enzianblumen und hörte das ergreifende Schluchzen der Frauen. Von jener Stunde an wußte ich, daß von den Bergen nicht nur Licht und Freude, sondern auch Schatten und Schmerz kommen können, und die Furcht vor ihnen prägte sich tief in mein Herz.
Oft und oft noch habe ich seither das einsame Grab des Bergsteigers Norman Neruda besucht. Die zwei winzigen Zirbelkiefern an seiner Namenstafel sind inzwischen groß geworden, und auch das Buch habe ich gelesen, das er geschrieben hat. Die beschwörende Mahnung zur Vorsicht klingt darin immer wieder auf, fast so dringlich, als hätte Norman Neruda sein Schicksal vorausgeahnt.
So hatte ich also erfahren, daß die Berge nicht nur sonnig, erhaben und schön, sondern auch wolkenverhangen, düster und todbringend sein können. Aber die Lockung blieb und ließ mich nicht mehr los.
Als mich eines Tages die Mutter mit ihren Schuhen zum Schuster schickte, um die Sohlen doppeln und mit Nägeln versehen zu lassen, wußte ich, daß etwas Besonderes in Vorbereitung war. Mit erhobenen Händen bettelte ich, mitgehen zu dürfen, als ich erfuhr, daß sie mit dem Vater über das Langkofel-Joch gehen würde. Während ich neben ihr auf einem Stuhl kniete, zeigte sie mir vom Küchenfenster aus den Weg, den wir gehen würden, und an einem Sonntag im Juli des Jahres 1900 war es soweit. Ich war acht Jahre alt.
Im Morgengrauen verließen wir das Haus und stiegen den Bach entlang,

an kleinen Bauernhöfen vorbei, durch den Wald zum quellenreichen Confinboden hinauf, einem unbeschreiblich schönen Waldboden, der unter den Karen und Wäldern des Langkofels liegt und Wanderer zu freundlicher Rast einlädt.

Außer Vater und Mutter waren noch viele Leute mitgekommen: Bergführer, Bildhauer, auch Touristen aus der Stadt, das Ganze war wie eine fröhliche Wallfahrt in eine neue, rätselhafte Welt. Auch unser Pfarrer war dabei und hatte sich mit uns zur Rast gesetzt. Zufrieden und glücklich saß ich zwischen ihm und den Eltern, jetzt war ich den gewaltigen Felswänden ganz nahe, und ein merkwürdiges Gefühl von Furcht und Freude durchrieselte mich, sooft ich hinaufblickte zu den gewaltigen Pfeilern, Gipfeln und Graten.

Einige Leute liefen weiter drüben, wo der Wald aufhörte, aufgeregt herum, hoben Gegenstände auf und riefen sich allerlei zu. Wild verstreut lagen da zerschlagene Töpfe, Möbelstücke, Matratzen, Fensterstöcke, ja sogar ein Küchenherd.

Ich verstand nicht, was das bedeutete, und fragte. Der Vater zeigte in die schattige Schlucht zwischen dem Langkofel und der Fünffingerspitze und sagte: »Dort oben auf dem Felskopf im Kar stand früher die Schutzhütte der Sektion Wien, eine Schneelawine hat sie erst im vergangenen Winter weggerissen und bis hierher geworfen, jetzt gibt es keine Langkofel-Hütte mehr!«

»Ja, die Lawine!« sagten die Leute und schüttelten die Köpfe, und ich bekam eine Vorstellung, was eine Lawine ist und was sie anrichten kann. Dann stiegen wir weiter im Zickzacksteig empor, immer höher, an den Mauerresten der ehemaligen Hütte vorbei, durch die schattige Felsenschlucht zur Langkofel-Scharte hinauf, in der noch viel Schnee und Eis lag. Dort, fast 2700 Meter hoch, drohten links und rechts die Wände zum Greifen nahe auf uns nieder. Drüben aber, weit hingelagert gegen die andere Seite, zeigte mir der Vater die vielen Türme und Felsburgen der Sellagruppe und südlich davon im gleißenden Licht der Mittagssonne die weißen Gletscherfelsen der Marmolata. Eine neue, große Welt tat sich vor meinen Augen auf.

»Bub, du bist heute recht brav gegangen«, sagte ein vornehmer Herr, der mit uns aufgestiegen war, und strich mit der Hand über meinen Kopf. Der Vater flüsterte mir nachher zu: »Denk dir, Bub, das war der Herr Bezirkshauptmann von Bozen.«

Auf der anderen Seite der Scharte ging's dann die steilen, hellen Schuttkare tief hinunter zu den grünen Almen des Sellajochs. Ich kann mich nicht mehr erinnern, wie wir dort hinkamen, ich weiß nur noch, daß wir auf den Almwiesen lange vor einem Haus, das noch im Rohbau stand, warten mußten. Immer wieder stieg ein Mann auf einen erhöhten Platz und redete, und dann haben sie alle die Hüte vom Kopf genommen und gesungen, und nachher haben sie die Hüte wieder aufgesetzt, und ich hatte großen Hunger und war wohl auch müde und hatte keine Ahnung, warum das alles geschah. Daß die vielen Leute und der Vater und die Mutter und der Bezirkshauptmann zur Einweihung des neuen Sellajoch-Hauses der Sektion Bozen des Deutschen und Österreichischen Alpenvereins gekommen waren, habe ich erst Jahre später erfahren. Endlich, als die Leute sich zerstreuten, durfte ich mich niedersetzen, ein Würstel essen und aus Vaters Glas Bier trinken.

An jenem Tag sah ich den geliebten Langkofel zum erstenmal im Leben von der Rückseite. Dreimal mußte es mir der Vater sagen, daß dieser gewaltige, häßliche Felskoloß mit der wilden, wasserdurchfurchten Wand ohne Gipfel und Glanz der Langkofel sei. Er gefiel mir nun gar nicht mehr. Seine Schlankheit, sein in den unendlichen Himmel fast bis zum lieben Gott hinaufreichender Gipfel war nicht mehr da. Außerdem wußte ich, die Mutter hatte es mir oft genug erzählt, daß hartherzige Geizkragen und überhaupt böse Menschen, deren Seelen nach dem Tode keine Ruhe fänden, nicht auf dem stillen Friedhof im Tal, sondern unter den Felsbrokken hinter dem Langkofel begraben werden sollten.

Merkwürdig: Manches prägt sich dem kindlichen Gemüt unauslöschlich ein, manches wiederum ist, als wäre es nie gewesen, total vergessen. So unser Weg vom Sellajoch nach Hause, das Heimkommen und das Einschlafen, von dem ich nichts mehr weiß.

Als ich am anderen Morgen in meiner Dachkammer erwachte und ans Fenster sprang, um zu sehen, ob wohl der Langkofel noch da sei, war ich überaus glücklich.

Über dem scharfgezackten Waldrand stand nichts als der Himmel und mittendrin, hoch, geheimnisvoll, unerreichbar und märchenhaft, der Langkofel.

Fußball und Kurzschluß

Als ich im Alter von dreizehn Jahren aus dem Knabenseminar in Bozen, wo ich ein Jahr gewesen war, mit einem nicht guten Schulzeugnis heimkam, überlegten meine Eltern, was nun weiter mit mir geschehen sollte. Der Vater war der Meinung, der Bub müßte jetzt arbeiten, er sollte in die Lehre gehen. Die Mutter sagte, es wäre doch ganz schön, wenn er noch in eine Schule gehen dürfte, er sei ja noch nicht einmal vierzehn Jahre alt. Nein, der Vater wollte davon nichts wissen und blieb dabei, ich sollte in die Lehre gehen. Wenn mich jemand fragte, was ich werden wollte – und ich wurde oft gefragt –, sagte ich immer: »Ich möchte Ingenieur werden, weil der Onkel Leo auch Ingenieur ist.«

Der Onkel Leo war damals in Berlin und studierte an der Technischen

oben: Die Drei Zinnen (Dolomiten) von Süden
unten: Die Sella-Gruppe (Dolomiten)

Hochschule. Und weil ich den Leo so gern gehabt hab', dachte ich, daß ich Ingenieur werden möchte wie er. Denn der Leo war mein Vorbild in allen Dingen.

Meine Eltern erkundigten sich, was ich tun müßte, um ein Ingenieur zu werden, und erfuhren, daß ich eine siebenklassige Mittelschule mit Reifeprüfung und nachher noch vier bis fünf Jahre lang eine Technische Hochschule besuchen müßte.

»Das kommt keinesfalls in Frage«, sagte der erschrockene Vater. »Sechs Kinder aufziehen und eines davon studieren lassen, das kann ich nie und nimmer bezahlen.«

Die Eltern beschlossen dann, mich in das Elektrizitätswerk zu tun. »Das Elektrizitätswerk gehört dem Leo«, sagte der Vater, »und da kann er etwas Praktisches lernen, etwas, das dem Ingenieurwesen verwandt ist, er kann Monteur werden.«

Gut, so bin ich also ins Elektrizitätswerk gekommen. Das Maschinen- und Turbinenhaus war nur wenige Minuten von meinem Vaterhaus entfernt, unten im schattigen Loch am Bach. Gebaut hatte es der Großvater, und nachher, als er gestorben war, hat es der Onkel Leo geerbt. Es war ein kleines privates Elektrizitätswerk, hat aber unser ganzes Tal mit Strom versorgt. Es war das erste Werk dieser Art in unserem Tal. Ich kann mich noch gut erinnern, wie wir alle andächtig erschauerten, als der Vater in der Küche den Schalter gedreht hat und die Glühbirnen langsam zu leuchten begannen. Es war ein großes Wunder, so schien es uns, und die Mutter war glücklich, weil sie nun die Petroleumlampen in den Dachboden räumen konnte.

In diesem kleinen Werk habe ich dann als Lehrbub gearbeitet und war sehr froh über die Aussicht, vielleicht doch einmal Ingenieur werden zu dürfen. Die Maschinenhalle war weiträumig und hell. Zwei große, vom niederstürzenden Wasser getriebene Turbinenschwungräder waren mit zwei Dynamos verbunden, die den Strom erzeugten. Die Turbinen waren durch schwere breite Transmissions-Riemen mit den etwa zehn Meter davon entfernten Dynamos verbunden, und das rollende Leder gab ein starkes Geräusch ab. An der Hallenmauer vorne war eine große Schalttafel aus Marmor. Auf dieser waren verschiedene Voltmeter und Amperemeter, welche die Menge und Spannung des elektrischen Stromes anzeigten. Davor waren im Abstand von etwa drei Metern zwei Regulierräder angebracht. Die sahen aus wie die Lenkräder eines Autos, damit konnte man die Turbine auf- oder zudrehen, also regulieren, damit mehr oder weniger Wasser von den Schaufeln der Peltonräder aufgenommen und dadurch mehr oder weniger Strom erzeugt wurde. Das hat der Herr Betriebsleiter mir kurz gezeigt, aber er hat mir nicht erklärt, warum das so ist; er hat

oben: St. Valentin mit Schlern. Seiseralm
unten: Schloß Tirol, von dem das Land seinen Namen hat

nur gesagt, daß ich aufdrehen soll, wenn der Zeiger vom Voltmeter heruntergeht. »Und wenn der Zeiger über zweihundertzwanzig Volt hinaufgeht, dann drehst du wieder zurück. Alles andere geht dich nichts an«, hat er gesagt.

Der Leo war, wie schon gesagt, in Berlin, um sein Ingenieur-Examen zu machen. Also war ich als Lehrbub auf Gnade und Ungnade dem Betriebsleiter ausgeliefert, der Hirn hieß, aber keines gehabt hat, und wenn ja, dann nur ein ganz kleines. Wenn ich Herrn Hirn um dieses oder jenes gefragt hab', hat er geantwortet: »Das sag' ich dir nicht, weil du, wenn du groß bist, doch nur meinen Posten haben möchtest. Nein, mein Lieber, ich erkläre dir gar nichts.«

Neben dem Herrn Hirn waren da noch zwei Monteure, aber die waren wie der sture Hirn und halfen mir gar nicht, sagten nichts, zeigten mir nichts und lachten mich höchstens aus, wenn ich sie etwas fragte. Aber schwere Arbeiten machen, Leitern tragen, das durfte ich. Im Winter gar, da mußte ich oft mitten in der Nacht hinaus, wenn das Wasser im Bach Eis führte. Da waren Rechen, damit kein Holz oder keine Tiere in die Turbinen kamen. An diesen Rechen, die eine halbe Stunde weit hinten im Tal am Bach errichtet waren, staute sich in besonders kalten Nächten das Eis, so daß fast kein Wasser in den Kanal kam. Nachts um zwei Uhr haben sie mich aus dem Bett geholt, und da mußte ich mit zum Bach hinein und bei zwanzig Grad Kälte die Holzrechen mit langen schweren Stangen vom Eise befreien. Einmal haben wir dabei ein totes Reh herausgezogen. Furchtbare Zahnschmerzen plagten mich, damals, doch ich hätte mich nie getraut, etwas zu sagen; gefroren hab' ich jämmerlich.

Der Mutter hab' ich leid getan, dem Vater weniger. Ich war schon recht unglücklich, daß er mir nicht erlaubte, die Mittelschule zu besuchen, aber die Mutter gab die Hoffnung nicht auf, daß man mich, wenn erst einmal der Leo zurückkam, ein bißchen besser behandeln würde im Elektrizitätswerk.

Um sechs Uhr morgens mußte ich aufstehen, denn Punkt sieben Uhr mußte ich im Werk sein. Gleich am ersten Tag hatte mir der Herr Hirn einen Besen gegeben und gesagt: »Du kehrst von jetzt ab jeden Morgen peinlichst sauber die Maschinenhalle.«

Und da hab' ich den Besen genommen und gekehrt und gekehrt, jedes Stäubchen, sehr sauber, rund um die Turbinen und um die Sockel der Dynamos. An den Turbinensockeln war wegen der großen Schwungräder eine Vertiefung im Boden, in welcher sich immer Öl angesammelt hat, das konnte ich nicht wegkehren. Aber überall sonst hab' ich eifrig gekehrt, zuerst mit feuchtem Sägemehl, dann trocken und sehr sorgfältig, besonders bei den Stromabnehmern, bis ich überzeugt war: So, jetzt ist aber alles blitzsauber.

Morgens pünktlich um halb neun ist der Herr Hirn gekommen und hat, ohne ein Wort zu sagen, den Besen genommen und hat zu kehren begonnen. Und hat so lange gewischt und gekehrt, bis er einigen Staub zusammengebracht hat, und dann zu mir gesagt: »So, du Lausbub, das nennst du gekehrt? Eine Schweinerei ist das! Wenn morgen der Boden nicht sauberer ist, wirst du was erleben!«

Also am nächsten Tag nahm ich mich furchtbar zusammen und hab' alles so peinlich sauber und eifrig gekehrt, daß es einfach nicht mehr besser möglich war. Um halb neun Uhr erschien wieder der Herr Hirn, nahm den Besen – »Guten Morgen« hat er ja nie gesagt, ich immer, aber er nie – und hat begonnen zu fegen und zu fegen, bis er endlich wieder ein paar Stäubchen beisammen hatte. Und dann hat er mir den Besen vor die Füße geworfen und mich angeschrien: »Ist das vielleicht gekehrt? Du meinst wohl, ich soll deine Arbeit hier machen, was? Aber warte nur, ich werde dir schon noch das Arbeiten beibringen!«

Nun mußte ich das winzige Häufchen Staub mit den bloßen Händen aufnehmen, und so ging es jeden Tag, bis es ihm zu dumm geworden ist, selber mit dem Besen in der Halle herumzuwetzen wie eine alte Hexe.

Jeden Morgen gab es also einen Anschnauzer, und dann ging der alte Grobian, und ich mußte den Tag über in der Maschinenhalle bleiben und auf die Volt- und Amperemeter aufpassen.

Der Dienst war eintönig, und gelernt habe ich auch nichts. Da kam eine höchst erfreuliche Abwechslung in mein Leben. Irgend jemand, ich weiß heute nicht mehr wer, hatte mir einen Fußball geschenkt, einen richtigen ledernen Fußball, prall, der hat nur so gesungen, wenn man dran geklopft hat. Diesen Fußball nahm ich mit ins Elektrizitätswerk, weil ich von sieben Uhr früh bis um fünf Uhr abends als Wärter in der Halle bleiben mußte und auch mittags das Werk nicht verlassen durfte. Ich bin aber nicht immer in der Halle geblieben, sondern auch einmal ins Freie vor die Tür gegangen, um Luft zu schnappen. Die Monteure waren auf Montagearbeiten, und der Herr Hirn saß im Gasthaus beim Rotwein, bis er genug hatte, und dann hat er bis drei Uhr nachmittags geschlafen über der Halle in seiner Dienstwohnung. Diese ruhige Stunde habe ich ausgenützt und bin vor das Tor des Maschinenraumes und hab' mit dem herrlichen Ball gespielt. Der Herr Hirn hat seinen Weindusel ausgeschlafen, die Monteure waren fort, und das war recht fein.

Die Maschinen liefen ruhig ihre Touren. Wenn sie ganz gleichmäßig summten, dann wußte ich, daß alles in Ordnung war. Wenn ihr singendes Geräusch 'runtergegangen ist, dann lief ich schnell hinein und drehte ein bißchen auf.

Ich hab' also mit meinem Fußball an der Haustürwand gespielt. Die Türen hab' ich beide offengelassen. Da war der Vorraum und von dem aus die Tür zur Maschinenhalle, die ich vorsichtshalber auch offengelassen hatte. Ich kickte den Ball vom Fuß zur Mauer, auf, ab, auf, ab, dann köpfelte ich ein paarmal, und dann schoß ich einmal mit dem Fuß so kräftig, als gelte es, einen Elfmeter-Strafstoß zu plazieren! Der Ball flog an die Türkante, bekam eine falsche Richtung, sauste zur Tür in die Maschinenhalle, prallte an der Türleibung wieder ab und rollte blitzschnell unter die brei-

ten Transmissions-Riemen, die den Ball faßten, mitrissen, unter dem Turbinenrad zusammenquetschten und – wrrrwummmmm! – mit einem explosionsartigen Knall in tausend Fetzen rissen.
Ich hab' gedacht, die Welt geht unter! Die Lederfetzen hat es mit dem Öl unterm Rad an die Decke geschleudert, die Stromspannung ist durch die Bremsung der Turbinen ganz heruntergegangen, die großen Hauptsicherungen sind mit Feuerblitzen und Donnerschlägen geschmolzen, nacheinander – wumm, wumm, wumm! –, es war schrecklich. Ich zitterte am ganzen Körper und wußte: Jetzt, jetzt ist alles, alles kaputt. Die Maschinen hatten dadurch keine Belastung mehr, und die aufheulenden Turbinen sind, wie man sagt, durchgegangen. Ich bin gerannt und hab' nur immer zugedreht und zugedreht. Der Fußboden war voll Öl, und den ganzen Dreck hatte es auf die Decke hinaufgehauen. Auch ich war auf und auf voller Ölspritzer.
Schon flog die Tür auf, und mit weit aufgerissenen Augen und Schaum auf dem Schnurrbart stand der Hirn vor mir und brüllte: »Einen Hammer! Den Hundsbuben erschlag ich! Einen Hammer her, einen Hammer!«
Ich dachte, der erschlägt mich jetzt wirklich, der Hirn. Und ich sah drüben auf dem Fensterbrett einen großen Vorschlaghammer liegen und dachte, wenn der den Hammer erwischt, bin ich hin! Zum Glück war das Fenster offen, und ich bin 'rüber und im hohen Bogen 'rausgesprungen und gerannt, bis ich im Wald war.
Was wird nun werden, dachte ich. Jetzt ist das fürchterliche Unglück schon passiert, jetzt ist alles hin.
Vom Waldrand aus hab' ich das Werk beobachtet und gewartet, was geschehen würde. Aber es ist nichts geschehen, und den Hirn hab' ich auch nicht mehr gesehen, und so bin ich nach zwei Stunden, die eine Ewigkeit gedauert haben, in einem weiten Bogen über die Wiesen hinauf und hinter dem Stadl vom Mansueto vorbeigeschlichen, dann hinter Vaters Werkstatt vorbei zur Mutter in die Küche.
»Mutter, da unten ist alles hin, die Sicherungen sind durchgebrannt wegen dem Fußball, weißt du, der Fußball!«
Die Mutter hat mich erschreckt angesehen. »Um Gottes willen, ja Bub, was hast du denn angestellt? Und wie du ausschaust, auf und auf voller Öl und Schmutz!«
»Ich weiß selbst nicht«, sagte ich darauf. »Der Fußball ist mir unter die Transmission 'rein, und dann ist alles in die Luft gegangen. Es gibt kein elektrisches Licht mehr.«
Die besorgte Mutter schüttelte den Kopf, ging zur Tür und drehte den Lichtschalter an. Die Lampe brannte nicht.
»Siehst du«, sagte ich, »es ist alles hin da unten.«
»Geh hinauf in deine Kammer und bleibe oben. Ich sag' dir dann schon, was ist. Bleib nur oben, bis ich dich rufe. Dem Vater sagen wir einstweilen lieber mal nichts.«
Ich habe dann in meiner Kammer zwei schreckliche Stunden lang gewar-

tet. Gegen sechs Uhr abends bin ich zum Schalter und habe probiert. Hab' eingeschaltet und – siehe da: Es wurde Licht! Also alles kann nicht hin sein, dachte ich. Wenn bei mir das Licht funktioniert, brennt es woanders auch, und bin zur Mutter hinuntergeschlichen.

Die Mutter hat gesagt: »Ja, sei nur froh, es ist weiter nichts passiert. Der Herr Hirn war da und hat dem Vater alles erzählt und gesagt, sie schmeißen dich morgen 'raus! Und dem Onkel Leo will er noch einen Brief schreiben.«

Ich sagte gar nichts und war nur froh, daß das Licht wieder brannte, und fragte dann: »Was soll ich denn jetzt tun?«

»'rausschmeißen werden s' dich wohl nicht, das Licht brennt ja überall. Du gehst morgen früh zum Herrn Hirn und bittest ihn um Verzeihung wegen deiner Dummheit und machst deine Arbeit. Mit dem Vater werde schon ich reden.«

Abends kam es zur Aussprache zwischen Vater und Mutter. Aber der Vater war recht zornig und sagte: »Aus dem Buben wird nie etwas, er ist ein Nichtsnutz.«

»Er möchte so gern Ingenieur werden, da müßte er eine Mittelschule besuchen. Das da unten ist ja wirklich kein richtiger Lehrplatz für den Buben«, sagte die Mutter.

»Dann soll er sich einen anderen Lehrplatz suchen. Aber studieren, das muß er sich aus dem Kopf schlagen.«

Einige Tage später ist die Mutter an mein Bett gekommen und hat gesagt: »Für morgen um fünf Uhr früh hab' ich einen Einspänner bestellt. Der wird vor dem Haus warten. Ich fahr' dann mit dir nach Innsbruck, vielleicht kann ich dich doch in einer guten Schule unterbringen. Ich hab' ein bißchen Geld gespart, und das will ich dafür verwenden. Steh ganz leise auf, damit uns der Vater nicht hört.«

Am nächsten Tag bin ich leise die Treppe hinunter zur Küche, die Mutter hatte schon eine Schale heißen Milchkaffee gerichtet, und bin dann mit ihr im Morgendämmern durch das Tal gefahren am rauschenden Bach entlang. Das war alles neu und abenteuerlich, besonders die anschließende Eisenbahnfahrt über den Brennerpaß.

In Innsbruck sind wir zum Realgymnasium gegangen, weil die Mutter mit dem Direktor reden wollte. Also sind wir in den ersten Stock hinauf zum Herrn Direktor Dr. Sandner. Er hatte einen Schnurrbart wie ein Seehund, ein paar dünne Haare auf dem Kopf und einen Bauch, einen schwarzen Gehrock, und einen Schnupfen hatte er in der Nase, die er sich mit einem weißen Taschentuch zuhielt.

Die Mutter entschuldigte sich mit ein paar Worten, aber er blickte sie nur mit zornigen Augen durch die Brille an und sagte: »Na schön. Und was wollen Sie mit dem Jungen hier, Frau – jetzt im April?«

»Ja, ich möchte halt recht bitten, daß er in Ihre Schule aufgenommen wird. Es ist ein braver Bub . . .«, sagte die Mutter.

 »Was? Jetzt in unsere Schule? Was hat er denn bis jetzt getan?«

»Er hat in einem Elektrizitätswerk als Lehrling gearbeitet. Aber da lernt er nichts.«
»Dann soll er in eine andere Lehre gehen. Hier ist kein Platz für Lehrlinge, die nichts taugen.«
Ich fürchtete mich vor dem strengen Direktor und dachte, wir müßten wieder gehen.
Aber die Mutter war sehr tapfer, sie ist von dem Direktor einfach nicht weggegangen: »Ja, aber es wäre doch gut, wenn er was Ordentliches lernen tät, der Bub. Er will ja lernen.«
»Ja, ja, der Bub! Lehrlinge brauchen wir! Handwerker und keine Studenten! Studenten haben wir sowieso zu viele«, sagte der Direktor.
»Aber, bitte, wenn er aber doch . . .«
»Was ist denn sein Vater?« unterbrach sie der grimmige Schulvorstand.
»Der Vater ist Maler und Bildhauer«, antwortete die Mutter.
»Dann soll er eben auch Maler oder Bildhauer werden.«
Die Mutter blieb unnachgiebig und sagte: »Dazu hat er kein Talent.«
»Dann soll er Maurer werden, wenn er nicht Bildhauer werden will, Maurer! Hören Sie, Frau, wir brauchen Maurer, nicht Studenten!«
Ich hab' mir gedacht, dann werde ich halt Maurer. Maurer ist auch schön, ich hab' ihnen oft zugeschaut.
Aber die Mutter gab noch immer nicht nach – schließlich wurde der Direktor weich: »Also gut, wenn Sie nicht einsehen wollen, dann lasse ich den Vorstand der zweiten Klasse holen. Reden Sie mit ihm.«
Der Herr Klassenvorstand war ein freundlicher Mann mit einem blonden Spitzbart. Er hieß Schenk. Als er vom Direktor hörte, was die Mutter wollte, schaute er mich an und sagte: »Ja, gute Frau, scheint ja ein ganz intelligenter Junge zu sein, ich will's versuchen. Aber das Schuljahr ist doch schon fast um. Er muß eine Aufnahmeprüfung machen, und wenn er die besteht, nehme ich ihn in meine Klasse.«
Jetzt war die Mutter aber froh und ich auch. Der Professor gab der Mutter die Adresse eines Hochschülers, der hieß Eugen Siglär. Dieser brave, tüchtige Eugen Siglär hat mich vier Wochen lang von früh bis abends eingepaukt: Das mußt du lernen und das und das und das. Und ich hab' Respekt vor diesem Hochschüler gehabt und hab' ihn gern gehabt, weil er mich geduldig und energisch auf die Aufnahmeprüfung vorbereitet hat. Jede Unterrichtsstunde hat eine Krone gekostet, das war schon sehr viel, aber die Mutter hat das Opfer gebracht, und es hat sich gelohnt.
Das Schuljahr hat nach meiner Aufnahme nur mehr drei Monate gedauert, und ich bin mit einem sehr guten Zeugnis heimgekommen. Das Zeugnis hab' ich der Mutter gebracht. In unserem Garten standen zwei schöne große Ahornbäume, der Vater ist im Schatten gesessen und hat die Zeitung gelesen, und die Mutter war glücklich und hat zum Vater gesagt: »Da schau, recht, recht brav, der Bub. Lauter gute Noten! Siehst du, mein lieber Jakob, der Bub ist doch nicht so dumm, wie du immer sagst. Bist du nicht stolz auf ihn? Schau das gute Zeugnis an.«

Und damit war das Eis gebrochen, und ich durfte nach den Sommerferien wieder nach Innsbruck ins Realgymnasium, wo ich neben dem Studium auch als Linksaußen in unserer Schulmannschaft mitspielen durfte, ohne den eisernen Hammer des bösen Herrn Hirn fürchten zu müssen.

Die alte Lederhose und die neue Tante

Jedesmal wenn ich einen Buben sehe mit einer flotten Lederhosen und nackten Knien, dann freue ich mich, und gestern erst ist mir so ein lustiger Bub begegnet.

Dabei ist mir eingefallen, wie ich, als ich selbst noch ein kleiner Bub war, zu meiner ersten Lederhose gekommen bin, und das war gar nicht einfach. Denn bei uns daheim in den Dolomiten wird die Lederhose eigentlich nicht soviel getragen wie in Bayern und Österreich. Bei uns wird sie nur von den Schützen angelegt, wenn sie ausrücken, und auch als Tracht hat man Lederhosen gehabt, sogenannte Kniebundhosen, aber seither trugen nur die Alten noch Kniebundhosen, erst jetzt kommen sie wieder in Mode. Man hat daher auch nur selten Buben mit Lederhosen gesehen; und so ein Prachtstück wäre wohl auch viel zu teuer gewesen für unsereinen.

Nur der alte Schmied, der Vater vom Schmiedmartl-Bub im Dorf, der ist eisern bei seiner Kniebundhosen und beim ledernen Schurz geblieben, weil es zu seinem Handwerk gehört hat. Und beim Schmied war ein Wasserrad, so ein großes, und da hat er mit einem Draht die Wasserrinne hereingezogen, dann ist das Bachwasser auf das Schaufelrad gefallen und hat den großen Schmiedhammer getrieben, und der schwere Schmiedhammer, der hat mir besonders imponiert. Da haben wir Buben oft gewartet, bis er einmal zog und der große Hammer ging. Der Hammer war an einem viereckigen Holzbalken befestigt und bick-back, bick-back, bick-back! hat er geschlagen, wenn er ein glühendes Eisen abgeschnitten hat, daß die Funken geflogen sind. Natürlich hat immer das Feuer gebrannt beim Schmied, er hat es mit dem Blasbalg geschürt, und vor der Schmiede hat ein Rössel gewartet, damals hat es noch viele Rösseln gegeben, da hat er dann die Hufe mit neuen Eisen beschlagen, das war für uns Buben halt recht spannend. Es gab immer etwas zum Schauen, und wie wir uns gern aufgehalten haben beim Schmied!

Und der einzige Bub im ganzen Tal, der eine lederne Hosen gehabt hat, war der Schmiedmartl-Bub, wie sein Vater, aber eine mit nackten Knien. Und jedesmal, wenn ich den sah, hab' ich mir so eine Hose gewünscht. Hab' ich einmal zur Mutter gesagt: »Wenn ich mir eine Lederhosen wünschen dürfte, das wär halt was!«

Da hat sie gesagt: »Ja, kaufen können wir so was nicht. Und eine machen lassen, das kommt viel zu teuer.«

Damals war's nicht so, daß man in einen Laden gehen und kaufen konnte, was einem Freude gemacht hätte. Ich hab' hin und her überlegt und mir

alle Möglichkeiten durch den Kopf gehen lassen, wie ich zu so einem Prachtstück kommen könnte.
Und dann hat mir einmal jemand gesagt: »Ja, der alte Nißbauer . . .«
Das war unser Nachbar – hinter unserem Haus ist eine kleine Schlucht, so ein kleines Tal 'reingegangen, eigentlich eine ziemlich düstere Schlucht, und da war hinten ein altes Bauernhäusl mit einem Stadel, dort hab' ich abends immer die Milch geholt beim Nißbauern. Der Nißbauer war ein kleines hageres Männchen. Einen schwarzen Kinnbart hat er gehabt und glühende, kohlschwarze Augen und schwarze zurrlete Haare. Vor dem hab' ich einen großen Respekt gehabt. Ich hab' mich nie recht getraut, ihn zu fragen, ob er wirklich eine alte Lederhose hat.
Aber eines Abends hab' ich mir halt doch das Herz genommen und gefragt: »Bittschön«, hab' ich gesagt, »haben Sie eine Lederhose?«
Da hat er mich angeschaut und hat gesagt: »Was?«
»Eine Lederhose halt, ob Sie eine Lederhose haben?«
Hat er gesagt: »Ja, das kann schon sein, daß ich eine Lederhose hab'«, und ist gegangen und hat mich stehenlassen. Und so war das also nichts.
Nächsten Tag bin ich wieder hinauf, die Milch holen. Da war die Bäuerin da, und so hab' ich zu ihr gesagt: »Frau, bittschön, hat Ihr Mann vielleicht eine Lederhose?«
»Das kann schon sein, daß er eine hätt', eine Lederhose«, hat sie gesagt.
»Ich hätt' so gern eine.«
Da hat sie gesagt: »Ja, in der Dachkammer oben liegt eine alte Lederhose. Ich werd' reden mit ihm, vielleicht gibt er sie her. Du wirst ihm halt was geben müssen dafür.«
Jetzt bin ich wieder heim. Also eine Lederhose war in der Dachkammer vom Nißbauer, das war schon etwas.
Nächsten Tag bin ich wieder hinauf, habe die Bäuerin gefragt, und sie hat gesagt: »Ja, er gibt sie dir schon. Aber er will dir die Lederhose nur geben, wenn du ihm eure zwei Brotstellen bringst zum Tauschen.«
Ich hab' sofort gewußt, was er will, denn ich hab' die Brotständer gekannt. Aber jetzt muß ich noch schnell erklären, was das ist: Brotstellen. Das sind so eine Art Stellagen, ungefähr zwei Meter breit und einen Meter hoch. Es sind Holzrahmen mit Querregalen, und da gehen von oben nach unten Stäbchen durch, und zwischen diese Stäbchen stellen die Bauern ihre Bortlaibln zum Trocknen, die sie selber backen. Früher hatten sie ja Backöfen gehabt, heute gibt es das nur mehr in wenigen Gegenden, wo sie das Brot im Herbst backen für das ganze Jahr. Die Brote müssen das ganze Jahr halten und gesund und sauber bleiben. Diese Gestelle sind also sehr wichtig, weil sich darin das Brot das ganze Jahr gut trocken hält. Ein paar hundert Brotlaibln kann man da hineinstellen, und die werden dann hart. Das ist gesund für Zähne und Magen, das gute Roggenbrot.
Wo der Vater diese Brotgestelle her hatte, wußte ich nicht. Ich hab' die Mutter gefragt: »Darf ich die hinauftragen und tauschen gegen die Lederhose?«

Dann hat die Mutter gesagt: »Ja ... da müßten wir den Vater fragen, er wird wohl nicht einverstanden sein.«
Der hat gleich gesagt: »Ich werd' doch nicht für eine alte Lederhose die guten Brotgestelle hergeben! Ich denk' nicht daran!«
Aber mit Bitten und Betteln hat er schließlich nachgegeben, der Vater, und ich hab' die Gestelle genommen und hab' sie auf dem Rücken hinaufgetragen zum Nißbauern, und der ist in die Dachkammer gegangen und hat mir seine alte, alte Lederhose gebracht. Die Lederhose war so zünftig, daß ich fast ein bissel erschrocken bin, wie ich sie das erste Mal gesehen hab', denn sie war ganz schwarz vor Ruß und speckig, und mir war sie natürlich auch viel zu groß. Sie hat mir bis weit unter die Knie gereicht. Es war eine Bundhose, die hatte gewiß schon sein Großvater gehabt, es war eine historische Hose, möcht' ich sagen, vielleicht von 1809 her. Sie war aus Hirschleder mit Hirschhornknöpfen!
Und ich bin heimgelaufen voller Freude und hab' sie der Mutter auf den Tisch gelegt: »Da hab' ich jetzt die Hose!«
Die Mutter hat gesagt: »Komm, laß einmal schaun, probieren wir sie.«
Wir haben sie probiert. Sie war viel zu lang, um einen halben Meter fast. Dann hat die Mutter sie fest gewaschen, zwei Tag im Wassertrog, und nachher hat sie sie mit einer Schere unten abgeschnitten und hinten aufgeschnitten und wieder zugenäht. Das hat acht Tage gedauert, aber jetzt hatte ich eine prima Lederhose, schön freie Knie, ein bissl noch aufgestülpt, wie's die Buben gern haben. Mit einer solchen Hose kann man natürlich spaziergehen, kann mit dem Hintern über die Bretter 'runterfahren, in der Wiese herumrutschen, im Sand herumkugeln, man ist schnell drin und schnell draußen – es gibt nichts Schöneres für einen Buben. Für ältere Herren ist sie vielleicht nicht das Ideal, aber das ist Geschmackssache. Aber für Buben und Mädel gibt's im Sommer auf dem Land nichts Besseres. Die Knie werden schön braun; ich hab' ganz schwarze Knie gekriegt mit der Zeit, und ich war ein Bursch, ein Bursch auf und auf voller Freud, und eine Schneid hab' ich gehabt für drei! Das erstemal, daß ich fotografiert wurde, das war mit der Hirschledernen vom Nißbauer.
Also ein Sommer ist vergangen, zwei Sommer sind vergangen, ich alleweil in meiner Hirschledernen, da hat es nichts anderes mehr gebraucht. Und dann hat der Onkel Leo geheiratet. Eine ganz vornehme Dame aus Berlin. Sie hieß Isolde wie in der Oper von Richard Wagner. Das war deshalb, weil ihr Vater Operndirigent war und alle Kinder nach den Helden der Wagner-Oper hat taufen lassen. Der Onkel Leo hatte sie in Berlin, wo er studierte, kennengelernt, und dann ist sie nach Gröden gekommen, und es hat ihr bei uns so gut gefallen, und dann haben sie geheiratet. Und nun hatte ich eine neue Tante, die sehr hochdeutsch gesprochen hat und sehr vornehm war und vor der ich einen sehr großen Respekt gehabt und mich fast ein bissel gefürchtet hab' – nicht direkt gefürchtet, aber halt eine Scheu hab' ich gehabt vor ihr, weil ich immer gemeint habe, sie wäre doch viel zu vornehm für unsereinen.

So bin ich dann einmal hinuntergegangen zum Mansueto. Da war der schöne alte Stadl vom Großvater, und davor war ein kleiner Hügel mit einer Wiese. Und da ist der Onkel mit der Tante – er hat statt »Isolde« immer »Loldi« zu ihr gesagt – dahergekommen und ist stehengeblieben und hat mich gerufen: »Luis, komm her!« Und jetzt bin ich halt langsam hingegangen; ich war in Hemdärmeln und in meiner Ledernen. Ich habe mich hingestellt, und der Leo hat zu ihr gesagt: »Siehst du, das ist der Luis, von dem ich dir schon oft erzählt habe. Und das«, hat er zu mir gesagt, »das ist jetzt deine neue Tante, die Loldi.«
Sie war sehr schön angezogen mit einer weißen Bluse mit feinen Spitzen am Ärmel und einem kleinen Mascherl am Kragen, und hohe Haare hat sie gehabt, und einen sehr feinen Geruch hat sie verbreitet. Und dann hat sie mich so ein bissl angeschaut, und ich habe sie angeschaut, dann hat sie mich wieder so ein bissl angeschaut, und dann hat sie den Kopf geschüttelt und gesagt: »Mein guter Junge, wie siehst du denn aus? Was hast du denn für eine schmutzige Hose an? Und die Knie? Die sind ja ganz schwarz vor Schmutz! Ja, hast du denn nie gebadet? Oder die Hose nie gewaschen?«
»Na«, hab' ich gesagt, »die Hose . . . die Hose gehört so. Die ist ja alt. Die ist vielleicht hundert Jahre alt!« Ich hab' nicht verstanden, was sie wollte. Meine Hose und meine Knie waren ja ganz in Ordnung gewesen bis jetzt. Kein Mensch hatte mir vorher etwas gesagt.
»Bist ja ein ganz netter Bub, aber diese Hose und die Knie«, hat sie gesagt, »das ist unmöglich. Jetzt geh nur rasch zu deiner Mutter und laß dir eine saubere Hose geben und die Knie ordentlich waschen, dann kannst du wiederkommen.«
Der Leo ist ganz still gewesen, und ich hab' mich sehr geschämt und bin heim und hab's der Mutter erzählt. Die Mutter war auch ganz enttäuscht, und sie hat dann sofort gesagt: »Na ja, natürlich muß man die Knie sauber waschen. Aber die Knie sind halt von der Sonne so braun, das mußt du der Tante erklären, gell?«
Ich hab' sie gewaschen, aber die Knie sind nicht viel weißer geworden; die Knie waren so wie der Hals! Der Pfarrer hat auch einmal zur Mutter gesagt – hat mich genommen beim Hals und mich angeschaut und gelacht und dann zu meiner Mutter gesagt: »Tust du denn dem Buben nie den Hals waschen?« Da ist die Mutter ganz erschrocken und hat gesagt: »Aber Herr Pfarrer, natürlich wasch' ich ihm den Hals. Der ist so schwarz, der hat einen schwarzen Hals von der Sonne!«
»Ach so, ist schon recht«, hat der Pfarrer gesagt. Und so war es auch mit der Tante.
Wie der Leo und die Tante dann nach einiger Zeit von der Hochzeitsreise zurückgekommen sind, hat er ein Auto gehabt, das erste Auto in Gröden. Alle Leute haben gestaunt, und manche haben den Kopf geschüttelt und gesagt, das wird kein gutes Ende nehmen, der Leo lebt auf einem zu großen Fuß, aber der Leo hat ja in Berlin studiert und wird schon selber gewußt haben, wie groß seine Füße sind, und viele haben eine Hochachtung

vor ihm gehabt, weil er den Fremdenverkehr ankurbeln wollte. Aber der Bezirkshauptmann hat das Autofahren auf der Grödner Straße verboten, weil die Pferde scheu geworden sind, wenn ihnen das knatternde Fuhrwerk ohne Rösser entgegengekommen ist. Und der Leo hat nicht nachgegeben und den Prozeß gewonnen gegen den Bezirksamtmann in Bozen, und so konnte er mit seinem Auto ins Tal ein- und ausfahren, so oft er wollte; denn er war ein Pionier, haben sie gesagt.
Trotz Tante und Automobil ist er mein unzertrennlicher Freund geblieben, und als er mich einmal in seinem Auto hat mitnehmen wollen nach Brixen, der alten Bischofsstadt, da hat die Tante gesagt: »Aber Unsinn – ist ja kein Platz. Wo soll er denn hin in unserem Zweisitzer?«
Das Problem haben wir gelöst; denn zwischen der Motorhaube und den breiten Kotflügeln war eine Verschneidung, und die Motorhaube war mit einem breiten Riemen festgebunden. »Du mußt halt mit dem Gesicht zur Windschutzscheibe sitzen, das macht ja nichts.«
Ich war sofort dabei – die erste Autofahrt in meinem Leben! Ich probierte mit Leo, der ein paar Runden gefahren ist, und schließlich gab auch die Tante ihr Einverständnis und erlaubte es.
Als ich am nächsten Tag zur großen Reise antrat, war sie aber gar nicht zufrieden und hat gesagt: »Hat der noch immer diese fürchterliche Hose an? Das ist ausgeschlossen, Luis, du darfst auf keinen Fall mit dieser Hose nach Brixen. Wir wollen doch im Hotel ›Elefant‹ vornehm essen. Wenn du dich ordentlich anziehst, darfst du mitfahren, und in Brixen bekommst du von mir eine neue Lederhose. Ich kaufe dir eine.«
Ich war darüber gar nicht erfreut und habe gesagt: »Bittschön, Tante, lassen Sie mir meine Hirschlederne! Die ist mehr wert als eine neue.« So verwettert und speckig sie gewesen ist, so schön ist sie gewesen, ich hab' nie aufpassen müssen. »Na, meine Hose, die geb' ich nicht her. Da fahr' ich lieber nicht mit nach Brixen!«
Der Leo hat die Situation gerettet und gesagt: »Du darfst mitfahren, wie du bist, Luis, und du, Loldi, kaufst ihm einen schönen Janker, einen blauen Leinenjanker; denn Janker hat er noch keinen, gell?«
Wir haben dann Platz genommen, der Leo am Steuer, neben ihm die Tante Loldi mit einem weißen Schleier vor dem Gesicht, und ich hab' in der Furche zwischen Kotflügel und Motorhaube gehockt.
Die Automobilfahrt neben dem Grödnerbach hinaus war ein Erlebnis voller Aufregungen mit Fuhrwerken, deren Rösser immer scheu geworden sind, und wir waren mehrmals in Gefahr, alle miteinander in den Bach zu fallen. Passiert ist es aber erst zwischen Klausen und Brixen unterhalb vom berühmten Kloster Säben, wo der Ritter Oswald von Wolkenstein vor vierhundert Jahren gefangen war, weil ihn seine Frau Sabina hatte einsperren lassen.
Da ist es also passiert, daß der Leo in der schmalen Straße, weil da auf einmal viele Ochsen dagestanden sind, in sie hineingefahren ist und sie mit dem Kotflügel ziemlich gestreift hat, wobei ich heruntergefallen bin mit-

ten unter die Ochsen, die sich aber nicht weh getan haben. Leo hat auf die Bremse geschimpft, und ich habe mich wieder zwischen Kühlhaube und Kotflügel hineingesetzt, was weiterhin sehr gut ging. Nur die Tante Loldi war von der Sache mit den Ochsen geschreckt – dem Leo und mir hat es nichts ausgemacht. Sie hat immer »Langsam, Vorsicht, bitte!« gerufen, wenn der Leo gefahren ist. Der Leo hat gesagt, der Wagen ist ein »Bock und Holländer« aus Wien, aber eigentlich waren es die Konstrukteure, die Bock und Holländer geheißen haben. Und Wien ist die Wiege des Autos, hat er auch gesagt.

In Brixen hatten wir sehr liebe Verwandte, ihnen gehörte das »Hotel zum Elefanten«. Der Elefant, von dem das Wirtshaus den Namen hat, hieß Soliman. Der Soliman war im Jahre 1552 als Geschenk eines Sultans an den Kaiser Maximilian in seinem Gefolge mitgegangen. Auf der weiten Reise von der Türkei her ist er müde geworden und hat in Brixen drei Tage im Gasthaus der Verwandten gerastet, bevor die Reise nach Wien weiterging. Das ist historisch, und deswegen heißt das schöne Wirtshaus heute noch »Hotel zum Elefanten«.

Wir haben da sehr vornehm gespeist, weil die Tante Loldi gesagt hat, die Bestellung besorgt sie, das versteht sie besser. Mir hat es gar nicht geschmeckt, weil ich so was nicht mag. Auch der Leo hat die rotgesottenen Krebse nicht gemocht. Die Tante hat mir gezeigt, wie man die einzelnen Teile nimmt und zwischen den Zähnen auszuzzelt, aber das war einfach kein Essen. Der Tante hat es aber so großartig geschmeckt, daß sie die Augen verdreht hat vor lauter Wonne.

Als wir endlich fertig waren, hat mich der Leo gefragt: »Hast du noch Hunger, Luis?«

Ich habe gesagt: »Ja, schon ein bissel.«

»Möchtest vielleicht noch ein paar Tiroler Knödel mit mir essen?«

Wär ja zum Lachen, wenn ich nein gesagt hätte. Der Leo hat dann zwei Portionen zu je drei Tiroler Knödeln bestellt, und wir haben dreingehaut, bis die Schüssel leer war.

Tante Loldi hat mit einem roten Kopf zugeschaut und hat gesagt, man muß sich schämen mit uns, wie wir uns in einem vornehmen Restaurant benehmen.

Patscher-Pauli

Der Patscher-Pauli war ein feiner Mann. Nicht fein im Sinne von eleganten Kleidern oder so, nein, ich meine das, was wir vom Charakter her meinen, wenn wir sagen: Das ist ein feiner Kerl!

Ich war schon ungefähr fünfundzwanzig Jahre alt, als ich ihn kennenlernte: Es war bald nach dem Ersten Weltkrieg, und er war schon viel älter als ich. Ich konnte noch viel von ihm lernen an Lebensweisheit, denn er war ein Mann mit Herz und Klugheit, Humor und Erfahrung.

Nach dem Ersten Weltkrieg war die Not in Südtirol sehr groß, so wie in Österreich und Deutschland – wenig zu essen, keine Verdienstmöglichkeit. Und wir Südtiroler waren noch dazu nach dem Friedensvertrag von unserem Vaterland Österreich im Norden abgeschnitten, weil doch der Brenner die neue Grenze war, und in Italien hatten wir noch keine Beziehungen, und da war es für uns sehr schwer, uns zurechtzufinden. Nun, einiges war ja geblieben: die Berge, die Sprache, die Heimat und ihre Menschen. Der liebe Gott hat wieder die Sonne scheinen lassen, es blühte wieder auf den Almen, es war wieder Frühling, es wurde wieder Sommer und Herbst. Wir sind wieder auf die Berge gestiegen, und ihre Freiheit und Größe war unser Trost.
Aber nebenbei hat man auch essen müssen, und meine arme Mutter mußte den Haushalt führen und alle satt kriegen – mich und meine sechs Geschwister. Der Vater war dabei, seine Werkstatt wieder einzurichten und sich um Arbeit umzusehen. Meine Schwester hat schon verdient, die zweitälteste hat gerade angefangen etwas zu verdienen, und es wurde immer alles, was wir heimbrachten, geteilt. Ich war der Älteste. Eigentlich sollte ich nach Wien gehen, fertig studieren, aber nach dem Krieg war in Wien viel mehr Not als bei uns, und ich dachte, daß es besser ist, jetzt erst einmal etwas zu verdienen und daheimzubleiben. An das Bergführen war gar nicht zu denken, es waren ja keine Fremden da. Man hat halt geschaut, bei irgendeiner Gelegenheit ein Geschäft zu machen oder eine Arbeit zu übernehmen.
Der Onkel Leo besaß ein Sägewerk, und nebenher betrieb er einen kleinen Holzhandel. Er hat mich in das Holz- und Brettergeschäft eingeführt. Der Handel ging damals recht gut, denn die Italiener brauchten das Holz notwendig, weil Italien fast keine Wälder hat, und Südtirol hat Wälder und hat also Holz liefern können. Aber es war viel zuwenig, was unser kleines Land gehabt hat. Ich habe bald einsehen müssen, daß ich kein richtiger Kaufmann bin, obwohl ich gut verdiente und die Leute mich gern gemocht haben. Wir hatten, Gott sei Dank, schon damals in der Mittelschule Italienisch als Pflichtfach, also beherrschte ich die Sprache ganz gut. Auch Französisch haben wir in der Mittelschule gelernt, aber nur drei Jahre. Nachdem ich die ladinische Muttersprache von Geburt an mitbekommen hatte, also das Rätoromanische, wie die ladinische Sprache auch genannt wird, hab' ich andere Sprachen leicht gelernt. Ladinisch spreche ich heute noch, wenn ich daheim bin. Also kurzum, da haben wir also Geschäfte gemacht, um uns durchzuschlagen.
Und dabei kam einmal der Herr Kröss, ein großer Kaufmann aus Meran, zum Onkel Leo und sagte: »Ich möchte in der Tschechoslowakei ganz große Holzkäufe tätigen. Dort ist das Holz noch sehr billig, und wenn Sie da mitmachen würden, das wäre recht. Ich hab' von den Banken Kredite, und da kaufen wir dann hundert oder zweihundert Waggon Bretter für Italien, das wird ein großes Geschäft.«

Aber der Onkel Leo sagte, daß er so große und riskante Geschäfte nicht gerne machen wolle, aber der Herr Großkaufmann solle doch mich in seinen Importhandel hineinnehmen. Ich hatte zwar kein Geld, aber das machte dem reichen Mann nichts aus. Ich sollte nur unterschreiben, Wechsel – alles weitere besorge er schon.

Ich war natürlich gleich dabei, ein begeisterter junger Kerl, der nach Prag reisen durfte, in die Tschechoslowakei, und dort groß einkaufen. Ich dachte, daß man eine solche Gelegenheit beim Schopf nehmen müsse und daß man da viel sehen und gut verdienen würde. Also hab' ich sofort mitgemacht und die Wechsel unterschrieben. Der Meraner Kaufmann ist mit mir hinaufgefahren und hat in Prag mit einem Menschen, den wir im Kaffeehaus kennengelernt hatten, gleich einen Abschluß über 100 Waggon Bretter gemacht.

Mir hat das nicht gefallen, obwohl ich nicht viel vom Handel verstand, und ich sagte zu ihm: »Herr Kröss, ist das nicht ein bißchen komisch mit dem Kaufmann da? Dieser Maximilian Siebenschein, ich weiß nicht, der gefällt mir nicht.«

»Ach, das verstehen Sie nicht, gerade das sind die richtigen!« meinte er daraufhin.

Der Siebenschein war nämlich so ein Winkelmann, ein Heimlicher, kein solider Kaufmann. In seinem Schlafzimmer wurde schnell der Vertrag unterschrieben, und das hat mir auch gar nicht gefallen. Jedenfalls sind die Bretter gekauft worden, und unser vieles Geld wurde ihm auf der Bank ausgezahlt.

Aber an der Grenze sind dann die Waggons alle von den tschechoslowakischen Zollbeamten gestoppt und abgeladen worden, und kein Brett kam nach Südtirol, und daran ist unsere Firma fast zugrunde gegangen. Ich war darüber sehr traurig, weil ich gesehen hab', wie es gehen kann. Es sollte alles noch einmal bezahlt werden, weil der Maximilian Siebenschein die Valuta, also die ausländischen Devisen, nicht abgeführt hatte an die Regierung, und das hatte er uns nicht gesagt.

Unsere Firma stand jetzt recht schlecht, voller Bankschulden, und ich hatte leichtsinnigerweise die Wechsel mit unterschrieben und war nun verschuldet für viele Jahre. Der Meraner Großkaufmann war reich, aber geizig und ganz schlechter Laune, er stöhnte und schimpfte ununterbrochen. Doch als die Not am größten war, ist mir der gute Patscher-Pauli begegnet.

Der war ein Original. Er war älter als ich, er hatte eine ganz tiefe Stimme wie ein Baß, war ziemlich groß und hatte einen schwarzen Schnurrbart – wie ein orientalischer Pascha sah er aus. Ganz braun war er im Gesicht, und er hatte dunkle Augen, buschige Augenbrauen und ganz dicke schwarze Haare, und seine Stimme war wie Öl, so tief und weich. Er war immer die Ruhe selber, er hat oft Pfeife geraucht.

Und der Pauli sagte: »Du, ich könnte euch schon helfen aus eurer Verlegenheit, aber dann müßt ihr tun, was ich euch empfehle. Dabei könnt ihr viel Geld verdienen und eure Schulden abzahlen in ganz kurzer Zeit. Ja, das müßtet ihr machen. – Fahr mit mir«, sagte er, »und ich werde dir zeigen, wo wir viel Holz billig kaufen können!«

»Ich würde schon mitfahren«, sagte ich, hab' dann aber den Onkel Leo noch schnell gefragt, und der sagte: »Ja, fahrt's nur hin, Bub, da mach nur mit. Ihr müßt schauen, daß ihr aus eurem böhmischen Schlamassel 'rauskommt.«

Bevor ich aber weitererzähle, wie das gegangen ist mit dem Holz, muß ich vom Patscher-Pauli erzählen, wie er groß geworden ist, und wie er sich hat durchschlagen müssen in seiner harten Jugend.

Er war im Vintschgau daheim, am oberen Lauf der Etsch. Da gibt es eine kleine Ortschaft mit vielen Türmen, Schlanders heißt sie, und in der Nähe von Schlanders war das Sonnenhöfl. Das Höfl gehört nicht ihm, sondern seinen Schwestern, zwei sehr braven, fleißigen Schwestern. Hinter dem Sonnenhöfl waren an der felsigen Berglehne Terrassen mit Spalierbäumen angelegt, die haben die Schwestern bearbeitet, und da sind köstliche Kalvill-Äpfel gewachsen. Der aus Frankreich stammende Kalvill-Apfel ist heut nur noch wenig bekannt; er ist zu heikel in der Behandlung. Es war vor dem Krieg eigentlich der teuerste, freilich auch der gesuchteste Apfel gewesen, ganz zart und fein, und man kann ihn nur an sehr sonnigen Hängen ziehen.

Der Patscher-Pauli aber kümmerte sich nicht im mindesten um die Kalvill-Anlagen. Er hatte immer die Taschen voll Mineralien, lauter glitzernde Steine, und sagte, so oft er mir begegnete: »Du, schau, dort oben hab' ich goldhaltige Steine gefunden.« Er ist viel in den Bergen herumgestiegen, und wenn er irgendwo ein glänzendes Mineral gefunden hat, ein Katzensilber oder Katzengold oder sonst einen Glimmer, dann ist er gleich begeistert dahergekommen und hat gesagt, da will er ein Bergwerk bauen. »Das wird ganz groß, da bauen wir eine Seilbahn hinauf, du wirst sehen, der ganze Berg ist voller Gold . . .«

Aber es war halt nie etwas. Manchmal hatte er aber doch Glück gehabt und auch ziemlich Geld verdient, aber schnell wieder alles verloren, wie das beim Patscher-Pauli eben so war. Bis seine Schwestern einmal zu ihm gesagt haben: »Du, Pauli, so geht das mit dir nicht weiter. Du mußt sparen, damit du im Alter etwas zum Leben hast.«

Zeitweise mußte er an der Bahn Zigaretten verkaufen, so arm war er auch schon. Dann hatte er wieder einen guten Brocken Geld verdient, und den hat er hergenommen und für seine beiden Schwestern das Sonnenhöfl gekauft. »Das kauf' ich nicht für mich, das kauf' ich für euch. Und was ich in den nächsten Jahren verdiene und spare, wird alles in das Höfl gesteckt. Das Höfl wird euch grundbücherlich vermacht und geschenkt. Aber dafür kriege ich von euch immer eine warme Suppe und darf immer im Haus übernachten, wenn ich will. Und wenn ich alt bin und müd, dann möchte ich auf dem Sonnenhöfl bleiben.«

Die Schwestern haben zugestimmt und das Höfl brav gehalten, und so hat er immer eine Heimat gehabt, der Patscher-Pauli.

Als ganz junger Bub war der Patscher-Pauli Schafhirte gewesen, und da hat ihn ein größerer Schafhändler einmal mitgenommen hinunter nach Jugoslawien, und dort haben sie dann viele, viele Schafe – wir sagen auch Pamperlen dazu – gekauft. Diese haben sie dann heraufgetrieben nach Tirol und durch die Schweiz und weiter hinüber bis nach Südfrankreich und dort verkauft.

Der Patscher-Pauli ist bei dem Handel geblieben. In Albanien, in der Heimat der Schafzüchter, hat er sieben- bis achthundert Schafe gekauft und ist so um Ostern herum von dort unten – heute ist es nicht mehr österreichisch wie damals; damals brauchte er keinen Paß, weil alles von Albanien bis zur Schweiz österreichisch war –, ist also von dort langsam heraufgezogen ins Tirolische, immer und immer weiter. Jeden Tag hat er so seine fünfzehn, manchmal auch zwanzig Kilometer gemacht. Damals hat es noch keine Autos gegeben, links und rechts von den Straßen konnten die Pamperlen nach Herzenslust fressen und weiden, und so sind sie der Straße entlang immer weitergezogen – bäh, bäh, bäh . . . Übernachtet hat der Pauli entweder in einer Scheune oder auf freiem Feld, hat sich ein kleines Schäfchen auf den Bauch gelegt, damit er es warm hatte, und eines unter den Kopf als Polster. In jeder zweiten oder dritten Ortschaft hatte er Bekannte, einen Wirt oder eine Wirtin, da hat er dann etwas zu essen bekommen.

Und so ist er durch die Steiermark und Kärnten ins Pustertal bis Bozen und von da durch das Etschtal hinauf, durchs ganze Vintschgau bis in die Schweiz. Dort dann weiter durchs Inntal ins schöne Engadin. Dort hat er viele Menschen kennengelernt. Er ist dann über den Splügenpaß und über den Furkapaß nach dem Tal der Rhône und immer noch weiter hinüber bis nach Chamonix und westlich von Chamonix über die Bergpässe hinunter ins Französische, ist dann endlich nach fünf, sechs Monaten in der Hafenstadt Marseille angekommen.

Diesen riesigen Weg von fast 1500 Kilometern hat der Pauli mit den Schafen jedes Jahr gemacht. Wie er die Pamperlen gekauft hat, waren es kleine Lämmchen und junge Mutterschafe, ein paar Hammeln werden auch darunter gewesen sein, jedenfalls waren alle noch mager und ohne Wolle. Aber auf dem langen Weg haben sie sich schön angefressen und sind im Herbst als dicke fette Schafe nach Marseille gekommen. Gekostet hat ihn das nichts; die Schafe haben links und rechts der Straßen ihr Futter im Gehen gefressen. In Marseille hat er alle verkauft und die Wolle auch, sie waren ja alle dick und rund. Und er hat dann sein Geld genommen und ist wieder heim und hat auf das nächste Frühjahr gewartet.

Mir hat die Sache gefallen, wie er sie mir erzählt hat, und nun kommt erst die Hauptsache, die Geschichte mit dem Holz und sein Vorschlag, wie er

oben: Gran Vernel in der Marmolata-Gruppe
unten: Monte Pelmo, vom Selvatal aus gesehen

uns aus dem Schlamassel helfen wollte wegen unserer Schulden. Also: Ich hatte seine Einladung angenommen, in das Engadin zu fahren, um das große Holzgeschäft zu machen, von dem er so geschwärmt hat, und der Leo hatte mir ja auch geraten: »Ja, mach das!«
Der Patscher-Pauli hatte ein kleines Motorrad. Damals, 1920, war ein kleines Motorrad für uns schon soviel wie heute ein großes Auto. Ich hab' mich hinten draufgesetzt, und es ging los: Trr – trrr – trrrrr! Und wir sind dann das holperige Vintschgau-Straßl hinaufgefahren, bis wir zum Reschenpaß gekommen sind, und oberhalb Nauders, der kleinen Ortschaft, da sahen wir von einem Hügel aus das ganze Engadin, das waldreiche Engadiner Tal mit dem Innfluß, ja, das lag da unter uns. Und drüben alles Wald, Schleins, Remüs, die Ortschaften Schuls-Tarasp, ein großer Kurort dazu.
Der Pauli ist abgestiegen und hat die Hand ausgestreckt, wie ein Fürst hat er gerufen: »Schau dir die Wälder an! Da ist Holz! Die Gemeinden da drüben brauchen alle Arbeit und Geld und Handel. Jetzt nach fünf Jahren Krieg – die Bauern haben kein Geschäft gemacht all die Zeit von 1914 bis 1918, kein Wandel und kein Handel war da unten. Sie haben nur eine Schmalspurbahn, und die ist für Transporte nicht günstig. Da müssen wir jetzt hingehen und mit den Leuten etwas unternehmen. Wir werden da einen guten großen Abschluß machen, und wir werden Arbeit ins Land bringen und Leben und dabei selber gut verdienen.«
»Das mag schon recht sein«, sagte ich, »aber bittschön, sag einmal, wieviel Geld hast du denn in der Tasche, um so viel kaufen zu können? Ich hab' keinen Pfennig.«
»Das laß mich nur machen. Ich hab' auch keine fünfzig Franken in der Tasche, aber ich bin schließlich der Patscher-Pauli, und der hat Kredit.«
Wir sind dann 'runtergefahren nach Martinsbruck, ich zum allererstenmal in der Schweiz, und dann hinein ins Engadin – damals war dort noch ein schmales, staubiges Straßerl. Dann sind wir zu einer der ersten Berggemeinden hinaufgestiegen, die hoch überm Wald lag, mit alten, kleinen Holzhäusern. Der Pauli sagte, er möchte den Herrn Gemeindepräsidenten sprechen, und der Jagdaufseher und der Forstmeister sind gekommen, und wir sind in eine recht schöne alte, holzgetäfelte Wirtsstube gekommen. Da sind wir dann alle gemütlich beieinander gesessen, und der Pauli hat geredet – ihr müßt euch den vorstellen, das war ein Herr, man hörte ihm gern zu, er konnte reden wie ein guter Vater, aber auch wieder wie ein großer Abenteurer, und alles in allem war er halt der Patscher-Pauli. Mit dem Gemeinderat hat er gesprochen wie ein Landesfürst, und alle ha-

oben links: Der Unterstand am Lagazoi
oben rechts: Als Leutnant der Gebirgsartillerie, 1916
unten: Trenker besucht 20 Jahre nach dem
Ersten Weltkrieg das Sperrfort Verle (Rocca Alta)

ben Vertrauen zu ihm gehabt, und sie sagten, sie wären ganz froh, wenn sie Holz verkaufen könnten, auch die nächste Gemeinde weiter unten, Remüs, die wären auch froh, die hätten noch mehr Wald, und auch Schuls-Tarasp hätte viel Wald, die würden auch gern was verkaufen, und sie möchten gern einen wirklich großen Abschluß machen, alles andere hätte keinen Wert.

Aber es waren vorerst noch einige große Hindernisse zu überwinden. Sie haben ja nicht gewußt, wer wir eigentlich sind, sie haben wohl zum Patscher-Pauli Vertrauen gehabt, aber mich überhaupt nicht gekannt, und da hat sich etwas Merkwürdiges ereignet, da erlebte ich, was die Sprache ausmacht. Zuerst haben wir deutsch gesprochen, aber da hörte ich, daß die Einwohner unter sich ladinisch, also rätoromanisch redeten, und ich hab' das gut verstanden, da bei mir daheim, in den Dolomiten, ja auch ladinisch gesprochen wird. Ich habe also auch ladinisch gesprochen, und da waren die ganz platt: »Wieso können Sie unsere Sprache? Die wird doch nur in unserem Tal gesprochen!«

»Ja, aber auch bei uns in den Dolomiten drüben, in Ladinien. Ich bin von dort, und wir haben fast die gleiche alte rätoromanische Sprache wie ihr.«

Damit war ein neuer Kontakt hergestellt und eine Freundschaft – und in ein paar Tagen haben drei Gemeinden Verträge unterschrieben, und wir sind mit einem Riesenabschluß von über 40000 Festmeter Holz zu einem sehr niedrigen Preis nach Hause gefahren. Ohne einen Pfennig Geld hatten wir den Vertrag abschließen können. Darin stand allerdings, daß wir innerhalb fünf Wochen 5000 Schweizer Franken in bar zahlen müßten.

Ich hab' dann den Patscher-Pauli gefragt: »Wie machen wir das jetzt?«

»Nur keine Sorgen!« sagte der. »Das Geld zur Anzahlung kriegen wir mit einem solchen Vertrag, wann und wo wir wollen.«

Und so war es auch. Eine Münchener Firma hat uns dann soviel Geld dafür gegeben, daß wir alle Schulden aus dem Geschäft mit Maximilian Siebenschein leicht zahlen konnten und sogar noch etwas übrigblieb.

Vor unserer Abfahrt aus St. Moritz haben wir ein Viertel Wein getrunken und Bündnerfleisch dazu gegessen, und dann sind wir recht zufrieden mit dem Motorrad – tok, tok, tok! – heimgerauscht. Als wir so gegen Abend wieder in Schlanders waren, da hat der Pauli gewohnt, sind wir, auf und auf voller Staub, am Dorfplatz vom Motorrad abgestiegen.

Und wie wir so dagestanden sind und uns ein bissl umschauten, sind da die Kinder vor den Häusern lebendig geworden und zu uns hergelaufen. Alle haben »Paulele, Paulele!« gerufen und die Arme ausgestreckt. Die barfüßigen Dorfbuben und Mädchen strahlten ihn mit großen Augen an, klatschten in die Hände, freuten sich, und alle riefen immer wieder durcheinander seinen Namen. Und der Pauli holte aus seinen Taschen ganze Fäuste voll kleiner Süßigkeiten, die er an die glückstrahlenden Kinder verteilte. Nacheinander nahm er das Liesele auf den Arm und liebkoste das Hansele, streichelte das Hannele, zog das Seppele zu sich herauf oder nahm das Moidele mit guten Worten an die Hand.

Und immer wieder nahm er Zuckerln aus der Tasche und verteilte sie. Ich war überrascht, wie der alte Junggeselle mit einem Male aus allen Taschen Schokolade und Zuckerln hervorholte für die vielen Kinder, und ich hab' ihn schließlich gefragt: »Ja, Pauli, wem gehören denn diese vielen Kinder alle?«
»Ach«, sagte er, »die meisten gehören mir, aber das ist nicht so wichtig. Die Kinder haben mich gern, und ich hab' die Kinder gern.«
Am folgenden Morgen bin ich fröhlich – wie sollte es auch anders sein? – heimgefahren.
Der Patscher-Pauli hat sich Jahre später, als er alt geworden ist, auf das Sonnenhöfl zurückgezogen, und wenn er nicht gestorben ist, lebt er dort noch heute.

Ilona

Siebzehn Jahre war ich alt, die freundlichen Sommergäste genossen die gute Bergluft, die Sonne und Stille über Berg und Tal. Es war Ferienzeit, und über allem lag ein Schimmer von behaglicher Zufriedenheit. In unserem Haus wohnte in jenem Sommer 1909 der Legationsrat von Linde aus München mit Frau und Tochter. Sie lebten still und zurückgezogen, blieben den ganzen Sommer bei uns. Das Frühstück, das meine Mutter für die Gäste unter den zwei schattenspendenden Ahornbäumen unseres Gartens deckte, nahmen sie bei uns ein, die übrigen Mahlzeiten aber im Hotel.
Die Tochter hieß Ilona, war wie ich siebzehn Jahre alt und hatte ein so reizendes liebes Lachen in ihren Augen, daß ich jedesmal verlegen, ja geradezu verwirrt wurde, wenn sie mich anschaute. Nie hätte ich gewagt, sie anzureden oder etwa gar zu fragen, ob sie vielleicht einmal mit mir gehen würde, die Milch zu holen, die ich jeden Abend für uns und ihre Eltern brachte.
Ilona, der Name gefiel mir seines Wohlklanges wegen besonders gut, und da sich mit dem Namen das helle Bild des zierlichen Mädchens so innig verband, behielt ich beides wie einen geheimen Schatz in meinem Herzen. Wie gern hätte ich mit dem schönen Mädchen ein wenig geredet, gefragt, was sie werden wolle, ob sie studiere, wie das in der großen Stadt München sei und ob sie nicht Lust hätte, einmal mit mir auf die Seiseralm zu gehen oder auf einen Berg, aber daran war gar nicht zu denken, weil ich ein zu einfacher Bub und die Ilona, wie soll ich es sagen, ein unnahbares Fräulein, ein fremdes, vornehmes Mädchen war. Nun, im allgemeinen war ich gar nicht schüchtern, im Gegenteil, ich lachte gern, turnte, schwatzte, lief da- und dorthin, hatte immer zu tun, doch bei der Ilona war alles anders, die Welt bekam in ihrer Nähe und Gegenwart einen merkwürdigen Glanz, ich war eben, ohne es zu wissen, zum erstenmal in ein Mädchen verliebt, und das war unsagbar schön.

Als ich mich wieder einmal abends auf den Weg machte, um vom Nißbauern die Milch zu holen, stand das blauäugige Mädchen im bayrischen Trachtendirndl vor dem Haus.
»Wie weit ist es denn bis zum Bauernhof?« fragte sie schüchtern.
»Ach, nur eine Viertelstunde. Wollen Sie mitkommen?« sagte ich, und mein Herz klopfte, daß ich meinte, sie müsse es hören.
Der Steig führte durch eine blumige Wiese, er war so schmal, daß wir ganz nahe beisammen bleiben mußten. An einer etwas abschüssigen Stelle reichte sie mir die Hand, damit ich sie führe, wir sahen uns immer wieder an und lachten und waren unendlich glücklich, so miteinander durch den Abend gehen zu dürfen.
Von da an ging Ilona öfter mit. Nach dem Milchholen spielte ich der Mutter in der Küche auf der Geige vor, ließ die Tür offen, damit Ilona hören möge, daß ich auch für sie spiele. Sie kam dann mit der Gitarre in die Küche, setzte sich auf die Holzkiste vor dem Herd und spielte mit, während die Mutter bügelte oder das Abendbrot bereitete. So wurden wir gute Freunde, ihre blauen Augen strahlten wie Sterne, nie habe ich ihren stillen Glanz vergessen.
Später wurde ich von den Eltern eingeladen, sie bei längeren Wanderungen zu begleiten als ortskundiger Führer, wie man so sagt. Da erzählte ich dann von meinen Klettertouren, zeigte und erklärte ihnen Wände, Wege, Routen und Gipfel, sprach davon, wie schön es sei, auf einem selbst erstiegenen Gipfel die Rast genießen zu dürfen, und wie damit der Berg erst ganz zum Freund wurde. Was konnte es Schöneres für mich geben, als Ilona auf einen Berg meiner Heimat führen zu dürfen, aber erst im Herbst erlaubten mir ihre Eltern nach einigem Zögern, ihre behütete Tochter auf den dreitausend Meter hohen Sass Rigais in der Geislergruppe zu führen.
Um sechs Uhr früh brachen wir auf, genossen im gemütlichen Schritt bergaufsteigend die frische Morgenluft, erreichten nach eineinhalb Stunden, an wuchtigen Zirbelkiefern vorbeikommend, die blumenreichen Secedawiesen und gelangten gegen zehn Uhr an die Einstiegsfelsen, wo wir uns zu gemütlicher Rast niederließen. Ilona war noch nie geklettert, fragte dies und das, wir vertauschten die Nagelschuhe gegen die Kletterpatschen, ich legte das Seil um ihren schlanken Körper und erklärte ihr kurz die Handhabung, worauf wir in die Felsen stiegen. Sie ging leicht und flink, spürte weder Angst noch Schwindel. Je höher wir kamen, je freier wurde ihr Wesen, auf und auf fröhlich und überglücklich reichten wir uns unter dem Gipfelkreuz die Hand. Mein Gott, wie gern hätte ich sie gleich umarmt, wie sehnte ich mich nach einem leichten Kuß von ihr. Heute glaube ich fast, daß sie das gleiche von mir erwartet hatte, ihr Gesicht glühte, aber eher wäre wohl der Berg umgefallen, als daß ich es gewagt hätte, auch nur länger daran zu denken. So blieb es bei einer selig verträumten Gipfelrast, bei Brot, Speck und Wein in der paradiesischen Einsamkeit zwischen Himmel und Erde.

Während des Abstieges sprachen wir wenig, dann und wann gab ich ihr kleine Ratschläge für Griffe und Tritte. Mit Vergnügen betrachtete ich immer wieder die zierlichen Bewegungen meiner Seilgefährtin. Als ich den gelockerten Seilknoten um ihre Brust etwas fester binden mußte, berührten sich unwillkürlich unsere Hände, wobei es mir heiß und kalt wurde, aber allzu rasch war Ilona meinem schüchternen Versuch, sie an mich zu ziehen, entkommen, und so blieb es bis zum Ausstieg.

Während sie schon auf dem sicheren Schottergrund stand, rutschte ich im allzu eiligen Nachspringen in der steilen Rinne aus, wobei ein kleiner Felszacken meinen Hosenboden von unten bis oben aufriß. Ohne Unterhosen, am nackten Hintern die frische Luft spürend, blieb ich, das Hinterteil abgewandt, erschrocken hinter ihr stehen und hoffte nur, daß sie nichts gemerkt habe. In meiner verlegenen Hilflosigkeit richtete ich es so ein, daß meiner Angebeteten der blamable Anblick erspart blieb. Während des Heimwegs ging ich stets hinter ihr her; wenn sie stehenblieb, blieb ich auch stehen, ja, ich wagte es nicht einmal, ihr aufzuhelfen, als sie im Gehen langlängs vor mir hinfiel. Nur um etwas zu sagen, fragte ich in meiner blöden Verlegenheit: »Warum sind Sie denn jetzt hingefallen?«

»Um Ihnen ein Vergnügen zu bereiten gewiß nicht«, antwortete sie.

Wer weiß, wie das ausgegangen wäre, wenn ihr meine herzlich lachende Mutter nicht noch am Abend die Ursache meines idiotischen Verhaltens an Hand des Corpus delicti gezeigt hätte, womit alles wieder gut war.

Kurze Zeit später reisten die Eltern mit Ilona ab, es war ein schmerzlicher Abschied für mich. Ich hatte Ilona liebgewonnen und sie mich wohl auch ein wenig. Vor ihrer Abreise schenkte sie mir noch ein Bildchen. Mitten in einer Wiese sitzt sie mit ein paar Blumen in der Hand, das liebliche Foto habe ich heute noch, meine Mutter hatte es aufbewahrt. Obwohl das Briefeschreiben ganz und gar nicht meine Sache war, schrieb ich ihr einige Male nach München. Es dauerte lange, bis ich von ihr Antwort erhielt. Erst nach zwei Jahren kam ein längerer, sehr lieber Brief, in dem sie mir mitteilte, daß sie sich mit einem Offizier verlobt habe. Es lag ein Bildchen dabei, das sie mit ihrem Verlobten vor einem bayrischen Bauernhaus zeigte. Sie im Trachtendirndl, er in Lederhosen und Leinenjoppe. Die Nachricht enttäuschte mich, mir tat der Gedanke weh, daß es kein Wiedersehen mehr geben würde.

Dieses Wiedersehen kam dann ganze fünf Jahre später, im Sommer 1914, zustande. Ilona war mit ihren Eltern und ihrem Mann nach St. Ulrich gekommen. Sie wohnten nicht mehr bei uns, wir sahen uns einige Male, ihre Eltern waren freundlich und nett wie immer, ebenso ihr Mann, jedoch glaubte ich, in Ilonas Augen einen Schimmer herzlicher Sympathie wahrzunehmen, wenn wir uns begegneten. Ich war ja viel auf Touren und wenig im Tal zu jener Zeit. Es war im letzten freien Bergsteigersommer vor dem Weltkrieg.

»Luis, komm schnell, von Lindes wollen dir Grüß Gott sagen, bevor sie abreisen!« rief mir die Mutter vom kleinen Vorplatz unseres Hauses zu,

es war am 5. August 1914. Als ich die kleine Treppe zum Weg hinauflief und mich von allen verabschiedete, reichte mir Ilona als letzte die Hand und sagte: »Auf Wiedersehen, lieber Luis – viel Glück für dich, du wirst jetzt auch in den Krieg müssen wie viele andere! Leb wohl, hoffen wir auf ein Wiedersehen hier in deiner Heimat.«
Noch bevor ich etwas sagen konnte, blieb sie, ihren Kopf an meine Schulter gelehnt, einen Augenblick stehen und sagte: »Wir werden uns nun wohl lange nicht mehr sehen, leb wohl!«
Es folgten Kriegsjahre, Friedensjahre, Erfolge, Niederlagen, wieder Krieg und wieder Frieden. Von Ilona hatte ich nichts mehr gehört. Das kleine Bildchen blieb im Schreibtisch meiner Mutter neben den wenigen Briefen, die sie mir geschrieben hatte, liegen. Allmählich aber geriet alles in Vergessenheit.

Die zurückgezogen in Berchtesgaden lebende Ilona bekam von Freunden mein Buch »Alles gut gegangen« geschenkt. Im vertraulichen Du unserer ersten Begegnung schrieb sie mir nun nach sechzig Jahren, meine Erzählungen hätten Erinnerung und Sehnsucht nach »unserem glücklichen Sommer« wieder wachgerufen; auch sie sei wie ich am 4. Oktober 1892 zur Welt gekommen und daß sie mich herzlich gerne wiedersehen möchte. Ilonas Schriftzüge waren noch genauso wie vor Jahren.
Wen wundert es, daß ich ihr gleich antwortete. Sie, die die Stille zeitlebens so sehr liebte, schrieb mir von ihrer Nordlandreise, sie freue sich unendlich darauf, im Herbst nach Südtirol zu kommen, um noch einmal mit mir über die blumigen Secedawiesen zu wandern.
Zu diesem Wiedersehen kam es nicht mehr. Ilona von Linde ist kurz nach ihrer Heimkehr gestorben. Was blieb, ist Erinnerung, Traum und Abschied.

Die Zigeunergeige

Mit viel Liebe und Eifer hatte ich in meinen freien Stunden das Geigenspielen so weit erlernt, daß man mir, wenn ich spielte, mit Vergnügen zuhören konnte.
Es war in Graz. In der grünen Steiermark hatte ich mich während der Winterstudienzeit mit einem klavierspielenden Bankbeamten und einem studierenden Cellisten zusammengetan. Unser Trio klappte vorzüglich, und jeden Donnerstag schwelgten wir in Kammermusik.
Ich hätte um alles in der Welt gern eine bessere, eine italienische Geige besessen. Die Preise für derartige Instrumente waren aber so sündhaft hoch, daß es mir schon schwindelig wurde, wenn ich sie nur hörte. Auch ein mittelmäßiges Instrument wäre mir schon zu teuer gewesen. So blieb mir nichts anderes übrig, als auf eine günstige Gelegenheit zu warten. Inzwischen spielte ich auf einer Geige, die nicht gerade schlecht war und

die ich schon seit sieben Jahren hatte. Ein gedruckter Zettel war darin, auf dem stand: *»Antonius Stradivarius Filius, Cremonensis, Fecit †††, Anno Domini 1713 †«*. Also mit diesem Zettel war die Geige schon etwas wert, wenn sie auch aus einer böhmischen Fabrik stammte und ganze zehn österreichische Kronen gekostet hatte. Und schließlich, so dachte ich zu meiner Beruhigung, kommt es ja auch sehr darauf an, *wer* spielt.

Etwas Geld hatte ich mir aus meiner Bergführerzeit vom Sommer her gespart. Ich konnte manchmal in ein gutes Konzert gehen oder in die Oper; ansonsten studierte ich alles, was notwendig war, um von der Technischen Hochschule möglichst bald loszukommen.

Wenn die grüne Steiermark schön ist, so ist Graz gerade recht als ihre Hauptstadt. Große Parkanlagen und herrliche Barockbauten zieren diese alte Universitätsstadt. Im Winter sind die Alpen nahe; man kann von Graz aus nach Belieben Skitouren machen. Im Frühling und Sommer ist alles voll südlicher Sonne, voller Blüten und Saft.

In Graz wohnte ein drolliger Kauz, der Geigenbauer Palffner. Bei dem trafen wir musizierenden Studenten uns manchmal abends und plauderten über alte Geigen und alte Meister. Die Saiten kauften wir im Laden beim Palffner. Das Geigenbauen heimelte mich an, weil es mich an die Schnitzerwerkstätte des Vaters erinnerte. Stets und alleweil spähte ich nach einer Gelegenheit aus, einmal eine alte Geige billig zu erwischen. Und ich hatte Glück!

Während ich durch die Herrengasse wandelte, schlenkerte drüben am anderen Trottoir ein verlotterter, schwarzbrauner Zigeuner daher. Er trug einen alten, verbeulten Geigenkasten unterm Arm. Ich blieb magnetisch angezogen stehen und schaute ihn fasziniert an. Er hatte dies wohl sofort gemerkt, denn schnell reagierte er und kam schnurstracks auf mich zu. Ich war ein wenig verblüfft und auch verlegen. Aber schon fragte er mich, rasch den Geigenkasten öffnend, ob ich seine alte liebe Geige kaufen wolle. Seine Mutter sei in Triest gestorben, und er müsse sofort hinfahren, habe aber kein Geld. Ich unterbrach ihn, gab ihm meine Adresse und sagte, er solle mich in zwei Stunden aufsuchen. Mitten auf der Straße wollte ich nicht mit ihm verhandeln, da ich mich schämte.

Innerlich jubelnd, ging ich eine Stunde lang spazieren und überlegte immer, ob die Geige wohl sehr alt sei, ob es vielleicht gar eine italienische sei und was sie wohl kosten würde.

Kaum war ich daheim, kam schon der Zigeuner. Ich sah auf den ersten Blick, daß das Instrument sehr gut gebaut war, die Form, die Schnecke, die F-Löcher, alles war schön geschnitten und harmonisch. Der Lack war alt und verstaubt und zeigte die typischen Sprünge alter Instrumente. Ich hatte allerdings das Empfinden, daß der Zigeuner den dunkelbraunen Lack etwas aufgefrischt hatte. Nur zwei Saiten waren aufgezogen.

Ich zog die fehlenden Saiten auf, spielte, war begeistert, ließ mir aber nichts anmerken und fragte, was die Geige kosten solle. Der Zigeuner jammerte, mich mit seinen tieftraurigen, melancholischen Augen dabei

anblickend, daß er das alte Familienstück hergeben müsse, und verlangte zweihundert Kronen.
Schnell errechnete ich den Stand meines Sparkassenbüchleins. Das Geld sollte eigentlich bis Weihnachten reichen. Dann bot ich ihm einhundertfünfzig Kronen. Er lehnte ab. Ich legte meinen neuen Lodenmantel dazu, weil es Winter war und er keinen hatte, einen Hut, zwei Selbstbinder und zwei Kragen, damit er in Triest nicht gar so abgerissen ankäme. Schließlich gab der arme Teufel nach. Am liebsten hätte ich ihm noch irgend etwas mitgegeben, weil er mir leid tat.
Nun besaß ich eine Zigeunergeige, die sang und klang wie Gold! Ich übte drei Stunden lang, um mich darauf einzuspielen. Abends hörten mir einige Kameraden zu, waren begeistert und nickten. Meister Palffner wird Augen machen, wenn er sieht, was ich da erobert habe. Den Preis würde ich ihm unter keinen Umständen nennen oder höchstens mit einer angehängten Null.
Palffner hatte in Paris bei Grones, einem aus dem Grödnertal stammenden berühmten Meister des Geigenbauens, gelernt und verstand etwas von seinem Fach.
»Na, Trenker, was bringen S' denn da Schönes?«
»Eine alte Geign hab' ich mir vorgestern von einem Zigeuner gekauft, etwas ganz selten Schönes an Ton und Form. Schauen Sie sich's nur einmal an!«
Palffners Gesicht zeigte eine leichte Enttäuschung, weil ihm zwei Geschäfte entgangen sein mochten: der billige Einkauf bei einem Zigeuner und der in Aussicht gestandene Verkauf einer guten Geige an mich. Mit Kennermiene betrachtete er das Streichinstrument, drehte es zweimal um die Achse, legte es dann sorgsam wieder in den Kasten und meinte, mich über die Brille anschauend: »Na, was haben S' denn zahlt dafür?«
»Oh, das ist wohl nebensächlich, Herr Palffner, aber was sagen Sie zur Geige überhaupt?«
»Die Geige ist ganz nett, aber ich kann gar nichts sagen, bevor Sie mir net sagen, was Sie dafür zahlt haben!«
»Warum müssen S' denn das unbedingt wissen?«
»Weil ich die Geige, die Sie da in Ihrem Kasten haben, vor drei Tagen einem Zigeuner gegen die seine umgetauscht habe. Sehen S'« – er drehte sich um und holte aus einem Glaskasten ein altes, dunkles Instrument –, »das ist die Geige des Zigeuners, dem Sie die meine abgekauft haben. Also wert ist die Ihrige dreißig Kronen. Gebaut habe ich sie und ein bissl auf alt hergerichtet auch, denn da schaut so ein Instrument doch interessanter aus, net wahr? Nun müssen S' mir aber sagen, was Sie dem Zigeuner dafür gegeben haben. Hoffentlich hat er Sie nicht hereingelegt?«
Ich war sehr kleinlaut, schloß meinen Kasten zu, nahm meinen Hut und sagte: »Danke schön, Herr Palffner, für die Auskunft! Grüß Gott!« und stapfte, in Selbstbetrachtungen versunken, heimwärts in meine Studentenbude.

Berge
und Geschichten

Wie ich Bergführer wurde

Endlich, endlich war es gelungen! Mit klopfendem Herzen unter dem groben Zwillichhemd hatte ich zugesehen, wie Josef Anton Sanoner, der St.-Ulricher Adlerwirt, seine Unterschrift unter den Alpenvereinssektionsstempel schrieb.

Mit freundlicher Geste übergab er mir das Büchlein, in dem bezirksamtlich eingetragen war, wer und wie alt ich sei, daß besondere Merkmale keine da seien und daß ich als Führeraspirant pro Übernachtung auf Schutzhütten Anspruch auf 2 Kronen Lohn hätte. Ich las es mit strahlenden Augen. Mit dem Besitz dieses Dokumentes war ich nun, erst achtzehn Jahre alt, ein selbständiger junger Mann geworden.

Die Welt stand also offen vor meinen Augen. Die Sonne schien heller zu leuchten, die Wolken schimmerten verheißungsvoller, und die Zukunft war weit und rosig. Ich konnte endlich hier für mein weiteres Studium ein wenig Geld verdienen, die Eltern brauchten mir nimmer ihre hart verdienten Kreuzer in die Stadt nachzuschicken. Tragen und schleppen wollte ich schon, wenn ich nur erst »Engagements« bekäme!

Die Grödener Führerschaft war über den jungen Zuwachs zuerst nicht sehr begeistert, solch lebendige neue Burschen rühren sich zuviel, und das gibt Konkurrenz. Geschimpft haben aber nur die schlechten Führer, die Guten wie Nogler, Dimai, Dibona oder Tita Piaz waren im Fels schon lange meine Freunde geworden.

Das selbständige Herumstreifen in den Bergen, dieses Alleingehen vor meinem Eintritt in die erfahrene Gilde der Führer, war vielleicht die gefährlichste Zeit für meine Knochen. Jung und heißblütig graste ich einen Gipfel nach dem anderen ab, lief um vier Uhr früh fort von daheim, ein Laib Brot war meine ganze Tagesverpflegung. Ging und kletterte richtige und falsche Routen, verstieg mich, hing minutenlang zwischen Leben und Tod irgendwo an den Wänden der Sella oder der Geislergruppe. An einem Sonntag stürzte ich gar zweimal hintereinander von einem bauchigen Überhang in eine steile, feinschotterige Rinne der Odlaschlucht. Wäre ich auf den Fels aufgeschlagen, so hätte es schlimm ausgehen können. So aber setzte ich mich zornig nieder, aß voll Wut den Laib Brot auf, machte den Rucksack wieder zu und ging zum dritten Male an den bauchigen Überhang. Der Laib Brot gab mir neue Kraft – ich kam hinauf. Mit dem »Aspirantenbuch« hatte sich nun dies alles mit einemmal geändert. Ich war von jetzt ab nicht nur für mein eigenes Leben, sondern in ganz besonderem Maße für das Leben der Gefährten verantwortlich. Das Gehen im Fels wurde nun ganz anders, weil ich durch meine neue Tätigkeit immer selbständiger und selbstsicherer wurde. Die ersten Tourenführungen, die ich bekam, waren allerdings keine Dolomitentürme – ich mußte mich mit bescheidenen Jochbummeln zufriedengeben und die schweren Rucksäcke der Touristen von Hütte zu Hütte tragen. Lifts und Seilbahnen gab es damals noch nicht.

Im Hotel Mondschein, in dessen Garten mein Vater jeden Donnerstag im »Regensburger Liederquartett« einen herrlichen zweiten Baß hinlegte, wohnte der Herr Oberbürgermeister Lehmann aus Lausitz. Er wollte mal die Langkofelscharte überschreiten.
»Junger Mann«, sagte er, »also da haben Sie eine Zigarre, es ist meine Lieblingsmarke«, dann fragte er mich, was ich für das Tragen seines und des Rucksackes seiner Frau pro Tag verlangte. Ich nannte mit unterdrückter Stimme, aus Angst, er könne mich wieder heimschicken, den halben Tarif. »Na, zehn Kronen ist ein bißchen viel, da können Sie ja was nachlassen, sehen Sie, ich habe Ihnen da gerade doch eine Zigarre . . .«
»Also acht Kronen«, meinte ich.
Zufrieden gab mir Lehmann die beiden Rucksäcke. Sie wogen zusammen gut an die fünfzig Pfund. Kleinigkeit, denke ich mir. – Ich haßte von jeher das gar zu langsame Gehen im Gebirge und bat, gleich vorausgehen zu dürfen, was genehmigt wurde. Tapfer trug ich meine Last in die Höhe, die steilen heißen Serpentinen durch den Geröllschutt zur Langkofelhütte drückten mir viele Schweißperlen aus der Stirne. Um 11 Uhr mittag war ich oben am Joch. Weit herum sah ich keine Spur von meiner »Herrschaft«. Nur die schweren Rucksäcke lagen mahnend neben mir. Was die wohl alles da drin haben mögen? – Gleichzeitig sehe ich links von mir die stolze, herrliche Fünffingerspitze in den blauen Himmel ragen und rechts den breit ausladenden Langkofel mit seinen zerrissenen Wänden.
Ich rechne: Wenn ich schnell klettere, bin ich in zweieinhalb Stunden am Gipfel – herunter geht's noch schneller, also bis um 2 Uhr kann ich wieder da sein, und zum Sellajoch hinunter renne ich dann, was die Füße vertragen, dann bin ich immer noch vor dem Oberbürgermeister und seiner runden Frau da! Den Doppelrucksack verstaute ich unter hohlliegenden Steinklötzen, und in herrlicher Freude turnte ich durch die Kamine hinauf, saß am Gipfel genauso lang, wie man braucht, um eine kleine Pfeife Tabak zu rauchen, und glitt dann rasch wieder hinunter zum Einstieg. Es war 4 Uhr nachmittags geworden, als ich ins Schutzhaus am Sellajoch kam.
Große Aufregung! Ein Führer kommt: »Du, Trenker, dein Herr schimpft fürchterlich, er sitzt drinnen und wartet auf seine Pantoffel!« Ich habe ihm sofort alles gebracht und sagte, als er mich fragte, wo ich gewesen sei, daß ich beim Warten am Wege in der großen Hitze eingeschlafen sei.
Am anderen Tage nahmen mich zwei Professoren mit. Die beiden gefielen mir besser. Den Rucksack des Herrn Lehmann übergab ich einem anderen zum Tragen. Die Professoren waren Holländer und wollten hinauf auf das Sellaplateau. Es war für mich noch nicht das Rechte, aber besser, als den Rucksack des Herrn Lehmann ins Tal zurückzuschleppen, schien es mir doch. Und die beiden waren freundlich und nett. Sie redeten viel und sagten immer »prachtock«. Lange hörte ich den beiden zu, doch kam ich einfach nicht darauf, welche Sprache sie eigentlich sprächen. Schließlich – wir waren schon an die drei Stunden unterwegs – fragte ich, wo sie her seien.
 »Aus Utrecht«, sagte einer. »Aha, Friede zu Utrecht 1642«, antwortete

ich. Donnerwetter, die beiden schauten! Im Laufe der Unterhaltung meinten sie, daß ihr kleiner Führer sehr intelligent sei und allerhand wisse. Auch von Richard Wagner redeten wir und von Geographie. Schließlich fragten sie, was ich triebe, wenn ich nicht führe, also zum Beispiel im Winter. Ja, meinte ich, daheim sitzen und nichts tun, wie es halt so im Winter bei den Bauern üblich ist. Da schüttelten beide die Köpfe und sahen mich traurig an.

Auf der Schutzhütte schrieben sie viele Karten nach Utrecht und sonst in die Welt. Der Ältere winkte mich zu sich, gab mir die Feder und sagte: Ich solle nur auch mit unterschreiben.

Krampfhaft tunkte ich sie ein und schrieb meinen Namen so hin, daß ich mich vor mir selbst schämte. Ich brauchte zu einer Unterschrift fünf Minuten. Auch mischte ich in einem Wort deutsche und lateinische Buchstaben. Ich schwitzte beim Schreiben, und es war mir sehr peinlich, als ich die Herren wegen meiner Saupfote um Entschuldigung bat.

Traurig sahen sie mich an. Der Gutherzige seufzte sogar, dann meinte er, als er mich so anschaute, es sei sehr schade um mich. Ich solle unbedingt in eine gute Schule gehen, um etwas Ordentliches zu lernen. Vielleicht werde er mit meinen Eltern reden. Man müsse mit solchen Eltern reden. Es sei unverantwortlich.

Ich blieb bescheiden und still, ja, ich wurde sogar ein bißchen traurig, als ich sah, was alles an meiner Erziehung versäumt worden war . . .

Am kommenden Morgen zogen wir bei himmlischer Sonne von der Bamberger Hütte weiter. Ich ging voraus und führte die freundlichen Holländer über die Pordoischarte hinunter. Dort war die Tour beendet, und während meine Touristen in die Hotelhalle gingen, drückte ich mich in die Schwemme. Sie aßen oben und vornehm, ich unten und einfach. Geschmeckt hat es uns allen dreien. Mir aber vielleicht doch am besten, weil ich mit dem ersten verdienten Geld mein Viertel Rotwein bezahlen konnte. Weit und herrlich dünkte mich die sommerliche Welt.

Bis die beiden Holländer erschienen und mich lachend bei den Ohren hinaufzogen in die Halle. Der Hotelwirt, den sie über meine Eltern befragten, hatte ihnen dummerweise erzählt, daß ich im vergangenen Juni das Abitur in Innsbruck abgelegt hatte und, soviel er wisse, im Herbst die Technische Hochschule in Wien zu besuchen gedächte . . .

Später, in Wien, bin ich Antialkoholiker geworden. Ein Freund, der Brillen trug und fürchterlich viel las, hatte mich so lange mit antialkoholischen Schriften bedacht, bis ich überzeugt war, daß ein Glas Bier ein Gifttiegel und Rotwein das verwerflichste Sündengesöff auf Erden sei. Schließlich führte er mich in einen Verein, und ich mußte feierlich versprechen, nie mehr im Leben einen Tropfen Alkohol zu trinken. Ein Jahr lang hielt ich dieses Gelübde streng. Es hat mir sicherlich nur genützt. Aber angefreundet habe ich mich nicht restlos mit den neuen Kameraden, weil sie nicht nur über den Teufel Alkohol die Nase rümpften, sondern auch über den Tabak.

Ich hielt mich streng an die antialkoholischen Vorschriften, sogar in den Bergen, wo mich die Führer manchmal wegen meiner Limonadentrinkerei auslachten. Das ging so den Sommer über ganz gut, bis es einmal Blitz, Donner, Hagel und Schnee gab. Da war ich mit Erich Schott aus Jena und seinem Freunde Dr. Schlegel durch den sehr schweren Adangkamin am Grödner Joch geklettert. Schott war vor mir, Dr. Schlegel wurde von Engelbert Nogler, dem wohl besten und nettesten Führer im Grödnertal, geführt.
Bei Hagel und Schneesturm landeten wir naß und zerfroren auf der Tschierspitze, deren Südwand in gerader Linie von einem gewaltigen Kaminschlund durchrissen wird. Der Wind pfiff so um unsere Ohren, daß wir schnell an den Abstieg dachten. Engelbert eilte mit den beiden Herren über die leichten Schrofen der Ostwand hinunter zur Grödner-Joch-Hütte. Ich, als junger Führer, blieb am Gipfel, um Seile und Kletterschuhe einzupacken, die wir nach gelungener Durchkletterung des Kamins nicht mehr brauchten. Schließlich war auch ich fertig und trabte, naß bis auf die Knochen, bergab. Triefend trat ich in die warme Gaststube. Da stand Engelbert. Vor ihm auf dem Tisch ein Liter heißen Glühweines.
»Da, nimm und trink, dann gehst dir das Gewand wechseln.«
»Na, Engel, Wein trink i net, i bestell glei an Tee.«
Jetzt hat's gedonnert. Der Engelbert ist wild geworden. »Du Stoanesel, du dummer, zuerst kommt die Gesundheit und dann deine Prinzipien. Jetzt trinkst!«
Und gebieterisch hält er mir ein Glas des herrlich duftenden Weines unter die kalte Nase. Seit über einem Jahr hatte ich so etwas Herrliches nicht mehr gerochen. Die Situation war gefährlich. Hätte ich abgelehnt, dann hätte mir der Engelbert bestimmt das Glas nachgeworfen, überdies schlotterte ich vor Kälte und Nässe. Und der Wein dampfte lieblich unter meiner Nase. Und der Engelbert sah mich so drohend an. Da meinte ich schließlich: »Gib her. – Prost, meine Herren!«
Seit jener Adangkamin-Durchkletterung bei Hagel und Neuschnee trinke ich wieder Wein, Bier, Milch oder Wasser, je nachdem. Immerhin habe ich bei allen schweren Touren Winter und Sommer den Grundsatz beibehalten, möglichst wenig zu trinken.
Der Budenkamerad aus Wien ist während des Krieges über Sibirien nach Japan gelangt. In Tokio baut er Häuser. Wie er es nun mit dem Wein hält, weiß ich nicht, ich kenne ja auch die japanischen Sitten nicht.

Schneesturm am Fermedaturm

An einem frischen Sommermorgen sitze ich auf der Bank vor der Regensburger Hütte und esse mein Frühstück. Ich soll den Herrn Doktor Kowsky auf den Fermedaturm führen. Seine Frau langt nach meinem Arm und kontrolliert meine Muskeln.

»O ja, Sie sind stark, nicht wahr? Sie halten meinen Mann schon, wenn er stürzt?«
Sie sitzt mit zwei reizenden blonden Kinderchen auf der Bank vor der Hütte. Ich habe eine Schüssel voll Milchkaffee vor mir, einen Trumm Brot und einen Brocken Butter.
Den Mann halten, denke ich mir und muß lachen. »Mit zwei Fingern halte ich ihn, gnädige Frau, aber nicht auf meine Armkraft kommt es an, auf gute Seilverteilung, auf die Reibung am Fels, auf Erfahrung kommt es an. Haben Sie nur keine Sorge, vom Fermedaturm kommen wir zurück, das wäre ja gelacht!«
Indessen ist ihr Mann, Doktor Kowsky aus Breslau, zum Tisch gekommen. »Sehen Sie, Führer, ich habe eine liebe Frau und zwei nette Kinderchen, ich darf nicht abstürzen!«
»Mein lieber Herr Doktor, ich habe zwar noch keine liebe Frau und keine netten Kinder, aber glauben Sie mir, ich will trotzdem nicht abstürzen. Und zwar heute schon gar nicht und am Fermedaturm auf keinen Fall!«
Wir gehen. Sind spät dran. Um neun Uhr vormittags steigen wir in die Felsen. Leichter Nebel streicht durch die Wände.
Doktor Kowsky hat einen grauen Schnurrbart; er ist nicht mehr jung. – Mit dem Doktor gehe ich nicht weit, denke ich mir, und lasse gleich, weil es so schwül ist, meine schwere Kletterjoppe am Einstieg unter einem Block liegen.
Zum Herrn sage ich: »Es wird vielleicht bald regnen, es ist furchtbar schwül, wir kehren um, wenn es nicht besser wird.«
Nach einer Stunde regnet es. Es ist sehr kühl geworden, mein Hemd ist schon bis auf die Haut durchnäßt. Der Fels ist unangenehm schlüpfrig. Bis zum Gipfel haben wir noch zwei gute Stunden zu klettern.
Mir gefällt die Luft gar nicht recht, und ich schlage vor umzukehren. »Es kann nur noch schlechter werden«, setze ich hinzu, um meinem Vorschlag Nachdruck zu geben. Außerdem bin ich in Hemdsärmeln, und das ist auch nicht gerade angenehm. Kowsky hat einen festen Lodenrock an und ist durch das Klettern warm geworden. Er will nicht zurück.
Wir gehen weiter. Es regnet stärker.
Wieder will ich umkehren.
Noch einmal lehnt er ab.
Dreimal wollte ich umkehren. Dreimal lehnte er ab.
Gut, denke ich mir, wenn er absolut will, dann müssen wir gehen. So weit er kommt, komme ich auch, auch bei Regen und in Hemdsärmeln.
Rascher und energischer zog ich das naßkalte Seil durch die Hände, rascher und energischer stieg ich voraus, rascher und flotter mußte er nachkommen. Mit meiner Nervosität stieg seine Müdigkeit. Ich hätte doch umkehren sollen. Einige Sekunden lang bereute ich meine Nachgiebigkeit. Aber ich war schließlich neunzehn Jahre alt und Doktor Kowsky immerhin zweiundvierzig.
Wir sind am Gipfel. Für Sekunden reißt der regnerische Nebel auf. Es

sieht aus, als ob das Wetter aufklaren würde. Was ich aber hinter dem Nebel herbrauen sehe, entsetzt mich. Schwarze, graue und schwefelgelbe Wetterwolken wälzen sich vom Schlern herüber auf unsere Felsenkette zu. Eine Stille herrscht, die, ich weiß es bestimmt, bald loskrachen wird in eine Hagelhölle von Blitzen und Finsternis.
»Herr Doktor, wir müssen schnellstens absteigen, es kommt ein furchtbares Wetter.«
»Was fällt Ihnen ein, ich bin viel zu müde, ich muß rasten!«
Ohne viel Worte packe ich das Seil, binde den Knoten und zwinge meinen Touristen zum Gehen. Einen Meter hinter ihm gehe ich auf dem Messergrat des Turmes und halte das Seil kurz und fest in der Faust: »Los, los, nur schnell.«
Der Doktor ist müde, ich sehe es. Aber weg, nur weg vom Gipfelgrat. Schon haut ein Windstoß in die Südflanke des Berges, regungslose Raben lassen sich vom Sturm über den Grat tragen, die ersten Hagelkörner schlagen auf meinen Kopf, auf die Ohren, ins Gesicht, auf die nassen Ärmel. Ein Blitz fährt flammend hundert Meter unter uns in die Wand, daß Kowsky zusammenbricht und ich mich geblendet ducke. Es kracht gleichzeitig, als ob der Fels aus allen Fugen bräche.
Schnell fasse ich einen Entschluß – nur nicht über die Südwand zurück, der Blitz erschlägt uns dort! – und brülle Kowsky zu, er solle links hinunter in die Wand. Der Abstieg über die Nordostwand ist vor dem Wetter etwas geschützter.
Nach Minuten ist alles weiß, voll Hagel. Ununterbrochen krachen Donner, leuchten grell die Blitze um uns. Hagel, Schnee, Nebel und Sturm nehmen mir jegliche Orientierung. Ich schlottere vor Kälte.
Kowsky war willenlos geworden. Er flog mir in den verzweifeltsten Situationen ins Seil. Einmal, als ich ihn nicht mehr halten konnte, weil meine nassen Kletterpatschen selbst den Halt im Gemisch von Schnee, Hagel und Sand verloren hatten, schrie ich hinunter, er solle sich irgendwie Halt suchen. Nun verlor er vollends den Kopf, ich mußte ihn wohl oder übel, so lang das Seil reichte, in die Tiefe lassen, bis er endlich auf einer Terrasse Stand und Sitz fand. Kaum hatte ich ihn in Sicherheit, mußte ich in den vereisten Felsen greifen und nachklettern.
Die Finger waren klamm und erfroren vom Seilhalten, ich konnte sie nicht erwärmen, da ich nichts, nicht einmal einen Rock bei mir hatte. Ich durfte keinen einzigen unsicheren Schritt wagen, mußte aber andererseits schnell absteigen, da ich mich auf den apathisch gewordenen Touristen nicht mehr verlassen konnte. Zugleich wußte ich, daß auch ich diese Höllenfahrt nicht sehr lange würde aushalten können. Kowsky kletterte mit verzweifeltem Mute, aber er kam nicht weiter, seine Hände versagten, sein Herz und sein Wille.
Um fünf Uhr waren wir noch hoch in der Wand. Das Unwetter dauerte unvermindert an, und es schneite nun, als sei es Winter geworden. Schneefall, Blitz und Donner ließen uns nicht los.

Ich durfte keinen Blick von Kowsky wenden, keine Sekunde das eisige Seil aus der Hand lassen, an dem er oft halb leblos hing. Keine Minute war zu verlieren. Es ging auf Leben und Tod.

Kowsky weigerte sich schließlich, von Kälte und Schmerzen zermürbt, weiterzugehen. Er wollte bleiben, ich solle allein gehen und ihn mittels eines Seils indessen sicher irgendwo anbinden, solle Hilfe suchen und nachher heraufkommen, ihn zu holen. Alles Zureden half nichts, bis ich ihn anbrüllte: »Idiot, verfluchter, jetzt gehen Sie weiter und nehmen sich zusammen in allen drei Teufels Namen, was glauben S' denn, was ich Ihrer Frau unten auf der Hütte sagen soll, wenn ich allein komme? Reißen Sie sich zusammen, Sie müssen hinunter, und zwar mit mir, fertig!«

Kurz riß ich ihn beim Seil auf, und er ging weiter mit. Ich wußte, daß ich jetzt mit ganz grobem Geschütz auffahren mußte, sonst war in der Tat alles verloren.

Auch ich selbst brauchte Pulver, ich war schon zu sehr am Ende meiner eigenen Widerstandskraft angelangt. Um nicht zu ermatten, sagte ich mir selber vor: Du mußt gut hinunterkommen, reiß dich zusammen, gib nicht nach, es geht bestimmt.

So zwangen wir auch den Abstieg über die vorletzte Wandstufe.

Es war inzwischen sieben Uhr abends geworden, das Unwetter hatte nachgelassen. Kowsky lag neben mir in einer steilen Schneerinne, die in einen fünfzig Meter hohen Abbruch mündete. Dieser mußte links umgangen werden, dann konnte uns nichts mehr passieren. Ich schleppte ihn am Arm schrittweise weiter, ließ ihn dann am Seil ein Stück hinunter. Selbst kratzte ich mir mit dem Taschenmesser Tritte in den eisigen Schnee, um mit den nassen Kletterpatschen nicht zu rutschen.

Wir froren fürchterlich. Kowsky kauerte hinter einem Stein. Schon oben in der Wand hatte ich viele Male aus ganzer Kraft gerufen, um einer etwa ausgerückten Rettungskolonne Signale zu geben, daß wir lebten und wo wir ungefähr seien.

Plötzlich schien es mir, als hörte ich Stufen schlagen, dann Worte und gleich darauf wieder das Geräusch von Eispickeln, die in den gefrorenen Schnee schlugen. Sofort rief ich hinunter über den Abbruch.

»Hoi, hoi, Trenker!« kam es zurück.

»Himmel, wer seid ihr denn?«

»Pescosta und Nogler, wir sind gleich da!«

Nun war ich meiner wieder sicher. Ich packte den Doktor auf und konnte ihn bald den frischen Führern übergeben. Weiter unten am Einstieg wartete ein Träger.

Pescosta und Nogler, wie überhaupt alle auf der Hütte, hatten mit unserem sicheren Tod gerechnet. Instinktiv gingen sie in die Nordwand, um unsere abgestürzten Körper zu suchen. Das Unwetter sei grausam

Der Mösrik-Fjord in Norwegen

Berge in Flammen
2. JUNI BIS
8. JUNI

gewesen, auch auf der Hütte, erzählten sie. Niemand sei auf der Tour gewesen, nur wir beide. – Plötzlich muß ich an die arme Frau und die Kinder Dr. Kowskys denken.
Die beiden Freunde bleiben beim halbtoten Dr. Kowsky. Ich renne ohne Aufenthalt und noch immer in platschnassen Hemdsärmeln zur Hütte. Der einstündige Weg wird in zwanzig Minuten zurückgelegt. So wärme ich mich wieder.
Bald bin ich, noch naß und zerschunden, bei der Hütte und frage, in das Gästezimmer tretend, nach Frau Doktor Kowsky. Alles ist still und sieht mich einen Augenblick an, da stürzt sie mir entgegen, ihre Augen sind weit aufgerissen.
»Gnädige Frau, es ist alles gutgegangen, ich wollte Ihnen das nur gleich sagen!«
Gellend ruft sie, daß es mir durch alle Knochen geht: »Mein Mann ist tot, nun ist er tot, o Gott . . .«
»Ja, was fällt Ihnen ein, gnädige Frau, ich bin doch gekommen, um Ihnen zu sagen, daß er lebt!«
»Nein, nein, ich sehe es ja, Sie sind allein gekommen, er ist tot!«
Da riß mir die Geduld.
»Schinkensemmeln frißt er, und Glühwein sauft er oben am Fuß des Turmes, während ich Esel vorauslaufe, um Sie zu beruhigen. So, und nun setzen Sie sich und warten, bis er kommt!«
Der Schuldiener von St. Ulrich, der trotz seines dicken Bauches im Sommer leichte Touren führte, knurrte: »So sind die jungen leichtsinnigen Burschen, steigen hinauf in alle Wände, und wir können sie dann herunterholen.«
»Du hast mich noch nie geholt«, antwortete ich ihm, »du ganz gewiß nicht.«
Ausgerechnet dieser Faulpelz hatte es nötig, mich nach all den überstandenen Strapazen zu belehren!
Am selben Abend kam ein alter Bekannter auf die Hütte. Doktor Johannes Pfeiffer.
»Lieber Trenker, sind Sie morgen frei? Machen wir eine Tour?« Ich schau' das Wetter an – es wird morgen schön sein.
»Ja, Herr Doktor, ich bin morgen frei. Wir machen die Überschreitung des Fermedaturmes.«
»Einverstanden, also gute Nacht für heute!«

oben links: Als Polarforscher Ellison in dem Stummfilm »Der Ruf des Nordens«, 1928
oben rechts: Bei der Wiederaufführung des Tonfilms »Berge in Flammen«, 1950 in Wien
unten: Sass Songher, oberhalb Colfuschg. Hier machte Trenker seine erste Klettertour in Begleitung des Vaters

Vor dem eigenen Denkmal
Paul Grohmann

Paul Grohmann wird zu Recht als der eigentliche Erschließer der Dolomiten bezeichnet. Der junge Grohmann hatte das Glück, einen begüterten Vater zu haben, der als Arzt in Konstantinopel und auf dem Balkan gewirkt und sich später in Wien niedergelassen hatte. Auf seinen vielen Reisen in die Schweiz durfte ihn der Sohn begleiten. So lernte er früh die Schönheit der Bergwelt kennen und konnte schon in jungen Jahren manchen Gipfel mit verläßlichen Führern ersteigen.
Im Jahre 1861 sah er von einem Berg der Zentralalpen aus die merkwürdig bizarren Formen eines märchenhaften Gebirges weit im Süden. Noch nie hatte er von jenem Felsenreich der Dolomiten Genaueres gehört. Er schrieb darüber in seiner Selbstbiographie: »Als ich von den Gipfeln der Tauern im Süden eine neue Bergwelt von märchenhaften Formen erblickte, über die auch das beste Buch nur geringe Aufschlüsse erteilt, beschloß ich, in die Dolomiten zu ziehen und dort zu arbeiten. Begeisterter ist wohl selten ein Jünger an seine Arbeit gegangen.« Im Jahre 1862 betrat er zum ersten Male jene eigenartige Wunderwelt, und von da an widmete er acht Jahre lang seine ganze Liebe, Energie und kühne Tatkraft dem neuentdeckten Bergreich!
Kurze Zeit vor Paul Grohmann versuchte einer der allerbesten und berühmtesten Ostalpenführer, Hans Pinggera aus Sulden, mit Waitzenbauer den Berg zu bezwingen. Auf dem Langkofelgrat angelangt, mußten sie jedoch umkehren, und im Grödnertale glaubte man nun erst recht an die Unersteigbarkeit des magisch über dem Tale thronenden Riesen. Denn wo der Pinggera umkehrt, da kommt kein Wiener hinauf, meinten sie. Als Paul Grohmann am 11. August abends mit seinen Begleitern Peter Salcher und Franz Innerkofler erschien, ging die Nachricht wie ein Lauffeuer durchs Tal. Der damalige Bürgermeister J. B. Purger besuchte die Ankömmlinge noch am selben Abend im Hotel und gab ihnen Ratschläge, nicht nur über die bequemste und beste Zugangsmöglichkeit am Fuß des Berges, sondern viel eindringlicher noch den, in St. Christina beim Dosseswirt den weißen Wein zu kosten, der in jenem denkwürdigen Jahre dort ganz besonders gut gewesen sein soll.
Am Morgen des 12. August 1869 verließen die drei wackeren Männer St. Ulrich. Oberhalb von St. Christina, auf den grünen Almweiden von Monte Pana, übernachtete die kleine Bergsteigergruppe in einer Heuhütte, und am 13. August endlich stiegen sie hinauf in das weite Langkofelkar. Obwohl Nebel die Sicht behinderte, verlor Grohmann seine Zuversicht keinen Augenblick, er war schon erfahren genug, um zu wissen, daß ein leichter Wind aus dem Norden den Himmel schnell reinfegen konnte. Unter Überwindung einiger Wandstellen und Kamine kamen die drei Männer in das große Felsenkar oberhalb der südwestlichen Einstiegfelsen. Paul Grohmann hatte seinen Berg gut studiert und wußte, daß er

sich von der gewonnenen Höhe aus westlich, das heißt St. Ulrich zu, halten müsse, um den langen Gipfelgrat möglichst in der Nähe des Gipfels zu erreichen. So benützte er ein steiles Eiscouloir, das rasch in die Höhe führte, dann ein zweites, größeres, welches ihn und seine Gefährten sehr unfreundlich mit harten Steinschlägen überschüttete. Aber Grohmann und seine Führer ließen sich nicht abschrecken. Lassen wir ihn nun selbst erzählen:

»Dies Couloir ist weit mächtiger entwickelt als das erste und auch viel länger. Es zieht, wie schon gesagt, zwischen der westlichen Langkofelspitze und dem Hauptgipfel hoch empor. Der Schnee war hier weit besser gangbar, und wir kamen rascher vorwärts. Doch, was war das? Ein Stein saust durch die Schlucht herunter mit ungeheurer Wucht, ein zweiter folgt, ein dritter, endlich eine ganze Ladung. Unser Zug ist zersprengt, und jeder von uns sucht, so gut es eben geht, Schutz hinter irgendeinem kleinen Felsvorsprung. Dieser Steinfall war ein ernstes Mißgeschick, offenbar hervorgerufen durch den starken Wind, der heute in der Höhe herrschte; und uns konnte er wohl aufhalten, aber nicht zurückschlagen, und als wieder Ruhe eingetreten war, eilten wir so rasch als möglich die schneeige Bahn empor. Schon waren wir, immer von einzelnen Steinen umsaust, hoch hinaufgekommen und nicht mehr weit vom oberen Ende des Couloirs entfernt, als sich uns ein neues Hindernis entgegenstellte, ein Block, eine niedere Wand bildend, die die ganze Breite des Couloirs einnahm und mit einer glasigen Eisschicht bedeckt war. Unseren Hilfsmitteln gelang es schnell, dieses Hindernis zu nehmen, und bald hatten wir das obere Ende des Couloirs erreicht und traten jubelnd abermals in den Sonnenschein hinaus. Wir waren schon sehr hoch oben und hatten nur mehr das allerletzte Stück der Ersteigung vor uns. Die westliche Spitze, die man von St. Peter aus sieht, überragte nur mehr um weniges unseren Standpunkt. Ich wandte mich sofort nach rechts und begann, gefolgt von meinen beiden Begleitern, das Geröll und die kleinen Wandeln des Hauptgipfels zu ersteigen. Einmal blicke ich rückwärts, und siehe da, schon ist die westliche Spitze etwas tiefer als wir, und noch immer geht es empor, empor; aber jetzt fliegen wir fast, und in stürmischer Hast werden die letzten Höhen gewonnen. Noch eine kurze Anstrengung, und, o Glück, wir haben unser Ziel erreicht! Alles andere Zackengewirr liegt unter uns. Was kümmert uns weiter der Wind, der uns unsanft anfaßt! Meine Leute jubeln, umarmen mich und danken mir, ich weiß nicht wofür.

Der Rückweg wurde über dieselben Stellen genommen wie der Aufstieg, aber außerordentlich rasch durchgeführt. In den Abendstunden zogen wir wohlbehalten in St. Ulrich ein.

. . . .

Und wieder einmal, am 7. September 1898, fuhr ich den Weg von Waidbruck nach St. Ulrich hinan. Aber diesmal war ich nicht schweigsam, Freunde begleiteten mich, die Pferde, die uns zogen, waren mit Blumen bekränzt, denn es ging einem Feste entgegen, das ich morgen zu erleben hoffte. Und ich erlebte es. Die Akademische Sektion Wien des D.-Ö. A.-V. hatte mir, dem Lebenden, in der Umgebung von St. Ulrich ein Denkmal errichtet, dessen Enthüllung am 8. September 1898 in meiner Gegenwart stattfinden sollte. Und diese Enthüllung fand statt! Angesichts der gewaltigen Felsgestalten, welche das Grödner Tal überragen, steht das Denkmal auf aussichtsreichem grünem Plane. Es war eine Feier, so schön und ergreifend, wie ich noch nie eine erlebt habe und auch nie wieder eine erleben werde; und eins weiß ich: die Erinnerung an diese herrlichen Stunden wird mich begleiten bis an den Rand der Ewigkeit!«

Paul Grohmann gehört zu den großen Pioniergestalten der Alpenerschließer. Seine Aufstiegsroute auf den Monte Cristallo, den er jahrelang umwarb und belagerte, wird heute noch begangen. Im Jahre 1865, am 14. September, erreichte er in Begleitung des Gemsenjägers und Wirtes Ploner mit seinen Führern Angelo Dimai und Santo Siorpaes nach drei früheren vergeblichen Versuchen den Gipfel. Grohmann erwähnte in seiner Schilderung dieser Ersteigung kaum größere Schwierigkeiten, doch dauerte es noch Jahre, bis der Engländer Tuckett am 14. Juli 1869 die Ersteigung in Begleitung Santo Siorpaes' wiederholte.

Paul Grohmann mußte seine bergsteigerische Laufbahn nach dem Wiener Bankkrach von 1873, bei dem er sein stattliches Vermögen restlos verloren hatte, aufgeben. In den folgenden Jahren war er gezwungen, sich als Schreiber und Bilderhändler durchs Leben zu schlagen. Arm und verlassen starb der Vierundsiebzigjährige im Jahre 1908 in Wien.

Vom Wunsche geleitet, die Kenntnis von der Schönheit der Alpen möglichst vielen Menschen zukommen zu lassen und der Jugend neue Wege und Betätigungsfelder zu zeigen, plante und gründete Paul Grohmann in Gemeinschaft mit Rüther und Moijsiovich im Jahre 1862 den Österreichischen Alpenverein. Schon wenige Jahre später wurde der deutsche Parallelverein gegründet, und im Jahre 1873 schlossen sich die beiden Verbände zum Deutsch-Österreichischen Alpenverein zusammen.

Paul Grohmann hat wohl nicht geahnt, welche Bedeutung seine Gründung gewinnen würde, die sich zur größten derartigen Vereinigung in der Welt entwickelt hat. Neben diesem lebendigen Denkmal kündet die von ihm nicht erstiegene, aber nach ihm benannte Grohmannspitze in der Langkofelgruppe von dem begeisterten Berg- und Menschenfreund Paul Grohmann.

Der Bergführer und sein königlicher Freund Tonio Dimai

Als Cortina d'Ampezzo noch kein mondäner Sommer- und Wintersportplatz, sondern eine stille österreichische Berggemeinde war, erblickte Tonio Dimai das Licht der Welt. Die Erschließung der Ostalpen setzte ein, und das Bergdorf im Kranze der königlichen Tofanen, des gewaltigen

Sorapiß und des wuchtigen Antelao erlebte einen Aufschwung, der jenem der größten Schweizer Modekurorte in nichts nachstand.
Es entwickelten sich die großen Bergführer-Persönlichkeiten eines Santo Siorpaes, des Erstersteigers der Pala di San Martino, eines Mansueto Barbaria oder Lazzaria Pompanin und Angelo Dibona. Tonio Dimai war vielleicht die eigenwilligste Figur unter den Bergführern. Er war von einer tiefen Bescheidenheit und in seiner Art ein vornehmer Bauer und Bergsteiger, ein Herr. Das Heldische in Tonio Dimais Wesen, der, zweiundachtzig Jahre alt, im Herbst des Jahres 1948 gestorben ist, lag in seinem Denken und Handeln, in seinem unerschütterlichen Gottvertrauen und in seiner Liebe zur Heimat und Familie. Er war wie Angelo Dibona trotz seiner großen bergsteigerischen Erfolge der einfache Bauer geblieben, der neben seinen großen Bergfahrten noch Zeit fand, seine Pflugschar über die Äcker zu führen, im Sommer die Sense und im winterlichen Walde das Beil zu schwingen.
Der Erste Weltkrieg unterbrach mit jäher Gewalt jene goldene Zeit der großen Klettersommer, doch führte mich ein gütiges Geschick im Jahre 1917 als Kommandant einer Bergführerkompanie nach Cortina d'Ampezzo. Die Alpenfront war im November jenes Jahres in Bewegung gekommen, und vom Lagazuoi oberhalb des Falzaregopasses trugen uns die flinken Skier ins Tal der Boite hinunter. Wir waren mit von Norden kommenden Infanterie-Abteilungen die ersten in Cortina einrückenden österreichischen Soldaten. Meine Aufgabe bestand darin, von den umgebenden Felsgruppen Kriegsmaterial aller Art zu bergen. Es gab Lebensmitteldepots, Seilbahnmaterial, Motoren auf hohen Graten und Gipfeln; Waffen- und Lebensmittellager waren in den unwahrscheinlichsten Felskavernen versteckt.
An freien Tagen half ich einem Feldgeistlichen bei der Suche nach verschollenen Soldaten und unbekannten Gräbern und verband diese Ausflüge, wenn es sich machen ließ, gerne mit einer schönen Kletterfahrt. Oft begleitete mich Tonio Dimai. Ich hatte ihn in früheren Sommern dann und wann vor dem Hotel Tre Croci auf der Bank unter einem dort angebrachten hohen Kreuz mit dem König Albert von Belgien sitzen sehen. Dimai hat den König gemeinsam mit Agostino Verzi und Angelo Dibona auf viele schwere Felstouren in den Dolomiten geführt, ein anderes Mal im Schmittkamin der Fünffingerspitze.
Auf den Gipfeln pflegte sich der König unter einem Pseudonym einzutragen, die Führer mit ihren Namen. Zwischen dem Bergführer Tonio Dimai und dem Monarchen entstand im Laufe der Jahre eine gute, stille Verbundenheit. Tonio mag damals ungefähr zweiundfünfzig Jahre alt gewesen sein. Trotz des nicht mehr jugendlichen Alters kletterte er noch wie zu seiner Glanzzeit vor dem Kriege. Er besaß einen schönen Bauernhof oberhalb Cortinas und war gerade nach fast einjähriger Abwesenheit aus einem Interniertenlager nach Hause zurückgekehrt. Die Sehnsucht trieb ihn auf die Gipfel seiner Berge, von denen er so viele in früheren Jahren

als erster betreten hat. So wie Angelo Dibona, der vielleicht allerbeste Dolomitenführer der Vorkriegszeit, der im Gesäuse, in den Bergen der Dauphiné, dem Wilden Kaiser und, last not least, in den Dolomiten so viele großartige Ersteigungen durchgeführt hat, zeichnete sich auch Dimai durch Mut, große körperliche Geschicklichkeit, hervorragende Kenntnis der Gefahren der Berge, blitzschnelles Erfassen der Gebote des Augenblickes, vornehme Denkungsart und grundtiefe Anständigkeit aus, so daß man beim Gehen mit ihm nie den Eindruck hatte, einen bestellten Bergführer, sondern vielmehr einen Freund, einen Gentleman im besten Sinne des Wortes bei sich zu haben.

Als Kletterer war Dimai vorbildlich in seinen leichten, eleganten und natürlichen Bewegungen, die nichts mit turnerischem Drill zu tun hatten. Sein Gehen im Fels war wie ein samtenes, leises Tasten. Seine Hände faßten den Fels zärtlich an, sie dienten einer klugen Verteilung des Körpergewichtes, es war, wenn er senkrechte Wandstellen nahm, manchmal wie ein Emporschweben. Wie alle großen und guten Führer, die ich im Fels sah, war auch er von einer Ruhe sondergleichen. Wie der Zermatter Führer Otto Furrer im Gletscher mit oder ohne Skier, Luigi Carrel in den Wänden des Matterhorns, so war Dimai im Dolomitenfels.

Auf die Tofana war Tonio Dimai diesmal besonders gerne mitgekommen, weil unser Weg durch die von ihm im Jahre 1901 erstmalig durchstiegene Südwand der Tofana di Roces führte. Auch andere Gründe mochten ihn wohl bewogen haben, mich zu begleiten, denn er hatte die Heuernte und alle Hofarbeit daheim liegenlassen, um mitgehen zu können. Wir waren noch mitten in der großartigen Wand, als ein übermächtig starkes Gewitter mit Blitz, Hagel und wilden Sturzbächen uns stundenlang festhielt; später schien wieder die Sonne mit all ihrer Kraft, und wir kamen rasch weiter, allerdings mit der Gewißheit, auf dem Gipfel übernachten zu müssen. Es sollten nach unsicheren Angaben noch Gefallene oben liegen, jedoch wußte niemand zu sagen, wie viele, seit wann und ob es sich um Italiener oder Österreicher handelte.

Bei Anbruch des Abends hatten wir die sechshundert Meter hohe Wand hinter uns und saßen zufrieden und glücklich auf dem Gipfel. Dimais hagere Hände betteten sorgsam das schmiegsame Kletterseil auf den Fels und legten Holz in das Biwakfeuer nach. Um uns war Ruhe und Unendlichkeit. Feinen Schleiern gleich begann sich die Nacht über die im letzten Glanz leuchtenden Gipfel zu senken, während tief unter uns die ersten Lichter aufschimmerten und aus Wald und Tal die dunklen Schatten heraufstiegen zu den einsamen Höhen.

Rechts von mir schoß die Wandflucht, durch die wir gekommen, jäh ins Tal der Boite hinunter. Links von uns zog der Grat zur Fontana negra und weiter zu den Gipfeln der Tofana Zwei und Drei. Drüben, nach dem Westen zu, sah ich alle unsere früheren Stellungen, alle unsere Gipfel: den königlichen Fanisturm, die Fanisspitze, den grauen Rücken des Lagazuoi, den Lawinores, den Castello, die Rotwand und die Conturinusspitzen.

So also haben unsere Gegner fast drei Jahre lang die ihnen unerreicht gebliebenen Berge gesehen, von hier aus haben sie uns beobachtet, und ich muß sagen, die Aussicht war nicht gerade langweilig! Fast schöner, wilder, verlangender und mächtiger noch als von unserer Seite drüben. Genau konnte ich meinem Gefährten noch jedes Felsbandnest zeigen, unsere versteckten Anmärsche und Zugänge erklären, von Patrouillengängen erzählen und den mutmaßlichen Tod der drei Gefallenen, die wir am Gipfel gefunden hatten, schildern.

Zwei davon lagen, die gebleichten Skelette von verwitterten Kleiderfetzen umhüllt, etwas unterhalb des Gipfels, und dort, wo die Wand jäh ins Leere abfällt, lag ein dritter. Es war ein Alpini, während die beiden anderen, soweit es sich aus der Uniform feststellen ließ, einem Tiroler Kaiserjäger-Regiment angehört hatten. Ich schlug vor, den drei Unbekannten auf dem Gipfel ein Steingrab zu errichten, doch ist dies leider nicht geschehen, und sie ruhen nun wohl auf einem Waldfriedhof am Fuß jenes Berges, die zwei Tiroler und der Alpini.

Es wurde kühl auf dem Gipfel der Tofana, die Nacht stand vor uns, leise knisternd brannte das wärmende Feuer. Biwaknächte erlebte ich in den Dolomiten selten, nur in äußerster Not blieb man am Berg über die Nacht. Die Schutzhütten waren nicht weit von den Einstiegen, die Klettertouren im allgemeinen nicht so lang und weit wie in anderen Gebieten, und dann boten die steilen, glatten Wände und wilden Kamine der Felsen kaum einladende Übernachtungsmöglichkeiten. Man zog mit möglichst leichtem Gepäck, kleinem Klettersack, Seil, Hammer und einigen Haken, die man meist nur für besondere Fälle mitnahm, aus, und war, wenn man sich nicht geradezu hilflos verstiegen hatte, abends wieder auf der einladenden Hütte. Doch habe ich einmal freiwillig auf dem Gipfel des Langkofels, am Geburtstag des alten Kaisers Franz Joseph I., nach dem Abbrennen eines herrlichen Bergfeuers biwakiert. Unvergeßlich bleibt mir jene kühle Bergnacht. Als tief im Tale die Lichter langsam verloschen und die große Nacht über alle Höhen kam mit ihrer rätselhaften Größe und Stille, da verband sich meine Seele mit dem Geist dieses Berges, der mir seit jener Nacht zum besonderen Begriff geworden ist und mir mehr vertraut wurde als alle anderen Gipfel meiner Heimat.

Ich bat Dimai, von dessen abenteuerlicher Ablehnung der Führung einer Alpini-Patrouille auf die Trofana ich bereits gehört hatte, doch selber seine Geschichte zu erzählen, ich wußte zwar, daß er nicht gerade gern davon sprach. Der sonst so Wortkarge begann aber bald zu erzählen, und nur die Sterne, das kleine Feuer, im Geiste wohl auch die drei Gefallenen neben uns und ich, hörten ihm zu.

»Im August des Jahres 1916 kamen zwei Carabinieri zu mir auf den Hof und fragten mich, ob ich Antonio Dimai heiße und Bergführer sei. Verwundert antwortete ich mit Ja. Ob ich die erste Besteigung der Tofana-Südwand durchgeführt hätte, wollten sie dann wissen. Auch dies beantwortete ich mit einem Ja. Dann sagten sie, ich solle mitkommen. Ich führte

mein Pferd in den Stall und sagte dann zu meiner Frau und zu den Kindern, daß ich bald wiederkommen würde.
Im Ort führte man mich vor einen Offizier, der mir den Befehl gab, eine Patrouille auf den von den Österreichern besetzten Gipfel der Tofana zu führen. Die Südwand sei schwer, und nur ein genauer Kenner würde durchfinden. Ich bat, mir diesen Weg zu ersparen, da ich selbst österreichischer Untertan sei und meine Landsleute auf dem Gipfel nicht verraten könne. Der Offizier war kurz angebunden und sagte: ›Morgen um neun Uhr früh melden Sie sich fertig zum Abmarsch hier auf dem Platze. Es ist Krieg, und wir haben keine Zeit für Sentimentalitäten.‹
Trüber Ahnungen voll, nahm ich am anderen Morgen Abschied von meiner Frau und meinen Kindern. Die Wand hätte ich so leicht wie heute erstiegen, das war es nicht, aber ich konnte und wollte nicht.
Auf dem Kirchplatz stand ein Auto mit dem Offizier und einigen Carabinieris. Ich trat hin und sagte, nachdem ich respektvoll gegrüßt hatte, daß ich die Patrouille nicht auf die Tofana-Südwand führen würde.
›Sie müssen, ich befehle es Ihnen‹, sagte der Offizier und klopfte mit der Faust ungeduldig auf die Autokarosserie.
Ich wußte einen Augenblick lang nicht, was ich tun sollte, der ganze Platz war von neugierigen Menschen umstanden, ich bekam plötzlich einen Ärger über die neugierigen Gesichter, riß den Hut vom Kopf und warf ihn dem Offizier vor die Füße. ›Hier liegt mein Hut‹, sagte ich, ›machen Sie mit mir, was Sie wollen, ich kann Sie nicht hinaufführen.‹ Die Leute standen noch immer da, stupid und stumm. Der Offizier sagte, er gäbe mir fünf Minuten Bedenkzeit. Ich antwortete, daß auch dies keinen Zweck habe.
Neben den Offizier war inzwischen ein schlanker Alpinihauptmann getreten, der mich freundlich angesehen und, wie mir schien, mir fast ermunternd zugeblinzelt hatte. Dieser Hauptmann trat nun einen Schritt näher an den Offizier heran und sagte leise einige Worte, dann drehte er sich langsam um und kam zu mir: ›Ich kann Sie verstehen, Dimai‹, sagte er, ›Sie brauchen der Patrouille den Weg nicht zu zeigen, ich werde das tun. Erinnern Sie sich noch an mich? Wir sind einmal gemeinsam dort oben gewesen.‹
Sprach's, zeigte auf den Gipfel des Sorapiß, nickte mir freundlich zu, stieg dann in den Wagen und fuhr mit den anderen davon. Ich aber wurde in das Gemeindegefängnis abgeführt. Wer der Hauptmann war, konnte ich nie erfahren, bis heute weiß ich noch nicht, wer es war.«
»Jedenfalls ein Mann mit Herz und Verstand«, sagte ich.
Inzwischen war unser Kaffee heiß geworden, er schmeckte gut und wärmte uns. Majestätisch war der Mond hinter der gewaltigen Wand des uns gegenüberliegenden Monte Pelmo emporgestiegen, seine kalten Lichtfluten tauchten die Türme und Grate der Croda da Lago, der Civetta und der anderen Gipfel in grelle Licht- und Schattenrisse, die gespenstisch und wie Visionen Dantes wirkten.

Ich erinnerte mich, daß im Jahre 1915 der Tofanagipfel aus Mangel an Menschen und Material nicht mehr hatte besetzt werden können und daß erst später dann, im Jahre 1916, einige Kaiserjäger die inzwischen aufgestellte kleine Gipfelwache abgelöst hatten. Furchtbare Stürme und Schneegestöber hatten es tagelang unmöglich gemacht, die Männer in ihrer isolierten Stellung mit Verpflegung zu versehen, der Anmarsch bis zum Gipfel betrug bei gutem Wetter acht bis neun Stunden, erforderte Kletterei im weglosen Fels. Als aber auch die trotz des Sturmes ausgeschickten Essenträger nicht mehr zurückkamen, gab man die Feldwache auf. Man hoffte zwar, daß vielleicht die Patrouille sich absteigend irgendwo vor dem furchtbaren Sturm in Sicherheit gebracht hätte, aber es blieb alles still. Kaum war schönes Wetter angebrochen, erhielten wir Feuer von der Tofana, mit Schrecken sahen wir, was geschehen war. Die vollkommen ermattete Gipfelwache war von der Südwand her, die sie in Unkenntnis der Dinge wohl für unersteiglich gehalten hatte, überrascht und niedergemacht worden.

Einige Zeit behielten von da an die Alpini den Gipfel, aber dann gaben sie ihn auf, und er blieb auch im weiteren Verlauf des Krieges unbesetzt. Nur zwei Tiroler Kaiserjäger und ein Alpinisoldat waren oben geblieben für immer.

Nachdenklich starrte Tonio in die Flammen unseres Wachtfeuers, dann fuhr er, den Kopf in die Hände stützend, mit seiner Erzählung fort:

»Vom Gemeindegefängnis aus brachte man mich bald darauf in ein Internierungslager hinter dreifachen Stacheldraht weit unten im Süden, wo ich trotz der an sich freundlichen Behandlung immer trauriger wurde. Ohne Freiheit als Zivilgefangener so dahinleben zu müssen, war mir unerträglich. Dazu litt ich unter furchtbarem Heimweh, das mir schier das Herz abdrückte. Sicherlich wäre ich geflohen, wenn mich nicht ein Unteroffizier eines Tages gefragt hätte, was ich wohl verbrochen hätte und wer ich sei. Ich erzählte ihm, daß ich Bergführer in den Dolomiten und der König Albert von Belgien viele Sommer mit mir gegangen und daß er sozusagen mein Freund gewesen sei.

Wenn das wahr sei, solle ich doch dem König sofort einen Brief schreiben. Sosehr ich mich gegen den Gedanken, den König zu belästigen, sträubte, siegte die Sehnsucht nach meiner Heimat schließlich doch, und der Brief wurde geschrieben und vom Unteroffizier weitergeleitet.

Ich wartete Tage und Tage, Wochen und Wochen. Heiß schien die Sonne in das stacheldrahtumzogene Lager. Sie freute mich nicht, und sie wärmte mich nicht, ihre furchtbare Hitze drückte mich nieder. Der Soldat sah mich, wenn er vorüberkam, von der Seite an, er hielt mich für einen Aufschneider.

Nach sieben Wochen peinvollen Wartens aber hielt eines Tages ein Wagen vor meiner Baracke. Ein Offizier stieg aus und fragte nach mir. Er teilte mir mit, er sei beauftragt, mich nach Wunsch im Auto oder mit der Bahn, sobald ich wolle, nach Cortina d'Ampezzo zu bringen, ich sei frei.

Zuerst konnte ich die Nachricht kaum fassen, dann wußte ich, daß der König Albert ein Freund war, der seinen Bergführer aus glücklichen Zeiten nicht vergessen hatte.«

Ein Leben im Glanz der Dolomitensonne
Angelo Dibona

Von den Bergführern, die in den Dolomiten daheim waren und sich unvergeßliche Lorbeeren nicht nur in den heimischen Bergen, sondern auch in den anderen Teilen der Alpen geholt haben, verdient der bescheidene, in Cortina d'Ampezzo geborene Angelo Dibona ein besonderes Ehrenblatt. Er besaß hervorragende Führereigenschaften. Sein Mut und seine außergewöhnliche Fähigkeit, auch die größten und schwersten alpinen Probleme zu lösen, waren einmalig. Schon bald nach den ersten Erfolgen des jungen Führers, er hatte einige auffallende, äußerst kühne Führen in den Cadinspitzen durchgeführt, wird er vom Präsidenten des englischen Alpine Club für mehrere Wochen verpflichtet. Mit diesem und dessen Freund besucht er die Cristalloberge und wandert dann hinüber in den Rosengarten.

Von den Vajolettürmen kommend, sitzt er eines Abends, seine Pfeife rauchend, in der Vajoletthütte und hört aufmerksam und ohne sich in die Unterhaltung einzuschalten, der sehr lebhaften Debatte zu, die der originelle, stets rebellische Bergführer und Hüttenwirt Piaz mit den beiden Engländern und einigen Münchener Bergsteigern führt. Der Streit geht darum, ob die noch unerstiegenen Wände des Croz dell'Altissimo in der Brentagruppe oder die Nordwand des Einsers in den Sextener Dolomiten und die Laliderer Nordwand im Karwendel überhaupt ersteigbar sind. Die einen behaupten nein, die anderen, darunter Piaz, sagen ja.

Wenige Tage später sitzt Dibona mit seinen zwei Engländern am Fuße der Rotwand des Rosengartens und zieht die Kletterschuhe an. Fünf Stunden später steht er, ohne einen Haken geschlagen zu haben, am Gipfel.

Im Sommer 1909 erfolgte die für Dibonas weitere Führerlaufbahn entscheidende Begegnung im Sextener Fischleintal mit den Brüdern Guido und Max Mayer aus Wien. Das im Wesen des großartigen Felsstrategen schlummernde bergsteigerische Temperament kann sich nun erst voll entfalten. Mit den Brüdern eilt er von Sieg zu Sieg, von Wand zu Wand, von Gipfel zu Gipfel. Dem Campanile Dibona in den Sextenern folgt wenige Tage später die Erstbegehung des stolzen Fanesturms über die Südwestwand. Dibona holt für den Bruder Guido Mayers den Führer Rizzi aus Campitello herbei, und in der Zeit vom 10. bis 15. August wird zuerst der Sass de Mesdi an der Marmolata und dann der vereiste Nordgrat des Vernel durchstiegen. Die Erkletterung der großen Zinne über die Nordostkante folgt gleich nach der Durchsteigung der Nordwand des Piz Popena.

Dibona hat die Unterhaltung in der Vajoletthütte zwischen Piaz und den Engländern nicht vergessen. Wuchtig ragt die gewaltige Nordwand des Einsers in den blauen Himmel. Sepp Innerkofler versucht ein-, zweimal, sie zu durchsteigen, muß aber nach 300 Metern umkehren, die Wand schlägt den Helden vom Paternkofel durch ihre unheimliche Größe und Steilheit zurück. Als er erfährt, daß Dibona mit seinen beiden Gefährten dort hinauf will, lacht er nur und bietet in seiner Weinlaune einhundert Kronen als Belohnung, wenn es dem Ampezzaner gelingt, die Abseilschlinge herunterzuholen, die der Sepp bei seinem Versuch zurücklassen mußte. Dibona nimmt lachend an und steigt mit den beiden Brüdern Mayer und dem Fassaner Führer Luigi Rizzi in die Einstiegsfelsen der Wand. Es dauert nicht lang, schon nach wenigen Stunden kann Dibona Sepp Innerkoflers Seilschlinge in die Tasche stecken und weiterklettern. Die Hindernisse nehmen zu, der Fels wird immer abweisender, drohender, schwerer. Am 18. Juli 1910 steht Angelo Dibona nach siebzehnstündigem Kampf vergnügt auf dem Gipfel und kann zum Gipfelsieg und zu den hundert Kronen, die Sepp Innerkofler nun wird bezahlen müssen, die herzlichsten Glückwünsche entgegennehmen.

Erst drei Jahre später, 1912, wird die Tour vom grimmig-lustigen Tita Piaz und 1913 vom Kaiserführer Hans Fiechtl mit Gefährten wiederholt.

Wenige Tage nach der Nordwanddurchsteigung überschreitet Dibona mit seinen Freunden den Gipfel des unvergleichlichen Zwölfer und so fort und so weiter bis zur senkrecht nach oben steigenden Führe, die der Meister durch die Ostwand des Dent de Mesdi zeichnet.

Mit Mayer und Rizzi legt er noch im selben Monat seine klassische Route durch die Pordoi-Westwand. Drei Tage später rauchen sie ihre Gipfelpfeife auf dem Gipfel des Innerkoflerturmes nach der ersten Durchkletterung der Südostwand.

Aber Angelo Dibona hat die Unterhaltung mit Piaz auf der Vajoletthütte noch immer nicht vergessen. Drüben in der Brentagruppe wartet die noch unerstiegene Tausend-Meter-Wand des Croz dell'Altissimo. Die Brentaführer aus Molveno sind felsenfest von ihrer Unersteigbarkeit überzeugt, da kommt Dibona und sieht sich die Sache an. Zwei Tage später trägt er sich mit den Brüdern Mayer und Rizzi in das Gipfelbuch ein. Paul Preuß wiederholt, vom Mythos Dibonas angelockt, ein Jahr später, 1910, die Durchkletterung dieser kühnsten aller Brentawände mit seinem Schwager Paul Relly.

Im Sommer desselben Jahres 1909 setzt sich der stille Cortineser in die Eisenbahn und fährt in Begleitung seiner Gefährten Mayer und Rizzi in das ihm noch völlig unbekannte Gesäuse, ersteigt, dort angekommen, das Hochtor, um sich die Ödstein-Nordkante anzusehen, deren 600 Meter hohe senkrechte Plattenstellen er unter Verwendung von nicht mehr als drei Mauerhaken am 25. August in einem Zuge überwindet. Dieser auch nach heutigen Begriffen noch äußerst schweren Route folgt Paul Preuß mit Relly ein Jahr danach mit der zweiten Begehung.

Welche Liebe zu den Bergen Angelo Dibona in seinem Herzen trug und mit welch souveräner Sicherheit er auch die schwersten Unternehmungen meisterte, erkennen wir erst ganz, wenn wir erfahren, daß er die Ödstein-Nordkante im August 1940 im Alter von sechzig Jahren mit seinem Sohn Ignazio wiederholte und im September desselben Jahres mit dem Amerikaner Paul Edwards die gewaltige Wand des Einsers ein zweites Mal durchstieg.
Der Sommer 1911 bringt neue große Erfolge, immer gemeinsam mit der durch Kampf und Gefahr, Sieg und Erfolg zusammengeschweißten Seilschaft Guido und Max Mayer sowie Luigi Rizzi. Im August ersteigen sie die herrlich sonnigen Platten und Kamine der Grohmann-Südwand, eine Tour, die er bald darauf mit dem König Albert von Belgien wiederholt. Die steinschlaggefährdete 1100 Meter hohe Nordwand des Langkofel folgt. Dibona hat die Unterhaltung mit Piaz und Gefährten noch gut im Gedächtnis. Wieder raucht er seine Pfeife und überlegt. War damals nicht auch von den Laliderer Wänden die Rede? In Bergsteigerkreisen war man nach vielen Mißerfolgen von der absoluten Unersteigbarkeit der pfeilgrad zum Himmel aufjagenden Wand mit ihrem messerscharfen Pfeiler überzeugt. Dibona schlägt den Brüdern Mayer vor, zur Abwechslung einmal ins Karwendel zu gehen.
Bei seiner Rekognoszierung entdeckt er im unteren Teil der Laliderer Nordwand eine Menge Haken und Seilschlingen, die von den abgeschlagenen Versuchen anderer Kletterer stammten. Das Wetter ist schlecht. Vier Tage warten Dibonas Seilgefährten im Verein mit dem unermüdlichen Rizzi unter der regenverhangenen 900-Meter-Wand, bis endlich die Sonne wieder scheint. Im frühen Morgen steigen sie ein. Nur wenige Haken mit Ringen und etwas Reepschnur führen sie mit. Auf einer kleinen Plattform, über welche die düstere Wand sich drohend aufbäumt, finden sie Notizen von mehreren Seilschaften, die wegen allerlei Unbill hatten umkehren müssen. Dibona leistet Unglaubliches. Er pendelt, als es keinen anderen Ausweg mehr gibt, in die Luft hinaus, sucht und erspäht neuen Halt, neue Möglichkeiten, weiterzukommen und die Nachkletternden gut und verläßlich zu sichern. Zäh, ruhig und unnachgiebig klettern sie höher und höher, bis sie zweihundert Meter unter dem Gipfel von der Nacht eingeholt und zum Biwak gezwungen werden, das sie, ohne entsprechende Ausrüstung, aber immerhin guten Mutes, frierend durchstehen.
Am anderen Tag kann der glückliche Führer im Kreise seiner treuen Gefährten still und zufrieden seine geliebte Gipfelpfeife anzünden und im Bewußtsein, die gefürchtetste und zugleich umworbenste Wand in einem Zuge durchstiegen zu haben, gemütlich zur Falkenhütte absteigen und sein wohlverdientes Viertel Roten trinken.
Vielleicht war dies die schwerste Tour, die er bisher geführt hat, jedenfalls legt sie einen neuen Maßstab in der Geschichte des extremen, modernen Alpinismus fest.

1913 finden wir Dibona weit drüben im Dauphiné unter dem Pic Central der gefürchteten Meije-Südabstürze, in denen 27 Jahre früher, am 6. August 1885, der hervorragende Emil Zsigmondy vor den Augen seines Bruders Otto in die grauenvolle Tiefe des Etancongletschers stürzte. Auch in dieser furchtbaren Wand, die später auch dem ausgezeichneten Münchener Solleder zum Verhängnis wurde, hat Dibona sein überragendes Können bewiesen. Am späten Abend noch kann er mit seinen Gefährten vom Eisgrat der Meije aus den roten Feuerball der feierlich untergehenden Sonne grüßen.

Aber die Reihe seiner Triumphe ist noch nicht erschöpft. Ob Fels oder Eis, Dibona findet sich überall zurecht. Im Montblancgebiet ersteigt er den Dent de Requin, die Aiguille du Plan, die Petit Jorasses und andere Eisriesen.

Nie ließ Dibona das Gebot strengster Vorsicht und größtmöglicher Sicherheit aus dem Auge. In seiner fünfzigjährigen alpinen Führerlaufbahn hat Dibona, wie er mir erzählte, nicht mehr als fünfzehn Haken geschlagen, denn nie entwarf er eine Führe, deren Durchsteigung erst durch die Verwendung von Haken möglich wurde. Er liebte das freie Klettern im freien Fels. Er liebte den Glanz der Sonne auf den Türmen und über den hellen Lärchenhainen seiner einmalig schönen, gottgesegneten Dolomitenheimat. Standhaken kannte er nicht, den Haken verwendete er nur gelegentlich und äußerst sparsam zur Sicherung an bestimmten Schlüsselstellen.

Oft noch hatte ich Gelegenheit, in Dibonas bescheidener Stube in Cortina zu sitzen und den Schilderungen seiner Bergerlebnisse zuzuhören, um die ich ihn immer wieder bat. Manch guten Teller Suppe, den uns seine stille Frau kochte, aßen wir zusammen, manches Glas Wein leerten wir an Abenden in den bösen Jahren des Zweiten Weltkrieges. Wie viele Menschen blieb auch der gute Dibona in späteren Jahren von Leid und Not nicht verschont. Im Ersten Weltkrieg wurde er wie alle tauglichen Männer von Cortina d'Ampezzo in die österreichische Armee eingezogen. Von den Gipfeln der Tofanen und des Lagazuoi aus blickte er voller Sehnsucht und verhaltener Trauer hinunter in sein vom Gegner besetztes Heimatdorf, wo er Frau und Kinder hatte zurücklassen müssen. Jahre später verlor er seinen liebsten Sohn Ignazio, der als Skilehrer am Gran Sasso d'Italia von einer Lawine verschüttet wurde. Später, als im Zweiten Weltkrieg keine Touren mehr zu führen waren und Angelo Dibona seine bescheidenen Ersparnisse durch Inflation und Arbeitslosigkeit aufgebraucht hatte, konnte man ihm gelegentlich begegnen, wenn er vom Schneeschaufeln oder einer anderen harten Arbeit müde, aber immer zufrieden lächelnd in seine stille Stube heimkehrte.

Er war der berühmteste und erfolgreichste Führer seiner Zeit, vielleicht der universalste. Kein anderer Dolomitenführer kann ähnliche Leistungen aufweisen, und unter den jungen wird es so bald keinen geben, der ihm gleichkommt.

Der Kampf ums Matterhorn geht weiter

Über das Matterhorn ist schon viel geschrieben worden. Richtiges und Falsches, Interessantes und Langweiliges: 90000mal ist es bestiegen worden und millionenfach fotografiert, trotzdem hat es nichts von seiner Faszination verloren. Die gewaltige Pyramide aus Gneis und Granit beherrscht im weiten Umkreis alle anderen Walliser Eishäupter, steht einsam, gewaltig und symbolhaft über dem Tale von Zermatt – jenem Ort, der früher einmal Zu den Lochmatten, später Zur Matten hieß und heute Zermatt heißt.

Als ich zum erstenmal in meinem Leben nach Zermatt kam, um den Stummfilm »Der Kampf ums Matterhorn« zu drehen, war Zermatt noch ein kleiner, weltentrückter Bergsteigerplatz, in dem sich Alpinisten aus aller Welt ihr Rendezvous gaben. Nur wenige Hotels standen den Alpinisten und Sommerfrischlern zur Verfügung. Den langen Winter über blieb alles geschlossen; die Bergbahn zum Gornergrat, ja sogar die Bahn, die Zermatt mit der Außenwelt verband. Wintersport gab es kaum; die Eisriesen aber wurden in dieser Zeit von den Bergsteigern aus begreiflichen Gründen gemieden.

Im Nacherleben jenes großen Bergdramas, der ersten Ersteigung des Matterhorns, filmten wir die Stürme über den Gipfeln, den Sonnenglanz auf den Gletschern, die dunklen Abgründe und immer wieder die Menschen in Gefahr und Bewährung. Ohne viele Worte bildeten sich zwischen uns und den Zermatter Führern Bindungen, die das Siegel echter Bergfreundschaft trugen. Aus den freundlichen Dolomiten kommend, fühlte ich in der neuen Umgebung erst ganz, was Berge und Kameradschaft im Leben eines Menschen bedeuten können. Der stete Wechsel von Eis, Schnee und Fels, die weiße Unnahbarkeit der gewaltigen Gletscherbrüche, die das eigentliche Wesen des Hochgebirges bestimmen, waren für mich eine Offenbarung. Dazu kam, wie ich bald merkte, der felsenfeste, verläßliche Charakter der Walliser, der mich nicht mehr losließ. Schon ein Jahr später kehrte ich wieder nach Zermatt zurück, um den ersten Skifilm zu drehen. Ohne Pisten noch damals, ohne Seilbahnen, ohne Hotelbetrieb und Skivolk. Ich brauchte Unterkünfte und Verpflegung für den Regiestab und die engagierten Skiläufer und Bergführer. Dr. Hermann Seiler, der Sohn Alexander Seilers, des Begründers der Zermatter Hoteldynastie, gab uns in väterlicher Freundschaft die Schlüssel zu seinem auf der Riffelalp gelegenen Hotel. Dort oben, hoch über dem Tale, konnten wir nun schalten und walten, wie es uns paßte. Zermatter Skiführer und Innsbrucker Abfahrtsläufer, alles in allem an vierzig Mann, schliefen gemeinsam im notdürftig geheizten Speisesaal auf dem Boden, kochten selbst und hatten nur eines im Kopf: gute Skiaufnahmen im stäubenden Schnee für den Film »Der Sohn der weißen Berge« einzufangen.

Seit der ersten Ersteigung des 4634 Meter hohen Monte Rosa mit Skiern im Jahre 1898 durch den Alpinisten Wilhelm Paulcke sind siebzig Jahre vergangen, und seit Dr. Hermann Seiler 1902 den ersten Skikurs für Skibergführer mit sieben Teilnehmern veranstaltete, sind über sechs Jahrzehnte verstrichen. Doch wenige Jahre später schon brachten Zermatter Langläufer und Springer Preise aus internationalen Veranstaltungen heim. 1927 öffneten erstmals die Hotels für die Zeit vom 15. Dezember bis zum 6. Januar ihre gastlichen Tore, und als endlich 1940 gar die Gornergratbahn ihren Winterbetrieb für Skiläufer aufnahm, war »das Eis gebrochen«. 1957 spannte man bereits die Tragseile für die Luftseilbahn zum Schwarzsee an den Fuß des Matterhorns.

Am 14. Juli 1965 jährte sich zum hundertsten Male der Tag, an dem der Gipfel des Matterhorns zum ersten Male von Menschen betreten wurde. Mit jenem denkwürdigen Ereignis erreichte das »goldene Zeitalter« des Alpinismus seinen Höhepunkt; denn von allen großen Bergen der Ost- und Westalpen hat das Matterhorn dem Ansturm der Menschen am längsten getrotzt. Zweifellos ist seine Ersteigungsgeschichte eines der dramatischsten Kapitel in der alpinen Literatur, und über kein alpines Ereignis des vergangenen Jahrhunderts hat die Weltpresse soviel geschrieben wie über den tragischen Ausgang der ersten Ersteigung dieses Berges, der 4478 Meter hoch in den blauen Walliser Himmel hinaufragt. Von den Männern, die sich sieben Jahre lang im Wettstreit um den Gipfelsieg gemessen haben, blieben in der entscheidenden Endphase nur mehr zwei Rivalen auf dem Kampffeld: Jean Antoine Carrel, der italienische Bergführer, der auf der Südseite des Matterhorns zur Welt gekommen ist, und Edward Whymper, der sportlich-zähe, kühl berechnende Engländer aus London. Der Kampf um den Berg war für Carrel eine persönliche, seinem Nationalstolz entsprechende Angelegenheit, für Whymper eine sportlich-alpine Prestigefrage.

In den entscheidenen Tagen des Juli 1865 läßt Carrel, der jahrelange Begleiter Whympers, seinen Herrn im Stich und steigt, ohne ihn zu verständigen, mit einer italienischen Gruppe von Breuil aus zum Südgrat hinauf. Whymper ist tief enttäuscht. Nur eine Möglichkeit gibt es für ihn, den Italienern zuvorzukommen: Schnell nach Zermatt zu gehen und den Versuch über den bisher gemiedenen Nordostgrat zu wagen. Am 11. Juli trifft er in Zermatt ein, schließt sich mit dem Führer Croz aus Chamonix, den Zermatter Führern Taugwalder, Vater und Sohn, sowie den Engländern Hudson, Hadow und Douglas zusammen und erreicht am 14. mit seinen sechs glücklichen Gefährten den Gipfel.

Der tragische Ausklang des Unternehmens ist bekannt: Beim Abstieg, wenige Seillängen unter dem Gipfel, unmittelbar über der düsteren Nordwand, schlug der besiegte Titan zu. Hadow, Douglas und Hudson stürzten, ihren Führer Croz mit sich reißend, durch die 2000 Meter hohe Nordwand in den Tod. Sie befanden sich alle an einem Seil; nur Whymper und die beiden Taugwalder überlebten, weil das schwache Reserveseil zwischen ihnen und den anderen riß.

 Die Unglücksnachricht lief um die Welt. Es wurde kombiniert und verleumdet. Englische Zeitungen kolportierten Gerüchte, Whymper habe das Seil durchschnitten. Die Times schrieb: »Wir fragen, warum das beste Blut Englands geopfert werden soll, um Gipfel zu besteigen, die bisher unbezwungen waren, um Abgründe zu betreten, aus denen es keine Rückkehr gibt.«

Die Walliser Regierung versuchte, den Hergang des Unglücks zu klären. Whympers entschiedene Haltung sowie die Argumente erfahrener Alpinisten brachten die unsinnigen Behauptungen über das zerschnittene Seil bald zum Verstummen.

Seit jener Zeit ist das Matterhorn von allen Seiten über alle Wände und Grate erstiegen worden. Es gibt zweiunddreißig verschiedene Routen, die zu seinem Gipfel führen; doch zählen im Grunde nur die klassischen vier Wege über den Schweizer Hörnligrat, den Süd- und Ostgrat und schließlich die von den Brüdern Schmid im Jahre 1931 begangene Route über die Nordwand, die für jeden Bergsteiger alles bieten kann, was er braucht. Am häufigsten wird der Schweizergrat vom Hörnli aus gemacht, gerne auch die Überschreitung Zmutgrat hinauf, Schweizergrat hinunter oder Schweizergrat–Südgrat.

Die Ersteigung des Horns über die Hörnliroute ist auch heute noch ein ernstes Unternehmen; der Berg ist zu groß, zu trügerisch. In Begleitung eines Bergführers kann ein schwindelfreier Mensch mit gesundem Herzen und einigem klettertechnischen Können ohne weiteres die Ersteigung wagen. Die Routenführen, Wetterbeobachtung und Sicherung übernimmt in verläßlicher Weise der Führer. Oberhalb der etwa 3800 Meter hoch an die Felsen gebauten Solvayhütte sind an dem steilen Grat, der zum Gipfelaufbau führt, starke Taue angebracht, die das Steigen erleichtern.

Im Jahre 1937 war ich wieder in Zermatt, diesmal, um in einer deutsch-englischen Gemeinschaft die tragische Ersteigungsgeschichte als Tonfilm zu drehen. Fünfmal stand ich mit meinen Leuten in jenem Sommer auf dem Gipfel, fünfmal konnten wir unsere Objektive auf die furchterregend schönen Grate des Weißhorns, auf die Dent Blanche, die Dent d'Hérens, das Breithorn und das fernere, noch höhere Haupt des eisumpanzerten Monte Rosa richten. Stets waren wir von den umsichtigen Zermatter Führern begleitet, denen ich zu Dank verpflichtet bin, solange ich lebe. Ohne die Aufdenblatten, Biner, Furrer, Lehner, Perren, ohne die Fux und die Kronigs, die uns sicherten und führten, unsere Lasten auf ihren Schultern tagelang in alle Höhen trugen – ohne sie wäre ich praktisch hilflos gewesen; diesen Männern verdanke ich den Erfolg meines Filmes.

Den Besucherrekord erlebte der Berg 1962, als der Gipfel an einem Tag von 216 Personen erreicht wurde. Neben Künstlern, Priestern, Arbeitern

oben: Geiranger am Geiranger-Fjord, Norwegen
unten: Hier ist der Bach noch frisch, wie ihn der Herrgott erschaffen hat
Eidsvatnet mit Skrenakkhorn, Norwegen

und Hochzeitspaaren finden wir Millionäre und arme Studenten unter den Ersteigern, deren ältester achtzig Jahre alt war. Der frühere amerikanische Verteidigungsminister McNamara zählt außer dem nachmaligen Papst Pius XI., neben König Albert von Belgien und Kardinal Döpfner zu den prominentesten Matterhornpilgern der letzten Zeit. Im Sommer 1928 traf ich eines Nachmittags vor der Hörnlihütte einen Mann, der mit einem starren, knielosen Holzbein, an dessen Ende ein eiserner Dreizack befestigt war, vom Einstieg herunterkam. Auf meine verwunderte Frage, ob denn der Herr mit dem Holzbein etwa vom Matterhorn komme, stellte mich der Führer Brantschen seinem Touristen vor. Es war der hochgeachtete Schriftsteller Winthrop Young, dessen Buch »Die Schule der Berge« – neben hervorragenden Erstbegehungen in den Ost- und Westalpen – seinerzeit bahnbrechend wirkte.

Nicht nur Bergsteiger hat das Matterhorn in all den Jahren gesehen. Rund um seine kühnen Wände, unter denen früher frohe Wasserfälle die Stille der Bergwelt mit ihrem Klang erfüllten, donnerten bis vor wenigen Jahren die Sprengschüsse von Baufirmen durch die Täler, surrten Seilbahngondeln über Stahl- und Betongerüste. Mag das alles nun vorbei sein, mag das Ergebnis heute der Bevölkerung Nutzen bringen und dem Skiläufer Freude – es scheint auch an der Zeit, die Bauwut zu bremsen. Die großen Elektrizitätswerke haben die herrlichen Bergbäche großenteils durch Felsstollen in gewaltige Staubecken abgeleitet. Hoffen wir, daß dafür nicht eines Tages Motorenlärm und Auspuffgase eingetauscht werden. Wenn Zermatt davor bewahrt bleibt, ist schon viel getan. Schon 1890 hatte der Ort die erschreckende Idee abgelehnt, eine Bahn durch das Innere des Berges auf den Scheitel des Matterhorns bauen zu lassen – ein Projekt, das bereits von der Bundesregierung konzessioniert worden war.

Glücklicherweise ist dem Matterhorn und damit der Menschheit auch der zweite, noch schlimmere Anschlag erspart geblieben, den italienische Unternehmer in den fünfziger Jahren vorhatten, als die Seilbahn von Breuil zum Furggenköpfl errichtet wurde. Von dort aus sollte das Matterhorn mit Stahlseilen behängt und auf der Spitze dieses schönsten Berges der Alpen eine Aussichtsplattform errichtet werden. Aus allen Ländern der Erde kamen Protesttelegramme nach Turin, im englischen Unterhaus stellte man Fragen, und alpine Vereinigungen mit über einer Million Mitgliedern beschworen die Regierung in Rom, dem Unternehmen die Konzession zu verweigern, was zum guten Ende auch geschah.

Unwillkürlich denkt man in diesem Zusammenhang daran, wie zaghaft die Menschen ursprünglich in die furchterregenden Einsamkeiten der hohen Berge eingedrungen sind. Heute hat niemand mehr vor den Geistern des Matterhorns Angst. Ja, heute mag es uns fast scheinen, als ob sich der Berg vor dem hemmungslosen Vordringen der Menschen fürchten müsse.

Luis Trenker mit seiner Frau Hilda in den ersten Jahren der Ehe

Wir errichten Naturparks und schützen mit Eifer historische, von Menschen errichtete Bauwerke. Wieviel mehr sollten wir die majestätischen äonenalten Bauten der Natur schützen.

Besuch bei Carl Zuckmayer

Als treuer Anhänger von Zermatt behaupte ich, daß kein Alpengipfel es an Schönheit und Erhabenheit mit dem Matterhorn aufnehmen kann. Ihm gebührt der unbestrittene Vorrang vor allen anderen Gipfeln unserer Alpen. Trotz des enormen, hastigen Aufschwungs, den die bisher vom Autolärm verschonte Metropolis alpina in den letzten Jahren durch den Wintersport erfahren hat, konnte sie sich bisher der Gefahr einer in ihr Dorf führenden Autostraße erwehren. Da gibt es bislang noch keinen Autolärm, keine Omnibusse, keine luftverseuchenden Explosionsmotoren, doch mit Schrecken vernimmt man, daß Geld zum Bau einer Autostraße von Visp bis in den Ort schon bewilligt sei und der bestehende Baustopp für Kondominienhäuser nicht mehr erneuert werden soll. Welch ein Jammer, wenn die Gemeinderäte mithelfen würden, ihr Bergdorf zu zerstören, welch ein Jammer, wenn am Fuß des göttlichen Matterhorns ein beton-, benzin- und lärmverseuchter Rummelplatz in der Art des an der Südseite liegenden Cervinia entstünde!
Die Gefahr für Zermatt scheint teilweise dadurch gebannt zu sein, daß man daran ist, rings um das Matterhorn eine Schutzzone zu dekretieren, in welcher keinerlei Bauten irgendwelcher Art errichtet werden dürfen. Der Schweizer Schriftsteller Walter Schmid hat es mir erzählt; er hat nach dem herrlichen Werk Edward Whympers das schönste und umfassendste Buch über das Matterhorn geschrieben, das ich kenne.
Im Herbst 1970 traf ich Walter Schmid beim Zermatter Bergführerfest, das jeweils am ersten Sonntag des Monats Oktober gefeiert und von Führern aus Chamonix, Courmayeur, Bern, München und Innsbruck besucht wird. Mit großer Freude und tiefer Genugtuung konnten wir gemeinsam im Oktober 1970 die Ernennungsurkunde zum Ehrenbergführer in Empfang nehmen, welche mir der Bergführerverein »in Anerkennung der großen Verdienste um das eindrückliche Filmschaffen in der Walliser Bergwelt und in Dankbarkeit für die stets bewiesene Treue und Freundschaft zu den Zermatter Bergführern« verliehen hat. Ein Film »Erlebnisse am Matterhorn«, den ich mit Sohn Florian und Kameramann Herbert Apelt im Auftrag des ZDF gedreht habe, machte nicht nur den Zermattern Freude, sondern besonders mir altem Knaben, dem es am Tage vor der Auszeichnung vergönnt war, mit meinen Filmfreunden vom Gipfel des Horns aus noch einmal das weite Rund der Berge und Täler zu grüßen und dem Herrgott für die unvergeßliche Stunde zu danken, wie dies die Zermatter Bergführer an jedem ersten Sonntag im Oktober beim Gottesdienst vor der Schwarzseekapelle in erhebender Weise zu tun pflegen.

Im benachbarten Saas Fee besuchte ich meinen Freund Carl Zuckmayer, der sich dort in weiser Erkenntnis aller Werte und Unwerte dieser Welt nach seiner abenteuerlichen Flucht aus dem Nazideutschland und Rückkehr aus dem fernen Amerika eine bleibende Heimat geschaffen hat. 1934 hatten wir uns in Südtirol, 1937 während meiner Drehbucharbeiten für den Film »Der Berg ruft« in London zum letztenmal gesehen. Die Freude des Wiedersehens nach so vielen Jahren war entsprechend herzlich und bewegt. Was lag näher, als mit diesem gottbegnadeten Dichter, dessen Lebensbericht »Als wär's ein Stück von mir« zum Lesenswertesten gehört, was über die Zeit von 1930 bis 1950 von einem deutschen Dichter geschrieben wurde, im Garten vor seinem Haus ein Glas Wein zu trinken, zu erzählen und sich einfach zu freuen? Ich habe seine von Liebe und Vornehmheit durchpulste Biographie mit tiefer Anteilnahme gelesen. Es gibt in der alpinen Literatur kaum Schöneres als die Schilderung, wie Carl Zuckmayer im Jahre 1938 nach seiner Flucht vor den Hitlerleuten mit seiner Frau Alice von Saas Grund nach Saas Fee hinaufwanderte. Lieber Leser, lies das Buch, und du wirst beschenkt werden vom Trunk des Ernstes, des Mutes und des Friedens.

Bleibt der Wunsch, es möge den Bürgern von Saas Fee und von Zermatt, die in Carl Zuckmayer einen unserer hervorragendsten Männer des Geistes und des Wortes als Freund und Berater haben, gelingen, ihre himmelnahen Bergdörfer vor den alles nivellierenden Tendenzen unserer technischen Wunderzeit zu schützen. Sie tun es für sich und für alle Freunde ihrer über alle Maßen herrlichen Walliser Bergwelt, die ich mit keinem Chimborazzo und keinem Gaurisanker tauschen möchte.

Osterfahrt auf die Wildspitze

Zarte Schneeglöckchen und Veilchen schmückten den Wegsaum durch das Grauntal, und das Gletscherbächlein neben uns sprang lustig dem Frühling entgegen. Mein guter Bergfreund, Dr. Erich Weinberger, wanderte an meiner Seite mit flotten Schritten bergwärts. Wir wollten den Ötztaler Eisriesen vom Vintschgau aus einen Osterbesuch machen, die Weißkugel und die Venter Wildspitze ersteigen und am Ostersonntag über Zwieselstein und das Timmljoch nach Meran, in die Heimatstadt Erichs, zurückkehren.

Uns beiden waren die Ötztaler Gletscher schon seit Jahren gute Bekannte. Dort, wo das Tälchen an den Eiswänden der Weißkugel plötzlich und jäh abbricht, als höre dort die Welt auf, liegt ein Kirchlein und ein Häuschen, aus dem wir am anderen Morgen um drei Uhr früh aufbrachen und uns den Weg durch die düster in den kalten Morgen blinkenden Eisabbrüche schlugen.

Das Wetter wurde schöner und schöner. Wir gelangten gegen Mittag freudetrunken auf den Gipfel der herrlichen Weißkugel, grüßten den Ortler,

die Bernina und die fern schimmernden Dolomiten, hielten eine gemütlich-feierliche Gipfelrast und zogen dann gegen die tiefer gelegene Weißseespitze hin.
Die Sonne war schon im Sinken, ihr lichtumfluteter Goldrand berührte bereits die fernen Grate der Schweizer Berge, als wir uns anschickten, den Gipfel der Weißseespitze zu verlassen, um mit unseren Brettern über den abendlich einsamen Gepatschferner in die Richtung Brandenburgerhaus weiterzuziehen.
»Schau, Erich, drei Leute, schon seit einer Stunde hocken sie mitten auf dem Gletscher.«
Erich blieb stehen: »Sind drei Steine, mein Lieber!«
»Wetten, daß es Bergsteiger sind?«
»Bin kurzsichtig. Tätest mir übrigens leid, die Wette zu verlieren.«
»Wenn's aber drei Leut sind?«
»Dann sind es drei Narren. Ich seh' die drei Punkte schon bald den halben Nachmittag dort liegen.«
Wir hatten kein Glas, also mußten wir uns gedulden. Bald gab es keinen Zweifel mehr. Es waren drei Bergsteiger, von denen einer eine schwarzlederne Chauffeurjacke trug.
Wir waren neugierig zu erfahren, was die drei veranlaßt haben mochte, so lange mitten auf dem Gletscher zu verharren. Als wir in ihrer Nähe hielten und fragten, ob sie etwas bräuchten, war es schon fast dunkel.
»Nee, nee«, meinte der Lederbejackte, »wir sin uns nur nich übern Weg einig ...«
»Wo wollen Sie denn hin?«
»Über den Gepatschferner zum Gepatschhaus«, sagte einer.
»Nein, zum Brandenburgerhaus«, knurrte der andere.
»Nee, ich will zurück und keinen Schritt mehr weiter«, murrte der Lederne. Anscheinend war er der Führende.
»Wo kommen Sie denn her?«
»Von dort.« Er wies in die Richtung des Gepatschhauses.
»Wollen Sie sich nicht uns anschließen, wir gehen zum Brandenburgerhaus, da sind Sie in einer Stunde unterm Dach und können morgen früh neue Entschlüsse fassen. Es wird bald Nacht.«
»Nein, ich will zurück«, knurrte der Lederne.
»Ich zum Gepatschhaus«, sagte der andere.
»Ich möchte zum Brandenburgerhaus«, der dritte.
Sie konnten sich nicht einigen. Nach vergeblichem Zureden sagten wir freundlich gute Nacht und gingen. Vielleicht sitzen die drei heute noch dort.
Am Kesselwandjochhaus, wie das Brandenburgerhaus sonst noch genannt wird, sollte uns ein befreundeter Skifahrer erwarten, der in München studierte.
Als wir eintrafen, war er auch schon dort. Ein Ötztaler Führer hatte ihn begleitet. Wir kochten Tee, rauchten, erzählten von Bergsteigern, Lawi-

nen und Abenteuern. In der Geborgenheit des Hüttenraumes wurde es ein netter Abend. Aber gegen zehn Uhr nachts, als wir uns schlafen legten, meinte der Mann, der uns erwartet hatte, wir sollten am kommenden Morgen früh aufstehen und mit ihm zur Wildspitze gehen, es liege dort seit gestern einer seiner Klubkameraden in einer Spalte.

Mir schien das Ganze so ungewöhnlich, so geisterhaft fast, daß ich anfangs versuchte, es gar nicht so ernst zu nehmen, und dachte, es wären sicher schon Bergungsleute an die Unglücksstelle gerufen worden. Befragt, gab uns der Bergkamerad zur Antwort, dies sei allenfalls möglich, aber nicht sicher, jedenfalls wäre es gut, wenn wir zur Wildspitze gingen, was wir natürlich sofort zusagten.

Über die Ruhe des Erzählers waren wir nicht weniger erschrocken als über das Unglück, als wir erfuhren, daß es sich um den jungen Josef Kadner, einen der besten Münchner Bergsteiger, handelte. Ob er am Ende noch lebte? Nach zwei Tagen in der Spalte. Möglich ist doch alles? Andererseits müssen doch Leute bei ihm gewesen sein. Ja. Er war ohne Skier und Seil, lediglich mit Steigeisen an den Füßen, den letzten Gipfelhang vorausgestiegen, eingebrochen und in der Spalte verschwunden. Seine Begleiter hatten Nachricht in Vent und Zwieselstein hinterlassen. Warum hatten sie nicht mit ihren Seilen den Verunglückten gleich selbst herausgeholt? Solche und ähnliche Fragen und Gedanken bewegten uns noch lange, bevor wir in einen unruhigen Schlaf versanken.

Anderntags gegen zehn Uhr vormittags standen Erich und ich an der Spalte, die wie ein feiner grauer Schatten unter der Firndecke schräg vom Gipfel herunterzog.

Ein kleines dunkles Loch zeigte uns die Einbruchstelle an. Da unten lag der junge Bergsteiger seit drei Tagen. Isidor Rimml war da, der Führer Method Scheiber aus Obergurgl und ein anderer namens Schöpf. Außer diesen Führern noch ein mir völlig unbekannter Städter. Der merkwürdige Mann hatte wohl zur Gruppe des Verunglückten gehört. Er zeigte wenig Interesse an unserer Arbeit und machte uns hartnäckig Christianiabögen vor. Zugegriffen hat er bei der Bergung nicht. Kann sein, daß er nicht die Nerven dazu hatte. Was sollten seine Bögelchen bedeuten? Als sich die Bindung eines seiner Skier löste und die Latte allein und ledig gegen das Mitterkarjoch hinunterschoß, waren wir froh und den Fremden für eine Zeitlang los, der seinen verlorenen Ski holen ging!

Dreißig Meter tief im Eis lag Kadner. Stocksteif, Fäuste und Schädeldecke im Eis eingefroren. Der Körper lag, Kopf voraus mit ausgestreckten Armen, eingeklemmt in der messerscharf zugehenden Spalte. Der linke Stirnteil und die Schläfe ein wenig eingedrückt, sonst wies er keinerlei Wunden auf.

Isidor Rimml hatte über eine Stunde lang in der Spalte schwer gearbeitet, um den Verunglückten vom Eis zu befreien. Schweißtriefend war er an der Oberfläche erschienen, als er Kadner unten so weit am Seil befestigt hatte, daß wir ihn herausziehen konnten. Gestreckt wie ein Gekreuzigter, regungslos, jung, die blutlos wächsernen Hände von den Hieben des Eispickels aufgeschlagen, das Haar an der Stirne von Blutkrusten verklebt, mit weit ausgestreckten starren Armen kam der arme Bergkamerad aus der Spalte. Nun lag er schweigsam vor uns in der geflickten Uniform eines Kriegsfreiwilligen, der man es ansah, daß sie im Felde viel mitgemacht hatte, und es war wohl auch die mit Flecken bedeckte und schützengrabenverwitterte Uniform, die mir die ganze Tragik dieses jungen Menschen so tief und erschütternd zu Herzen gehen ließ.

Kaum den Gefahren des Krieges entronnen, hatte sich dieser junge Deutsche dem großen Erlebnis der Berge verschrieben, war mit begeistertem Herzen hinausgeeilt in frohem, jugendlichem Tatendrang, um die Osterferien auf einem Gipfel, hoch über den Niederungen der dumpfen Täler, zu feiern.

Die Sonne schien heiß auf den weißen Firn und auf den vor uns liegenden Toten. Sie löste das trockene Blut auf seiner Stirn, das zu rinnen begann. Die roten Tropfen färbten den Schnee.

Der merkwürdige Christianiaheld stand wieder neben mir, er hatte seine Latte wiedergefunden. Weinberger und Rimml begannen Kadner auf einen Skischlitten zu binden. Die ausgestreckten Arme wollten nicht nachgeben, man mußte sie gewaltsam mit Riemen an den Körper ziehen.

»Jetzt können wir ja auf den Gipfel steigen«, meinte der Freund von gestern abend. Ich erschrak, mir war gar nicht nach Gipfel zumute.

»Ich habe keine Lust . . .«, sagte ich mit einem Seitenblick zu Kadner.

»Wir haben doch hier nun weiter nichts mehr zu tun, kommen Sie mit.«

»Gehen Sie allein – Sie sehen doch, daß ich nicht die geringste Lust habe, über Ihren toten Kameraden zum Gipfel zu steigen.«

Er hat mich nicht verstanden und war sichtlich verärgert, als er uns mit seinem Ötztaler Führer wieder verließ. Und ich spürte es deutlich, wir würden uns nie verstehen, auch sonst nicht. Er müsse zurück zum Kesselwandjochhaus, er habe dort einen Apparat liegengelassen. Ich wünschte ihm eine gute Reise, er dankte und ging.

Weinberger und ich blieben bei den drei Führern und dem Toten. Es war schon spät, als wir ihn über das steile Mitterkarjoch in einsetzendem Schneetreiben hinunter zur Breslauer Hütte seilten, dort rasteten wir, vor der Tür lag der Verunglückte. Ich kannte die Hütte gut vom Kriege her, ich war dort einmal fast einer Lungenentzündung erlegen, hatte dort im Krieg einmal sechs Wochen lang Skiunterricht gegeben und an einem besonders lawinengefährlichen Tag einen Zug Soldaten ins Tal geführt. Ich hätte nicht gedacht, daß ich diese Hütte unter solchen Umständen wiedersehen würde. Ringsum standen die Berge im kalten Abendlicht. Stumm, fremd und hart. Fast schien es mir, als müßte ich dieses viele Eis und diese gewaltige Ruhe verfluchen, wenn ich an den Erstarrten vor der Hütte draußen dachte.

Am anderen Tag brachten wir Kadner ins Tal, dann zogen Weinberger und ich, nachdem wir von allen Abschied genommen hatten, von Zwieselstein aus über das Timmljoch nach Meran. Das war ein sehr weiter Weg, und als wir von Moos an die staubige Passeierstraße kamen, kehrten wir beim Holzknecht in St. Leonhardt ein und aßen einen Kaiserschmarrn. Es war gerade Ostermontag. An diesem Tage findet alle Jahre im Passeiertal der sogenannte Weibermarkt statt. Da kommen die heiratsfähigen Mädchen in ihren schönen Kleidern von den Berghöfen herunter und lassen sich sehen. Es wird Guglhupf gegessen und Kaffee getrunken, die Musik spielt auf, die Bauernburschen trinken ein Glas Wein und reden mit der, die ihnen vielleicht schon lange gefällt, fragen, ob sie Bäuerin werden möchte. Wenn das Mädchen und die Eltern ja sagen, ist das Heiraten bald eine beschlossene Sache.

Ich wette, daß ich an jenem Ostermontag das allerschönste Tirolermädchen meines ganzen Lebens gesehen habe. Sie war blauäugig, blond, trug eine blaue Seidenschürze und blaue Blumen im Haar. Sie hatte ein so strahlendes, herzliches Lachen, das eine ganze Welt entzücken und die Herzen aller Menschen beglücken mußte.

Weinberger, der Treue, und ich blieben noch lange und schauten dem fröhlichen Treiben zu, dann zogen wir mit unserem schweren Gepäck weiter. Nachdem wir noch die achtundzwanzig Kilometer auf der staubigen Passeierstraße von St. Leonhardt bis Meran zurückgelegt hatten, waren wir rechtschaffen müde, und Freud und Leid der letzten drei Tage versanken mit uns in einen tiefen, traumlosen Schlaf.

Als ich am anderen Morgen zum Fenster hinausblickte, lagen die reichen Obstgärten Merans in ihrer ganzen Blütenherrlichkeit vor mir, die Sonne strahlte, und der Frühling grüßte aus seiner ganzen blumigen Pracht und Frische. Aber in die freudige Erregung fiel wie ein Schatten der Gedanke an das kalte Grab des jungen Bergsteigers, und traurig ging ich weiter zum Bahnhof.

Der erste auf dem Kilimandscharo
Ludwig Purtscheller

Die reine Bergluft macht den, der die Berge liebt, zum klaren und reinen Menschen. Ein solcher Mensch war Ludwig Purtscheller, das strahlende Vorbild vieler deutscher Bergsteiger. Im Jahre 1849 wurde er als Sohn eines Innsbrucker Steuereinnehmers geboren, Stubaitaler Bauern waren seine Vorfahren.

Als sechzehnjähriger Junge mußte Purtscheller schon auf eigenen Füßen stehen und eine kaufmännische Stelle beim Bleiberger Bergwerk in Villach annehmen. Jede freie Stunde, die ihm die Büroarbeit ließ, verbrachte der Jüngling in den Bergen, er wurde in Fels und Firn schon früh ein harter Mann, der sich bald mit ungeheurer Energie unter größten Entbehrungen sein Leben nach eigenem Willen formte und sich tief bewußt war, daß nur das selbstgeschaffene Geschick Lebenslust und Menschenwürde verleiht.

Purtschellers körperliche Kraft und Elastizität forderten, daß er sich einen Beruf suchte, der Geist, Wille und Körper gleichmäßig befriedigte; er wurde Turnlehrer und erhielt 1872 in Klagenfurt seine erste Stelle. Im Jahre 1874 kam er in gleicher Eigenschaft nach Salzburg, wo er bis zu seinem tragischen Tod verblieb. Nur unbeirrbarer Idealismus befähigt einen Menschen zur Selbstgestaltung eines großen, von edler Begeisterung erfüllten Lebens. Purtscheller übte seinen neuen Beruf in diesem Sinne aus. War bis dahin der Alpinismus mehr eine wissenschaftlich-akademische Sache seiner Begründer gewesen, so war Purtscheller der erste, der die Jugend planmäßig in die Berge führte. Auf vielen seiner Gipfelfahrten nahm er seine Schüler mit, die mit Begeisterung an ihrem Lehrer hingen. Man darf sagen, daß der Salzburger Turnlehrer Purtscheller der Vorläufer der modernen Jugendbewegung war. Im Fels, in dem er sich mit großer Raschheit, Eleganz und Sicherheit bewegte, erzog er seine Schüler zu kraftvollen Männern, lehrte sie, beim Aufstieg instinktiv Tritte und Griffe zu finden, sich stets den verantwortungsvollsten Posten auszuwählen und schwächeren Gefährten beizustehen.

Ein Mann von so hervorragenden menschlichen und alpinistischen Eigenschaften mußte eines Tages zu Aufgaben berufen sein, die das wissenschaftliche Interesse der gesamten Menschheit erweckten. Dies geschah im Jahre 1888, als der Afrikaforscher Doktor Hans Meyer nach seiner dritten mißglückten Kilimandscharo-Expedition Purtscheller aufforderte, mit ihm einen vierten Versuch zur Ersteigung des von uralten Negersagen umdunkelten, geheimnisvollen Berges zu unternehmen. Im Juli 1889 schiffte sich Purtscheller mit Doktor Meyer in Genua ein, nach drei Wochen Seefahrt landeten sie auf Sansibar. Fünfundsechzig Mann stark war die schwarze Trägerkolonne, die am 3. September unter Führung der beiden Weißen nach Mombasa aufbrach, um von dort in die sonnendurchglühte, wasserarme und menschenleere Steppe vorzustoßen. Aus der erhabenen Ruhe dieser endlosen graubraunen Fläche kommend, erblickte Purtscheller am Morgen des 17. September zum erstenmal den Kilimandscharo.

»Über die dunklen Waldstreifen, die sich am Lumiflusse hinziehen, erhob sich, unmittelbar aus der Ebene, ein kolossaler, dreigegipfelter Bergstock, dessen höchste Erhebung, der schneegekrönte Kibo, hoch in den Äther emporsteigt. Der steil aus einem breiten Sockelgestelle aufragende Hauptgipfel bildet eine riesige, schräg abstürzende Pyramide, deren dunkle, rötlichbraune Felsfärbung gegen den Glanz des Schnees eigentümlich absticht.«

Am 22. September gelangte die Expedition nach einem zweitägigen Marsch in das Dschaggagebiet, das aus sechzehn kleinen, am Südabhang des Kilimandscharo gelegenen Staaten besteht, die von Negerfürsten beherrscht werden. Die Einkünfte dieser Herrscher bestanden damals aus Vieh- und Menschenraub. Im Gebiete des Häuptlings von Marangu wurde das erste Lager bezogen, in einer Höhe von 1300 Metern, wo noch

Bananen wuchsen. Mit fünfundzwanzig Trägern begann am 28. September der Aufstieg gegen das Sattelplateau, und man gelangte in 1950 Meter Höhe in einen fast unzugänglichen Urwald, der bis zu einer Höhe von 2900 Metern anstieg. In dieser nach europäischen Erfahrungen schon vegetationslosen Zone traf die Expedition sogar noch Elefantenherden an. Bei 3000 Meter fand Purtscheller noch einen zwölf Meter hohen Baum, bei 4400 und 5000 Meter noch Blütenpflanzen.

Dichtes silberfarbenes Gewölk lag über den Urwäldern unter dem Sattelplateau, als in 5250 Meter Höhe Rast gemacht wurde. Über den Köpfen der Expedition ragte die gewaltige Eismasse des Hauptgipfels. Das Eis zeigte ein schöne blaugraue Färbung und war glashart und spröde. Jede Stufe, die geschlagen werden mußte, erforderte zwanzig bis fünfundzwanzig Hiebe. Die Stufen mußten sehr sorgfältig geschlagen werden, das geringste Ausgleiten hätte zwei Menschenleben gekostet. In 5800 Meter Höhe wurde kurze Mittagsrast gehalten und kalter, versalzener Eisbrei gegessen, den sogar der genügsame Purtscheller ablehnte.

Nach weiterem, mühevollem Klettern mit geschwollenen, blasenbedeckten Händen betraten Doktor Meyer und Purtscheller den obersten Rand der Firnschneide und sahen in 5860 Meter Höhe ein wundervolles, überwältigendes Bild: den Krater des Kibo. Das Geheimnis des Kilimandscharo war enthüllt, es war erwiesen, daß dessen Gipfel ein vereister Vulkankrater ist. Damit war das erste Ziel der Expedition erreicht, der Weg erkundet. Überwältigt wurde Purtscheller von dem Anblick der Wolkengebilde über dem Gipfel. In sechsfachen Schichten übereinander türmten sich die Wolkenmassen, braungolden, silberweiß, tiefpurpurn und im Perlenschimmer erglänzend.

Doktor Meyer und Purtscheller, die ihre Aufgabe gelöst hatten, kehrten um und biwakierten in 4620 Meter Höhe an einer ausgehöhlten Felswand auf urweltlichen Aschenhalden zwischen Basaltblöcken. Grau und grauschwarz war der Fels. Was Purtscheller besonders auffiel, war eine Stille und Vereinsamung, die er in den Bergen seiner Alpen nie empfunden hatte. »Hier donnert keine Lawine, kein Brausen von Gewässern klingt aus den Klüften, hier herrscht ein ewiges Schweigen.«

Am 6. Oktober wurde der zweite Vorstoß auf den Hauptgipfel unternommen, nachts und bei eisigem Wind. Bei Tagesanbruch standen Doktor Meyer und Purtscheller an der Stelle, an der sie am 3. Oktober umgekehrt waren. Der weitere Weg zum Gipfel, der noch 600 Meter betrug, wurde diesmal im Sturm genommen. Es war eine Geste von höchster sportlicher Eleganz, daß Purtscheller knapp vor dem Gipfel unauffällig etwas zurückblieb, so daß Doktor Meyer um 10 Uhr 15 allein als erster den Gipfel des Kilimandscharo betreten konnte. Purtscheller folgte ihm dann und stand an seinem vierzigsten Geburtstag am Kraterrand des erloschenen Urweltvulkans. Auf 2000 Meter schätzte Purtscheller den Durchmesser des Riesenkraters, der nicht mehr von Feuer, sondern von Eis erfüllt ist, das im Westen durch eine Riesenspalte als Gletscher herausbricht. Von der dominierenden Stellung des Kibo überzeugten sie sich, indem sie auch die beiden Nebengipfel bestiegen und feststellten, daß diese um fünfzehn bis zwanzig Meter niedriger sind als der Kibo. Bei diesen Ersteigungen fiel Purtscheller die »Hinfälligkeit und Altersschwäche« des ganzen Berggerüstes auf, das, bis ins Innerste zernagt, der Auflösung entgegengeht. Steinschläge von derartiger Heftigkeit hatte er noch nie gesehen.

Bei der letzten Rast sahen die beiden Bergsteiger aus 5000 Meter Höhe ein wunderbares Schauspiel. Der Gipfel des Kibo erglühte noch im Purpurschein der Abendwolken, während die Steppe unten schon in schwarzem Dunkel lag. Plötzlich flammte es weithin auf wie die Lichter einer Riesenstadt; es waren die Flammen eines beginnenden Steppenbrandes. Purtscheller schildert das gewaltige Bild so:

»Bald in wildem Glanze aufleuchtend, bald verlöschend, dort in unübersehbarer Linie von leuchtenden Punkten sich fortschlängelnd, hier als stabile Feuerherde langsam aufglimmend, war dieses Schauspiel wohl geeignet, auch die ärmste Phantasie zu beleben.«

Unter den 1700 Gipfeln, die Purtschellers Fuß betrat, war die Ersteigung des Kilimandscharo nicht die höchste bergsteigerische Leistung gewesen. Die Aufgabe der Expedition war keine alpinistische, sondern eine wissenschaftliche, eine geographische gewesen. Aber gerade deshalb erforderte sie eine sportliche Selbstüberwindung und einen mannhaften Krafteinsatz allerhöchsten Ausmaßes. Sie war ein welthistorisches Ereignis, und als solches erhob es Purtscheller zum Helden. Sein Name wird nicht nur unter den Bergsteigern, sondern auch unter den Naturforschern von geschichtlicher Dauer sein. Seine Bergfahrt 1891 in den Kaukasus schließt sich der Kilimandscharo-Besteigung würdig an.

Nur fünfzig Jahre alt ist Purtscheller geworden. Im Vollbesitze seiner Kraft starb er an den Folgen eines alpinen Unfalls, der durch fremde Schuld verursacht wurde, am 3. März 1900 im Krankenhaus zu Bern.

Wenn von anderen Heroen der Berge meist nur das schöne Epos ihrer Gipfelfahrten bleibt, so hat sich Ludwig Purtscheller noch ein anderes, nicht weniger wertvolles Denkmal gesetzt: Er begründete mit seinem Kameraden Heinrich Heß ein alpinistisches Schriftwerk, wie es in gleicher Größe kein anderes Volk besitzt. Acht Bände sind es, die unter dem Titel »Der Hochtourist in den Ostalpen« sämtliche Gipfeltouren der Alpen östlich der Schweizer Grenze so genau beschreiben, daß jeder ernsthafte Bergsteiger nach den geologischen und klettertechnischen Erläuterungen des Werkes die Ersteigung vornehmen kann. Es ist sozusagen ein »Führer für die Führerlosen«, den Purtscheller mit seinem »Hochtourist« geschaffen hat. Wer mit diesem »Gipfelführer« in der Hand in die Berge geht, mit dem wandert Purtschellers Geist und gibt dem führerlosen Alpenfahrer die Fülle seines Wissens, von den Wegbeschreibungen und Anstiegskizzen angefangen bis zu den Ratschlägen der bergsteigerischen Technik und der Gefahren. Nur ein großer Mensch und weitblickender Geist konnte uns dieses schöne und nützliche Werk hinterlassen.

Das Unglück an der Meije
Dr. Emil Zsigmondy

Die Bergsteigerlaufbahn der beiden Brüder Emil und Otto Zsigmondy, zu denen sich später ihr dritter Bruder Richard, der spätere Nobelpreisträger, gesellt, bringt sie von Erfolg zu Erfolg. Am Tribulaun begegnen sie im Herbst 1881 Ludwig Purtscheller. Die neue Freundschaft zeitigt bald ihre Früchte. Die erste führerlose Überschreitung des Matterhorns und die Bewältigung der großartigsten Bergwand der gesamten Alpen, der Monte-Rosa-Ostwand, gelingen so gut wie die Ersteigung des Zinalrothorns, des Zermatter Weißhorns, und bald können die drei Gefährten fast alle großen Gipfel der Alpen zum Teil auf neuen Routen in ihre Tourenbücher eintragen.

Im Jahre 1885 promoviert der jetzt sechsundzwanzigjährige Emil in Wien zum Doktor der Medizin und geht für drei Monate nach England, wo sich der frisch gebackene Doktor als Internist in einem Londoner Spital rasch die Sympathien der Vorgesetzten und Kollegen erwirbt. Sein lebhafter Geist, sein anmutiges Wesen, verbunden mit den Vorzügen einer guten Erziehung, bringen ihm neue Freundschaften, besonders auch aus den Kreisen des Alpine Club von London. Im gleichen Jahre erwirbt Julius Kugy, sein Studiengenosse, den Doktortitel als Jurist und geht nach Triest, um das väterliche Geschäft zu übernehmen.

In jenem Sommer treffen sich die beiden Freunde im gastlichen Triestiner Heim Kugys. Emil bringt sein soeben fertiggestelltes Buch »Die Gefahren der Alpen« mit und überreicht Kugy ein Exemplar mit den Worten: »Ich habe seit unserer Unterhaltung vom Herbst 1881 oft und gründlich über deine Warnung und damit auch über die Gefahren des Bergsteigens nachgedacht. Du hattest recht, ich habe dies aus eigenem Erleben kennengelernt. Man darf, ja, man muß wohl kühn sein, aber man darf nie und nimmer die nötige Vorsicht außer acht lassen!«

Dr. Kugy, seiner Sturm- und Drangzeit entwachsen, zieht es seit einiger Zeit vor, nur mehr mit Führern zu gehen. Er liebt die Ruhe, die Beschaulichkeit, sein Reich sind die gewaltigen Wände des Triglav und seine heimatlichen Julischen Alpen. Innige Freundschaft verbindet ihn mit seinen Führern Osvaldo Pesamosca und Anton Oitzinger, und es gibt kaum schönere Worte über das kameradschaftliche Treueverhältnis zwischen dem Herrn und dem Führer als in seinen Schilderungen.

In guter Freundschaft trennt sich Dr. Emil Zsigmondy von Kugy nach jenen sorglos schönen Ferientagen von Triest.

»Was habt ihr für diesen Sommer vor?«

»Eigentlich wollten wir beruflichen Studien nachgehen, vielleicht aber ist dies unser letzter freier Sommer, da überlegen wir noch, ob wir nicht doch in die Westalpen gehen.«

»Leb wohl! Und auf jeden Fall: Seid vorsichtig!« ruft Kugy dem Scheidenden noch nach.

Wenige Wochen nach jener Unterredung, am 23. Juli 1885, befinden sich Ludwig Purtscheller, Professor Th. N. Kellerbauer aus Chemnitz und Dr. Karl Schulz in La Grave, dem kleinen Dörfchen am Fuße des mächtigen Südaufbaues der Meije, des schönsten und kühnsten Gipfels des Dauphiné. Überraschend treffen Otto und Emil Zsigmondy, die ursprünglich für diesen Sommer abgesagt hatten, in La Grave ein. Gewaltig springt der bisher unbezwungene Grat im wilden Gezack dunkler Türme zum Pic Central auf. Die Überschreitung der majestätischen Hochburg über den Pic Central zum Grand Pic steht auf ihrem Programm. Dr. Schulz ist durch eine Handverletzung verhindert mitzugehen.

In einer abenteuerlichen und sehr harten Fahrt bezwingen die beiden Brüder mit Ludwig Purtscheller die Meije bis zum Gipfel des Grand Pic, während Dr. Schulz mit seinem Führer Pierre Gaspard Sohn und einem Franzosen den Gipfel auf der normalen Route wegen Nebel verfehlt und umkehren muß.

Aber Emil hegt noch einen Plan. Er will einen womöglich leichteren Durchstieg zum Grand Pic, diesem »schwersten Berg« der Alpen, ausfindig machen. Vom Gipfel der Tête de la Maye aus studiert er die Möglichkeiten der Durchsteigung. Dr. Schulz soll diesmal dabeisein. Aber sowohl Otto als auch Dr. Schulz zögern mit ihrer Zusage. Zu drohend und abweisend scheint ihnen die schwarze, von Eiscouloiren durchfurchte Wand. Sie schlagen vor, die geplante Ersteigung über den gewöhnlichen Weg auszuführen. Purtscheller ist anderweitig festgelegt. Emil setzt schließlich doch seinen Wunsch durch, den Pic Central vom Etanconsgletscher aus über die gewaltige Südwand zu erreichen. Er glaubt, damit den Gipfel über einen leichteren und klassischeren Weg durch die Wand gefunden und damit die äußerst schwierige Gratkletterei vermieden zu haben.

Otto wehrt sich gegen den Vorschlag, so gut er kann. Dr. Karl Schulz meint, die Erfolgschancen auf der vorgeschlagenen Route seien unsicher, und es wäre besser, die bereits bekannte Führe zu wiederholen. Aber Emils Zuversicht, die an der Meije schon einmal das erreicht hatte, was vor ihm so vielen erstklassigen Führern und Alpinisten trotz aller Mühen nicht gelungen war, veranlaßt schließlich seine beiden Gefährten nachzugeben, und so steigen die drei am 5. August das Tal des Etanconsgletschers hinauf zum Refuge Châtelleret, wo sie übernachten.

Die Seilschaft verläßt um zwei Uhr morgens das Refuge, um über den Etanconsgletscher an den Fuß der Wand zu gelangen. Schon am Morgen treten allerlei Schwierigkeiten auf, dazu kommen Hagelschlag, Blitz und Steinschlag, als wollte der Pic de la Meije die drei einsamen Bergsteiger warnen. Aber das Gewitter verzieht sich wieder, und mit Steigeisen bewaffnet gelangen sie nach mehrstündigem Aufstieg zu einem felsigen, vereisten Vorsprung, der drohend über die steilen Schneebänder aufragt. Gegen Mittag sind sie schon sehr hoch in der Wand und müssen nun versuchen, in direktem Aufstieg weiterzuklettern, da Traversierungen nicht mehr möglich sind. Ein gewaltiger, dunkler Pfeiler versperrt nach einigen weiteren schweren Seillängen jeden Weiterweg. Emil erklettert den Pfeiler und muß bald einsehen, daß alles vergebens ist. Dann glaubt er, einen Ausweg im anschließenden, unerhört steilen und total vereisten Couloir gefunden zu haben, muß aber bald mit dem nachkommenden Otto feststellen, daß auch hier ein Weiterkommen ausgeschlossen ist.

Als sie wieder am Fuß des Pfeilers stehen, an dem Dr. Schulz wartet, wird beraten. Dr. Schulz mahnt zur Umkehr, Otto ist unschlüssig, doch Emil will unter keinen Umständen aufgeben. Rasch entschlossen seilt er sich los und klettert die senkrechten Wandstellen frei hinauf. Aber schon nach wenigen Metern muß er einsehen, daß alle Versuche, hier durchzukommen, scheitern müssen.

Wieder reden ihm die beiden Gefährten zu, den aussichtslosen Kampf aufzugeben und abzusteigen.

»Emil, was haben Sie im Sinn? Hoffen Sie noch immer durchzukommen?« fragt Dr. Schulz.

»Was wäre, wenn wir keine Hoffnung mehr hätten?«

Mit diesen Worten seilt sich Emil wieder an und arbeitet sich in verwegenem Ansatz noch einmal hoch. Mit unglaublicher Gewandtheit überwindet er auch noch die Stelle, die ihn vor wenigen Minuten zur Umkehr gezwungen hat. Er gelangt in einen hohen, glattpolierten, senkrechten Kamin, den er emporklettert. Die Anstrengung zwingt ihn zu einer längeren Verschnaufpause. Dreißig Meter höher hofft er, auf einen Absatz zu kommen, von dem aus der Gipfelgrat zu erreichen sein muß. Und unter Anspannung aller Kräfte kommt er bis zur Mitte des abweisenden, grifflosen Felsschachtes.

Die bangen Kameraden unter ihm hören endlich seine keuchende Stimme: »Ich brauche noch Seil – es geht schon –, habt ihr noch Seil?«

»Ja, das Seidenseil von Dr. Schulz, zwanzig Meter!« ruft Otto hinauf und bindet es gleich an Emils Seil fest, der es nun langsam, Meter für Meter, nachzieht. Schon über eineinhalb Stunden hängt er in der glatten, abweisenden Kaminwand über dem furchtbaren Abgrund. Mit dem Mute der Verzweiflung versucht er mehrmals, einen überragenden Absatz zu überwinden, aber jedesmal muß er den ins Blinde greifenden Arm wieder zurücknehmen. Wieder und wieder versucht er das Unmögliche.

»Wenn das nur gut ausgeht«, sagt Otto. Beide starren hinauf zu dem Kameraden, der unter dem überhängenden Block seinen aussichtslosen Kampf auf Leben und Tod fortsetzt. Da bemerken sie, wie Emil endlich doch nachzugeben scheint, und sehen, wie er mit der freien Hand versucht, das Seil über den Rand der Felsnase zu ziehen. Jetzt faßt er die freien Seilenden zusammen, schwingt sich leicht und vorsichtig vom Tritt und gleitet langsam, nun vollständig freihängend, etwa einen Meter abwärts. Otto und R. Schulz treten, um herabkommenden Steinen auszuweichen, ganz eng an den Fels.

»Wenn ihm nur nichts passiert«, sagt Dr. Schulz.

 »Im selben Augenblick«, erzählt später Dr. Otto Zsigmondy, »kam mir

der Gedanke, Emil könnte abstürzen. Und schon geschah auch das Furchtbare. Ich hörte plötzlich ein ungewöhnliches Geräusch, ein schwaches ›Oh!‹, und Emil schlug auf den Felsen direkt über uns auf.«
Es nützt nichts mehr, das Otto das Seil blitzschnell um seinen Arm schlingt und Dr. Schulz es greift und sich mit aller Kraft am Felsabsatz verspreizt. Mit der Geschwindigkeit eines fliehenden Schattens wird Emils Körper über ihre Köpfe hinausgeschleudert, dann folgt dumpfes Krachen, Seilriß und eine entsetzliche Stille. Emils Körper zerschellt siebenhundert Meter tiefer auf dem Etanconsgletscher. Die Gefährten halten in ihren blutenden Händen einen 5 Meter langen Seilfetzen, das ist alles.
Es bleibt die Leere, der Schmerz und die Erschütterung dieser furchtbaren Sekunden. Der Freund und Bruder liegt unten, weit unten. Die Berge bleiben kalt und stumm. Der Himmel schweigt. Otto weint um den Bruder, Dr. Schulz um den Freund. Spätabends erreichen die so furchtbar Geschlagenen ihren Toten. »Welch entsetzlich trauriges Wiedersehen. Emil war grauenhaft entstellt. Otto wollte den toten Bruder selbst zur Hütte tragen.«
Als sie am nächsten Tag in La Berarde Ludwig Purtscheller und Professor Kellerbauer treffen und ihnen mitteilen, was geschehn ist, steigt Purtscheller noch in der Nacht mit einigen Bergfreunden auf, um den Toten zu holen*.
Am 10. August wird Emil Zsigmondy im katholischen Friedhof von Saint Christophe in La Berarde zu Grabe getragen. Am Seil Ludwig Purtschellers wird der Sarg in die Erde versenkt. Das zerrissene Seil und einen Strauß Alpenblumen legen sie auf das Grab des so jäh aus dem Leben geschiedenen Freundes.
Sein Grabstein trägt als Inschrift das Wort »Exzelsior«. Dort im Bannkreis seines Schicksalsberges, den die Bergsteiger Frankreichs ihren schönsten und schwersten nennen, schläft Dr. Emil Zsigmondy seinen ewigen Schlaf. Einer seiner Biographen sagt von ihm: »Er war ein Mann, einer der wenigen, mit deren Namen der Begriff alles Guten, Edlen und Schönen dieser Welt für immer verknüpft ist.«

In der Furchetta-Nordwand
Hans Dülfer

Am 26. Juli 1914 mache ich mit einem Bekannten, dem Dr. Hans Pfeifer aus Wien, die Überschreitung der Fermedatürme. Der Himmel ist klar, und es ist ein helles Vergnügen, in den Geislertürmen zu klettern. Und doch scheint mein Begleiter darüber nicht glücklich zu sein. Vor dem Ein-

---

* Die Aufstiegsroute der Seilschaft Zsigmondy–Schulz wurde verschiedene Male erfolglos in Angriff genommen, ihre Bezwingung gelang erst im Juli 1912 durch die Seilschaft Guido und Max Mayer mit Angelo Dibona und Luigi Rizzi.

stieg schon und auch am Abend, als wir aus den Wänden sind, sagt er, daß dies wohl für lange Zeit seine letzte Tour gewesen sei, vielleicht für immer. Denn er spüre, daß wir schweren Zeiten entgegengingen.
Ich lache darüber. Schwere Zeiten? Ach so, die Politik! Serbien! Aus der ganzen Geschichte wird wohl Gott sei Dank nur eine Streiterei der Diplomaten.
Auf der Regensburgerhütte treffe ich am selben Nachmittag einen Mann, der mich im Augenblick auf andere, mir weit wichtigere Gedanken bringt: Hans Dülfer. Er ist zur Zeit der beste deutsche Kletterer, den es gibt, ja er ist mehr als ein Kletterer, er ist ein Künstler im Fels, er vermag das Unmögliche.
Während ich ihm die Hand reiche, weiß ich, was ihn hierhergeführt hat. Es gibt immer Pläne, die in der Luft liegen, und wenn sie noch so geheimgehalten werden.
»Dülfer«, sage ich, »was machen denn Sie da?«
Er lächelt: »Nichts Besonderes, ich schau' nur ein bißchen nach. Aber vielleicht gehen wir zusammen? Haben Sie Lust?«
»Wohin denn?«
»Das wissen Sie doch selbst, Trenker.«
»Also die Furchetta-Nordwand?«
»Selbstverständlich.«
»Und wann?«
»Morgen. Sie wissen: Tita Piaz . . .«
Ich weiß. Es hatte sich längst herumgesprochen, daß Tita Piaz die Nordwand als erster durchklettern will, und mit dem ist nicht zu spaßen, der ist imstande und schnappt uns diese großartige Sache weg. Hans Dülfer hat eine gute Nase.
Die Furchetta-Nordwand ist noch unbezwungen. Vor einigen Wochen bin ich mit meinem Freunde Hans Pescosta über den Südgrat hinaufgeklettert, um mir die Sache anzuschauen. Wir kamen sehr ernüchtert zurück. Wer einmal von da oben einen Blick in die Nordwand herunter geworfen hat, dem läuft es noch in der Erinnerung kalt über den Rücken. Tausend Meter geht es in die Tiefe, und man sieht nur etwa im obersten Zehntel dieses ungeheuren Abfalls eine kleine Kanzel. Was darunter liegt, ist so steil, daß es durch diese Rippe verdeckt wird. Man müßte wie eine Fliege am Überhang kleben können, um dort durchzukommen.
Und doch! Wenn es Dülfer versuchen will, und wenn er gleich morgen losgehen will, damit ihm der Tita Piaz nicht zuvorkommt, dann muß man diese Chance nützen. Zwei der besten haben es zwar schon vergangenes Jahr versucht; Angelo Dibona und Guido Mayer mußten jedoch nach kaum einem Drittel umkehren, aber neben dem Können braucht man auch Glück, wer weiß, vielleicht haben wir mehr Glück als die beiden.
Es tut mir nur leid, daß Hansl Pescosta nicht mitkann, weil der drüben in der Rosengartengruppe ist. Ich spreche mit seinem Vater. Der schüttelt den Kopf. Nicht zu machen, meint er; alles morsch, brüchig, steil und ge-

fährlich. Und wenn es auch gelingt, was dann? Auf dem Gipfel übernachten? Die Wand braucht den ganzen Tag ...

Das ist alles richtig, aber der Piaz ...?

Wir packen unsere Ausrüstung in die Rucksäcke. Sie ist bescheiden genug, denn jedes Gramm zuviel bringt nur Scherereien. Um halb neun Uhr legen wir uns nieder. Es heißt »im Laufschritt schlafen«, denn um zwei Uhr morgens wollen wir aufbrechen, um gegen fünf Uhr am Fuß der Wand sein zu können.

Tiefe Stille liegt über Fels und Tal, während wir unter dem kühlen Sternenhimmel, nur gelegentlich ein paar Worte wechselnd, bergan steigen. Wir müssen zur Mittagsscharte, welche uns zwischen Sass Rigais und Furchetta auf die Nordseite führt, um von dort aus zum Fuß der Nordwand zu gelangen. Solch nächtliche Anstiege voller Erwartung, ohne Lärm und Ablenkung, prägen sich tief in das Gemüt. Ich sehe den wortkargen sympathischen Dülfer heute noch neben mir, als wären wir erst gestern miteinander gegangen.

Um fünf Uhr morgens legen wir das uns verbindende Seil an, ein Stück Brot und Wurst ist unser Frühstück, dann steigen wir in die Felswand ein. Dülfer geht als erster. Langsam und wohlüberlegt geht es Griff um Griff, Meter um Meter zügig bergauf. Dann und wann halten wir, überlegen, ob es da oder dort besser geht, schlagen einen Sicherungshaken, klettern weiter. Immer wieder wandert der Blick aufwärts, sucht das Zwischenziel, es rückt näher, immer näher, und noch zeigt sich keine Stelle, an der Wille und Kraft versagen müssen.

Endlich, um vier Uhr nachmittags, stehen wir an der winzigen Kanzel am weißen Fleck, der uns seit Morgengrauen Ziel, Sehnsucht und Hoffnung war. Aber jetzt! Links, rechts, ober uns nackter, fast völlig griffloser Fels, links wäre eine Kante, die roh und etwas überhängend eine vage Möglichkeit verspricht durchzukommen. Dülfer will's versuchen, wir haben nur einen einzigen Sicherungshaken, die übrigen drei stecken in der Wand weit unten. Ich bin bereit, Dülfer muß eine gute Seillänge, etwa 30 Meter, nach links hinüberqueren, um zur verlockenden Kante zu gelangen. Während er, äußerst sorgfältig Tritt und Griff des brüchigen Gesteins abtastend, zwei, drei Meter hinter sich bringt, bin ich auf seinen unvermeidlichen Sturz gefaßt, lasse ihn keine Sekunde aus den Augen, das sichernde Doppelseil in den Händen. Es scheint unwahrscheinlich schwer, jeder Griff läßt Steine abgehen. Sie fallen lautlos in die bodenlose Tiefe. Dülfer sagt kein Wort, ich höre nur sein Schnaufen, dann und wann, wenn Tritt oder Griff versagen, einen verhaltenen Ruf. Ich zwinge mich, den Blick von der Leere unter uns abzulenken, denn was da von unten heraufdroht, drückt auf Herz und Magen und verspricht im Falle einer Umkehr nichts Gutes.

Der Rosengarten von der Wohnleger-Schwaige über dem Tierser Tal

Dülfer läßt alle seine Künste spielen. Seine Hände fingern im Fels, seine Zehen tasten nach dem winzigen Halt, den er braucht, um den Körper zollweise vorwärts, aufwärts zu schieben. Wo er hingreift, lösen sich kleine Steine, verschwinden lautlos im Unergründlichen. Als er endlich umkehrt und zur schmalen Kanzel zurückklettert, ist es fünf Uhr. Er hat von den 30 Metern bis zur Kante nicht einmal ein Drittel bewältigt.

Nun versuche ich, auf der anderen Seite nach rechts oben durchzukommen. Es ist einfach höllisch. Luft und Leere ringsum. Den Körper gegen die Wand drückend, wage ich das Äußerste, denn noch schlimmer als diese 90 oder 100 Meter, die uns vom Gipfel trennen, ist der Gedanke an die 800 Meter unter uns, die wir zurück müssen, wenn wir aufgeben. Aber es hilft nichts. Nach einer Stunde verzweifelnden Bemühens kehre ich zu Dülfer zurück.

Es ist jetzt sechs Uhr. Im Westen steht eine Wetterwand, der Fels beginnt fahlgelb zu werden, drohend, als würde die Furchetta zum Gegenschlag ausholen. Fauchende Windstöße schlagen über den Gipfelgrat, böse Vorboten eines drohenden Wettersturzes. Und doch spricht keiner von uns das entscheidende Wort. Es sind gar nicht mehr Ehrgeiz und Wille, die uns zwingen, trotz Erschöpfung und Wettergefahr nicht aufzugeben, es ist das Grauen vor der Tiefe und dem Drängen der Zeit: Elf Stunden haben wir gebraucht, um hierher zu gelangen, es bleiben uns höchstens zwei für den Abstieg, dann wird es Nacht.

Dülfer sichert, und ich beuge mich weit hinüber, um noch einmal den abweisend glatten Fels über uns Meter für Meter abzusuchen. In dieser entscheidenden Sekunde fällt der Berg seine Entscheidung, und sie ist so gebieterisch, daß wir nicht einmal in Gedanken dagegen aufmucken. Vom Gipfelgrat löst sich ein großer Felsbrocken und stürzt senkrecht auf uns nieder. Ich drücke mich gegen die Wand, keine zwei Schritte neben uns rauscht das Ungeheuer wie ein Gespenst in die Tiefe. Ein Hagel kleinerer Steine poltert nach. Sturm braust über den Grat. Ich glaube, es hat keine zehn Sekunden gebraucht, um uns in Bewegung zu setzen. Ohne ein Wort zu wechseln, beginnen wir uns abzuseilen. Stumm, verbissen, das Erlebnis der letzten Augenblicke in allen Knochen, die fürchterliche Tiefe und eine Wetterkatastrophe vor uns, so seilen wir uns an gefährlich schwankenden Haken hängend so rasch als nur möglich durch die Furchetta-Nordwand hinunter, die Wand, auf die wir uns so gefreut hatten. Wir werden sie künftig mit dankbarem Blick betrachten, wenn sie uns gnädig entläßt.

Bis dahin aber ist es noch weit. Der Sturm, der den Felsblock aus dem Gipfelgrat warf, faßt jetzt uns selbst. Es pfeift und schrillt, als ob die Hölle losgelassen wäre, rüttelt an den Leibern, droht uns in den Abgrund zu

oben: Mit Luise Ullrich im Film »Der Rebell«, 1932
unten links: Kampf um die Fahne Tirols (aus dem Film »Der Rebell«)
unten rechts: Trenker in der Karikatur von Härtl

stürzen. Eisnadeln treffen Gesicht und Hände, rauben Sicht und Griff. Zitternd vor Kälte, mit klammen Fingern, geht es eine Seillänge um die andere weiter, drei Stunden lang. Als wir bei völliger Finsternis nach neun Uhr aus dem Fels steigen und über die bereits tief verschneiten Schotterhalden zum Schlüterpaß stapfen, können wir das Glück dieser Rettung noch nicht ganz begreifen.
Sturm, Blitz und Donner begleiten uns auf dem Weg über die Tschislesalm zur Regensburgerhütte. Wir haben nur Kletterschuhe an, und der Schnee liegt schon knöcheltief. Um ein Uhr klopfen wir an die Fensterscheiben der Hüttenstube. Der Kampf um die Furchetta-Nordwand hat genau vierundzwanzig Stunden gedauert, und jetzt sitzen wir klein und wortarm neben dem Vater Pescosta und anderen Freunden auf der Ofenbank. Sie glauben nicht, daß wir hatten umkehren müssen, sie hätten auf dem Gipfel unser Lichtsignal gesehen, behauptet der alte Pescosta immer wieder. Draußen flammt ein Blitz nach dem anderen durch die wilde Nacht, und der Donner brüllt seinen Triumph dazu aus vollem Maul.
Am anderen Morgen liegt vor der Hütte knietiefer Neuschnee. Und da nun vorläufig nichts zu machen ist, gehe ich, von Mutter und Vater erwartet, heim nach St. Ulrich. Hans Dülfer geht mit. Wir sind Freunde geworden in den vierundzwanzig Stunden. Als er sich in St. Ulrich von mir verabschiedete, es sind jetzt sechzig Jahre her, ahnte ich nicht, daß wir uns nie mehr sehen werden. Er ist 1915 bei Arras gefallen. Jedesmal wenn ich vom Eisacktal aus den kühnen Gipfel der Furchetta sehe, grüße ich dich, lieber Dülfer, im fernen Soldatengrab von Arras.

Mount Everest – verlorene Chance

Nach dem unerwartet großen Erfolg meines stummen Matterhornfilms, den ich 1928 mit primitivsten Mitteln unter Mitarbeit eines hervorragenden Kamerateams mit großartigen Zermatter Bergführern gedreht hatte, sollte ich eine Expedition in die Eisfjorde Spitzbergens führen, um einen Film mit dem Titel »Der Ruf des Nordens« aufzunehmen.
Es war die Zeit des Polarforschers Roald Amundsen, der bei der Suche nach der verschollenen Nobile-Expedition sein Leben eingesetzt und geopfert hatte. Ich bemühte mich, den Produzenten klarzumachen, daß die Walliser Eisberge mit den schimmenden Eisbergen der Arktis nichts zu tun hätten und ich also für ein solches Unternehmen nicht der geeignete Mann sei. Aber das verstanden die Herren Filmproduzenten und Verleiher nicht; sie versprachen sich von dem damals aktuellen Wirbel um Nobile einen sensationellen Erfolg. Meine Gegenvorschläge nützten wenig und nichts. Schließlich sagte ich zu und traf, nachdem ich mich vertraglich gebunden hatte, gemeinsam mit dem norwegischen Schriftsteller Lars Hansen die nötigen Vorbereitungen, nicht zuletzt natürlich auch, weil mich Spitzbergens Welt magisch lockte.

Der Arbeitsstab war engagiert, die Darstellerverträge fixiert, das norwegische Eismeerschiff »Hobby« wartete bereits beladen in Tromsö auf uns, da besuchte mich überraschend ein Mann und stellte sich als N. E. Odell vor. Im Namen des damaligen Mount-Everest-Komitees überbrachte er mir die Einladung, an der 1928/29 geplanten deutsch-englischen Himalaja-Expedition teilzunehmen, um einen Film darüber zu drehen. Es fällt mir schwer zu sagen, wie erfreut, erstaunt und erschrocken ich über diese einmalige Chance meines Lebens war. Trotz aller Erregung über die Möglichkeit, am Kampf um den höchsten Berg der Welt teilnehmen zu dürfen – ich mußte absagen; mein Spitzbergenvertrag ließ mir keinen Ausweg offen. Zweimal war Odell bei mir gewesen, zweimal bettelte ich bei der HOM-Film um Freistellung, zweimal wurde ich abgewiesen. Ein Vertragsbruch hätte mich auf Jahre hinaus lahmgelegt.

Da stand nun der stille, hagere Mann vor mir und wartete auf meinen endgültigen Entschluß: Himalaja oder Arktis? Ich mußte ihm absagen. Aus dem »Ruf zum höchsten Berg der Welt« wurde der kleinere »Ruf des Nordens«.

Ich wußte, wer Odell war, wußte, daß er die beiden englischen Bergsteiger G. L. Mallory und Irvine beim Ersteigungsversuch bis zum höchsten Lager hinauf begleitet hatte und dann, als die beiden nicht mehr von ihrem Gipfelvorstoß zurückkamen, ihnen allein vom Lager V zum Lager VI nachgestiegen war. Odells Verhalten in jenen Tagen gehört zu den großen Taten in der Geschichte des Alpinismus: Im höchsten Lager des Mount Everest kämpfte sich dieser Mann im Sturm einer eisigen Kälte allein zum Lager VI auf eine Höhe von 8170 Meter empor. Als er nach unsäglichen Mühen das Lager erreicht hatte, war das kleine Zelt leer. Da ahnte er: Mallory und Irvine waren Opfer des Berges geworden.

Von Angst und Sorge um die Kameraden gepeinigt, stieg er trotzdem zwei Stunden später weiter auf. Einen Tag zuvor hatte er bei 7800 Meter, als die Wolkendecke riß, in etwa 8600 Meter Höhe einen bergaufsteigenden schwarzen kleinen Punkt, dem ein zweiter folgte, gesehen. Es waren Mallory und Irving. Und das war das letzte Mal, daß die beiden lebend gesehen wurden.

Es ist mit den Bergen wie mit vielen anderen Dingen. Das Geheimnis des Lebens will es, daß sich der Mensch vom Zorn der Naturgewalten nicht abschrecken läßt, sondern eher davon angezogen wird. Odell stand in diesem Bann wie Mallory und Irvine. Wären seine wartenden Gefährten nicht auf dem Nordsattel gewesen, er hätte im Zelt des Lagers VI genächtigt, um am kommenden Tag, ähnlich wie Hermann Buhl zwanzig Jahre später am Nanga Parbat, allein gipfelwärts zu steigen. Wer weiß, ob ihm dieser Versuch nicht gelungen wäre, denn von allen Bergsteigern jener dritten Expedition des Jahres 1924 befand er sich in der glänzendsten Verfassung.

Wir wissen nicht, wann und wo Mallory und Irvine ihre letzte Ruhestätte gefunden haben. Wo immer in der Welt Männertugend und Verdienst zu finden sein mögen, jene Männer haben uns den Weg zu ihnen gezeigt. Mallory und Irvine blieben im Tode vereint, ihre Namen werden in der Geschichte des Bergsteigens unvergeßlich bleiben und mit ihnen der Name N. E. Odells, der 1938 noch an der siebten britischen Everest-Expedition teilgenommen hat. Fünfzehn Jahre vergingen, bis endlich am 29. Mai 1953 die unter der Leitung des Generalstabsoffiziers Oberst John Hunt stehende achte britische Expedition den langersehnten Erfolg brachte. Der Neuseeländer E. P. Hillary und der Sherpa Sirdar Tensing Norkay standen an diesem Tag für Mallory und Irvine als die ersten Menschen auf dem höchsten Gipfel der Welt.

Nanga Parbat
Hermann Buhl

Nicht nur für die Erholungsuchenden aus den großen Ballungszentren der Welt, sondern mehr noch für Bergsteiger, die sich eigene Lorbeerkränze holen wollen, sind die Alpen zu begrenzt geworden. Die Alpen, die im »goldenen Zeitalter« mit viel Begeisterung und Opfermut erschlossen wurden, müssen in der neuen, »eisernen Zeit« vor der allzu stark heranwogenden Menschheit in Schutz genommen werden. Für Bergsteiger, die das große Abenteuer suchen, ist heute in unseren Bergen nicht mehr viel Neuland zu erobern.
Mit dem Ausbau des Luftreiseverkehrs in die Welt hinaus sind uns die exotischen Gebirgsmassive heute so nahe gerückt wie unseren Vorfahren vor hundert Jahren die Alpen. Sooft von den gigantischen Bergriesen der Himalajakette die Rede ist, wird unseren Bergsteigerherzen der Nanga Parbat wohl am nächsten stehen, denn er wird seit Willy Merkls tragisch verlaufener ersten Expedition im Jahre 1932 mit Recht als deutscher Schicksalsberg bezeichnet. Zwölf Expeditionen wurden von München aus unter Führung Paul Bauers, Willi Merkls und Karl Herrligkoffers gestartet. Der erste Ersteigungsversuch, ja die Entdeckung des Nanga Parbat oder Diamir überhaupt, deutsch »König der Berge«, geht auf den englischen Alpinisten A. F. Mummery zurück, der am 2. August 1895 versucht hatte, den Gipfel von der Diamirseite her zu ersteigen. Er und seine Begleiter wurden an diesem Tag zum letztenmal gesehen.
Im Laufe der seit jenem Versuch vergangenen 79 Jahre haben viele tapfere Bergsteiger ihren Mut am Nanga Parbat mit dem Leben bezahlen müssen. Seither ist es bayrischen und Tiroler Bergsteigern unter Führung Karl Herrligkoffers gelungen, den eisgepanzerten, sturmumbrausten Gipfel auf verschiedenen Routen zu erreichen. In der Folge möchte ich auf die dramatische erste Ersteigung des Berges im Jahre 1953 durch Hermann Buhl eingehen, dessen siebzehnstündiger, kühner Alleingang vom höchsten Lager zum 8125 Meter hohen Gipfel einmalig in der Geschichte des Alpinismus dasteht.

Es gibt in der vielgestaltigen Welt des Alpinismus keine Erscheinung, die sich mit Buhl vergleichen ließe. Die üblichen Bezeichnungen Bergsteiger, extremer Kletterer, Meister des VI. Grades reichen für Buhl nicht aus. Er war dies alles, ein Meister im Fels wie im Eis, und er war noch mehr, als diese Begriffe sagen. Für ihn ist die landläufige alpine Klassifizierung tatsächlich unzureichend. Nicht allein, was Buhl geleistet hat, sondern wie er es geleistet hat, bleibt einmalig. Dieser junge Tiroler war dem Berg in einer Weise vertraut, die sich schwer erklären läßt und immer neue Rätsel aufgibt.

Dabei war Hermann Buhl keineswegs eine athletische Erscheinung, im Gegenteil, von Kindheit an eher schwach und leicht kränkelnd, wurde er später unheimlich zäh, drahtig und ausdauernd. Wer hätte diesem fast zart wirkenden jungen Mann die ungeheuerlichen Leistungen zugetraut, die ihn in einem Sturmlauf ohnegleichen an die Spitze der alpinen Elite führten. Für ihn galt immer und überall nur der Berg an sich. Das Wetter, das doch für jeden Bergsteiger eine so wichtige Rolle spielt, war ihm im Grunde gleichgültig. Er lachte nur, wenn andere für ihre Unternehmungen auf »schönes Wetter« warteten, und ist dabei bis zu seiner Schicksalsstunde am Chogolisa gut gefahren. Eine andere Eigenheit: Er konnte auf Vorrat essen, dafür aber dann, wenn es sein mußte, drei Tage und länger hungern. Doch das sind schließlich nur Aspekte, die sich auf das Physische beziehen. Was Hermann Buhl zu einem Sonderfall in der Geschichte des Bergsteigens macht, liegt tiefer und bleibt im letzten unergründlich und rätselhaft. Sein Alleingang am Gipfel des Nanga Parbat war eine Leistung, für die selbst erfahrene Psychologen keine ausreichende Erklärung finden konnten, eine Leistung, möchte ich sagen, die alle bisherigen menschlich-alpinen Maßstäbe über den Haufen geworfen hat.

Ich bin Hermann Buhl zum erstenmal während einer Filmaufnahme im Karwendel begegnet. In der Handlung war ein Lawinensturz vorgesehen. Es war an einem Sonntag im März, viel Schnee lag, hoch über uns ragte von der Sattelspitze eine auffallende Wächte weit über den Abgrund hinaus. Ich fragte einige Innsbrucker Bergsteiger, die vorbeikamen, ob sie versuchen würden, die Wächte zum Abbruch zu bringen. Die Burschen waren gleich dabei. Am Gipfel angelangt, begannen sie, gut gesichert, den großen Schneeüberhang mit ihren Eispickeln zu bearbeiten. Darsteller und Kameras standen bereit, aber die Wächte rührte sich nicht. Mehrmals rief ich warnend zu den zornig auf dem ausladenden Schneedach herumstampfenden Männern hinauf und wollte schon das gefährliche Spiel aufgeben, als einer von ihnen mit einem gewaltigen Satz über die Wächte hinaussprang, im aufspritzenden Firn landete und blitzschnell unter das Schneedach zurückeilte, um es von unten her zu bearbeiten. Meine besorgten Rufe, die Schneemasse könnte den Mann erschlagen, wurden überhört. Schon gellte der Ruf: »Drehen, drehen, die Wächte kommt . . .« – Lawinenartig stürzten die Schneemassen an uns vorüber in die Tiefe, wir drehten, und es war wieder einmal alles gutgegangen. Als ich den waghal-

sigen Springer nachher fragte, wie er heiße, antwortete er: »Buhl, Hermann Buhl.«
Das war kurze Zeit nach Kriegsende, nach seiner Rückkehr aus dem Krieg mit anschließender zweijähriger Kriegsgefangenschaft. Ich hatte keine Ahnung von der stolzen Anzahl großartiger Touren, die der bescheidene Innsbrucker Skikantenmonteur damals schon aufzuweisen hatte. Da war der Todessturz eines Alleingängers in den Wettersteinwänden, der dem damals siebzehnjährigen, unerfahrenen Buben gezeigt hatte, wie es gehen kann, da waren die Wände und Gipfel im Karwendel, im Kaisergebirge und im Wetterstein, die er mit seinen Kameraden durchstiegen hatte, und da war das vernichtende Urteil der Älteren. »Laß du das bleiben, aus dir wird nie ein Bergsteiger werden!« Er beantwortete es mit dem stummen Schwur: »Ich werde euch schon zeigen, was ich noch werde!«
Was nach dem Krieg kam, wissen wir: Not, Armut und ein Existenzkampf, der dem mittellosen Heimkehrer nichts ersparte. Trotzdem: Über den »geraden Weg« durch die Lalidererwand findet er von einem großen Erlebnis zum anderen; hinreißender Ehrgeiz und Begeisterung verleihen ihm Flügel, keine Askese ist dem mittellosen, von einem unglaublichen Feuer durchglühten Burschen zu hart. Er übernachtet in Heuhütten, hungert, friert, spart Kreuzer, kommt, sooft er kann, in die Dolomitenheimat seiner früh verstorbenen Mutter, geht an die Furchetta-Nordwand, deren Erstersteigungsversuch mit Hans Dülfer ich beschrieben habe. In zwei Stunden erreicht er die später als Dülferkanzel bezeichnete Wandstelle, zu der wir sechsunddreißig Jahre früher fast einen halben Tag benötigt hatten. So setzt Hermann Buhl in einem Sprung über zwei Generationen neue Maßstäbe. Felsfahrt auf Felsfahrt folgt. Der Marmolatapfeiler wird bei Kälte, Sturm und Hagel durchstiegen, die Zinnennordwände, die 1100 Meter hohe Civettawand, welche Leo Maduschka im September 1932 zum Verhängnis wurde, die Piz-Badile-Nordwand. Gipfel reiht sich an Gipfel. Schon locken die Eiswände der Westalpen. Im Inferno von Blitz, Donner und Sturmlawinen werden die Montblancberge erkämpft. Biwaks in 4000 Meter Höhe bereiten dem stahlhart trainierten Körper keine Schwierigkeiten mehr, Hunger, Durst und alle Unbilden erträgt er mit demselben fröhlich-stoischen Gleichmut wie die drei erschreckend bösen Nächte in der Eigernordwand.
Kurze Zeit nach seiner Heirat besucht er mich gemeinsam mit seiner Frau in Bozen. Er wirkt still und ausgeglichen, bittet mich um Rat. Es wird Zeit, daß er sich eine Existenz aufbaut, die ihm den Unterhalt einer Familie ermöglicht, sagt er. Sein Verdienst als Angestellter in einem Innsbrucker Speditionsgeschäft reicht trotz eiserner Sparsamkeit kaum zum Leben. Bergsteigen kostet Geld, bringt aber keines. Hunger hatte er bei Gott schon genug gelitten – was er suchte, war eine mit der Bergsteigerei verbundene Aufgabe als Berater in einem größeren Sporthaus. Da er in der Bergsteigerwelt schon recht bekannt war, glaubten wir, in München sofort eine geeignete Arbeitsbasis für ihn zu finden, wurden aber zu unserer

Enttäuschung überall bedauernd abgewiesen. Schließlich landeten wir beim guten alten Vater Schuster, den ich seit Jahren kannte. Wenn auch das Angebot, das er Buhl machte, bescheiden war, so war es doch recht erfreulich, weil es ihm die Möglichkeit gab, an jedem Wochenende und auch sonst seinen alpinen Plänen nachzugehen. Buhl schlug ein, nun hatte er in der Bergsteigerstadt München eine Lebensbasis gefunden, die ihm vorerst einmal die Sorgen um das tägliche Brot für seine kleine Familie erleichterte. Am 1. Dezember 1952 tritt er im Bergsteigerausrüstungshaus Gustav Schuster die neue Stelle an. Da und dort rüsten alpine Vereine bereits Expeditionen für die Achttausender aus. Dabeisein, das ist Hermann Buhls Wunschtraum. Er ist längst himalajareif.
Glücklich, an der Nanga-Parbat-Expedition Dr. Herrligkoffers von 1953 teilnehmen zu dürfen, durchsteigt er, um sich für das große Vorhaben zu prüfen, allein und ohne jemanden zu verständigen in einer gespenstischen Winternacht die tief verschneite 1800 Meter hohe Watzmann-Ostwand, die höchste der Alpen.
Das große Abenteuer am deutschen Schicksalsberg wartet auf ihn.
Im winzigen Sturmzelt des 7000 Meter hoch gelegenen Lagers V, knapp unter dem Silbersattel des Nanga Parbat, verabschiedet sich Hermann Buhl am 3. Juli um zwei Uhr morgens von seinem Freund Kempter und tritt in der sternklaren Nacht den Weg in die ungeheure Einsamkeit an: 1200 Höhenmeter und 6 Kilometer Luftlinie trennen ihn noch vom heiß ersehnten Ziel. Was Alleinsein heißt, wird er in den nächsten siebzehn Stunden erleben. 8125 Meter hoch ist der Gipfel, auf dem Hermann Buhl als erster Mensch nach einem legendären Alleingang ohnegleichen steht. Es ist ein grandioser Sieg für den einfachen Mann, der in dieser Stunde den Tiroler Wimpel und die pakistanische Flagge an seinen Pickel heftet. (Hermann Buhl selber hat in seinem Buch »Große Bergfahrten«, das in der Nymphenburger Verlagshandlung, München, erschien, über die dramatischen Stunden dieses Alleingangs berichtet.)
Rätselvoll wie Buhls Leben war auch sein Tod. Nach der Bezwingung des 8047 Meter hohen Broad Peak im Mai 1957 mit Markus Schmuck will er noch im Juni mit Kurt Diemberger, den Spuren des Herzogs der Abruzzen folgend, die 7650 Meter hohe Chogolisa »im Handstreich« erobern. Es wird Hermann Buhls letzte Bergfahrt. Bergsteiger wissen, wie trügerisch und unberechenbar Wächten sind, ähnliche Katastrophen hat es in der Geschichte des Alpinismus genug gegeben. Diemberger konnte nur noch eine Aufnahme des Wächtenabbruchs machen. Seine Rufe nach dem Freund verhallten ungehört in der drohenden Eiswüste. Nur die Spur, an der Hermann Buhls Leben endete, gab Antwort. Vielleicht war es ihm vorgezeichnet, vielleicht hat er geahnt, daß sein Dasein nur knapp bemessen war, und vielleicht hat er deshalb die Jahre, die ihm gegönnt waren, in so außergewöhnlicher Weise genützt, wer weiß es.
Wie oft wohl mag Hermann Buhl seine Augen zu den Sternen aufgehoben haben, hinter denen die Unendlichkeit liegt, in die er, kaum 35 Jahre alt,

an jenem 27. Juli 1957 eingegangen ist? Unsere Erinnerung an einen Mann, den die Götter liebten, wollen wir dankbar bewahren, denn er war die ideale Verkörperung eines großen Bergsteigers. Viele sind vor ihm gekommen, viele werden nach ihm kommen, doch Hermann Buhl wird immer ein Einmaliger, ein Einziger bleiben.

Bon dì, bon an!

Über den Wintern meiner Jugend lag, gleichgültig ob zarte Schneeflocken vom Himmel in das schlafende Tal niederschwebten oder ob die morgendliche Sonne Millionen glitzernde Kristalle über die verschneiten Wiesen hinstreute, ein Zauber ohnegleichen. Meine Gedanken richteten sich voll heimlicher Freude an die Heiligen Drei Könige, auf den Weihnachtsabend mit dem Jesukind und auf das folgende Neujahrsfest. An diesem ersten Tag des Jahres zogen wir, Buben und Mädeln, von Tür zu Tür und sangen:

Bon dì, bon an,
d'allieg r i san,
cun grazia i fortuna
bon temp dut el an.

Guten Morgen, gutes Jahr,
immer lustig und wohlauf,
voller Gnade und Glück,
und gut Wetter immerdar!

Wenn's noch so kalt war, wir sangen und sammelten die Nüsse und Äpfel, die man uns schenkte, und teilten redlich auch die Grobheiten, die man uns gelegentlich zurief. Der Boden knirschte unter den Füßen, die Bauern heizten ihre Stuben, und wer nicht hinaus mußte, blieb daheim. Hinaus mußten nur die Knechte in aller Herrgottsfrühe mit ihren Pferdeschlitten auf die Alm hinauf, um Heu zu holen. Vom Stubenfenster aus sah ich im Dämmerlicht des späten Nachmittags die Kette der Fuhrleute mit ihren Heuschlitten von der sagenhaften Seiseralm herunterkommen. Die Fuhrmänner wirkten mit ihren dicken Lodengamaschen, Joppen und Wollmützen in der klirrenden Kälte des Winters wie Goldsucher aus Alaska. Einmal, an einem Nachmittag, sah ich vom Fenster unserer Stube aus etwas ganz Neues, nie Dagewesenes: Drei vermummte Männer stapften drüben auf der Talseite, mit langen Stöcken bewaffnet, ohne Weg und Steig, mitten durch den tiefen Schnee einen steilen Hang hinauf. An den Füßen trugen die verwegenen Gestalten lange, vorne aufgebogene Bretter, mit denen sie kaum einsanken. Als die drei am oberen Ende des Hanges angekommen waren, blieben sie stehen und verschnauften, dann wendeten sie unter sichtlichen Mühen ihre merkwürdigen Holzlatten zur Talrichtung, berieten lange und zeigten hinunter zum Bach. Nun schob einer zögernd einen Fuß nach vorn, duckte sich, kam in Bewegung und huschte, den Stock als Bremse verwendend, lautlos wie ein Vogel den Hang bergab. Unten im Übergang warf er den Stock flink auf die andere Seite und zog, das rechte Knie beugend, einen eleganten Bogen durch den aufblitzenden Schneestaub, blieb stehen und winkte zu den beiden anderen hinauf, die sich jetzt ebenfalls anschickten, das große Wagnis zu riskieren.

»Du, Vater, was machen denn die da drüben?« fragte ich.

»Die tun skifahren«, sagte er und drückte seine Nase so gut an die Fensterscheibe wie ich.

Als wir am anderen Tag nach dem Hochamt vom Kirchplatz heimgingen, stand einer der drei mit seinen Bretteln auf der Wiese neben der Dorfstraße. Er stapfte ein Stück hinauf, verschnaufte, bereitete sich, fest in den Boden stampfend, auf die Abfahrt vor und machte, von den verwunderten Kirchgängern bestaunt, knapp vor dem Zaun, der uns von der Wiese trennte, einen weiten Bogen in den Schnee. Was er mit soviel Kunst und Kühnheit ausführte, nannte man, wie ich bald erfuhr, einen Telemarkschwung. Kein Wunder also, daß dieser merkwürdige Mann, es war ein Hafnergesell aus Bayern, unser Bubenidol wurde.

Bald schon banden sich der Spenglerferdinand, der Meyerpeppele, andere Buben und auch ich Faßdauben an die Füße. Der Hafnergesell Benjamin Posch blieb unser Vorbild. In jener Zeit, es war etwa um 1906, gab es im Tal für einen Hafnergesell allerhand zu tun, denn man wußte noch nichts von Zentralheizungen, Waschmaschinen, elektrischen Herden und dergleichen, und das war für den Ofensetzer Benjamin Posch aus Augsburg gerade recht. Außer einem goldigen Gemüt und einem lehmverschmierten Schnürlsamtgewand besaß der gute Handwerksbursche nichts, keinen roten Heller, aber wenn er auch arm war, er brachte ein Paar richtige Skier, und das zählte für ein Vermögen! Wir übten gemeinsam den Telemark- und Christianiaschwung, und schon nach kurzer Zeit wurden wir Freunde, und eines Morgens stand der Benjamin Posch unter meinem Kammerfenster.

»Luis, magst mitkommen heut auf die Seisersalm auffi?«

»Nichts lieber als das!«

Nach einigen Stunden Anstieg über Waldschneisen und durch die Schlucht des Jenderbaches legten unsere Bretteln hoch über dem Tal ihre Spuren in den unberührten Schnee. Nie vorher hatte ich unsere Seiseralm im blendenden Licht ihres Winterkleides gesehen, noch nie die strahlende Wärme der Märzsonne so unmittelbar empfunden, noch nie das harmonische Auf und Ab dieses idealen Skiparadieses gesehen und noch nie vorher die weihevolle, feierliche Stille dieser Winterwelt erlebt. Die Augen meines Freundes leuchteten, er staunte und schaute nach Osten, wo die Türme und Wände des Langkofels in den blauen Dolomitenhimmel schimmerten, nach Norden zu den Schneefeldern der Seceda und den Gipfeln der Geislertürme, nach Süden zu den Zacken des Rosengartens, die im Westen

von der Felsbastion des Schlernmassivs abgelöst wurden. Über allem stand die Sonne, ihr Glanz war so unbeschreiblich wie die unendliche Stille, die uns zwei einsame Menschen umfing. Kein Gasthof, keine Wirtschaft um und um, kein Mensch, nur die zarten Linien zweier Heuwege verrieten, daß es Menschen gab.
Erst als sich die Sonne zu neigen begann, entschlossen wir uns zur Abfahrt ins Tal. Durch tiefen Schnee ging es den Wald hinunter, dann durch Hohlwege und Schluchten in das freie, abendliche Tal hinaus, und im Einschlafen noch träumte ich vom Winterwunder der Seiseralm. Wenn die Menschen nur wüßten, wie schön es dort oben ist, sagte ich mir immer wieder, doch es dauerte nicht lange, und bald begegneten wir auf unseren Touren anderen Skiläufern. Zögernd, aber merklich nahm ihre Zahl zu, und im darauffolgenden Winter wurde der Skiklub Ladinia ins Leben gerufen, und schon gehörten die Seiseralmabfahrten vom Goldknopf, von der Zallingerschwaige, vom Puflatsch und vom Monte Piz zu unseren Standardstrecken. Wir wußten noch nichts vom Gegenhüftendreh, von Eiform und Gegenschulterschwung, von Rotation und Fersenschub, von Pisten, Stahlkanten, Sicherheitsbindungen, Metallskiern, von Kofixbelag, Whisky und Après-ski, wir wußten nur, daß das Skifahren eine einzige Freude und der Schnee ein köstliches Geschenk des Himmels war.
Im Winter 1908 wurde der erste Abfahrtslauf in Gröden ausgetragen. Zum Start am Secedahang oberhalb des Kukasattels hatten sich vierzehn Konkurrenten, fast alles Bergführer, gemeldet. Ich war der jüngste und schmalste, ganze siebzehn Jahre alt, der Amadeus Senoner aus Wolkenstein der stärkste, der Schmalzl-Ludwig aus St. Ulrich der beste. Drei Stunden lang waren wir aufgestiegen, und oben am Joch, wo die großen Hänge nach St. Christina abfallen, warf uns ein scharfer Wind die kalten Eisnadeln um die Nasen. Ich stand ganz links in der Reihe, rechts von mir der Hafnergesell Benjamin, daneben, der Reihe nach, die Bergführer, lauter feste, klobige Gestalten im lodenen Wintergewand, den großen Stock in der Faust. Ich war auf und auf voller Angst und Startfieber. Der Rennleiter hob seinen Stock und rief: »Aufpassen! Ziel ist die Wiese oberhalb vom Dosseswirt in St. Christina! Eins – zwei – drei – looos!« Alle vierzehn zischten durch den flockigen Pulverschnee in den Steilhang. Der Wind trieb mir die schaufelvollen Schneewolken der Vorherfahrenden ins Gesicht, ich sah nichts als Schnee und hörte nur die Stimme von Benjamin, der mir zuschrie: »Laß es laufen, Luis, laß es rauschen . . .!« Dann lag er schon im Loch, und ich hab' ihn erst abends bei der Preisverteilung wiedergesehen. Gewonnen hatte den für damalige Verhältnisse schweren Abfahrtslauf der Ludwig Schmalzl, zweiter wurde der bärenstarke Wolkensteiner Bergführer Senoner, dritter wurde, trotz aller Angst, ich.
Schon im folgenden Winter, also um 1910, waren zur Weihnachtszeit die ersten Wintergäste im »Schwarzen Adler« und in der »Post« eingetroffen, und ich wurde zum offiziellen Skilehrer der beiden Gasthöfe ernannt, gegen freie Verpflegung, versteht sich, und eventuelle Trinkgelder. Zwei

pfeifenrauchende Engländer mit richtigen Skischuhen, ein Herr Ullstein aus Berlin, die Schriftstellerin Clara Viebig, der weltbekannte Geigenvirtuose Burmester, ein ungarischer Minister, in dessen schöne Frau ich mich verliebte, sowie ein Dr. Thiele aus Bremen waren meine ersten Skischüler, lauter Persönlichkeiten, von deren Prominenz ich nicht die leiseste Ahnung hatte. Als der freundliche Minister mit Frau und Kind plötzlich und ohne daß ich mich hatte verabschieden können, abreiste, war ich ganz traurig. Enttäuscht öffnete ich den Briefumschlag, den er mir hinterlassen hatte, und erblaßte fast vor Schreck: Fielen mir da fünf Einhundertkronenscheine in die Hände! Ja, so etwas gab es!

Nach den Weihnachtstagen reiste alles ab, nur Dr. Thiele blieb. Mit ihm zog ich kreuz und quer über die Raschötz, zur Seceda, zum Grödner Joch, nach Corvara, rund um die Sella, rund um den Langkofel. Primitive Übernachtungsmöglichkeiten gab es nur in den Ortschaften, aber nichts dergleichen in den Höhen. Selten nur begegneten wir Menschen. Am Grödner Joch, wo die Wirte des Tales ein kleines Hospiz errichtet hatten, sahen wir Bauern, die von Colfuschg heraufkamen, knietief im Schnee watend. Vor dem Kreuz am Paß beteten sie ein Vaterunser als Dank und Bitte für den weiteren Weg. Marteln zeugen heute noch von Schneestürmen und Lawinenstürzen, in denen einsame Wanderer zugrunde gegangen sind. Besonders hochgelegene Höfe waren in jener Zeit den Winter über von ihren Gemeinden völlig abgeschlossen, ihre Bewohner gelangten nur über beschwerliche Fußsteige ins Tal.

Die ganz große Wende trat eigentlich erst nach dem Zweiten Weltkrieg ein. Immer mehr Menschen kamen aus den großen Städten, sie kamen mit Schlitten, Skiern und Rodeln, alt und jung, aus allen Ländern, der Adlerwirt baute auf und baute um, der Postwirt folgte, neue Hotels mit allem Drum und Dran entstanden überall, das Sellajochhaus blieb den Winter über bewirtet, die Seilbahn auf die Seiseralm erhielt größere Kabinen, die Joch-Straßen wurden offengehalten, man brauchte nicht mehr stundenlang aufzusteigen, ein Sessellift zur herrlichen Aussicht der Raschötz folgte und als Krönung schließlich eine Seilbahn auf die Seceda mit Abfahrtsmöglichkeiten par excellence zum gastlichen Dosseswirt von St. Christina.

Das Skiparadies der Dolomiten ist heute zwar für alle zünftigen Wedler erschlossen, zugleich aber durch systemloses Darauflosbauen von Seilstützen, Liften, Drähten, Kabeln, Dieselmotorstationen und Elektromasten landschaftlich schon so sehr zerstört, daß einem das Herz weh tut, wenn man an frühere Zeiten denkt. War früher das Sellajochgebiet ein wahrhaftes Paradies, so ist es heute ein Skilunapark geworden. Den herrlichen Seceda-Almen erging es nicht anders, vom Grödner Joch ganz zu schweigen.

Dies alles wäre vermeidbar gewesen, wenn der Club alpino und die berufenen Ämter der Region von ihrer Kompetenz zum Schutze der Landschaft entsprechenden Gebrauch gemacht hätten ...

Was bisher versäumt wurde, ist kaum mehr gutzumachen. Mit dem enormen Fortschritt der technischen Entwicklung geht leider, wie das Böse hinter dem Guten, die Zerstörung jener Landschaften Hand in Hand, die bisher vom Einbruch des Betons, Lärms und Benzins verschont geblieben sind. So wie die tapferen Sextener ihr Tal vor der Zerstörung durch eine Autobahn bewahrten, so sollten die Behörden endlich die Rechte der Bewohner der gefährdeten Talschaften verteidigen. Die Bewohner Sextens haben um Hilfe gerufen. Von allen Seiten, von deutschen, österreichischen und italienischen Freunden und aus allen Bevölkerungsschichten, hat es Protestbriefe gegen die Zerstörung der Landschaft geregnet – und dieser tausendfache Protest wurde gehört und hat Erfolg gehabt. Auf Seite 334 erzähle ich mehr davon.

Anekdotisches

Unser Katechet *fragte während der Religionsstunde einen von unseren Erstkläßlern, den Noflaner Hansele: »Nun, Hansele, sag einmal, wer hat denn unsere Berge so schön gemacht?«*
Die Eltern des Hansele waren erst vor kurzem aus dem Villnössertal nach Gröden übersiedelt, und der Hansele kannte sich in unserer Gegend noch nicht richtig aus. Das ließ dem Steiner Wastl keine Ruhe. Er hob den Zeigefinger.
»Herr Katechet«, sagte er, »das kann der Hansele noch nicht wissen, der ist ja erst seit drei Wochen bei uns.«

Auf einem Flug von München *nach Wien wurde ich vom Flugkapitän eingeladen, in seine Kanzel zu kommen. Ich folgte der Aufforderung und ließ mir vom Piloten und Funker das eine und andere erklären. Das Wetter war sehr böig. Die zweimotorige Viscount schwankte gewaltig und beutelte die Passagiere kräftig durcheinander.*
Als wir am Schwechater Flughafen gelandet waren und wieder sicheren Boden unter den Füßen hatten, schüttelte ein Passagier unwillig den Kopf, als er mich aussteigen sah: »Das war nichts, Herr Trenker, das Steuern von Flugzeugen sollten Sie in Hinkunft lieber bleiben lassen!«

Einem Sarner Bauern, *der während des Ersten Weltkrieges in meiner Bergführer-Kompanie gedient hatte, fragte ich, als ich ihm 1920 in seinem Heimatdorf Durnholz begegnete, was er vom Ausgang des Weltkrieges halte.*
»Weißt«, sagte er, »daß mir Südtiroler den Krieg gewinnen werden, davon bin ich alleweil überzeugt gewesen. Aber daß mir glei dös ganze Italien erobern würden, dös hätt i mir nie gedacht.«

Die verdienstvolle Frau Ladurner *in Dorf Tirol bei Meran wurde anläßlich ihres neunzigsten Geburtstages Ehrenbürgerin und durfte auf Kosten der Gemeinde eine Reise nach Deutschland machen. Sie kam auch nach Bonn und sah Adenauer. Heimgekehrt, fragte sie der Bürgermeister, wie ihr denn die hohen Herren in Bonn gefallen hätten.*
»Oh, recht gut«, sagte sie, »bloß alt ist er halt geworden, der Hitler, recht alt!«

Die Front
in Fels und Eis

Ein schicksalhafter Traum

1914. Krieg – jäh herausgerissen aus dem sommerlichen Frieden der Heimat. Krieg, denke ich – wie ist das eigentlich? Aus Büchern und von Bildern her wissen wir, wie das ist. Aber man kann diese Vorstellungen nicht in die Wirklichkeit umsetzen. Fast ein halbes Jahrhundert hatte es in Österreich keinen Krieg mehr gegeben; im Dorf lebten ein paar alte, weißhaarige, medaillengeschmückte Veteranen, die waren 1866 noch dabei. Doch wie ferne ist das!

Vor dem Gemeindeamt stehen Männer in Festtagskleidung und lesen immer wieder den Mobilisierungsbefehl. Von allen Seiten wird gerufen, daß wir morgen ausziehen werden. Kinder sind da, sie stehen zwischen den Erwachsenen herum, ohne etwas von der allgemeinen Aufregung zu begreifen; aber die Frauen sind wie verschwunden. Sie sind es, die es am ärgsten trifft, sie haben sich noch nicht gefaßt; sie packen daheim in den Stuben und Kammern die Rucksäcke und Koffer ihrer Männer und weinen die ersten heimlichen Tränen.

Ich sehe meiner Mutter zu, wie sie Wäsche zusammenrichtet, und ich gäbe etwas darum, wenn mir jetzt ein befreiendes Wort einfiele. Aber es bleibt mir nichts, als über Nächstliegendes und Nichtiges zu sprechen, um nicht plötzlich aus der Rolle des Gefaßten zu fallen. Die stumme Zwiesprache zwischen Mutter und Sohn, dieses vorsichtige Nicht-am-Innersten-Rühren, ist schwer genug. Es ist mir, als ob ich wieder ganz allein wäre und krank und noch nicht sprechen könnte und als ob dennoch Namenloses zwischen uns hin- und herginge.

Als es zu dämmern beginnt, halte ich es nicht mehr aus. Eine Unrast packt mich, ich muß zu denen, die das kommende Schicksal mit mir teilen werden. Ich gehe nochmals ins Dorf, ohne recht zu wissen, was ich dort suche, und mit dem bangen Gefühl, die letzten Stunden daheim ganz ungerechtfertigt zu verkürzen. Aber ich bin nicht allein. Viele von denen, die morgen fort müssen, treibt es genauso wie mich herum, und sie sind alle ernst und still. Es ist ein großes Abschiednehmen untereinander, denn morgen sind wir Soldaten, da wird alles anders sein.

Früh am Morgen stehen wir noch einmal vor der alten Barockkirche, deren Stufen ich schon als Kind, auf allen vieren, erstiegen habe. Wir stehen da mit Rucksäcken, Köfferchen und Bündeln, vierhundert Mann. Und rings um uns herum Mütter, Väter, Frauen, Kinder.

Drinnen spielt die Orgel, Kinderstimmen singen, und die Berge in der Runde schauen schweigend auf uns nieder. Hell glänzt die Morgensonne, die Turmspitze funkelt, die Fenster blinken. Und doch rollt der dunkle Schleier nieder, der uns das alles rauben wird, immer dichter, immer dichter . . .

Der Pfarrer erscheint mit der Monstranz in der Kirchentür, seine weißen Haare glänzen wie Silber. Wir knien nieder, und er segnet uns.

Dann marschieren wir, umdrängt von den winkenden, rufenden, Tücher

schwenkenden Daheimbleibenden, den Mädchen, den alten Leuten. An unserer Spitze ist der unverwüstlich lustige Mondscheinwirt, einen roten Regenschirm wie einen Tambourstock schwingend, und kommandierend, ganz so, als sei er der Herr Oberst in Person. Und gejuchzt und gesungen und geschrien wird, daß man den Radetzkymarsch kaum hört, den einer aus seiner Ziehharmonika zerrt.
Neben mir geht der Stuflesser Johann. Noch heute höre ich seine Stimme: »Keiner von uns, die wir da heut ausmarschieren«, sagte er leise zu mir, »keiner wird wiederkommen. Die Russen, na ja – aber merk dir, Luis, die Engländer, die verrechnen sich nicht.«
Ich war betroffen. Aber ich glaubte ihm nicht, weil ich den Stuflesser als Schwarzseher kannte. Er hatte sich nie auf einen Berg gewagt. Doch war er zehn Jahre älter als ich und weit in der Welt herumgekommen. Er kannte England, Süd- und Nordamerika. Ich war über Innsbruck und Graz noch nicht hinausgelangt. Was der Johann Stuflesser daherredete, das glaubte ich nicht, obwohl ich fühlte, daß wir einem großen Abenteuer, wahrscheinlich dem letzten in unserem Leben, entgegengingen.
Als Student der Technischen Hochschule in Graz war ich schon vor zwei Jahren ausgemustert und nicht einer alpinen Truppe, sondern einem Festungsartillerieregiment zugewiesen worden. Schuld daran war ein Traum, den ich als Neunzehnjähriger hatte. Da befand ich mich irgendwo in Russisch-Polen mitten unter Tiroler Kaiserjägern in einer Schwarmlinie. Wir stürmten im schweren Infanteriefeuer einen steilen, mit Herbstlaub übersäten Hügel hinauf. Auf, nieder, vorwärts, auf . . . Maschinengewehrgarben schlugen serienweise in unsere Reihen, plötzlich traf mich eine Kugelserie, Blut erstickte meinen Atem, floß aus meinem Mund und färbte das Laub. Die Lunge war zerschossen, ich bekam keine Luft mehr, und im Sterben erwachte ich gerade noch, bevor ich tot war. Dieser Traum ging mir nicht mehr aus dem Kopf. Als ich gefragt wurde, welcher Waffengattung ich zugeteilt werden möchte, bat ich, um die Last des Traumes loszuwerden, um Einstellung in die schwere Artillerie. Von meinem Traum habe ich niemandem, nicht einmal meinen Eltern, etwas erzählt.
Meine Freunde und Kameraden rückten also, wie es in Tirol seit alters her Brauch war, zu den Kaiserjägern ein. Von ihnen sind, wie es der Stuflesser prophezeit hatte, die meisten in den galizischen Massenschlachten gefallen. Doch auch uns, den Kanonieren des k.u.k. schweren Artillerieregimentes Nr. 6, blieb Galizien nicht erspart. Wir wurden eines Tages aus Festungsartilleristen kurzerhand in Infanteristen verwandelt und nach flüchtiger Gefechtsausbildung an die Front geworfen. In der Gegend von Lublin kamen wir zum erstenmal ins Gefecht. Trompetensignale, Bajonett auf, in Schwarmlinie ausschwärmen und zum Angriff vorkriechen, alles nach der alten Schule. Dann hieß es wieder zurück. Bis dicht an die Außenwerke der Festung Krakau wogten die erdbraunen Massen der Russen, dann endlich, in letzter Stunde, geschah das Wunder: Sie kamen zum Stehen, wurden bei Limanowa-Lapanow geschlagen und fluteten

wieder zurück. Mein Bataillon kam nach Krakau, wo es neu aufgefüllt und ausgerüstet werden sollte.

Krank und schwach schleppte ich mich durch die Wochen, die Marodenvisite verlief jeden Tag gleich hoffnungslos. Geschoren, grün und gelb im Gesicht, kroch ich, von einer schweren Gelbsucht befallen, vom zugigen Marodenzimmer in den Hof hinaus zu einer allen hygienischen Begriffen spottenden stinkenden Latrine, dann wieder zurück auf mein Strohlager im Erdgeschoß einer verfallenen Mühle, die uns als Unterkunft diente. Nur meiner durch und durch gesunden Grundkonstitution verdanke ich die langsam eintretende Erholung und schließliche Heilung. Man rückte wieder jeden Tag früh aus und kam müde in die Mühle zurück, und sehnsuchtsvoll blickte ich dann, allein auf meinem Strohsack sitzend, durch die fensterlosen Maueröffnungen der in roten Schleiern über dem breiten Weichselstrom niedergehenden Sonne nach.

Da trat im Dezember jenes Jahres 1914 eine für mich entscheidende Wendung ein, als unser Oberst vor dem vollzähligen Bataillon den Tagesbefehl verlas:

»Die Einjährig-Freiwilligen-Abteilung des sechsten Bataillons geht morgen früh mit Sondertransport nach Südtirol ab.«

»Südtirol?« Ich glaubte nicht recht zu hören.

»Es sind dies die Einjährig-Freiwilligen . . .« Und nun folgten die Namen aller meiner einundzwanzig Kameraden. Aber da war schon der Weinzierl dran. Warum hat der Oberst meinen Namen nicht genannt? Ausgerechnet ich, der einzige Südtiroler im Bataillon, soll nicht mit? Mir fiel vor Schreck das Herz in die Hose. Ich konnte mir nicht erklären, warum ausgerechnet ich in Galizien bleiben sollte. Gewiß hatte man mich vergessen, ich würde mich gleich nachher beim Kommandanten melden!

Der Oberst fuhr indessen fort: »Die Reiseroute geht über Wien und Innsbruck nach Trient, wo sich der Transportleiter nach Eintreffen sofort bei der Stadtkommandantur meldet, um weitere Befehle entgegenzunehmen.« Der Oberst wendete das Blatt; nach kurzer Pause las er weiter: »Das Kommando über den Transport übernimmt der Einjährig-Freiwillige Kanonier Luis Trenker, der sich sofort in der Bataillonskanzlei die näheren Weisungen zu holen hat.«

Mir war, als habe sich plötzlich ein strahlender Himmel aufgetan, wo eben zuvor noch alles grau verhangen war. Nach Südtirol! In die Heimat!

Am nächsten Tag saßen wir im Zug Krakau–Wien.

In den Bergen war ja Friede. Italien, unser Nachbar, hatte sich bisher neutral verhalten. Es gingen zwar vage Gerüchte um, Italien würde entgegen seiner im Dreibundvertrag beschworenen Bündnispflicht gegen Österreich in den Krieg ziehen. Doch selbst wenn es auf den Bergen Tirols zum

oben: Rosenlaui mit Wetterhorn (Berner Oberland)
unten: Morgenlicht am Mont Blanc

Kampfe kommen würde, dachten wir, ärger als das, was wir in Galizien erlebt hatten, konnte es in Tirol auch nicht werden. Ja, bei einem Krieg in den Bergen, auf den Gipfeln, kam es vor allem auf alpine Erfahrung, auf Bergtüchtigkeit, an. Dieser Gedanke hatte für mich geradezu etwas Verlockendes.

Doch ich, inzwischen zum »Titular-Vormeister« ernannt, vergaß, daß ich nicht Kaiserjäger, sondern Festungsartillerist war. Noch ahnte keiner von uns, was uns in den Bergen Tirols bevorstand – zum Glück; denn was auf uns zukam, war genau das Gegenteil von dem, was wir uns als Kampf auf den Gipfeln vorgestellt hatten.

Wir kamen nach Trient und stiegen auf die weite, gebirgige Hochfläche der Sieben Gemeinden von Lafraun und Vielgereuth hinauf, die bereits tief verschneit war. Um einen Einfall und Durchbruch in das Etschtal zu verhindern, hatte man bereits Jahre vorher auf dieser Hochfläche sieben moderne Sperrforts geschaffen: Serrada, Sommo, San Sebastiano, Gschwendt, Lusern, Verle und Cima. Daß neben italienischen Ortsnamen auch deutsche Bezeichnungen verwendet wurden, geschah, weil einzelne Ortschaften der Sieben Gemeinden noch deutsch besiedelt waren.

Diese Sperrforts, denen die starken, höher gelegenen italienischen Forts Verena und Campolongo gegenüberlagen, waren bis ins kleinste durchdacht und gegen die schwersten damals bekannten Geschütze gebaut. Vor Nahangriffen schützte gegen die Grenze zu ein breiter, tiefer, in den Felsen gesprengter Frontgraben; dahinter war eine viergeschützige Haubitzenbatterie unter starken Stahlpanzerkuppeln eingebaut, die durch einen bombensicheren Gang, die sogenannte Poterne, mit den Unterkunftsräumen, den sogenannten Kasemattblocks, verbunden war; alles war unter einer vier bis fünf Meter dicken Betonschicht in den Bodenfels verankert.

Verle war also wie die Nachbarforts mit den modernsten Hilfsmitteln ausgestattet: elektrische Kraftanlage, Scheinwerfer, Signalstationen, drehbare Panzertürme von gewaltiger Stärke; sogar eine Gruft mit verschraubbaren Metallsärgen war vorgesehen. Man kann sagen, daß es sich darin unter normalen Verhältnissen bequem leben und ruhig sterben ließ . . .

In Chiesa di Lavarone, zwei Gehstunden etwa von den Forts entfernt, befand sich die Offiziersschule, in welcher wir Artillerieunterricht erhielten und zu Reserveoffizieren ausgebildet wurden. Die freien Stunden nützte ich, um Kameraden und Offiziere, soweit sie Lust hatten, im Skilauf zu unterrichten, was mir den Groll unseres zukünftigen Werkkommandanten Gimpelmann einbrachte, der jede sportliche Betätigung haßte und das freie Lachen auf den sonnigen Übungswiesen erst recht. Nach bestandener Prüfung wurden wir auf die einzelnen Sperrforts verteilt. Ich kam mit drei

oben: Als »Verlorener Sohn« in New York
unten: Als Regisseur des Films »Der verlorene Sohn« in Tirol

anderen Kameraden nach Verle. Der Dienst im feuchten, lichtlosen Betonkoffer war hart, das Essen miserabel. Meine schlecht ausgeheilte Gelbsucht brach wieder aus, und ich kam hundeelend nach Bozen in ein Lazarett. Zufällig war es im selben Gebäude, in dem ich zur Schule gegangen war. Als mich die Mutter nach so vielen Monaten zum erstenmal wiedersah, weinte sie ein paar leise Tränen, als ich plötzlich in der Tür vor ihr stand. Nach der Entlassung aus dem Spital bekam ich eine Woche Erholungsurlaub, den ich sogleich, es war inzwischen Februar geworden, zum Skilauf ausnützte. Allein stieg ich hinauf in die winterlichen Heimatberge und freute mich der Sonne und der Freiheit. Dann rückte ich wieder zu meinen Kameraden auf Fort Verle ein.
Im Laufe des Frühjahrs verdichteten sich die Gerüchte, daß es mit Italien doch zum Krieg kommen werde. Wir errichteten also im Vorfeld Befestigungen und Drahtverhaue, legten Bäume um und bauten zwischen den weit auseinanderliegenden Panzerwerken Stützpunkte aus. Wer diese Stellungen verteidigen sollte, war uns weniger klar, denn mit den paar in Serbien bereits abgekämpften Kompanien Tiroler Landsturm und einigen Standschützenkompanien aus den Dörfern der Umgebung war die Front hier nicht zu halten.
Wie das hier werden sollte, wenn es wirklich zum Krieg kam? Aber mußte es denn überhaupt dazu kommen? Saßen drüben im Gasthof Vezzena nicht noch immer die italienischen Finanzwächter, mit denen man ganz freundschaftlich plaudern konnte? An einem Sonntagabend im Mai 1915 saßen wir im Albergo Canin drüben in Chiesa. Die Tochter des Wirtes – Noemi hieß sie, ein eigenartiger Name, so eigenartig wie das Mädchen selbst – füllte uns den schweren, herben Rotwein in die Gläser. Ich blickte immer wieder Noemi an, die mich an das Mädchen aus der Goethestraße in Bozen erinnerte. Sie war schön wie eine Madonna. Ihre großen, müden Augen hielten mich fest, ich hätte sie stundenlang anschauen können. Ihr Gesicht war von edelster Vollkommenheit, die Haut matt und rein wie Elfenbein. Wenn sie das Glas an die Lippen führte, tat sie es mit ihrer langen, schmalen Hand, die zu streicheln höchste Seligkeit sein müßte.
Es war das erstemal in meinem Leben, daß mir solche Gefühle kamen. Vielleicht war es nur so, weil ich ahnte, daß in wenigen Tagen das Leben höchst fragwürdig werden würde.
Als ich abends in das Sperrfort zurückkam, war ein Brief von der Mutter da. Sie teilte mir mit, daß auch der Vater bei den Grödner Standschützen eingerückt sei und daß sie nun mit den übrigen Kindern allein wäre. Sie sagte nichts von der Sorge um mich, aber zwischen den Zeilen war doch ihre heimliche Angst zu lesen. Sie schrieb noch, daß sie Gott danke, mich wenigstens in Tirol zu wissen, daß sie mir einen guten Speck schicken werde und daß der neue Wollspenzer bald fertig sei. Zum Schluß erinnerte sie mich daran, nur ja den lieben Gott nicht zu vergessen. Beten brauchte ich nicht, meinte sie, dazu hätten Soldaten sicherlich keine Ruhe und Zeit, aber sie würde für mich beten, damit ich alle Gefahren gut überstehe.

Es mochte eine Woche verstrichen sein, als vom Kasemattenblock her die Alarmglocke schrillte.
»Alarm!« brüllte eine Stimme durchs Sprachrohr aus dem vorderen Panzerstand. »Alarm!« schallte es aus dem Kehlkoffer gegen die Straßensperre.
Wir stürzten in den Kasemattengang hinunter, traten in zwei langen Reihen an. Eine beklemmende Stille herrschte in dem düsteren, von wenigen Kohlenfadenlampen erhellten Raum.
Oberleutnant Gimpelmann, unser Werkkommandant, hielt einen Zettel in der Hand.
Krieg, dachte ich, der Wisch dort, das ist gewiß die Kriegserklärung Italiens; und es war ganz so, wie ich mir das immer vorgestellt hatte: Erst wird alles verlesen, und dann geht's los. Und als er uns aufforderte, ein dreifaches Hurra auf den Kaiser auszubringen, da klang unser »Hurra« nur dünn und heiser. Wir waren zu sehr erschüttert, um in diesem Augenblick schreien zu können.
Und dann, nach einer bitteren Nacht im Vorfeld, wuchteten die schweren, dumpfen Geschützeinschläge gegen das Fort, denen ein langgezogenes Echo folgte.

Tod eines Freundes

So interessant und lehrreich es für mich war, mit Kletterern vom Range eines Hans Dülfer am Seil zu gehen – am schönsten war es doch, mit Hans Pescosta zu klettern. Wir hatten uns in den drei Sommern, die wir miteinander kletterten, völlig aufeinander eingespielt. Niemals später habe ich einen Seilkameraden gefunden, der so wie Hans Pescosta auf mich eingehen konnte, ja, der gewissermaßen mein zweites Ich wurde. Und das Wunderbare dabei: daß Hans das gleiche Gefühl mir gegenüber besaß. Ohne ein Wort, ohne ein Zeichen handelten wir aus dem gleichen Instinkt. Ich wußte immer genau, was Hans jetzt tun würde, er wußte das gleiche von mir.
Ausgesetzte Wandstellen, schwierige Traversierungen, heikle Passagen waren seine Sache, während mir nasse Kamine, ausgesetzte Risse und vor allem schwierige Überhänge besser lagen als ihm. Mit vielen Menschen bin ich in den Bergen am Seil gegangen – aber nur mit einem einzigen habe ich das Glück einer wirklich idealen Seilschaft erlebt, mit meinem Freund Hans Pescosta.
Redlich haben wir immer alles miteinander geteilt, den letzten Rest Brot in der Marmolatasüdwand, die letzte Zigarette auf den Vajolettürmen, ja, was gewiß ungewöhnlich ist, eines Tages sogar im »Gasthof zur Traube« den Verdienst eines ganzen Sommers. Noch sehe ich ihn vor mir, wie er in den glatt abprallenden Wänden des Murfreitturmes himmelhoch an winzigen Griffen hängt, wie er im Staub des Felsbruchs der Fünffinger-

spitze vor meinen Augen verschwindet, als wir glaubten, der Berg stürze ein, sehe ihn noch im Irrlicht des Nebels an der Grohmannsüdwand, im eisigen Schneesturm am Dent di Mesdi. Doch am deutlichsten sehe ich ihn vor mir, als wir uns in der Nordostwand des Langkofels schauderhaft verstiegen hatten. Da sprang Hans ohne sichtbaren Grund, angetrieben nur von seiner unbändigen Freude am Leben, am Jungsein, mitten in dem Gewirr der Türme und Grate rings um uns auf eine vorspringende Felskanzel hinaus, die unmittelbar in die Tiefe niederbrach. Weit unten, lächerlich klein und gering, lag das Tal, das Dorf. Da stand er draußen, frei über dem Abgrund, nur den Himmel über sich, und hielt den Menschen unserer Zeit eine Strafpredigt. Noch klingen mir seine Worte hell im Ohr nach:

»Ihr Spießer da unten, ihr bequemen Fresser, steigt herauf zu uns! Hört ihr, kommt zu uns herauf, ihr alle mit eurem Dünkel, mit eurem Hochmut, mit eurer Verlogenheit, mit eurem eingebildeten Reichtum, kommt herauf zu uns, ihr alle, die ihr uns arme Burschen verlacht! Ich will euch zeigen, wie arm ihr in Wirklichkeit seid, wie reich und frei wir sind, wir da heroben zwischen Himmel und Erde ...«

Und kaum ein Jahr später, am 15. Mai 1915, wenige Tage nach der Kriegserklärung Italiens an Österreich, lag ich in einer weit vorgeschobenen Feldwachstellung an der Tiroler Südfront. Leichter Regen fiel in der unheimlichen Nacht, über unsere Köpfe hinweg heulten die schweren italienischen Granaten. Ich hatte mir einige Zeitungen, die zufällig bei der eingelaufenen Post lagen, mitgenommen. Unter der Zeltplane packte ich eine aus, es waren die »Münchener Neuesten Nachrichten«, und begann im Kerzenlicht zu lesen:

»Wie ein Tiroler Held fiel und wie er begraben wurde.« Phrasen eines Zeitungsschreibers, dachte ich mir und las doch weiter, las von einem kühnen Angriff, von der Befreiung eigener Kameraden, von der schweren Verwundung eines Fähnrichs, der die Truppe erfolgreich angeführt hatte und auf dem Sterbebett mit der goldenen Tapferkeitsmedaille ausgezeichnet wurde.

»Bei dem Kaiserjägeroffizier, der durch sein unerschrockenes Verhalten das Leben vieler Kameraden gerettet hat, handelt es sich um den Sohn eines Bergführers aus Gröden, den Fähnrich Hans Pescosta.«

Die Nachricht, die mich so unerwartet traf, war furchtbar. Mein bester Freund war tot. Ich kramte aus meiner Brieftasche seine letzte Nachricht hervor, die er mir kurz vorher aus Russisch-Polen geschickt hatte: »Hier geht es sehr lebhaft zu, ich fürchte mich vor gar nichts mehr.« Immer wieder las ich seine Zeilen, aber es war nicht mehr zu ändern: Ich wußte, ich würde Hans nie mehr sehen.

Meine Tränen galten ihm und einem der schönsten Abschnitte meines Lebens. Für mich hatte die Welt von dieser Stunde an ein anderes Gesicht bekommen.

Die stummen Reiter

Wir lagen auf der Hochebene von Asiago, die sich zwischen Trient und Vicenza, von hohen Bergen umrandet, hinzieht. Wenn es regnete, fühlte ich mich in der kleinen Bretterhütte in der Waldlichtung des Costalta-Rückens am wohligsten. Es wurde wenig geschossen, und die ewige Spannung in Erwartung bevorstehender Ereignisse ließ im Nebel und Regen von selbst nach.

Ich war als Ordonnanzfähnrich dem Bataillonskommandanten zugeteilt worden. Die vorderste Grabenstellung lag fünfzehn Minuten Gehzeit vor uns, es war der »Basson«. Fast ständig lag er unter schwerem Artilleriefeuer, er ragte wie ein zum Sprung niedergekauerter Panther weit ins Feld vor und war den Italienern naturgemäß ein schweres und gefürchtetes Hindernis.

Oberleutnant Godowsky und ich bewohnten dort draußen ein Erdloch, das weder bombensicher noch wohnlich war. Ein Laufgraben führte zurück bis an den Wald und dann als ausgetretener Steig weiter zu einer kleinen Lichtung. Dort befand sich die Bretterbaracke meines Unterabschnittskommandanten. Daneben das Grab eines Pioniers. Er hieß Reber und war aus dem Egerland. Pionier Reber blieb in seinem Waldfriedhof nicht lange allein; täglich kamen Gefallene aus dem Basson und den zwei Nachbarstützpunkten. Aus der zufällig ausgewählten Stätte für Rebers Grab wurde in kurzer Zeit ein großer Friedhof.

Am 13. August 1915, jenes in jeder Hinsicht so heißen Sommers, setzt plötzlich überall und unerwartet ein Höllenfeuer ein. Salve um Salve schlägt in unsere Gräben. Bald ist alles in schwefeligen Rauch gehüllt, stündlich gibt es Tote, Verletzte, Zerschlagene und Verblutende. Es ist schauderhaft. Wir haben zahlenmäßig sehr schwache Besatzungen.

Das irrsinnige Feuer dauert sieben Tage und Nächte. Unsere Herzen sind voll Verbitterung und Not. Drückende Beklemmung lastet über uns. Wir waschen uns nicht, wir essen fast nichts. Ein Mann neben mir dreht sich eine Zigarette aus Packpapier und grobblättrigem Pfeifentabak. Das Zeug sieht aus wie eine große braune Zigarre und stinkt fürchterlich. Es ist sechs Uhr morgens. Die ganze Nacht hatten wir in den kalten Erdlöchern verbracht, nun sollte es bald heißen Kaffee geben.

Die vorderste Feldwachenstellung ist nicht mehr vorhanden. Ein Chaos von Holztrümmern und Menschenfetzen liegt dort in wüsten Haufen übereinander.

Am äußersten Vorkopf des Basson fielen sämtliche Feldwachposten, jeder, den es traf hinzugehen, wußte, daß dies sein Todesweg war. Und es war erschütternd zu sehen, wie die jungen armen Teufel wortlos ihr Gewehr nahmen, hinausgingen – und nicht mehr wiederkamen.

Jede Hölle nimmt einmal ein Ende, und so kam der Abend jenes siebenten Tages. Das schwere Feuer blieb bis acht Uhr unentwegt auf unseren Gräben liegen, immer neues Röcheln, immer neues Blut.

Ich will mit dem Bataillonskommandanten telefonieren. Der Telefonist sagt, die Leitungen seien abgeschossen, und die Patrouille sei vom letzten Kontrollgang noch nicht zurück. Wir brauchen Verstärkung. Die Bassongruppe ist zu groß, wir können kaum die Hauptstellungen verteidigen. In den vordersten Gräben liegen nur mehr Gefallene. Plötzlich wird es ganz still. Das Feuer setzt aus, was noch lebt, atmet auf – es ist für eine Sekunde lang ein gutes Gefühl.
Sofort ist alles wieder im halbkreisförmigen Graben draußen, zugleich setzt wieder der schwere, verfluchte Eisenhagel der Geschütze ein, aber er heult jetzt weit über unsere Köpfe zurück in den Wald, um die Zugangswege abzuschneiden. Mörderisches Infanteriefeuer beginnt. Wir müssen Verstärkung haben, sonst ist alles hin. Godowsky brüllt, ein Maschinengewehr werfen sie links von mir auf die Grabenbrüstung. Godowsky ruft mir zu: »Ich muß eine Komapnie haben, ich bitte dich, lauf, hol Leute, hol Hilfe!«
Ich renne zurück durch den Wald. Links, rechts schlagen Granaten in die Bäume, darüber heulen Schrapnells in die Lichtung, während des stolpernden Laufens denke ich: »In der Lichtung ist alles zerschossen.«
Eine Kompanie Tiroler Landesschützen, die aus Rußland gekommen ist, erhält den Befehl, sofort in den Kampf am Basson einzugreifen. Die Leute liegen und sitzen in voller Rüstung am Waldrand. Über uns heult der Krieg seine wahnsinnigen Tonorgien.
Hauptmann Bauer schimpft: »Gestern erst in Trient auswaggoniert und jetzt schon in die verfluchte Scheißgassen, immer nur wir Landesschützen, der Teufel soll alles holen.«
Es mag ein Uhr nachts gewesen sein, als wir am Friedhof vorbei gegen den Basson marschieren. Der Kugelhagel über uns hat noch zugenommen, und ich wäre froh, wenn ich noch zehn Minuten zu leben hätte; denn daß heute alles in Scherben gehen wird, davon bin ich überzeugt. Unsere Schritte werden schneller, weil wir das rollende Knattern des Kampfes direkt vor uns haben. Mir schlägt das Herz bis zum Hals. Ununterbrochen muß ich an die Leute am Basson denken.
Endlich sind wir da, es war allerhöchste Zeit, Godowsky hat drei Kugellöcher im linken Arm, unsere Leute sind auf die Wälle gesprungen, um besser feuern zu können, die angreifenden Alpini haben den vordersten Grabenteil schon in ihrer Hand, von dort laufen sie vor und fallen den Verteidigern in die Flanke. Im Laufschritt nehmen die Landesschützen das Feuer auf, und es ist kein Schießen mehr, ein Brodeln und Knattern, ein Todesregen und wüstes Hämmern. Keiner flucht, keiner denkt. Schießen, schießen, schießen! Keiner weiß im Moment warum, wozu und wofür. Nur schießen, schießen. Im wüsten Knäuel der Drahtverhaue bleiben Klumpen sterbender Menschen hängen.
Der Kampf dauert bis gegen fünf Uhr morgens, dann tritt mit der aufgehenden Sonne grausige Stille ein. Kein Schuß fällt mehr, der Tau legt sich in hellen, klaren Tropfen auf Gräser und Blumen, auf zerbrochene Bajo-

nette, durchschossene Mützen, zersplitterte Gewehrläufe und kalte, gebrochene Augen.

Telefone schnarren. »Was ist los am Basson?«

»Es scheint in unserem Besitz zu sein, aber ich sehe auch sehr viel Italiener dort«, meldet der Beobachter Hanke zur Brigade zurück. Der Oberst verträgt die Ungewißheit nicht. Mit einem Pfarrer, seinem Adjutanten und mir bricht er auf. Nach einer halben Stunde sind wir am Beobachtungsstand, bald darauf am Basson. Der Hauptmann Bauer sitzt auf einer Munitionskiste mit einer Flasche Rum in der Hand. Die ganze grauenvolle Nacht liegt im Blick seiner Augen. Ich melde ihm, daß der Oberst kommt. Bauer nimmt kaum Notiz davon, aber einen tiefen Schluck aus der Flasche. Tote, Verwundete, Sterbende, Stöhnende, Röchelnde liegen ringsum am Eingang des Unterstandes.

Italiener stehen und hocken ratlos da. Auch ein Oberst ist darunter. Die Stille ist unheimlich. Ich krieche auf die Grabenbrüstung. Nie habe ich ein grausigeres Bild gesehen. Sechs Landesschützen liegen mit gebrochenen Augen, den Kopf himmelwärts, da, daneben drei mit den Gewehren im Anschlag. Hunderte von leeren Patronenhülsen liegen herum. Man sieht den Wahnsinn der Nacht.

Hinter mir im Graben höre ich Kommandorufe. Es ist die harte Stimme des Obersten: »Alles gefangen – marsch, zurück – sofort . . .«

In den Gräben des Basson befanden sich etwa vierhundertfünfzig italienische Soldaten, darunter viele Offiziere und ein Oberst, als Verteidiger kaum mehr als hundert abgekämpfte Tiroler Landesschützen.

Apathisch, übermüdet, kaum ihrer Sinne mächtig, waren die überlebenden Italiener gar nicht auf den Gedanken gekommen, ihre Übermacht auszunützen. Sie waren froh, dem Gemetzel der Nacht entgangen zu sein, und ergaben sich dem Oberst Ellison.

Verwundete werden geborgen. Nur bei Nacht ist dies möglich, denn eine gegnerische Batterie feuert, sooft sich etwas im Vorfeld rührt. Nach drei Tagen nimmt das Stöhnen, Wimmern und Rufen der Leidenden langsam ein Ende. Es war August. Die Sonne brannte unbarmherzig heiß den ganzen Tag auf die Toten. Man konnte sie nicht beerdigen und streute Chlorkalk aus Säcken auf die Leichen. Ein übler Geruch lag über dem Basson und würgte uns im Halse. Und immer noch drang das Wimmern einzelner aus den Leichenhügeln. Über dreizehnhundert Tote lagen im Vorfeld. Fast alles Alpini vom Bataillon Bassano. Bassano ist eine wunderschöne Stadt am Fuße der Alpen. Weinreben und Kastanienbäume leuchten auf ihren reichbewachsenen Hügeln. Hier lag die Jugend dieser Stadt. Schöne, große Männer, in Reihen zwischen aufgewühlter Erde. Ein Italiener hilft mir beim Zurückbringen eines Schwerverletzten.

»Perchè tutto questo, perchè*«, frage ich ihn.

* »Warum das alles?«

Er zuckt kleinlaut mit den Achseln. »Non sono io«, meint er, »sono gli ordini!«*

Ich gebe ihm eine Zigarette. Tage vergehen mit Aufräumen. Ich bin wieder rückwärts in der Baracke und kann schlafen. Aus Kiefern- und Zirbelholznadeln habe ich mir eine Art Matratze gebaut, um weicher zu liegen. Es ist mir lieber als Stroh, von dem ich mir immer einbilde, es müsse voller Läuse stecken.

Es vergingen zwei Tage in Ruhe und Rast. Auf dem Friedhof neben uns herrscht Betrieb. Es sind Massengräber ausgeschaufelt worden. Zwanzig Meter lang, zwei Meter breit, ein Meter fünfzig tief. In einer solchen Grube haben vierzig Tote Platz.

Wir sitzen und rauchen. Der Major Martinides, ein guter Mensch und Kamerad, ist zu Besuch bei meinem Hauptmann.

»Du, Fähnrich, sei so freundlich, geh hinaus auf den Basson, schau mal nach, ob die Wiederherstellung der Drahthindernisse gut weitergeht und ob meine Leute etwas brauchen. Dem Zugführer gibst du diese Zigaretten und sagst, er solle sie unter die Leute verteilen. Servus.«

Ich nehme Windjacke und Stock und gehe.

Der Weg führt knapp an den noch offenen Gräbern vorbei, und es ist mir unbehaglich zumute. Ich muß hinüberblicken und sehe im Grunde des aufgeworfenen Grabens starre Gestalten liegen. Rasch gehe ich weiter. Im nächtlichen Wald ist es ruhig. Blau wirft der Mond sein Licht durch die Bäume.

Schritt für Schritt gehe ich auf dem schmalen Steig. Als ich ungefähr die Hälfte des Waldweges hinter mir habe, taucht vor mir im unsicheren Licht eine Reihe Maultiere auf. Es mögen fünfzehn, zwanzig Stück gewesen sein, die mir, eines einige Schritte hinter dem anderen, entgegenkamen. Bei genauerem Hinschauen merkte ich, daß auf den Tieren Leute saßen. Sie sprachen kein Wort. Auf einer Seite waren sie ganz weiß, auf der anderen Seite ganz dunkel, so gespenstig beleuchtete sie der Mond. Eine Wolke kam, löschte für Minuten das Mondlicht, und ich konnte nicht verstehen, warum der Zug so still daherkam. Eine Maultierkolonne pflegt meist laut zu sein, die Treiber schreien, reden. Diese war ganz stumm. Neugierde mischte sich in mein beklemmendes Gefühl. Ich war nicht gewohnt, auf dieser Strecke, die ich doch schon so oft zurückgelegt hatte, Reitern zu begegnen.

Als sie näher kamen, fiel mir auf, daß die Gestalten in ganz unmöglichen und phantastischen Stellungen wie Puppen auf den Rücken der Tiere saßen. Die Mulis trotteten, ohne vom Boden aufzusehen. Nur das Klirren vom Lederzeug war zu vernehmen.

Auf dem vordersten Tier saß ein hoher, schwankender Mann, der im Schritt des Tieres auf und ab wiegte. Es war ein Toter.

---

* »Ich kann nichts dafür, die Befehle lauten so.«

Ich wollte rufen, aber wie kalte Hände legte es sich mir um die Gurgel. Die Reiter waren nur noch wenige Schritte von mir entfernt. Ich war so furchtbar allein in diesem Moment und wußte nicht, ob ich stehenbleiben, zurücklaufen oder rufen sollte.
Auf dem nächsten Tier waren zwei tote Alpini aufgeschnallt, einer mit dem Kopf nach unten, einer mit dem Kopf nach oben. Die eine Seite war weiß mit Chlorkalk überstaubt. Der Kopf des einen und die Füße des anderen waren mit Stricken fest zusammengebunden und am Tragsattel festgeschnallt. Dann kam ein Tier, über das waren wieder zwei gebunden, einer von ihnen war gerutscht und schleifte mit ausgestreckten Armen am Boden. So zog Last um Last stumm und elend an mir vorbei.
Es war eine schauerliche Prozession. Leere Augenhöhlen starrten aus kalkverschmierten Totenschädeln, blutverklebte Haare streiften den Boden, Hände schlenkerten im Schritt der Tragtiere. Knochen schlugen im dumpfen Takt an die Sättel. Es stöhnte und ächzte im Lederzeug. Der Tritt der Tiere versank unhörbar im Waldboden.
Endlich näherten sich menschliche Stimmen. Mit ihnen wich der furchtbare Alpdruck. Ich schimpfte und fragte, warum nicht jeder Treiber bei seinem Tier bleibe. Sie antworteten, daß die Mulis den Weg zum Friedhof genau wüßten, sie würden dort von selbst stehenbleiben und warten. Außerdem sei es ungemütlich, neben den Tieren zu gehen, schon seit drei Nächten ginge es so.
Wenn ich später nachts allein durch den Wald mußte, überkam mich immer eine kalte Furcht, und ich begann oft zu laufen, denn hinter mir spürte ich die stummen Reiter.

Der feurige Elias

Zehn Jahre nach der am 26. Oktober 1856 stattgefundenen Eröffnung der Grödner Talstraße wurde bereits die Brennerbahn gebaut und die Station Waidbruck errichtet, was für den Handel und Wandel der drei Talgemeinden St. Ulrich, St. Christina und Wolkenstein einen entscheidenden Gewinn bedeutete. Kein Wunder, daß einige besonders fortschrittlich eingestellte Einwohner schon bald mit dem Gedanken spielten, eine Anschlußlinie zu bauen. Zu ihnen gehörte auch mein Großvater. Die ersten Entwürfe für diese Anschlußlinie hat man bereits um die Jahrhundertwende bereitgelegt. Es wurde nichts daraus, weil die Notwendigkeit und das Geld fehlten.
Doch als der Krieg von 1914/15 auf das Südtiroler Alpengebiet übergriff, wurde die Transportfrage in den Dolomiten lebenswichtig. Im September 1915 wurde von der österreichischen Heeresleitung der Auftrag zum sofortigen Baubeginn gegeben. Für den Nachschub zur Front, die vom Fanestal und dem Col di Lana zur Marmolata reichte, brauchte man dringend leistungsfähige Kleinbahnen. In der Rekordzeit von mehreren

Monaten wurde von Ingenieuren, Eisenbahnern und etwa zehntausend russischen Kriegsgefangenen das kleine, brave Grödnerbähnlein fertiggestellt.
Der Höhenunterschied – 1070 Meter von Klausen, 561 Meter bis Plan, 1594 Meter im hintersten Talwinkel – wurde ohne Zahnradstrecken überwunden, dafür mußten viele und teilweise sehr scharfe Kurven angelegt werden, wodurch die Strecke 32 Kilometer lang wurde. Die Spurweite betrug 76 Zentimeter, die Fahrzeit während des Krieges von Klausen bis Plan ungefähr drei Stunden einschließlich Haltezeiten an den Wasser- und Kohlestationen.
Von Waidbruck aus wäre die Steigung zu groß gewesen. So legte man die Trasse von Klausen an der Brennerbahn gleich am Berghang entlang und kam dadurch bei der Station Lajen-Ried bereits auf 792 Meter Höhe, bei der zweiten Bahnhofsrast von St. Peter schon auf 1037 Meter. Die Fahrt des kleinen lustigen Bähnleins, das vom »feurigen Elias«, wie wir die Lokomotive nannten, mit gewaltiger Rauchentwicklung, pfeifend, wild schnaufend und knatternd gezogen wurde, durchmaß den Berghängen entlang zahllose Taleinschnitte, rollte und rasselte über schmale Holzbrücken, enge Tunnels und brachte die Neuigkeiten aus der großen Welt in die Stationen, an denen sie sehnsüchtig erwartet wurde. Es war immer ein großer Spaß und ein kleines an Wildwest erinnerndes Erlebnis, wenn der Lokführer sein feurig funkensprühendes Dampfroß pfeifen ließ.
Unterhalb der Ortschaften von Lajen und St. Peter führte die Trasse, in tiefen Schleifen die vielen Gräben ausfahrend oder auf kühnen Holzbrükken übersetzend. Es war verblüffend, wie geschickt und unauffällig die Spur in die Landschaft hineingebaut war, was man durchaus nicht von allen damaligen Bahnanlagen behaupten kann – und noch weniger von manchen modernen Autobahnstrecken. Das Bähnlein sollte ja wegen seiner strategischen Bedeutung nicht auffallen und mußte sich daher, so gut es eben ging, dem Gelände anpassen.
Nach dem Passieren der gewaltigen Blöcke des Bergsturzes von Pontives war die eigentliche Talsohle erreicht, dort kreuzte sie ihre Konkurrenz, die Straße, lief dann eine ganze Strecke einträchtig neben ihr her, bis sie nach mehrmaligem Übersetzen des Baches und der Straße in St. Ulrich eintraf.
Die Überwindung der kurzen Talenge nach St. Christina brachte wiederum Brücken, Straßenquerungen und unter der lieblichen Kirche kurz vor dem Bahnhof eine schmale kreisrunde Tunnelschleife. Weitere Haltestellen folgten, eine davon, etwa 1450 Meter hoch, wurde für die Regensburgerhütte bei der Mündung des Tschislesbaches angelegt, weil dort alpine Bergführereinheiten für die Front ausgebildet wurden. Nachher dampfte das Züglein gegenüber der wuchtigen Fischburg im Haupttal weiter, nach der Bachschlucht mußte die Straße noch zweimal überquert werden, dann erst wurden die von der Sellagruppe überragten Wiesen von Wolkenstein erreicht. Mit seinen letzten Kräften, sich immer noch seiner

Bedeutung bewußt, rollte dann unser Dampfrößlein gleich dem im feurigen Wagen himmelwärts stürmenden Propheten Elias direkt auf die Felswände der Sella zu, wo die Fahrt mit quietschenden Bremsen in der Ortschaft Plan endete.

Fast fünf Jahrzehnte lang gehörte das Grödner Bähnlein zur Gemeinschaft des Tales, in der ersten Zeit, besonders im Winter, hat es den notleidenden Soldaten an der Front sehr geholfen, später dem ganzen Tal, und wir hatten es liebgewonnen. Seine Treue wurde ihm wie so oft im Leben wenig gelohnt. Der furchterregende Elias entpuppte sich beim Näherkommen als harmloses Tierchen und war daher bei den Einheimischen und Fremden ständige Quelle witziger Einfälle und Anekdoten. So wurde von einem Esel erzählt, der auf dem Geleise lag und sich trotz vielen Pfeifens der Lokomotive und verzweifelter Flüche des Zugführers nicht von der Stelle rührte. Als man ihn stellte und einen sturen Esel schimpfte, sagte er, wenn man die lächerliche Blechschachtel als Lokomotive bezeichne, verdiene er den Titel eines reinrassigen arabischen Rennpferdes. Gar nicht zu reden von den blamablen Scherereien, die den Zugführer zur schieren Verzweiflung brachten, wenn die Dorflausbuben an den etwas steileren Abschnitten einige Kübel Schmierseife auf die Schienen schmierten, was zur Folge hatte, daß sich die Räder rasend drehten, der Zug aber nicht mehr von der Stelle kam. Was blieb dem Personal anderes übrig, als die Passagiere zu bitten, auszusteigen und so lange mit anzuschieben, bis die Garnitur wieder in Schwung kam.

Viel gelacht wurde auch über die Geschichte von der Skifahrerwette: Gleich im ersten Winter nach dem Krieg von 1914–1918, zu einer Zeit also, in der Skiläufer noch so selten waren wie jetzt schneereiche Winter, unterhielt sich ein einsamer Skiläufer mit dem Lokomotivführer der Grödner Bahn. Das Gespräch der beiden verlief sehr lebhaft, weil sich der Lokomotivführer als Fachmann großer Geschwindigkeiten nicht von einem simplen Skiläufer belehren lassen wollte, der behauptete, daß man auf Skiern schneller durch das Tal hinauskäme als mit dem Dampfroß. Und als der Skiläufer, um den Streit zu beenden, schließlich eine Wettfahrt vorschlug, stimmte der Lokomotivführer freudig zu. Die Bedingungen lauteten: Der Skiläufer und die Zuggarnitur des Elias starten gleichzeitig in Plan: Wer als erster auf dem Bahnhof in St. Ulrich eintrifft, ist Sieger. Die Wette ging um zehn Liter Wein und fünf Kilo Speck.

Mit einem mächtigen Pfiff ließ der Maschinist sein Dampfroß losbrausen, während der Skiläufer die Wiesen neben den Bahngleisen hinauslief und auf der steiler werdenden Straße davonflitzte. Der Lokführer, der die vielen Schleifen seiner Strecke ausfahren mußte, gab dem Elias Feuer in den Kessel, daß dieser fast explodierte. Er rasselte wild schnaubend den Berg hinunter, daß die Wagen nur so tanzten und die wenigen Fahrgäste von einer Ecke in die andere flogen.

Der Lokomotivführer, der mit seiner tollen Fahrt etwas aufgeholt hatte, entdeckte nach einer Kurve den verhexten Skiläufer schon wieder weit

draußen im Tal. Nun packte ihn ein sinnloser Zorn, er mußte das Rennen, koste es, was es wolle, gewinnen. Vor seinen Augen stand die niederschmetternde Tatsache, seinen treuen, bisher unbesiegten feurigen Elias von einem lächerlichen Brettlhupfer geschlagen zu sehen und für diese Schande ihm auch noch zehn Liter Wein und fünf Kilo Speck zahlen zu müssen.
Die Station von St. Christina nahte. Der Lokführer sah nur noch rot und ließ seinen Elias mit voller Geschwindigkeit durch den Bahnhof rasen. Der Bahnhofsvorstand winkte verzweifelt, die auf den Zug wartenden Fahrgäste sprangen entsetzt zur Seite, die Leute, die in St. Christina aussteigen wollten, glaubten ihr letztes Stündlein gekommen.
Das alles scherte unseren Lokführer keinen Deut, er heizte seinen Elias ein, daß es nur so rauchte, und hetzte ihn, ohne anzuhalten, durch die Stationen, ließ die wartenden Leute schreien und toben – er mußte die Ehre aller Lokomotiven der Welt gegen diesen Schneetapper retten. Mit der Geschwindigkeit des Orientexpreß rollte sein Vehikel in die Station von St. Ulrich ein, mit rotunterlaufenen Augen sprang er, während die Bremsen noch quietschten, aus dem Führerstand, ein kleiner Funke Hoffnung war ihm geblieben.
Aber da stand der dreimal verdammte Skilattenbruder neben einem Tisch mit einem Riesentrumm Speck und zehn gefüllten Rotweinflaschen und präsentierte ihm die dazugehörige Rechnung, die er nun zahlen mußte, obwohl er eine halbe Stunde vor der fahrplanmäßigen Zeit in St. Ulrich eingetroffen war. Der Wein wird ihm wohl nicht sonderlich geschmeckt haben, meinten die Fahrgäste. Immerhin hatte er noch Glück, weil die Bahnhofsvorstände der Grödner Bahn, die der rasende Roland erschreckt hatte, in strammer Berufseinigkeit den Fall totgeschwiegen haben, als sie den Grund der Rennfahrt erfuhren. Und im Grödner Tal meinte man, daß der »feurige Elias« seit jenem Tag seinen Ehrgeiz verloren habe, mit der Geschwindigkeit anderer Fortbewegungsmittel dieser Welt zu wetteifern.

Ende einer Dienstsache

Das Kommando der Bahnlinie befand sich in St. Ulrich, es unterstand dem elften Armeekommando, das seinen Sitz in Gries bei Bozen hatte, von wo aus die Dolomitenfront befehligt wurde. Von meiner Grabenbaracke am Lagazuoi oberhalb des Falzaregopasses konnte ich in einem halben Tag unter Benützung der Skier, des Transportlifts über das Grödner Joch und des kleinen Bähnchens leicht nach St. Ulrich gelangen. Ruhige Fronttage nützte ich mit Billigung meines verständnisvollen Abschnittskommandanten Hauptmann Karl v. Raschin aus, um dann und wann daheim einen kurzen Besuch zu machen. Mein über alles erhabener Onkel Leo war als Leiter der Elektrizitätszentrale vom Militärdienst befreit und erst kurz

vorher vom russischen Kriegsschauplatz heimgekommen, doppelt freute mich daher, mit ihm ein paar Stunden beisammen sein zu können.
Die zwei, drei Tage verflogen jedesmal gar zu rasch, man trennte sich so spät als möglich, es war ja Krieg, und man wußte nie, ob und wann und wo man sich wiedersehen würde. So ergab es sich, daß mich Leo auf der Rückfahrt bis zum Talende begleitete. Während ich in den Zug stieg, ging Leo an den Schalter des winzigen Stationsgebäudes, um ein Billett zu lösen. Die tatendurstige Lokomotive wollte weiter, rauchte, dampfte und pfiff – der Leo stand vor dem Schalter, den trotz Klopfens niemand öffnete, das Abfahrtssignal ertönte, also rief ich ihm zu, er solle einsteigen, das Reisebillett könne er sich an der nächsten Station geben lassen, ich benötigte keine Fahrkarte, wohl aber Leo als Zivilperson.
Lustig tschuggelte das Bähnchen taleinwärts, hielt am Bahnhof von St. Christina. Leo eilte gleich zum Schalter der Holzbaracke, um eine Fahrkarte zu lösen. Aber trotz mehrfachen Klopfens an das geschlossene Schalterfenster öffnete auch da niemand. Die Lokomotive pfiff, und Leo mußte laufen, um noch mitzukommen. Gemütlich plaudernd saßen wir im Waggon, als der diensttuende Schaffner, dem Dialekt nach ein Wiener, dem Rang nach ein Feldwebel, erschien und die Fahrkarten der Reisenden kontrollierte. Leo hatte keine, konnte daher dem Befehl nicht nachkommen.
»So, so«, sagte der Mann. »Schwindeln, sich um den Fahrpreis drücken, das haben wir ja gern!« Er rechnete, schrieb und reichte Leo einen Straffahrschein auf siebenfachen Tarif. Leo verweigerte die Zahlung, erklärte dem barschen Feldwebel, daß er in beiden Stationen vergeblich versucht hatte, ein Billett zu kaufen, aber niemand an den Schaltern gewesen sei. Ich bestätigte dies und sagte zum Schaffner, er könne mir glauben, der Herr sei mein Onkel. »Das geht mich nichts an, der Mann zahlt, oder er wird wegen versuchten Betrugs angezeigt.«
»Unsinn«, antwortete ich ärgerlich. »Reden Sie nicht von Betrug, mein Onkel wollte eine Fahrkarte lösen, aber er hat keine bekommen, und nun geben Sie ihm bitte ein Billett zum normalen Preis.« Schließlich, so nahm ich an, mußte der Kerl doch merken, daß Leo ein ehrlicher Mensch war und kein Interesse hatte, die Bahn zu betrügen, wie er das nannte.
»Der Mann zahlt den siebenfachen Betrag, alles andere geht mich nichts an, ich handle im Namen der k. u. k. Grödnerbahn, deren Befehle auch Sie befolgen müssen.«
Nun, Leo sagte kein Wort mehr, aber mir platzte der Kragen: »Auf die Grödnerbahn wird geschissen – Sie können mich kreuzweise am Arsch lecken! Mein Onkel zahlt gar nichts, und nun fahren Sie zur Hölle und lassen Sie uns gefälligst in Ruhe!«
Der Schaffner sagte nur: »Jawohl«, salutierte und ging.
Als ich nach etwa drei Monaten wieder einmal daheim war, sagte der Leo zu mir: »Du, ich habe den Eindruck, beim Kommando der Grödnerbahn läuft etwas gegen dich, da tut sich was!«

»Was soll schon sein«, meinte ich lachend, »gar nichts wird sein!« Und so war es auch.
Inzwischen war ich als alpiner Referent von der Lagazuoi-Stellung zum Divisionskommando nach Bruneck abkommandiert worden. Etwas hellhörig wurde ich allerdings nach etwa einem Jahr, als der Adjutant des Generals Verdross, der unsere Division befehligte, beim gemeinsamen Mittagessen einmal sagte: »Nein, nein, das ist unmöglich, das gibt es nicht, so was sagt der Trenker nie!«
»Was sagt der Trenker nie«, wollte ich wissen, »was tuschelt ihr denn?«
»Nein, da hat der Riedel recht, leckmichamarsch hat der Trenker noch nie gesagt, nur bei uns am Tisch alle Tage dreimal!«
Tags darauf war ich beim General zum Rapport befohlen: »Da haben wir's, Herr Oberleutnant, Schweinerei, lesen S', was da drin steht!« Dabei warf er ein sehr umfangreiches Bündel Akten vor sich auf den Tisch hin. »Sie werden zu diesem blamablen Schriftstück Stellung nehmen. Eine entsprechende Bestrafung wird leider unvermeidlich sein, das kann ich Ihnen schon heute sagen!«
»Herr General, ich bitte gehorsamst, mir Gelegenheit zu geben, den Akt zu studieren, damit ich darauf eingehen und mich verteidigen kann.«
Verdross, der mich gut leiden mochte, nahm das Bündel vom Tisch, faltete es auf und hielt mir die erste Seite vor die Nase: »Da, lesen Sie, lesen Sie selbst . . .«
Da stand nun unter dem Titel des k. u. k. Grödnerbahnkommandos die Meldung der vor über einem Jahr stattgefundenen Szene zwischen dem Zugführer, Leo und mir. Auffallend, sehr sauber, in großen lateinischen Buchstaben hingeschrieben, las ich: »Nach meinem Hinweis auf die Befehle der Grödnerbahn antwortete der Leutnant:

›Auf die Befehle der Grödnerbahn
wird geschissen.
Lecken Sie mich am Ärsch und lassen
Sie uns in Ruh!‹«

Hatte der Leo also doch recht gehabt! Gottes Mühlen, dachte ich, mahlen langsam, aber sicher und nahm das unter den Aktenzeichen A.K.Div.G.E.a 3 N 47333/2 A eingetragene Dokument in Empfang, ohne zu wissen, wie ich aus diesem Schlamassel herauskommen würde. Der Adjutant meinte, ein Disziplinarverfahren sei da wohl unvermeidlich, verlangte die Zusicherung, daß ich die Dienstsache innerhalb einer Woche mit meiner Stellungnahme ihm persönlich wieder zurückreichen werde. Ja, so fein sauber aufgeschrieben und dem hohen Divisionskommando vorgelegt, sahen meine im Grunde gar nicht ernst gemeinten Worte nun allerdings ganz anders aus, das »Lecktmiamarsch« ist doch nur eine tirolisch-bayrische, ziemlich allgemeine Redensart, aber auf einer hochoffiziellen Dienstsache – na, vorerst wollte ich mir das dicke Aktenbündel einmal ansehen, wollte wissen, warum es so umfangreich geworden war, und begann darin zu blättern.

Das Datum März 1917 stimmte, aber wieso kam es erst jetzt, im April 1918, in meine Hände? Die erste Stellungnahme zur Beschwerde über den Leutnant Alois Trenker der Bergführerkompanie Nr. 10 war die Anweisung einer sofortigen exemplarischen Bestrafung mit entsprechender Veranlassung zur Weiterleitung an die nächsthöhere Dienststelle. Diese wiederum reichte die Anzeige mit entrüsteten Vermerken an die nächsthöhere Kommandostelle weiter und lief durch mehrere Instanzen, bis sie mit vielen Rundstempeln und doppelt soviel Unterschriften beim Armeekommando in Gries auf den richtigen Tisch kam. Die Tatsache, daß der Name Alois Trenker allmählich in einen Alois Trnka verstümmelt worden war, hatte keiner der zornigen Herren bemerkt – so aufgebracht waren sie alle. Der zuständige Sachbearbeiter des elften Armeekorps schleuderte logischerweise seinen Fluch gegen den Lt. Trnka, gab die heikle Dienstsache mit der Forderung strengster Bestrafung nun von oben nach unten weiter. Nachdem man den Aufenthalt des Leutnants Trnka in einem bosnisch-herzegowinischen Regiment festgestellt hatte, lief das mit stets neuen Rundstempeln versehene Dokument von der Armee zur Division, von der zur Brigade, von dieser zum bosnisch-herzegowinischen Regiment Nr. 4 in Temesvar. Mit zunehmend schärfer werdenden Drohungen einer exemplarischen Bestrafung des Missetäters traf es beim Bataillonskommando in Banjaluka und dann endlich bei der dritten Kompanie des bosnisch-herzegowinischen Regimentes ein, wo es dem Leutnant A. Trnka mit der Aufforderung, unverzüglich die Ehre des Regiments wieder herzustellen, auf den Tisch geknallt wurde. Der bis dahin unbescholtene Leutnant schrieb auf den Dienstzettel: »Ich, Leutnant A. Trnka vom bosnisch-herzegowinischen Regiment Nr. 4, war nie im Grödnertal, weiß weder, wo das Tal ist noch wo diese Bahn fährt und habe die zitierten Worte noch nie in meinen Mund genommen. Gleichzeitig bitte ich meinen Kompanieführer, die Verleumdung energisch zurückzuweisen!
Gezeichnet

A. Trnka
Leutnant in 3. Kompanie«

Von da ab lief die Sache wieder aufwärts, rückwärts. Der Kompanieführer verwahrte sich auf das entschiedenste gegen die Verunglimpfung seines Leutnants. Schärfer noch wies er Bataillons- und sehr entschieden der Regimentskommandant die Zumutung von sich, daß in seinem Dienstbereich so etwas vorkomme, damit ging die Litanei mit weiteren Rundstempeln und zackigen Unterschriften wieder dorthin, wo sie mit dem Ruf nach Bestrafung des Delinquenten ausgegangen war, das heißt zum Armeekommando in Gries bei Bozen.

Von dort wurde der Fall mit dem Vermerk, es scheine sich nicht um den bosnisch-herzegowinischen Lt. Trnka, sondern vielmehr um den alpinen

Referenten der Division Pustertal Lt. Luis Trenker in Bruneck zu handeln, wohin das inzwischen sehr umfangreich gewordene Paket zur weiteren Veranlassung instradiert wurde, wie der Fachausdruck lautete.
Da ich nicht wußte, was ich zu meiner Rechtfertigung sagen sollte, nahm ich das Dokument mit nach Wien, wo ich gerade einen Studienurlaub antreten durfte. Nein sagen, also lügen, das konnte ich nicht, ja sagen aber wollte ich nicht, weil ich meinen Ärger über den sturen Bazi von Feldwebel berechtigt fand. Kommt Zeit, kommt Rat! – Dazu hatte ich nun in Wien den nötigen Abstand, denn in drei Monaten würde mir schon was einfallen. Zum Abendessen ging ich in die Offiziersmesse meines Regiments, da erfuhr man Neuigkeiten, traf Kameraden von der Front, mit denen man reden konnte. Saß da ein grauhaariger Major bei einem Glas Wein. Dem zeigte ich das herrliche Dokument mit den dreißig Rundstempeln und sechzig zornigen Unterschriften. Der Major las mit Genuß das durch die vielen Etappen gelaufene Dienststück, schlug schließlich herzlich lachend mit der Faust auf den Tisch und sagte: »Trottel, was willst du da noch? Verbrenne den Blödsinn, schmeiß das Papier in den Ofen, fertig!«
»Das ist unmöglich, mein Lieber, es ist im Exihibitenprotokoll der Division eingetragen, ich muß es nach meiner Rückkehr mit meiner längst fälligen Stellungnahme abliefern!«
»Ich sage dir, schmeiß den Dreck ins Feuer, dann bist du ihn los!«
Kaum wieder in Bruneck, erhielt ich vom Adjutanten Riedl die Aufforderung, meine Erwiderung endlich abzugeben, sie müsse protokolliert und dem General vorgelegt werden. Das ging mehrere Wochen lang, ich behauptete immer wieder mit dem Ausdruck größten Bedauerns, den Akt verlegt oder verloren zu haben, bis mich der gute Riedl in Ruhe ließ.
Das wertvolle Dokument zu verbrennen, schien mir nicht recht zu sein, es war ja nicht mein Eigentum, doch habe ich es viele Jahre hindurch aufbewahrt. Während des Zweiten Weltkrieges ist es durch Bombenwurf samt unserem Berliner Heim tatsächlich, wie vom grauhaarigen Wiener Major empfohlen, in Flammen aufgegangen.
Der tirolisch-bayrische Spruch aber ist geblieben, hat beide Kriege überdauert, er gilt wohl heute noch wie eh und je!
In den fünfziger Jahren plante man, die Grödnerbahn zu elektrifizieren, doch fehlten die Mittel, und vielleicht erkannte man bereits, daß der Tourismus sich mehr und mehr dem motorisierten Straßenverkehr zuwandte. Das Züglein wurde immer weniger frequentiert, so daß im Jahre 1961 die seit langem umgehenden Gerüchte von der Stillegung Tatsache wurden. Der »feurige Elias« wurde stillschweigend abgeschoben.
Während in anderen Gebirgsgegenden die alten Dampfbahnen fast schon unter Naturschutz gestellt wurden, hatten es die Gemeinden versäumt,

Death Valley (Tal des Todes) in Kalifornien, von Dantes View aus gesehen

sich das Lokomotivchen samt seinen blitzenden Messinglaternchen als Erinnerung an seine fünfzigjährigen treuen Dienste zu sichern. Einsam und vergessen rostete es seit vielen Jahren auf dem Abstellgleis eines römischen Bahnhofs hoffnungslos dahin. Mehrmals hatte ich den Bürgermeister gebeten zu versuchen, den braven Elias heimzuholen. Nun endlich: Während diese Zeilen geschrieben wurden, kam die erfreuliche Nachricht, daß es den »vielseitigen Bemühungen« der Grödner Gemeinden gelungen sei, den »feurigen Elias« in sein Heimattal zurückzuholen. Farbenfroh und frischlackiert erinnert er auf dem kleinen Hügel am Promenadenweg, den er so oft mit mächtigem Dampf passiert hat, die Grödner und ihre Gäste an längst vergangene Zeiten.

Vor fünfzig Jahren am Lagazuoi

Trotzig beherrscht der zur Fanesgruppe gehörende 2780 Meter hohe Lagazuoigipfel die über den Falzaregopaß führende Dolomitenstraße. Vom Gipfelgrat hoch oben reicht der Blick von den gegenüberliegenden Tausendmeterwänden der drei Tofanen über das sonnenbeschienene Talbecken von Cortina d'Ampezzo bis zur Croda da Lago, die im Hintergrund von der gewaltigen Nordwand des Monte Pelmo überragt wird. Vom Antelao, der Civetta, den Türmen der Pala und hundert anderen Gipfeln im weiten Umkreis nicht zu reden. Wie oft habe ich in den Kriegsjahren 1916/17 von dort oben sehnsuchtsvoll nach Süden geschaut, an eine glückliche Zeit, an zufriedene Menschen bei einem Glas Wein und einem Teller Spaghetti gedacht, doch es war Krieg, und heulende Granaten krachten in den harten Fels, italienische Bohrhämmer knirschten unter unseren Stellungen und fegten eisige Stürme durch unsere Knochen. Bollwerke wie unser Lagazuoigipfel mußten von den Italienern erobert werden, wenn sie ins Land eindringen wollten, aber solange wir dort oben standen, war daran nicht zu denken, denn wir beherrschten die Übergänge des Falzaregopasses und des Valparolasattels.
Seit dem Herbst 1916 befand sich meine Bergführerkompanie im 12 Kilometer langen Frontabschnitt, der sich von der Fanesalpe her durch das wilde, cañonartige Travenanzestal hinzog und unterhalb der drohenden Tofanawände bis zur heißumkämpften Lagazuoischarte und dem gleichnamigen Gipfel reichte. Etwa 60 Mann meiner Kompanie, meist heimische Bergführer, waren neben einigen Kompanien des Landsturmbataillons 167 mit der Verteidigung des Gipfelgrates und der zerklüfteten, in halber Höhe von einem breit ausladenden Felsband durchzogenen Südwand des kleinen Lagazuoi beauftragt.
»Sei vorsichtig! Die Alpini haben seit einigen Tagen auf der Vorkuppe

Freudige Begrüßung nach der Landung im Kennedy-Airport, 1972

mehrere Scharfschützen mit Zielfernrohren installiert, sei ja vorsichtig«, sagte der Sappeuroberleutnant Jakobcziak, als ich an jenem 2. Mai 1917 auf einem Patrouillengang an seinem Unterstand vorbeikam. Wie recht er hatte, merkte ich an den Geschossen, die haarscharf über unseren stellenweise nur etwa 50 Meter vom Gegner entfernten Grabenrand pfiffen. Während der sympathische Offizier da vor mir im Abendlicht auf der Bretterbank friedlich seine Zigarette rauchte, schimmerte in seinen hellen blauen Augen der matte Glanz der letzten Sonnenstrahlen, und ein flüchtiges Gefühl, als ob der Todesengel sein Haupt gestreift hätte, durchzuckte mich. Drei Tage nach jener Begegnung war Jakobcziak tot, gefallen durch den Kopfschuß eines Alpini-Scharfschützen.

Unsere Felsbastionen waren sowohl für die österreichische Verteidigung als auch für die italienische Offensive von größter Bedeutung. In ständigen Angriffen auf die Vorkuppe und die Lagazuoischarte hatten die Alpini schwere Verluste hinnehmen müssen, ohne in unsere Stellungen eindringen zu können. Kleine Felskavernen boten uns nur notdürftigen Schutz vor Sturm, Kälte und dem zeitweise zermürbenden Artilleriefeuer. Den Alpinitruppen gelang es schließlich, sich auf dem die Südwand durchquerenden Felsband einzunisten und uns von dort aus auf unseren Zugangswegen zum Valparolasattel und der Sperre Tra i Sassi durch flankierendes Feuer zahlreiche Verluste beizubringen. Von unserer Gratstellung aus gefährdeten zwar immer wieder in die Wand abgeseilte Bergführer mit Rollbomben, Minen und waghalsigen Feuerüberfällen den Feind so gut sie konnten, doch war es unmöglich, ihn zu vertreiben. Im Gegenteil, die Italiener beschleunigten den Vortrieb ihrer Stollengänge und Artilleriestellungen vom Felsband her immer intensiver, zugleich aber bohrten sie vom Fuß der Wand aus einen über 1000 Meter langen Stollen durch den Fels steil bergauf bis unter unsere Gipfelstellung mit dem Ziel, unseren Berg von zwei Seiten her zu unterminieren. Am unangenehmsten waren vorerst die immer gefährlicher werdenden Positionen des Gegners auf dem Felsband in der mittleren Wandhöhe, das durch zwei Felstürme von etwa 25 m Höhe den Alpinitruppen Schutz und Gelegenheit zum Vortrieb ihrer Minenstollen bot. Auch das Stollensystem unter unserer Gipfelstellung war bereits bis etwa 30 Meter unter unsere Kavernen vorgedrungen, wir konnten die unheimlichen Bohrgeräusche einwandfrei feststellen, ohne jedoch etwas dagegen tun zu können, da uns die nötigen Maschinen fehlten.

Vorerst mußten jedenfalls die Minen und Ausgangsstellungen auf dem Felsband in der Südwand beseitigt werden, weil diese unsere etwa 200 Meter tiefer gelegenen Verteidigungsanlagen am Valparolajoch geradezu tödlich bedrohten. In aller Eile wurde ein Gegenstollen vorgetrieben. Zuerst ging die Arbeit mit Handbetrieb nur elend langsam vonstatten. Tag und Nacht hämmerten unsere braven Sappeure in den finsteren Felsgängen, kamen aber nur 30 bis 35 Zentimeter im Tag weiter, später, als endlich eine einhämmerige Bohrmaschine verfügbar war, etwa 1,80 Meter pro

Tag. Die Arbeit war schwer, das herausgeschlagene Material mußte heimlich aus den niederen, von Explosionsgasen durchzogenen Stollengängen in Säcken zurückgetragen werden, um den Gegner nicht stutzig zu machen. Es ging schließlich um Tage, ja um Stunden, wollte man der großen zu erwartenden Sprengung des Gegners zuvorkommen. Als die Minenkammer Mitte Mai 1916 fertig war und man mit dem Laden begann, mußte jede Kiste der 25000 Kilo Sprenggelatine nachts über steile Felspfade durch Träger heimlich und unbemerkt in die Stollen getragen werden. Unsere Bergführer und Kaiserjäger schleppten in sechs Nächten über tausend Kisten in die Sprengkammer, welche sich oberhalb des gegnerischen Systems befand.

Am 22. Mai 1917 zündete der Sappeuroffizier, und eine furchtbare Explosion erfolgte, durch welche das Angriffssystem des Gegners auf dem Felsband mit einem Schlage schwer getroffen wurde. Fast alle Kavernen, Artillerienester, Baracken, Beobachtungsposten und in zwölfmonatiger Arbeit errichteten Betonriegel waren angeschlagen, lagen teilweise samt ihren Mannschaften unter dem großen, durch die Sprengung verursachten Wandabbruch verschüttet und begraben. Die Höhe des durch die Explosion verursachten Wandabbruchs betrug über 200 Meter, die Breite etwa 140 Meter, an 130000 Kubikmeter Fels waren in die Tiefe gestürzt. Damit waren wir den Italienern zuvorgekommen, und in der Südwand herrschte für einige Zeit Ruhe.

Um aber gleichzeitig die Gipfelstellung an der Vorkuppe zu erobern und von dort aus in das österreichische Hinterland vorstoßen zu können, hatten italienische Sappeure und Pioniere, unter ihnen mein ehemaliger Bergkamerad Carl Franchetti, nach Art einer gewaltigen Kirchturmstiege einen über 1100 Meter langen mächtigen Zugangsstollen durch das Hauptmassiv des Berges gebohrt, der in eine große Minenkammer unter unsere Kavernen führte. Das immer deutlicher werdende, unheimliche Bohrgeräusch hatte unsere Nerven seit Monaten reichlich strapaziert, als es aber dann plötzlich verstummte, wußten wir, daß der Gegner mit dem Laden der Sprengkammern begonnen hatte und daß unsere Stunden gezählt waren. Jeden Tag, jede Nacht konnte uns das gleiche Schicksal treffen wie die Alpini auf der »Cengia Martini« in der Südwand. Ich wollte, um den Großteil meines Zuges zu retten, diesen während der Nacht aus den gefährdeten vordersten Felsnestern herausnehmen und etwa zweihundert Schritte nach rückwärts hinter eine schützende Felsbarriere verlegen, um mit den Überlebenden nach der Sprengung gleich vorprellen und die Kuppe wieder besetzen zu können. Generalmajor Korzer, unser Brigadekommandant, und der Abschnittskommandant Major Andres, zwei vorbildliche, hochgeachtete Offiziere, besahen sich noch einmal eingehend die gefährdetsten Teile unserer Verteidigungsanlagen am Gipfelgrat und gaben schließlich ihr Einverständnis – mit dem gleichzeitigen Befehl, daß, was auch immer geschehen möge, die Stellung bis zum letzten Mann verteidigt werde.

Am 20. Juni 1917 steigerte sich die italienische Artillerietätigkeit zu einem stundenlangen furchtbaren Trommelfeuer auf unsere Gräben und Zugangswege schwere Minenwerfer belegten die Kaverneneingänge und Laufgräben mit ihren Einschlägen. Alles war alarmiert, die gefährdetsten Gräben und Feldwachen oberhalb der Minenkammern bis auf einige Feldwachen geräumt – ich lag mit einem Teil meiner Bergführer etwa 150 Meter rückwärts unter einem Felsabbruch auf der Lauer –, die Minuten zerrten an unseren Nerven, da – um etwa 10 Uhr abends erbebte der Boden, während unter donnerähnlichen Schlägen und Feuerblitzen die Luft erzitterte und der Grat zwischen dem Gipfel und der Vorkuppe durch eine Ladung von 35 000 Kilo Ekrasit mit donnerähnlichem Krachen in die Luft flog, in Feuer und Rauch verschwand, in die Nacht stürzte und eine schwere Riesenkluft aufriß. Gleich setzte von beiden Seiten wildes Trommelfeuer ein, und erst nach Mitternacht konnten unsere Leute vorprellen und die durch niederstürzende Felstrümmer, Nacht und Not behinderten Sturmabteilungen der angreifenden Alpinisoldaten, die schwerste Verluste hinnehmen mußten, zurückwerfen.
Um fünf Uhr morgens war der Lagazuoigipfel wieder in unserer Hand. Ein gewaltiger, unpassierbarer Sprengtrichter trennte von da ab Freund und Feind.

Siebenundfünfzig Jahre sind seit jenem 20. Juni 1917 vergangen, seit fünf Jahren führt eine Seilbahn die schaulustigen, schwatzenden Reisenden in wenigen Minuten vom Paß zum Gipfel. Und heute noch zeigt die Lagazuoi-Südwand ihre Narben. Man sieht die zwei Schuttströme, in die ein Teil des Berges zerbrach, und wohl wenige der Bergsteiger und Touristen, welche ihre Autos am Paß abstellen, dürften ahnen, was hier vor siebenundfünfzig Jahren auf beiden Seiten an Not und Entbehrungen erlitten und an stillem Heldenmut geleistet wurde.
Ich sitze auf der Terrasse des kleinen Gipfelrestaurants und schaue hinaus ins Land und in das Herz der Heimat. Vor mir habe ich einen Teller dampfender Spaghetti und ein Viertel Roten. Drüben auf der Vorkuppe steht jetzt über dem gähnenden Abgrund der Sprengung ein kleiner Steinmann. Westlich von mir, auf dem Felsgrat draußen, steht ein Holzkreuz, Leute aus St. Cassian haben es aufgestellt, in eine kleine winzige Blechtafel haben sie mit einem Nagel das schicksalhafte Datum vom 20. Juni 1917 eingeritzt.
Ich denke an Oberleutnant Jakobcziak, an meinen Hauptmann Raschin, an den Fähnrich Hans Schneeberger vom Schreckenstein und die vielen anderen braven Kameraden aus jenen Jahren, von denen keiner mehr unter uns weilt, und ich denke an meinen ehemaligen Freund und Feind Carl Franchetti, der hier oben einmal zu mir sagte: »Lieber Freund, wir haben ein Sprichwort, kennst du es? Es heißt: ›Berg und Tal kommen nicht zusammen, wohl aber die Menschen.‹«

Die Welt des Films

Wie ich zum Film kam

Zwei Jahre waren seit dem Ende des Ersten Weltkrieges vergangen, kostbare Jahre, die mich in meiner beruflichen Laufbahn um nichts weitergebracht hatten. Nie zwar hatte ich mein Ziel, das Studium an der Technischen Hochschule zu beenden, aufgegeben. Nun, da ich mir etwas Geld gespart und auch endgültig eingesehen hatte, daß ich für den Kaufmannsberuf ungeeignet war, entschloß ich mich, meine durch den Krieg unterbrochenen Studien in Wien und Graz zum Abschluß zu bringen.

An der Technischen Hochschule in Wien war Clemens Holzmeister, der spätere Präsident der dortigen Kunstakademie und Erbauer des Salzburger Festspielhauses, mit dem ich von der Mittelschule her befreundet war, als Assistent tätig. Und noch ein guter Freund, der Kitzbüheler Maler Alfons Walde, war da und der Südtiroler Bildhauer Hans Piffrader sowie einige Kameraden vom Sperrfort Verle. Einer von ihnen, Dr. Julius Deutsch, war inzwischen österreichischer Heeresminister geworden.

Das Studium freute mich nach den gemachten Erfahrungen im Holzhandel ganz besonders. Es gibt kaum eine schönere, vielseitigere, mit allen Seiten unseres Daseins enger verbundene Betätigung als die eines Architekten. Ganz gleich, was er an Aufgaben zu lösen hat, vom einfachen Wohnbau bis zum Theater- und Kirchenbau, es gibt meiner Ansicht nach keinen schöneren Beruf. Neben den Vorlesungen besuchte ich, sooft ich konnte, die Vorträge von Professor Adolf Loos, dessen Haus am Michaeler Platz in Wien großes Aufsehen erregte, und anderer Architekten von Ruf. Gelegentlich leistete ich mir auch den Besuch von Konzerten und Opern. Die Jeritza sang ihre berühmte Arie in der »Tosca«, bei welcher ihr stets der linke Busen aus der Bluse rutschte, so daß das sowieso schon ergriffene Publikum noch ergriffener wurde; der Riese Leo Slezak brachte als Tannhäuser mit seiner Tenorstimme die Kristallüster zum Erzittern, im Burgtheater durfte ich Moissi als Hamlet bewundern und im großen Konzerthaussaal die von Arthur Nickisch dirigierten Leipziger Symphoniker hören.

Wie dankbar denke ich an dieses Wiener Jahr zurück! Bei Holzmeister und Walde fand ich immer Rat und Hilfe; durch sie bin ich mit vielen Menschen in Berührung gekommen, die mein Weltbild erweiterten und mich in meinen künstlerischen Absichten förderten.

Die zweite Staatsprüfung legte ich in Graz ab.

Im Garten eines kleinen Restaurants gegenüber der Oper saß fast täglich beim Mittagessen ein auffallend schöner Mann in Gesellschaft zweier Damen, seiner Mutter und seiner Braut, wie ich annahm. Es war Clemens Krauss, der als junger Dirigent an der Grazer Oper tätig war. Seiner Bekanntschaft verdankte ich viele Opernabende in Graz und später manche Einladung zu Konzerten und Opernaufführungen in München.

Graz war eine ruhige Stadt, in der man als Student billig und angenehm leben und studieren konnte. Als die Studien beendet und die Staatsprü-

fungen bestanden waren, konnte ich als Diplom-Ingenieur in meine Heimat zurückkehren.
Mit viel Optimismus eröffnete ich ein Architekturbüro in Bozen und bewarb mich gleich um Umbauten und Inneneinrichtungen, bald auch um größere Aufträge. Da ich große Projekte allein nicht machen konnte, bat ich Clemens Holzmeister, mir bei solchen Arbeiten zu helfen. Wir entwarfen und bauten Villen, Wohnsiedlungen, Schulen, Hotels und Kirchen. Obwohl Clemens Holzmeister als Professor an der Akademie in Wien reichlich beschäftigt war, fuhr er manche Nacht durch nach Bozen, saß hemdsärmelig in unserem Atelier, verbesserte, korrigierte und entwarf, ließ sich den guten Rotwein schmecken, lobte und schimpfte, daß es eine Freude war. Und wenn ich mich einmal dankbar erweisen wollte, nahm ich ihn mit auf die Sellatürme. Dort mußte er an meinem Seil durch Kamine, Schluchten und Risse, so schwer es ihm, dem Ungeübten, auch fiel. Auf dem Gipfel aber war er glücklich und freute sich wie ein König über die Aussicht, die Welt und über sich selbst.
Mit den Italienern war in jener ersten Zeit nicht allzu schwer auszukommen. Der italienische Generalvizekommissär Credaro gab sich Mühe, ein gutes Verhältnis zwischen den Behörden und der Bewohnerschaft herzustellen; die Traditionen, die Sprache, das Schulwesen und die Wirtschaft blieben einstweilen noch unangetastet.
Das wurde mit einem Schlage anders, als der Faschismus an die Macht gelangte.
Als Architekt bekam ich die faschistische Unterdrückungspolitik bald besonders deutlich zu spüren. Gemeinsam mit Clemens Holzmeister hatte ich mich an verschiedenen Preisausschreiben beteiligt. Unsere unter Kennwort eingereichten Entwürfe erhielten in zwei Fällen den ersten Preis. Als es sich jedoch herausstellte, daß wir der deutschen Volksgruppe angehörten, verboten die faschistischen Behörden die Ausführung.
Besonders verbitterte es mich, daß unser preisgekröntes Projekt für eine Friedhofsanlage in Cortina, dem Ort, dem ich so sehr verbunden war, nicht ausgeführt werden durfte, ja, daß ich sogar aus dem Munde des Präfekten der Provinz Belluno hören mußte: »Das ist teutonisches Zeug! Das lasse ich nicht ausführen. Überdies ist Ihr in Österreich erworbenes Diplom in Italien ungültig. Holzmeister aber ist Ausländer und hat hier nichts zu suchen. Sie haben beide kein Recht, sich künftig an Wettbewerben in Italien zu beteiligen.«
Man hatte in Rom ein Gesetz erlassen, das, auf drei Jahre rückwirkend, die Gültigkeit aller von Südtirolern nach einem bestimmten Stichtag erworbenen ausländischen Diplome aufhob. Ich fuhr nach Rom und reichte Gesuche und Petitionen ein, die nie erledigt wurden. Es blieb dabei: Wenn ich nicht an einer italienischen Hochschule die vorgeschriebenen Studien und Prüfungen nachholte, durfte ich als freischaffender Architekt an öffentlichen Ausschreibungen nicht mehr teilnehmen. Die Heimat verlassen wollte ich aber auch nicht.

Mit dem jugendlichen Elan des Achtundzwanzigjährigen, der endlich seinen Beruf ausüben wollte, hielt ich trotz aller Schwierigkeiten gemeinsam mit Clemens Holzmeister mein Architekturbüro am Waltherplatz in Bozen durch. Die Bautätigkeit war sehr schwach, es fehlte überall an Geld und in Südtirol vor allem an Unternehmungsgeist, weil die Faschisten jede Initiative unterdrückten.
Immerhin war es mir gelungen, einige Aufträge hereinzubekommen, doch entmutigte mich das Gesetz über die Ungültigkeit meines in Österreich erworbenen Titels; immer wieder scheiterte ich an der harten Tatsache, als Architekt offiziell nicht zugelassen zu sein.
In dieser nicht eben beneidenswerten Situation erinnerte ich mich an ein Erlebnis während meiner Grazer Studienzeit, das ich nicht vergessen konnte: Mißmutig und in gedrückter Stimmung stand ich an einem unfreundlichen regnerischen Märztag vor einem Kino, in dem ein Film mit dem Titel »Im Kampf mit dem Berge« gegeben wurde. Als Gestalter war ein Dr. Arnold Fanck, als Hauptdarsteller der Arlberger Skimeister Hannes Schneider angegeben. Das schaust du dir an, dachte ich mir, und saß auch schon staunend und hingerissen vor den Bildern aus einer Welt, meiner Welt, der ich selbst mit Haut und Haaren verfallen war. Was da an stäubenden Schneefahnen, glitzernden Eisgraten und an ausgelassener Fröhlichkeit am Aufstieg zu einem Gipfel der Walliser Eisriesen an meinen trunkenen Augen vorüberglitt, riß mit einem Schlage alle schönen Erinnerungen meines bisherigen Lebens auf und begeisterte mich derart, daß ich das Filmtheater nicht verließ, sondern sitzen blieb, um mir den Film noch einmal anzusehen, so sehr hatte er mich gebannt und verzaubert. Ja, das war es, was mir fehlte: die Luft, die Freude an der Bewegung in den Bergen, im Eis, Fels oder Schnee, ganz egal! Am kommenden Tag sah ich mir den Film zum drittenmal an, notierte mir den Namen des Regisseurs und schrieb noch am selben Tag an Hannes Schneider, St. Anton am Arlberg, einen Brief: »Lieber Hannes, ich habe Dich im Film gesehen. Das ist alles großartig! Für mich eine Offenbarung! Wie gerne würde auch ich einmal so etwas machen. Teile mir doch die Anschrift des Regisseurs mit, ich möchte ihm schreiben.«
Sehnlich wartete ich auf eine Nachricht von diesem Regisseur, der die Filme »Im Kampf mit dem Berge« und »Die Wunder des Schneeschuhs« gedreht hatte. Mit begeisterten Worten hatte ich ihm vorgeschlagen, in die Dolomiten zu kommen und gemeinsam mit mir einen Spiel- oder Dokumentarfilm zu machen. Aber Dr. Fancks Antwort war ablehnend.
Der Film, das spürte ich seit jenem Grazer Erlebnis, brachte das Fluidum der weiten Welt mit sich, die Möglichkeit einer Aussprache zwischen den Menschen über alle Grenzen hinweg, mit allen Völkern. Ganz besonders empfand ich den Wunsch, durch den Film meine zwischen dem Brenner und der Welt des Herrn Mussolini eingezwängte Heimat aus der Isoliertheit der kleinen Provinz zu lösen und der Welt vorstellen zu können. Dazu kam der unausgesprochene Gedanke, Erlebnisse aus der glücklichen

Bergführerzeit oder des furchtbaren Krieges gestalten zu können. Der Film, die große neue Kunst, war stumm, und man konnte durch Bild, Bewegung und Montage doch alle Sprachen der Welt sprechen; das war es wohl, was mich in meiner Naivität so sehr in seinen Bann zog, daß ich den Gedanken daran nicht mehr los wurde.
Da erschien Dr. Fanck unerwartet mit seinem Aufnahmestab in Bozen. Er hatte sich inzwischen entschlossen, ohne mich einen Film in den Dolomiten zu drehen, und war gekommen, um Unterstützung bei unseren Fremdenverkehrsbehörden zu finden, die ihn nun aber alle an mich verwiesen. So lernte ich ihn kennen. »Lieber Trenker«, sagte er, »es hat keinen Zweck, wenn Sie als Laie selbständig einen Film drehen. Machen Sie bei mir mit. Ich habe gute Leute und alle Erfahrungen, die Ihnen fehlen. Sie sollen mir bei der Herstellung meines in den Dolomiten spielenden Films ›Der Berg des Schicksals‹ helfen.«
Ich war etwas verärgert und wollte anfangs nicht, aber Fanck hatte wohl recht, denn ich hatte keine Ahnung, wie ein Film aufzubauen, zu drehen und zu schneiden sei. Da mir auch Hannes Schneider, Dr. Bernhard Villinger und Sepp Allgeier zuredeten, gab ich nach.
So traf ich mit Fanck ein Abkommen, wonach ich als »allroundman«, als sportlicher Berater, mittun sollte. Insbesondere aber mußte ich ihm durch meine Beziehungen zu den Südtiroler Kreisen in finanzieller Hinsicht an die Hand gehen. In Deutschland herrschte damals Inflation, und es galt daher, für unseren Film einen Teil der nötigen Gelder im Ausland aufzutreiben, was mir auch gelang.
Wir zogen vorerst einmal, es war noch Winter, aufs Sellajoch. Ich engagierte mehrere Bergführer und einen Koch und mietete das noch nicht bewirtschaftete Sellajochhaus.
Dr. Arnold Fanck wurde mein Lehrmeister. Ihm verdanke ich vor allem den Blick für die Möglichkeiten, in freier Natur Bilder zu sehen, sowie die Grundbegriffe des Aufbaues und der Auflösung von Szenen. Außerdem nahm ich mir seine Zähigkeit, seinen außerordentlichen Fleiß und seine große Liebe zur Arbeit zum Vorbild. Von Anfang an empfand ich Hochachtung und Dankbarkeit für diesen Pionier des deutschen Freilichtfilmes.
Ich hatte die Bergführer und Träger zu betreuen sowie die alpin schwierigen Aufnahmen zu leiten. Brauchte Fanck eine Lawine, so mußte ich sie ihm »liefern«. Leider gehen aber Lawinen nicht nach Wunsch ab; doch wußten wir uns durch kräftige Dynamitladungen zu helfen, die wir unter den Riesenwächten der Rodella so verteilten, daß sie niemand gefährden konnten und losgingen, wann und wo wir wollten.
Dicht schwebten die Schneeflocken vom grauen Himmel nieder auf die schweigenden, verhüllten Berge. Es war Abend geworden, und wir saßen in der geheizten Bergführerstube des Sellajochhauses, zwei Kameraleute, der Regisseur, der stotternde Fotograf, die großäugige Diva, ein sehr alter und ein junger Schauspieler, drei Führer, ich und eine graue Katze.

Die Katze, der alte Tragöde Oberg und der knisternde Ofen waren voneinander nicht zu trennen. Alle drei waren grau, schnurrten und strahlten eine behagliche Wärme aus. Es war still in der Stube, und das war recht angenehm. Der Regisseur hatte Sorgen und brütete vor sich hin. Der alte Mime Oberg räusperte sich noch einmal und sagte leise und eindringlich: »Lassen Sie den Trenker spielen, Sie finden keinen geeigneteren Darsteller für die Rolle Ihres Bergsteigers.«
Der Regisseur schüttelte den Kopf: »Nichts zu machen, der kann nicht spielen, er ist kein Schauspieler.«
»Wozu soll er spielen? Ich muß spielen, ja, ich muß den vornehmen Grafen spielen, aber er ist genau das, was er darstellen soll: ein einfacher Bergsteiger, sozusagen ein Idealfall für Ihren Fall; was wollen Sie mehr?«
»Mag sein, lieber Oberg, aber Sie unterschätzen die Routine, die notwendig ist; nein, das geht nicht.«
Der alte Mime gab nicht nach: »Routine, dann nehmen Sie doch gleich einen Tenor, Tenöre sind immer gut, die haben Routine . . .«
Der Regisseur griff sich in die spärlichen Haare und schloß die Augen: »Alles Unsinn, lieber Oberg, alles Unsinn.«
Ich nahm einen Schluck Wein und dachte mir, daß einer der beiden vielleicht auf den Gedanken kommen könnte, zu fragen, wie denn ich darüber dächte. Aber nichts dergleichen geschah; so sagte ich auch nichts.
Die Führer spielten Karten und rauchten ihren Knaster, die Diva bewunderte sich im Handspiegel. Ja, so abgeschminkt sah sie ganz manierlich aus, das konnte man nicht leugnen, aber geschminkt, da gefiel sie mir gar nicht. Ich dachte, daß auch ich mich schminken lassen müßte, wenn der alte Oberg recht behalten sollte. Und damals schminkte man anders als heute, man machte das viel gründlicher.
Als mir am anderen Tag der Regisseur nun doch den Vorschlag machte, die Rolle des Bergsteigers in seinem Film zu spielen, bat ich mir zu seinem maßlosen Erstaunen eine kurze Bedenkzeit aus. Ich wollte, da ich sowieso nach Bozen mußte, meine Mutter um Rat fragen. Spätnachts kam ich nach Hause und ging, ohne sie zu wecken, schlafen. Frühmorgens und noch im Bett liegend, erzählte ich ihr die Neuigkeit und erklärte ihr, daß ich, der bisher nur so eine Art Helfer und Berater bei diesem Film gewesen sei, nun wohl in die erhabene Gilde der Schauspieler aufgenommen werden sollte.
Die gute Mutter strahlte. Ihre Augen glänzten immer, wenn ich ihr etwas erzählte. Sie war die dankbarste Zuhörerin meines Lebens. »Warum überlegst du lange? Du wirst gefallen, und in den Bergen bist du ja so am liebsten – nimm nur an und schau aber auch, daß du etwas verdienst«, sagte die stets Besorgte.
»Aber es könnte auch schiefgehen, Mutter, ich bin ja noch nie vor einer Kamera gestanden, und wer weiß, wie ich auf der Leinwand aussehe, außerdem wird man weiß geschminkt wie ein Clown, man schaut nachher direkt anders aus, ich hab' ein Gefühl, daß das nichts für mich ist.«

»Weiß oder schwarz, pah – das macht gar nichts, das laß nur die Leute machen, wie sie wollen, die werden ihre Sache schon verstehen. Spiel nur. Du wirst es schon recht machen!«
Zwei Tage später wurde die erste Szene gedreht. Mit vielen Worten begann mich die Diva, Hertha von Walter, auf besonderen Wunsch des Regisseurs, zu schminken. Die denkwürdige Handlung ging in der Führerstube des Sellajochhauses vor sich. Zwischen Salamischeiben, Butterbrotresten und halbleeren Kaffeeschalen saß ich und mußte mir eine vornehm riechende Fettschminke von der Diva mit zarten Fingern ins Gesicht kneten, nachher aber mit einer Quaste, wie sie Clowns und vornehme Damen vorne auf ihren Pantöffelchen tragen, dicke Wolken weißen Puders auf die Haut klopfen lassen, bis sie wie die Innenseite eines verkleisterten Plakats spannte. Nachher fuhr das hochkünstlerische Mädchen noch mit einem schwarzen Stift schwungvoll um Augen und Brauen. Schließlich nahm sie einen roten Stift und bemalte damit meine bisher verschont gebliebenen Lippen. Zwischendurch trat sie immer einmal einen Schritt zurück, betrachtete, von ihrer Arbeit sehr befriedigt, ihr Werk und hielt mir dann freundlich den Handspiegel vor die Nase. Ich schaute weg, denn ich wollte mich nicht sehen.
Vor der Hütte breitete die klare Wintersonne ihr strahlendes Licht über die kristallenen Schneehänge, und erhebender als je blickten die Märchenformen der Langkofelgruppe in den stillen Morgen. Alles war eine einzige Reinheit, alles ein einziger Glanz, als hätten Engel alles über Nacht frisch vom Himmel heruntergetragen.
Auch ich wurde immer schöner. Draußen roch es nach Licht und Schnee, in der Stube nach Haarwasser, Patschuli und Schminke. »Los, los, kommt, ihr sollt zur Aufnahme, sie warten unten beim Dreiecksfelsen auf euch, die Kamera ist schon aufgestellt!«
»Wir kommen«, antwortete die Heldin des Films, räumte zwischen leeren Sardinenbüchsen, Salamischeiben und Eierschalen rasch noch ein paar Schminktiegel vom Tisch und sagte, ich könne nun gehen, denn ich sei fertig hergerichtet.
Einer gewissen Eitelkeit und Neugier nachgebend, warf ich nun doch rasch einen heimlichen Blick in den kleinen Handspiegel. Ich war auf eine Veränderung gefaßt gewesen, aber was mir da aus dem Spiegel entgegenblickte, war ein völlig Fremder, der mich erschreckte, eine vollkommene Fälschung! Ein kalkiges Bajazzogesicht mit schwarzen Strichen um die Augen blickte mir entgegen. Komische Kunst, dachte ich mir und ging kopfschüttelnd hinaus vor die Tür. Nur mit Scheu ging ich durch den Schnee. Plötzlich schien mir das alles wie eine Sünde gegen die Ehrfurcht, die ich stets beim Anblick der Berge empfand.
Als ich unter die an der Kamera Wartenden trat, schämte ich mich. Ich war mir selber fremd geworden. Am liebsten wäre ich zurückgegangen in die Hütte oder hätte mich verkrochen wie ein frisch geschorener Pudel. Aber
 statt dessen mußte ich zur ersten Szene meines Lebens vor die Kamera und

damit den entscheidenden Schritt auf die Filmleinwand und vor die Welt tun. Ich tat, was man mir sagte, zeigte in die Höhe zum Gipfel des Langkofels, blickte zu den Wolken und legte der fröstelnd und in den letzten Zügen liegenden Diva auf Zuruf des Regisseurs meinen Rock um die schlanken Schultern. Das alles geschah vollkommen steif und dumm und voller Hemmungen. Ich schämte mich dabei nicht nur vor den Leuten an der Kamera, sondern noch mehr vor den ehrwürdigen Häuptern meiner Heimatberge, die kahl und kühl auf unser Treiben niederschauten. Sie erfüllten mein Herz mit einem Gefühl der Erniedrigung, ich wußte nicht, warum das so war, aber es war nun einmal so.
»Gut, sehr gut«, rief der Regisseur, »bitte, noch einmal!«
Er lobte mich wohl nur, um mir Mut zu machen, und war vom Gegenteil gewiß so gut überzeugt wie ich. Die Berge schauten zu und schwiegen.
Es wurde dann noch eine Szene zwischen der Diva, mir und dem alten Oberg gedreht. Ich hatte die ärgsten Hemmungen überwunden und spielte ein wenig lockerer. Die Diva war natürlich groß wie immer, aber das war alles nichts gegen den großen Tragöden Oberg, dem ich meine Karriere verdanke. *Der* hat gespielt, und *wie* hat er gespielt! Mit den Händen, den Füßen, mit den Augen und der Stimme hat der Oberg gespielt, es war erschütternd und befreiend zugleich. Der gute Alte stapfte im Frack, mit einer Fackel bewaffnet, hilfesuchend durch den knietiefen Schnee in die stürmische Nacht . . .
Dann, in der gemütlich geheizten Hütte, trank er sein Glas Glühwein. Der Regisseur sprach in Kreuzworträtseln, die Katze schnurrte, und die Diva drehte sich Lockenwickel. Die Bergführer spielten Karten und waren sehr zufrieden mit dem Lohn, dem Schnee und der Erbswurstsuppe, weil auch ein Liter Wein auf dem Tisch stand.
Als am anderen Morgen die Diva wieder ihre Schminktiegel zwischen den Wurstscheiben hervorzukramen begann und der Regisseur sie ersuchte, mich rasch fertig zu machen, sagte ich bescheiden, aber bestimmt:
»Lieber Meister, wenn du willst, versuche ich gerne weiterzuspielen, aber ohne Schminke. Laß mich so, wie ich bin, vor die Kamera, ich mag nicht wie ein Zirkusclown aussehen!«
»Aber mein Lieber, das verstehst du nicht. Alles wird geschminkt.«
»Warum denn? Ich verstehe das wirklich nicht. Bergsteiger sind ja im Leben auch nicht geschminkt. Wenn ich eine bleiche Großmutter spielen müßte, dann vielleicht, aber so nicht!«
»Bravo!« rief der alte Oberg.
»Aber jeder Filmschauspieler wird und muß geschminkt werden, verstehst du das nicht?«
»Nein!«
»Es muß aber sein!«
Der Fotograf meinte nämlichaber, könnte man dann den Versuch, nämlichwohlaberdann wagen, denn nämlichaber wäre es vielleicht dann gut . . .

»Na, in Gottes Namen – nämlichaber dann ohne Schminke.«
»Bravo!« rief der alte Oberg. »Er soll spielen, wie er ist, dann wird's recht!«
Wie einfach wir beim »Berg des Schicksals« arbeiteten und lebten! Wir zogen dann für eine ganze Weile in die vom Krieg zerstörte Cinquetorrihütte, schliefen im Haus und kochten uns das Essen selbst. Es gab weder Tagesdiäten noch große Gagen. Das galt für die Hauptdarsteller so gut wie für die Kameraleute.
Um den Film fertigdrehen zu können, mußte ich zum Schluß noch einmal mit tausendfünfhundert Dollar, die ich, weiß Gott wie, aufgetrieben hatte, einspringen.
Obwohl ich durch Obergs Fürsprache wider Willen zum Hauptdarsteller des Films avanciert war, schleppte ich das schwere Aufnahmestativ jeden Morgen selbst zu den Motiven, während die Kameraleute ihre Apparatekoffer schweißtriefend nachtrugen. Auch auf die Vajolettürme kletterten wir und schleppten unser ganzes Gerät selber hinauf. Hannes Schneider, Hans Schneeberger und ich brachten zuerst die Apparate auf den Gipfel des Stabelerturmes. Dann kletterte Hannes mit mir durch den Pichlriß auf den Delagoturm, und Schneeberger drehte vom Gipfel des Winklerturmes aus.
Nachher seilten wir den ganzen Salat wieder ins sogenannte Gartl am Fuße des Rosengartens ab, luden alles auf unsere Schultern und zogen zur Hütte.
Als die Aufnahmen zum »Berg des Schicksals« beendet waren, kehrte ich in mein Büro nach Bozen zurück und war höchst erstaunt, als mir einige Monate später ein Freund aufgeregt einige Berliner Zeitungen unter die Nase hielt. Sie enthielten Betrachtungen über unseren Film. Da schrieb der bekannte Kritiker Dr. Roland Schacht in der »BZ am Mittag« unter anderem:
»Besonders eindrucksvoll und eigenwillig ein Ingenieur Julius Trenker. Einfach und stark in Erscheinung und Wirkung. Unsere Filmproduktion kann auf diese neue Erscheinung nicht eindringlich genug hingewiesen werden.«
War es nicht erstaunlich, daß man einem an sich so einfachen Film in der Presse solche Bedeutung beimaß? Ich hatte doch als Bergführer und besonders als Soldat an der Front ganz andere Leistungen vollbringen müssen, und nie wäre es einem von uns eingefallen, davon so viel Aufsehen zu machen!
Tatsächlich wurde der »Berg des Schicksals« ein großer Erfolg. Ich staunte auf dem Münchner Hauptbahnhof über die großen Plakate, die unseren Film anzeigten, und war nicht wenig überrascht, an einem Zeitungskiosk am Bahnhof von Verona mein Konterfei auf der Titelseite einer deutschen Illustrierten zu finden.

Kalifornische Reise

In den Jahren zwischen 1931 und 1972 war ich viermal in den USA, kam in die Staaten New York, Arizona, Kalifornien, Neumexiko, besuchte die Naturschutzgebiete, den Gran Cañon und die Indianer-Reservationen.

New York 1932

Ankunft am 13. Januar mit dem Dampfer »Bremen« nach Schneetreiben, Sturm und Nebel während der Überfahrt.

Es ist Mitternacht. Eine Unmenge Menschen am Pier. Ohrenbetäubender Lärm und Tausende von Koffern.

Fahrt durch Brooklyns dunkle Straßen, dann über die gewaltige Hudsonbrücke. Immer dichter und rauschender das Brodeln der Stadt, immer flammender und lebendiger die Lichtreklamen. Bis diese am sogenannten White Way alles übertreffen, was sich das phantasiereichste Hirn einer nach Vergnügen schreienden Metropole vorstellen kann. Lichter wandern hinauf, Lichter wandern hinunter, Strahlen löschen und zünden, Menschen strömen in breiten, unabsehbaren Ketten: Broadway.

An den Ecken und Haustüren Lungerer, Gauner, verdächtige Figuren. Schwere Massen wuchten gleich Felswänden in den dunklen Himmel. Lichter hängen im dunstigen Nichts. Tausend Laternen leuchten gestaffelt irgendwo im Raum. Wolkenkratzer bei Nacht. Weiter fahren wir durch Schluchten dem Hotel zu. Im 42. Stockwerk liegt mein Zimmer.

Der Portier begrüßt mich: »How are you?«

»All right! Können Sie Deutsch?«

»Ja, ich bin Wiener.«

Die amerikanischen Lifts sind schneller als die europäischen.

»Please?« fragte der Liftboy.

»In den 42. Stock. Können Sie Deutsch?«

»Jawohl, ich bin Würzburger.«

Im Zimmer ist Radioanschluß, sonst ist es sehr nüchtern und klein. Ich klingle dem Stubenmädchen. Die Maid erscheint:

»Do you speak German?«

»O yes, I am a German.«

»Von wo?«

»Aus Bayern bin i.«

»Das ist ja herrlich. Wieso sind so viele Deutsche hier im Hotel?«

»Das ist Zufall. Aber im Hotelgewerbe arbeiten in New York viele Deutsche.«

New York im hellen Lichte eines nebel- und wolkenlosen Tages: Hundertfünfzig Meter unter meinem Fenster kriechen winzige Autos und Menschen dahin. Ich habe Abseilanwandlungen.

Sehe ein Theaterstück »Reunion of Vienna«, eine derbe, billige Persiflage auf die Habsburger. Hervorragend gespielt. Ich bin kein Legitimist, aber mir hat das Herz weh getan.

Dann Roxy, das Riesenkino, der Riesen-Sex-Tempel, in dem sich der New Yorker Bildung, Rührung, Unterhaltung und – Andacht holt. Alles Revuehafte, Varietéartige ganz hervorragend gemacht. Bühneneffekte, Lichttechnik, Exaktheit und Auswahl der Mitwirkenden erstklassig. Das große, hundert Mann starke Orchester bestechend fest und klar. In der Wochenschau amerikanische Flotten-, Flieger- und andere Soldatenbilder. Das Publikum klatscht begeistert. Die Musik spielt die Hymne der Blaujacken. Dancing mit Chicken-Dinner. Das Lokal heißt »Hollywood«, liegt am Broadway. Sie tanzen, singen, werfen die Beine in die Luft, sind blond und gelenkig. Schlanke Girls. Die Stimmen sind alle gleich, die Haare, die Lippen, die Fingernägel und die Kostüme auch.
Auf unserem Tisch stehen zwei Flaschen Ginger Ale. Wir sind die einzigen, die das Zeug ohne Alkoholzusatz trinken.
Unter allen Tischen stehen mitgebrachte Whiskyflaschen, und jeder trinkt, was und wieviel er will.
Neben mir wird ein Mann, der fast vom Stuhl fällt, hinausgeführt. Es wird geraucht, daß die Decke zu schweben scheint. Die Laune ist fröhlich und ausgelassen. Lachen können diese Amerikaner wie die Pferde. Im 42. Stockwerk schläft es sich prachtvoll. Ich höre kein Autohupen, ich höre kein Geschrei und Gebell. Nur irgendwo von unten herauf ein fernes, gleichmäßiges Brodeln, das mich einschläfert.

New York 1972

1972 machte ich wegen einiger Fernsehaufzeichnungen dieser großen, gelobten, verfluchten, verruchten, fleißigen, tüchtigen und ganz und gar einmaligen Weltmetropole erneut einen Besuch.
Als ich am Kennedy-Flughafen ankam, empfing mich in der Halle ein kleines Fernsehteam. Lampen blitzen auf, man drehte Bilder von meiner Ankunft für die ARD-Sendung zu meinem 80. Geburtstag am 4. Oktober 1972, in Erinnerung an den von mir im Jahre 1932 in New York gedrehten Film »Der verlorene Sohn«. Reporter stellten Fragen, und gleich war auch, von den Scheinwerfern angelockt, eine Schar Kinder um uns. Sie schnatterten lebhaft durcheinander, es waren hauptsächlich schwarze Buben und Mädchen, wollten von mir Autogramme. Natürlich – Scheinwerfer und Fernsehapparate ziehen an, der Mann war gewiß einmal Boxer oder so was, dachten sie wohl. »Wozu wollt ihr Bilder von mir, ihr kennt mich ja gar nicht!« sagte ich zu den Kinder. Da rief eine kleine Schwarze mit großen Kugelaugen und einem lustigen Dutt auf dem Köpfchen: »O yes, I know you!« – »Woher?« wollte ich wissen. – »Mein Vater war in Deutschland Soldat, und da hab' ich Sie immer im Fernsehen gesehen!«
1933 befand sich dort, wo jetzt das stolze Rockefeller-Center steht, eine gigantische Baugrube. Bei einem nächtlichen Spaziergang fand ich damals einen kleinen Schlupf, der es gestattete, einen Blick in diese mir wegen ihrer Ausmaße nicht ganz geheure, neue Welt zu werfen. Bohrhämmer, Kräne, Arbeiter, Lastwagen fuhren, gingen, hämmerten wie Ameisen tief

unten zwischen Bahngeleisen und Aufzügen. Als ich nach zwei Jahren wieder da war, standen die wundervoll ausgerichteten Blöcke des Rockefeller-Centers in unbeschreiblich vornehm ruhiger Eleganz an jener zentralen Stelle der Stadt, wo früher ein scheinbar babylonisches Durcheinander geherrscht hatte. Wenn New York nach den Gründerjahren in griechischen Tempeln, italienischen Protzbauten, eleganten, klassizistischen Wohnhäusern geschwelgt hatte, so wurde um die Mitte des vorigen Jahrhunderts die Gotik Mode, der New York einige schöne Kirchen und Bankgebäude verdankt, die der Stadt einen merkwürdigen Charme verleihen. Und, nicht zu vergessen, in der Hafeneinfahrt auf der Liberty-Insel ragt die auf einem gewaltigen Granitsockel errichtete 47 Meter hohe Freiheitsstatue mit der Leuchtturmfackel als Signal zum Himmel. An ihrem Sockel saß ich 1932 als hungernder Sohn einer verlorenen Heimat, 1972 begrüßte ich dieses tröstliche Sinnbild amerikanischen Freiheitswillens mit dankbarem Gefühl für die großzügige Hilfe, die uns Europäern von der großen Nation in den Jahren der Not zuteil wurde.
Nach dem Ersten Weltkrieg gingen Amerikas Architekten eigene Wege und schufen einen völlig neuen Baustil. Frank Lloyd Wright, Eero Saarinen, Mies van der Rohe und andere entwarfen Bauten von überwältigender Schönheit. Man ist berauscht von soviel Originalität, Vornehmheit, eindrücklicher Eleganz, Leichtigkeit und selbstverständlicher Funktion. Das New York von 1972 war für mich, dem ehemaligen Architekturstudenten, ein berückendes Erlebnis. Staunend stand ich immer wieder vor dem TWA-Terminal, dem genialen Wurf eines großen Architekten und weitblickender Auftraggeber.
Ein Gesetz zum Schutze von sogenannten »Landmarks« soll in Hinkunft nicht nur einzelne, historisch interessante Gebäude, sondern ganze, den New Yorkern liebgewordene Stadtviertel vor der Spitzhacke retten. Greenwich, die Brooklyn Highs oder Soho wurden zu Baudenkmälern erklärt und bleiben bestehen. Die gigantische Metropole zwischen Ost und West wird trotz manch harten Kampfes ihr sich stetig veränderndes Antlitz in Zukunft noch faszinierender gestalten und den in den Jahren nach dem Ersten Weltkrieg entwickelten Stil der Wolkenkratzer, der zum Baustil der ganzen Welt geworden ist, weiter ausbauen, verschönern, humaner machen und der neuen Zeit entsprechend immer wieder neu überdenken.
New York ist Ausdruck und Symbol amerikanischen Geistes, amerikanischer Kraft und amerikanischen Freiheitsempfindens, trotz aller Schattenseiten. Immer wieder stellte ich fest: Zwischen den steinernen, stählernen und gläsernen Fassaden New Yorks schlagen starke, hoffnungsvolle Herzen.

oben: Sutters Fort in Sacramento, Kalifornien
unten: Der Grand Canyon, Arizona

Death Valley

Es ist Sonntag vier Uhr morgens. Wir stehen in der kühlen Luft und verpacken unsere Sachen im kleinen Wagen. Die Lichter brennen, und der Fuß drückt den Gashebel, daß der Wagen mit achtzig Meilen über die dunkel geteerte Straße fliegt. Der weiße Strich in ihrer Mitte kommt mir vor wie ein Band, das wir fressen. Klingler steuert. In San Bernardino fassen wir Brennstoff. Ohne Rast fahren wir weiter, nordwärts über Barstow, Baker Soshone. Es sind kolonial anmutende Garagen, Drugstores und Hotelplätze, romantisch verloren in der großen Wüste. Auf den breiten Straßen ist das Fahren ein fast stumpfsinniger Genuß. Die Sonne brennt heiß auf die steinige Wüstenlandschaft.

Wir sind jetzt zwölf Stunden im Wagen. Den Durst löschen wir mit einem Glas Coca-Cola. Wir wollen noch auf Dantes View und nachher hinunter ins Todestal, wo irgendwo, verloren in der großen Einöde, ein schönes Hotel namens Furnace Creek liegen soll. Kein Teer und kein weißer Strich kennzeichnet nunmehr die Straße.

Sie ist schmal, steinern, holperig und oft zwischen Sträuchern und Felsbrocken kaum erkennbar. Die Sonne sinkt immer tiefer zum Horizont, so daß sie uns in die Augen scheint. Wohin wir blicken und so weit der Wagen fährt, gibt es nichts als Sand und karges Wüstengestrüpp. Der Weg wird steiler und noch schlechter. Nach einiger Zeit erreichen wir endlich Dantes View, den höchsten Punkt der diesseitigen Umrahmung des Todestales. Eine Hütte steht oben. Dunkel hebt sich ihre Silhouette vom goldbraunen Himmel ab. Wir steigen aus. Der Blick nach Westen ist phantastisch. Weit drüben lastet schwer, gleich einem blauen Riesentier, eine lange Bergkette. Kein Laut ist zu hören, keine menschliche Siedlung zu spüren, so weit das Auge reicht. Wir sind auf ungefähr 2000 Meter Höhe: Gerade unter uns im Todestal ist die tiefste Stelle Kaliforniens, sie liegt 310 Fuß unter dem Meeresspiegel. Gespenstische Stille liegt über allem. Unten leuchten tintenfarben die Seen, deren Gase zu gewissen Zeiten giftig, ja tödlich sein sollen. Weiter südwärts liegen die kalifornischen Goldgräberbezirke.

Die Unendlichkeit, die Ewigkeit der großen Natur, ihre menschenferne Überwirklichkeit überfällt uns.

Um Mitternacht landen wir in einer Oase. Viel schöner kann das Paradies auch nicht gewesen sein. Ich bezweifle, ob es so schön war wie die Furnace Creek Inn. Wasser plätschern in den Pools, Vögel singen, Palmen rauschen im kühlen, abendlichen Wüstenwind, Lichter leuchten, von irgend-

oben: Als Sutter im Grand Canyon bei den Aufnahmen
zum »Kaiser von Kalifornien«
unten links: Als Giovanni di Medici im Film »Condottieri«
unten rechts: Als General Sutter
im Kampf um sein Recht (»Kaiser von Kalifornien«)

woher klingen durchs Radio sonore Negerstimmen in weichen Klagetönen. Der Sand und die Trockenheit des ganzen Tages sind im Bad vergessen. Ins Raunen und Rauschen der Palmen quaken die Frösche ihre Gesänge, und bald schlafen wir fest und traumlos.

Der Morgen ist klar, hell, weiß und gläsern. Nichts mehr von der dunkelfarbigen Schwere und Tiefe des gestrigen Abends ist zu spüren, aber weiter, endloser, ferner und leblos – steiniger ist der Ausblick. Wir packen auf und fahren ins Golden Cañon, dann quer durch das Todestal in die Schotterberge, an Stovepipe Wells vorbei, wild, fremd und einödig führt das Band der hellen Straße durch fruchtlose Steinwüsten und Sanddünen westwärts bergauf bis hoch in die Einöden. Wir kommen an verlassenen Goldgräbersiedlungen vorbei. Kleine Städte sind hier in Tagen entstanden und in Tagen verschwunden. Damals gab es noch keine Autos und keine Straßen. Die Menschen mußten in wochenlangen Reisen mit Maultieren alles herschleppen. Wasser fehlt hier vollständig, die Luft ist trocken und die Sonne heiß. Im Sommer ist hier die Hölle. Aber die Goldgräber fragten nicht danach, sie wollten Gold finden.

Wir treten in eine Hütte, sie war einmal eine Bar. Keine Menschenseele ist da. Stühle stehen herum, Tische. Auf dem Bartisch liegen Flaschen, auf dem Boden ein Hut. Wir gehen noch in einige andere Hütten. Überall dasselbe unheimliche Bild; ich hätte Angst, hier allein bleiben zu müssen. Seit vielen Jahren ist der Ort völlig verlassen. Viele hundert Menschen haben hier einmal gearbeitet, verdient, gelitten und verloren.

In den Goldminen liegen Spaten, Werkzeuge, Schubkarren, Sandsiebe, Maschinen verrostet und verwettert herum. Wo ist das Gold jener Zeit, das Tausende hergelockt hatte, die in der Hitze und sengenden Wüstensonne verdursteten und zugrunde gingen? Mit Schaudern verlassen wir diesen Friedhof der Wünsche und Hoffnungen. Der Vergleich mit der natürlichen Gesundheit eines Bauernhofes im Gegensatz zu diesen Grabstätten drängt sich auf.

Unser treuer kleiner Motor läuft unermüdlich. Wir kommen noch an vielen verlassenen Siedlungen und Goldminen vorbei. Erst gegen Nachmittag taucht Darwin, eine bewohnte Silberminenstadt, auf. Hier leben in Baracken etwa fünftausend Arbeiter.

Die Straße wird besser, der Josuabaum belebt weite Strecken. Drüben im Westen sind gewaltige Schneeberge erschienen, es ist die Sierra Nevada, die gegen Norden der 14560 Fuß (zirka 4800 Meter) hohe Mount Withney abschließt.

Zwischen gewaltigen Salzseen führt uns der Weg über einen dritten Paß in ein unendlich langes Tal, welches von der Sierra Nevada längsseits begrenzt wird.

Wir fahren abwechselnd. Jetzt ist die Straße auch wieder geteert und fast sechzehn Meter breit.

Nach einiger Zeit biegen wir ab, dem Walkerpaß zu, und kommen in die Sierra Nevada. Die schönen, die ewigen Schneeberge!

Es gibt wieder Wasser im Tal, es gibt plötzlich Fichten, Tannen, Wiesen, an die Schweiz erinnernde Bauernanwesen, Zäune, weidende Rinder, Korn und Menschen!
Der Gegensatz ist stark, verblüffend, groß und mächtig. Wir halten und legen uns ins grüne Gras.
Dantes View und Mount Withney! Ein Fluß rauscht durch das Tal, der Kern River. Er begleitet uns bis zur Ölstadt Bakersfield. Vom Kern River kommt kein Tropfen in den Pazifischen Ozean. Jeder Tropfen wird den Feldern zugeführt.
Morgen früh müssen wir im Atelier sein und verlassen deshalb in später Nacht nach kurzer Rast das lichtflimmernde Bakersfield. Zweihundert Kilometer durch die kalifornische Nacht. Lichter kommen, Lichter gehen, Brücken tauchen auf, Leuchttürme, Berge, Schluchten und Ölfelder fliegen vorbei.
Um vier Uhr morgens, genau zwei Tage nach unserer Abfahrt, brummt der tapfere kleine Ford wieder durch den Sunset-Boulevard in Hollywood unserer Behausung zu.

Tirol in Hollywood
»Berge in Flammen« sagt dem Amerikaner nichts. Der Film soll hier »The doomed Bataillon«, »Das verlorene Bataillon«, heißen.
Im Atelier ist die Kaverne errichtet. Ganz genau wurde der große in die Felsen gehauene Raum nachgebaut. Die fünfzig Soldaten hier sehen gut aus. Mir scheint alles sehr bekannt, verwandt. – Mein Englisch mag etwas tirolerisch klingen, aber das schadet nichts, ich spiele einen Tiroler Kaiserjäger. Dem Amerikaner ist es gleichgültig, wenn er merkt, daß das gesprochene Englisch einen deutschen, schwedischen, französischen oder spanischen Einschlag hat, er ist weit davon entfernt, darüber die Nase zu rümpfen, wie der Engländer dies in solchen Fällen gern tut. Daher waren auch die großen Erfolge der Garbo, der Dietrich, des Chevalier und anderer Europäer möglich.
Während wir eine Szene aufbauen, sitzt ein rothaariger, sommersprossiger Kerl neben mir. Sein Schnurrbart ist an den Ecken zu einer scharfen Spitze gezwirbelt. Blick, Bewegung und Gehabe ist das eines Tiroler Kaiserjägers aus einem Unterstand an der Südfront im Jahre 1917: Ich frage ihn:
»Do you speak German?«
»Jawohl, Herr.«
»Von wo sind Sie?«
»Aus Tirol.«
»Himmelherrgottsakrament! Von wo aus Tirol?«
Er redet Südtiroler Dialekt mit ampezzanischem Einschlag. Geboren war er in Cortina d'Ampezzo, den Krieg hatte er als Kaiserjäger mitgemacht, nun lebt er seit elf Jahren in Kalifornien. Der Film kam ihm gerade recht. Seit einigen Monaten ist er arbeitslos.

Unter den Komparsen sind Österreicher, Bayern, Ungarn und Italiener. Alle haben Heimweh, jetzt gar, weil es ihnen wegen Arbeitsmangel nicht gutgeht.
Die einzelnen Szenen werden ausführlich und bis ins letzte Detail geprobt, studiert und wieder geändert. Es kommt vor, daß wir früh neun Uhr fix und fertig im Studio stehen und nachmittags um fünf Uhr die erste Szene drehen. Der Negativverbrauch spielt dabei keine Rolle. Man arbeitet mit Fleiß, Exaktheit und Ruhe. Aufregung und Geschrei gibt es nicht. Dafür fehlt auch das Gefühl der Beteiligten, einer Idee, einem Gedanken, einem Ziel zu dienen.
Ins Freie zu gehen und dort zu drehen, ist dem Filmtechniker von Hollywood eine unbequeme, ungewohnte Sache. Es bedurfte großer Reden und langer Kämpfe, bis ich die Leute soweit hatte, daß sie die im Freien spielenden Szenen auch wirklich im Freien drehten. Sie taten dies erst, als die im Atelier gedrehten Szenen sich als unbrauchbar, weil nicht zu meinen aus den Bergen mitgebrachten Aufnahmen passend, erwiesen.

Die Mountain-Climber
Die Universalstudios sind groß, und ihre Bauten bedecken das Areal einer kleinen Stadt. Weil die Unternehmung auch ein eigenes Postamt hat, nannte man den ganzen Komplex einfach Universalcity. Wenn mich jemand im Gelände oder in der Kantine, im Studio oder in den Büros sah, dann hieß es immer: »Dort geht der Mountain-Climber.«
Ich war für die Leute dort nicht Darsteller, Regisseur oder Verfasser eines Films, ich war einfach Mountain-Climber. Mit dieser Bezeichnung wurde meine Ankunft in Hollywood von der Presse bekanntgegeben, und unter dieser Bezeichnung wurde ich überall vorgestellt . . .
Vor mir sitzt eine junge blonde Lady und will für die Sonntagsausgabe der Times allerlei wissen. Ich versuche, ihr mit meinem sparsamen Englisch das Handwerk möglichst zu erleichtern.
»Sie sind ein Mountain-Climber?«
»Ja, man sagt hier so.«
»Und was tut ein Mountain-Climber?«
»Er steigt auf die Berge.«
»Wozu steigt er hinauf?«
»Weil es ihn freut.«
»Verdient er dabei Geld?«
»Nein, im Gegenteil, es kostet Geld.«
Sie schüttelt den Kopf, schaut mich lächelnd an und fragt:
»Gibt es viele Menschen, die das tun?«
»O ja, viele.«
»Ist es weit auf die Berge, und gibt es auch Schnee und Eis dort oben?«
»Ja.«
»Ist es gefährlich?«
»Manchmal ja.«

»Was tut ein Mountain-Climber, wenn er oben auf dem Gipfel ist?«
»Dann rastet er und freut sich.«
»Was tut er nachher?«
»Dann steigt er wieder hinunter ins Tal.«
»Machen es denn alle Mountain-Climber so?«
»Ja, die meisten.«
»Aber was hat das für einen Sinn?« fragt sie, und ich sehe, daß sie mich bemitleidet. Sie hatte sich unter »Mountain-Climber« etwas Vernünftiges vorgestellt, vielleicht etwas, womit man viel Geld verdienen konnte, aber nur aus Freude auf die Berge zu klettern, das verstand sie nicht.

Nach Westen

Von Chikago führt die Santa-Fe-Bahn über La Plata nach Kansas City. Wir überqueren den gewaltigen Mississippistrom.
Die niedergespannten Bündel der Telegrafendrähte leuchten im Abendlicht, als glühten sie. Die Schienen laufen geometrisch geradeaus. Ins Unendliche.
Braungraue Steppe, Birken- und Eschenwälder, gewaltige Maisfelder, Ahornbäume, Holzbaracken, Farmen fliegen vorbei. Die Bauten erinnern an die Siedlungen der Westküste des nördlichen Norwegen. Schuppen rot, Wohnhäuser weiß.
Die Landschaft wird immer grauer, brauner, eintöniger. Die Sonne versinkt im Boden. Gleichmäßig rollt die schwere Rauchfahne vom kurzen Schlot der vierstimmig heulenden Lokomotive weithin über das Land.
Wie groß ist dieses Land! Anders als New York oder Chikago. Dort die Fabriken, rauchend, zischend, grollend. Hier nichts mehr von alledem. Wir sind in der Prärie, im Steppenland, weitab vom alten besiedelten Osten. Es geht westwärts.
Die Lokomotive heult wie ein Tier, groß und stark klingt das Rufen. Auf ihrem Rücken läutet eine warnende, kündende, stürmende Glocke. Sie läutet durchs Land: »Ich komme, ich komme, ich komme . . .«
Die Züge haben Namen, nicht Nummern. Mein Zug heißt: »The Chief« – »Der Häuptling«.
Es ist sechs Uhr morgens. Schneeverwehungen zeigen an, daß wir über Nacht gestiegen sind. Die Landschaft wird nun härter, trockener, gelber. Das Vieh dickfelliger, zerzauster. Ohne Unterbrechung gleiten wir an Ranchen vorbei und an ärmlichen Farmen. Alle sehen aus wie improvisierte Bretterbuden.
Tafelbergförmiger Fels erscheint. Hoch oben am Grat leuchtet in großen Buchstaben ein Name: Trinidad.
Drei Quer- und eine Längsstraße. Hotels, Stores, Magazine. Amerikanische Provinz. Die Architektur ist schauderhaft nüchtern, wie abgestandenes Bier. Maurische Spitzbögen aus Lehm. Im Führer steht: Trinidad,

5971 Fuß hoch, 11 732 Einwohner. Es werden hier 51 Erzminen mit 5000 Mann betrieben. Das Opernhaus kostete 75 000 Dollar, die Wasserleitung 1 000 000 Dollar und das Gemeindehaus 100 000 Dollar.
Wir nähern uns der Mitte des Kontinents. Der Zug bekommt drei Lokomotiven. Wir steigen rasch um weitere 1700 Fuß und sind nach 15 Meilen ungefähr 2600 Meter hoch. Farmen und Ortschaften werden seltener. Das weidende Vieh sucht sein kärgliches Futter unter dem Schnee. Ich sitze 55 Stunden im Zug, der nur drei- bis viermal am Tage hält, und habe noch 30 Stunden Fahrt bis Los Angeles vor mir. Es ist die schnellste Eisenbahnverbindung, die es zwischen Ost und West gibt.
Wir kommen ins Gebiet von Arizona und Neumexiko. Kirchen und Bahnhöfe haben mexikanischen, indianischen Einschlag und scheinen aus Lehm errichtet zu sein. Indianer sieht man fast gar nicht, Mexikaner nur selten.
Die Landschaft wirkt ganz groß. Niedrige Bäume und dunkles Buschwerk unterbrechen das kühle Blauweiß der gefrorenen Schneedecke. Weit im Westen erhebt sich ein gewaltiger Gebirgsstock.
Bis gegen Mitternacht bleiben wir noch in der Höhe von zirka 7000 Fuß, dann geht es bergab. Aber morgen mittag werden wir wieder auf 7000 Fuß steigen.
Albuquerque. Es ist zehn Uhr abends. Hier gibt es Indianer. Die armen Teufel hocken herum und rauchen. Weiber verkaufen Teppiche, Bogen, Mokassins und Ansichtskarten. Das ist nicht sehr lustig, eher traurig.
Der Mond ist klar und kreisrund am Himmel. Wir fahren durch die Wüste von Kalifornien.
Seidenes Grün hebt sich zart und matt vom sandfarbenen Boden. Zwischendurch streckt dunkles Gestrüpp seine phantastischen Formen. Zauberhaft wirken die auftauchenden Oasen mit Palmen und Gärten. Es sind Haltestellen der Bahn, deren Hauptproblem beim Bau die Wasserversorgung gewesen sein muß.
Die geteerte Automobilstraße läuft seit gestern immer neben der Bahn her. Benzindörfer mit farbigen, lustigen Holzbaracken tauchen auf. Es wird wärmer, sonniger. Der Zug rollt schneller. Es geht bergab.
Wir fahren durch Orangenhaine, durch nicht enden wollende Grapefruitpflanzungen. Das Gelände wird reicher und lebendiger, und weit unter uns spannt über einem unendlichen Häusermeer der Pazifische Ozean seinen blauen, unwirklichen Bogen. Die Westküste ist da.

Noch einmal im Santa-Fe-Expreß

Es ist Mitternacht. Im Hintergrund des Hafens von New York blitzen und locken tausend und abertausend Lichter. Ein märchenhafter Riesenschein liegt über dem ruhenden Steinmeer, dessen Wolkenkratzersilhouetten sich hoch in den nächtlichen Himmel strecken. Vor uns ist der

Pier, die Menschen lachen, grüßen, winken. Langsam und lautlos gleitet das Riesenschiff an die Brücken. Es ist ein wahrhaft großes Erlebnis, vor uns schlummert die Riesenstadt, das Riesenland. Seltsamer, einmaliger Augenblick im Leben! Wir sind in Amerika angekommen. Wie abenteuerlich das klingt und wie verheißungsvoll: Amerika.

Bald bin ich im ohrenbetäubenden Lärm der Riesenhallen. Und nach kurzer Zeit, in der alle Grenzformalitäten erledigt werden und ich den Mund kaum zubringe vor Staunen, sitze ich in einem Taxi und flitze durch die dunklen Straßen Brooklyns dem Kern New Yorks, der City zu. Schnell bin ich im Hotel und gleich darauf im 42. Stockwerk in meinem Zimmer.

Die Tage vergehen wie im Taumel eines unruhigen Traumes, zu neu, zu schnell wirbelt alles vor meinen Augen dahin. Wolkenkratzer, Lift hinauf, Lift herunter. Hier steigt man anders auf die Gipfel als bei uns daheim. Das Empire State Building ist 380 Meter hoch. Ich muß an die Fünffingerspitze denken. Vom Einstieg bis zu einem so hohen Gipfel brauche ich in den Dolomiten ungefähr drei Stunden. Hier gehe ich in einen Lift, nehme, wie es Sitte ist, den Hut ab und fliege, von einem ziegelrot befrackten Liftboy und dreißig anderen Menschen umgeben, in zwei Minuten hinauf in den Himmel. Dort gibt es eine phantastische und unerhörte Aussicht auf New York bis weit in den Ozean hinaus, mit Radiomusik und Kaffee. Die Menschen sind winzig klein tief unten in den Schluchten des steinernen Meeres, und wie aus weiter Ferne brodelt und rauscht der gewaltige Verkehr zu uns herauf.

Ein gigantischer Wille steckt in diesen Wolkenbauten, sie sind wie die ganze Stadt auf Fels gebaut. Ungeheuer, wie das Land in seiner Kraft und unbändigen Energie ist, sind auch diese Wahrzeichen, es sind steingewordene Denkmäler einer nie geahnten Entwicklung der Technik und Maschinen. Es sind Türme zu Babel ohne Verwirrung. Die Vermessenheit, sie bis in den Himmel bauen zu wollen, scheint fast zu gelingen. Mehrmals überkommt mich der Gedanke: Wenn das einmal alles einstürzte, Erdbeben oder krachende Bomben die Sockel umrissen? Es ist vermessen, daran zu denken, aber fast schien es mir auch vermessen, so in den Himmel zu bauen.

Das Wohnen ist in solchen Riesenbauten angenehmer, als man annimmt. Ich schlief bei offenem Fenster stets ruhig und ungestört. Das Brodeln tief unten im Tale erklang fern, wie daheim das Rauschen des Baches, nur elektrischer war es, dumpfer und ferner, nicht lauter.

Im Zentralbahnhof dampft und faucht die Lokomotive des »Twentieth Century«. Die Koffer sind verstaut. Es gibt noch ein paar gute Ratschläge, eine noch bessere Zigarre, und ich sitze im geräumigen Abteil. Der Zug gleitet langsam aus der Halle und verschwindet in den Boden New Yorks. Im düsteren Dunkel fahren wir durch die Eingeweide der Metropole. Rohre links und rechts, Kabel, Bündel von Kabeln, Metallträger, Schienen, Eisen und Schlünde fliegen vorbei, tauchen auf, verschwinden im nächtlichen Nichts.

Am anderen Morgen bin ich in Chikago, und nach kurzem Aufenthalt und Bahnwechsel rollt der Zug auf den Gleisen der Santa Fe Road weiter. In zwei Tagen und Nächten soll er uns zum anderen Ende, an die Gestade des Stillen Ozeans bringen.
Der Tag verging mit Schauen, Staunen, Fotografieren und Schreiben. Dann kam langsam der Hunger. Irgendeine Scheu hielt mich davor zurück, in den Speisewagen zu gehen. Es wird wohl die Tatsache gewesen sein, daß ich auf alle freundlichen Worte, Bemerkungen und Aufforderungen der Stewards nur mit »Yes« antworten konnte. Schließlich siegte der Hunger doch, ich ging in den Speisewagen und nahm Platz. Hier herrschte jene angenehme Atmosphäre der ruhigen Unterhaltung, wie man sie meist nur in weitfahrenden Überlandzügen trifft. Die Räder rollten im leisen Schlag, draußen flog die große Welt vorbei, die Steppen, der Mississippistrom, die Wälder Old Shatterhands und die weiten Prärien Winnetous. Ein freundlicher, riesengroßer Colored-Man in tadellos weißer Jacke legte mir eine große Speisekarte, dazu Tintenblei und Schreibblatt auf den Tisch.
Ich blickte alles an und muß wohl ein ziemlich hilfloses Gesicht gemacht haben, denn bald kam der Ober zurück und murmelte etwas. Ich nickte verständnisvoll und dachte mir, daß es im Grunde ja ganz wurscht wäre, was man esse, und schaute in die Karte. Die Räder rollten, die Gäste aßen, der Boy wartete. Ich konnte aber nichts finden, wenn ich mich auch noch so anstrengte. Immer schwerer wurde ein Entschluß, denn ich konnte ja das Zeug weder lesen noch aussprechen. Beim Umschauen zu den Schüsseln, Tellern, Schalen und Gläsern der Nachbarn sah ich so viele gute Speisen, daß mein Appetit noch größer wurde. Seit achtzehn Stunden hatte ich nichts anderes als einen Kaffee genossen.
Grapefruits, frische Obstcocktails, Braten, Salate, Hühner, Fische, Erdbeeren, Artischocken und noch viel mehr und noch viel Schöneres wurde rundum mit selbstverständlicher Ruhe verzehrt. Mir lief das Wasser im Munde zusammen. So nickte ich verbindlich zum Boy und bestellte auf folgende Art mein Dinner:
Dem Ansehen nach gefiel mir auf der Speisekarte die siebente Zeile, von oben nach unten gezählt, am besten. Die Sache war etwas dicker gedruckt und kostete einen Dollar und fünfzig Cents. Kann nicht schlecht sein, dachte ich mir, zeigte dem dunkelhäutigen Boy die Karte und tippte deutlich auf Preis und Speise. Dann wählte ich als Ergänzung die vierte Zeile des dritten Absatzes von unten. Etwas Zuspeise kann nicht schaden, dachte ich mir. Der Boy grinste verbindlich und sagte etwas. Ich verstand ihn nicht und zeigte wieder auf die beiden Ziffern. Der Boy zuckte freundlich die Achseln und ging. Ja, ja, dachte ich, es geht auch ohne zu reden. Außerdem war ich furchtbar neugierig, was man mir nun bringen würde. Sicherlich etwas Gutes. Ich freute mich schon. Ein Dollar fünfzig war viel Geld.
Es dauerte einige Zeit. Mein Magen knurrte. Mußte wahrscheinlich frisch

gemacht werden. Vielleicht wurden Präriegamsen oder Hirschlenden nach Indianerart frisch am Rost gebraten. Ich wartete mit jener Vorfreude, die angeblich die schönste sein sollte.

Da endlich kam mein dunkler Freund mit leeren Händen, wie ich enttäuscht feststellte, nickte lächelnd und redete flüsternd und, wie mir schien, auch eindringlich auf mich ein. Ich verstand keine Silbe, obwohl er einige Zeichen auf die Karte hinweisend machte und zuerst nach oben und dann nach unten auf Zeile vier des Absatzes tippte.

Ich blieb bei meiner Wahl, nickte verständnisvoll und sagte, um Aufsehen zu vermeiden, immer wieder »Yes«.

Der Steward bemühte sich, mir etwas zu erklären, aber ich zeigte auf meine zwei Zeilen und sagte wieder »Yes« und »Allright«. Achselzuckend gab der schwarze Sohn Amerikas endlich seinen Kampf mit mir auf und kehrte zurück in die Küche.

Einige Leute, die auf unsere Unterhaltung aufmerksam geworden waren, lachten zu mir her und verspürten anscheinend Lust, sich meiner Sache anzunehmen. Dies war mir peinlich, ich wollte kein Aufsehen und tat also, als sei alles in bester Ordnung.

Endlich öffnete sich die Türe. Halleluja, das ist mein Abendessen, mein Lunch, mein Dinner, mein Souper! Der schwarze Ober schwang eine riesengroße Silberplatte in Schulterhöhe mit glänzenden Eisbrocken und stellte sie umständlich auf meinen Tisch. Hirschlenden waren das allerdings keine . . . Präriegamsen auch nicht . . . Im ersten Moment kannte ich das Zeug überhaupt nicht. Große, mit Eis garnierte Muscheln lagen vor mir . . . werden wohl Austern sein, dachte ich. Mein Leben lang hatte ich solche kleine Meerungeheuer nie geschluckt. Kreisrund und schön verteilt lagen die teuflischen Dinger da vor mir auf der Silberplatte. Ich überlegte, wie ich mit diesen Dingern fertig werden könnte, da kicherte neben mir eine Dame halblaut ins Taschentuch, ich genierte mich furchtbar. Der freundliche Colored-Man aber brachte mir nun noch Zeile vier von unten: eine silberne Kanne voll dampfender Milch und schüttete sie sorgsam und liebevoll lächelnd in hohem Bogen vor meinen erstarrten Augen in die bereitgestellte Schale. Dann murmelte er etwas von »good appetite« und ging, mich meinem Schicksal überlassend, wieder seiner Wege.

Ich saß ratlos vor meinen Austern und der dampfenden Milch. Alles mögliche hatte ich in meinem Leben schon gegessen. Eigenhändig gerösteten Hüttenbraten, der zäh war wie Skisohlenleder, norwegischen Käse, italienische Puddings und angebrannte Kartoffelpuffer, buchweizene Knödel mit militärischem Drahtverhau, aber solche schlüpfrigen Meeresfrüchte noch nie. Ich wußte nicht, sollte man sie schlucken oder kauen, sollte man sie freundlich anschauen, böse oder gleichgültig. Die eisgekühlten Dinger warteten, die Milch dampfte. Was der Mensch bestellt hat, muß er bezahlen, was er aber bezahlt hat, das muß er auch essen! Ich riß mich zusammen, wenn sich auch mein Magen sträubte, ha, ich hatte schon schwerere Situationen überwunden. Nach einer Viertelstunde war alles überstanden.

Nun noch schnell die Milch. Ganz gleich, heiß oder kalt, nur hinunter, dachte ich mir. Drei Schnäpse wären notwendiger gewesen, hätte ich sie nur gehabt, denn plötzlich wollten die Austern wieder ins Meer. Ich wehrte mich dagegen und ging.
So saß ich wieder in meinem Abteil, sah die dunklen Wälder und fernen Berge im nächtlichen Mondlicht vorüberhuschen, hörte das dreistimmig langgezogene Heulen der Lokomotivsirenen, sah die Sterne Arizonas im tiefblauschwarzen Himmel funkeln und rauchte und träumte. Bald schlief ich im ruhigen Takt der rollenden Räder ein und erwachte erst, als mich die Morgensonne durch das breite Wagenfenster freundlich weckte.
Welch einen Anblick boten die Farben der kalifornischen Wüste, wie wundervoll breiteten die Palmen von Albuquerque ihre Fächer, welche Vielfalt von Farben, welch exotische Bauformen, dazwischen teppichwebende Indianerfrauen, alles neu, alles von einer unbeschreiblichen Romantik überhaucht. Da fiel mir das gestrige Abendessen ein. Von der mageren Austernmahlzeit noch immer hungrig, dachte ich nach, wie ich wohl zu einem nahrhaften Frühstück kommen könnte auf der schönen Fahrt durch Arizona. Ja, das wär's gewesen – Ham and Eggs –, das gab's ja in jedem kleinen Wirtshaus bei uns in Tirol – hätte ich doch gestern abend ganz einfach Ham and Eggs gesagt, ich Esel!
Kaum hatte ich im Dining Car Platz genommen, erschien, vom Colored-Man gerufen, freundlich nickend der Chef des Speisewagendienstes, ein smokingbekleideter Manager, den zu sehen ich vorher leider nicht das Vergnügen gehabt hatte. Die Spezialität eisgekühlter Austern mit heißer Milch mußte seinem Personal bekanntgeworden sein. Der Manager fragte mich lächelnd in französischer Sprache, ob ich Ungar sei.
»No, no«, sagte ich.
»Habla español?«
»No, no.«
Eine Sekunde lang überlegte der freundliche Herr, dann fragte er:
»Parlez-vous français?«
»Non, pas français.«
Wieder kurze Überlegung, dann mit prüfendem Blick:
»Forse parla l'italiano?«
»Benissimo«, antwortete ich erfreut, »ah, italiano si che parlo!«
Von wo ich aus Italien herkäme, wollte er nun wissen. Er bediente sich dabei der italienischen Sprache so sicher, daß ich einen Moment lang glaubte, einen Italiener vor mir zu haben. Ich antwortete: »Nicht gerade aus Italien, aber aus Südtirol, ehemals Österreich!«
Worauf mir der Mann lachend ins Wort fiel und sagte:
»Dann können wir ja deutsch miteinander reden, denn ich bin Wiener!«
Wir verstanden uns großartig, und ich brauchte keine kalten Austern mit heißer Milch und auch kein Ham and Eggs mehr zu essen, denn nun gab es einfach alles, was ich wollte, von frischen Walderdbeeren bis zum Büffelsteak, im Santa-Fe-Expreß zwischen Chikago und Los Angeles.

Begegnung am Broadway

Gleichmäßig und unbeirrt durchschnitt unser Schiff die Dünung des himmelüberwölbten, endlos weiten Ozeans. Diese meine zweite Fahrt nach New York war im Gegensatz zu meiner ersten von schönstem Wetter begleitet und sehr angenehm. In New York sollte ich Aufnahmen zu meinem Film »Der verlorene Sohn« drehen. An Bord hörte ich, daß in den Staaten die Prohibition aufgehoben werden sollte. Eine flüchtige Durchsicht der Passagierliste bestärkte meine Hoffnung, denn es fanden sich darin auffallend viele Namen von Sekt- und Weinhändlern.
Mit viel guter Laune und wenigen Dollars kam ich nach New York, um in den Straßen von Manhattan oder auf den Höhen der Wolkenkratzer und unter den Brücken des Hudson River Szenen vom Schicksal des verlorenen Sohnes zu drehen. Das Arbeiten war äußerst schwer, die New Yorker sind picture crazy, filmverrückt, und es war unmöglich, auch nur die kleinste Szene in den Straßen aufzunehmen, weil sich schon beim Aufstellen der Kamera innerhalb weniger Minuten Hunderte von Neugierigen ansammelten und sehen wollten, wer und was gespielt werden sollte. Sie wollten die Greta Garbo, Gary Cooper oder die Crawford sehen, warteten unverdrossen und zogen dabei immer mehr Menschen an, die wie gebannt in unsere Kamera starrten. Alle Beteuerungen, daß weder die Garbo noch die Kaiserin Maria Theresia kommen würden, waren erfolglos, und ohne einen Meter gedreht zu haben, mußten wir in den ersten Tagen unsere Kamera meist rascher einpacken, als uns lieb war. Ich war verzweifelt. Schon drei Tage hatte ich verloren, so konnte es nicht weitergehen. Nach einer schlaflosen Nacht entschloß sich mein Kameramann Albert Benitz, die Arbeit auf eine völlig neuartige Basis zu stellen. Heute würde man es Neoverismus nennen. Damals gab es dafür noch keinen Fachausdruck. Schauspieler brauchte ich nicht, wer außer mir noch mitwirkte, waren die New Yorker Einwohner.
Wir beschlossen also, alles heimlich aus einer verhängten Autolimousine heraus zu drehen. Die Verständigung zwischen mir und dem Kameramann geschah durch unauffällige Zeichen. So spielten die New Yorker, gleich ob reich oder arm, jung oder alt, unbewußt in meinem Film und in allen Gegenden der Stadt mit.
Wir drehten im Madison Square Garden und erlebten, wie der amerikanische Italiener Canzoneri den bisherigen Weltmeister im Leichtgewicht, einen vollendet gebauten Kreolen namens Kid Chokolate, k.o. schlug. Wir stiegen im Hafen an der Battery herum und fuhren auf die vorgebauten Inseln nach Governors Island und zur riesigen Freiheitsstatue, dem Wahrzeichen New Yorks. Allmählich arbeiteten wir uns ausgezeichnet ein, freundliche Policemen stoppten uns sogar den Verkehr im Central Park und ließen uns drehen. Dann stellten wir unsere Kameras versteckt und heimlich hinter einer Auslagescheibe der Fifth Avenue auf. Wir rollten auf riesigen Autobussen durch die Streets und Avenues und glitten auf

den dunklen Wellen des Hudson an geisterhaft thronenden Wolkenkratzern entlang. Ich blickte verloren und hilflos unter den gigantischen Eisenkonstruktionen der maßlos großen Brücken in die nächtlichen Nebel zu unzähligen erleuchteten Fenstern empor, die wie Irrlichter im unfaßbaren Raum schwebten, und starrte aus engen Straßenschluchten in den Rausch eines Lichttaumels sondergleichen – ich spielte alle Wandlungen eines verlorenen Sohnes, wir froren und drehten und plagten uns von morgens früh bis tief in die Nacht, Tag um Tag, Woche um Woche.
Wilder wuchs der Bart in meinem Gesicht, zerrissener und zerlumpter wurden Anzug und Habitus. Die Not kam und der Hunger. Wir arbeiteten am Hafen, in der Bowery und in der Gegend, die man drüben Hellskitchen, Höllenküche, nennt. Und eines Tages hatte ich gar nichts mehr, keinen einzigen Kreuzer, kein Stück Brot, keinen Mantel und keine ganzen Schuhe. Der dünne Anzug schlotterte zerrissen um meine Knochen, die Augen waren hohl und eingefallen, kalter Schweiß stand auf meiner Stirne. Verlassen, elend und hilflos schleppte ich mich durch die 42. Straße. Meine Habseligkeiten, ein Hemd, einige Taschentücher und zwei Paar Socken, trug ich eingerollt in Zeitungspapier unterm Arm. Der Wind pfiff unbarmherzig durch die zerschlissenen Kleider. Ein gemeiner, schmerzender Husten plagte mich elendiglich, die Augen tränten und schmerzten. Ziellos irrte ich zur Ecke des Broadway, blieb dort im Brennpunkt des wilden Verkehrs kurze Zeit hilflos stehen und beschloß schließlich, zum Central Park hinaufzugehen. Dort hatte ich früher manchmal Obdachlose auf Bänken schlafen gesehen.
Schwach und müde schlug ich also den Weg zum Park ein. Ich schämte mich in meiner grenzenlosen Verlassenheit vor jedem Menschen, der mir begegnete. Warum war ich in diesem Zustand auf den Broadway gekommen? Was hatte ich hier verloren? Was sollte ich hier? Das bittere Elend meines Zustandes wurde angesichts der vielen Menschen, die hier Vergnügen suchten und mir lachend und schreiend entgegenströmten, nur noch bitterer fühlbar. Kaum einer, schon gar nicht die Frauen, würdigte mich eines Blickes. Sah mich zufällig doch eine an, so war es, als blickte sie durch Glas oder Luft. So trostlos seelenlos war mir noch nie im Leben zumute gewesen. Männer, die vorübergingen, schenkten mir eher einen mitleidigen Blick, und das gab mir, dem verlorenen Sohn, Trost und tat wohl in meiner Verlassenheit inmitten all des Reichtums und Hastens.
Mein Magen war leer, und der Hunger tat mir weh. Es war, als hätte ich Feuer in den Eingeweiden. Seit zwei Tagen hatte ich nichts mehr gegessen. Im italienischen Viertel war es mir gelungen, durch einen schnellen, verzweifelten Griff zu einem Laib Brot zu kommen. Ungeschickterweise hatte ich dann mit dem kostbaren Gut unterm Rock plötzlich zu laufen angefangen. Mir war schwindelig gewesen vor Hunger und Schwäche. Das Brot habe ich gierig in wenigen Minuten unter den Riesenpfeilern einer Brücke verschlungen, wobei mich ein Policeman, der mich verfolgt hatte, kurze Zeit beobachtete und dann, von Mitleid gepackt, laufen ließ.

Meine ganze Hoffnung und Zuflucht war jetzt dieser Park. Dort gab es Bänke. Dort konnte man ausruhen. Das Sitzen konnte mir niemand verwehren. Und am Ende merkte gar kein Mensch, daß ich dort schlafen wollte.

Während der nächsten Aufnahme sah ich unter den mir begegnenden, eiligen Menschen vom Broadway plötzlich ein erstauntes Gesicht, zwei Augen blitzten mich den Bruchteil einer Sekunde an, und erschrocken dachte ich: Der hat dich erkannt, da gibt es kein Ausweichen mehr. Wie von einem Magnet angezogen, kam der junge Mann direkt auf mich zu. Es war mitten in einer schönen Szene, schade . . . ein Ausweichen war unmöglich, schon stand der Mann vor mir: »You are Mister Trenker!?« Ich sagte nichts, aber er ließ sich nicht abbringen: »Mein Gott, was ist mit Ihnen geschehen? Wieso kommen Sie in diesem Zustand nach New York? Erzählen Sie! Ich kenne Ihre Filme, Ihre Bücher. Es geht Ihnen scheinbar nicht gut – darf ich Ihnen helfen?«

Ich schwieg . . . er fuhr fort:

»Entschuldigen Sie . . . aber Sie sind doch Mister Trenker?«

»Ja, allerdings. Wir sind gerade bei einer Filmaufnahme, die Kamera ist in einem Auto versteckt, und es soll niemand etwas merken«, sagte ich und schielte zum Wagen hinüber, um zu sehen, ob meine Leute noch da seien.

Der überraschte Mann entschuldigte sich ob der Störung und ging zur 42. Straße, wo unsere Wagen parkten. Als wir mit der Aufnahme fertig waren, traf ich den freundlichen Amerikaner bei den Wagen. Er war nicht wenig überrascht, mir als Bettler in der Millionenstadt am Hudson River begegnet zu sein. Immer wieder sah er mich an, dann die im Innern des zweiten Wagens versteckte Kamera. »What a funny story!« meinte er.

In der Halle des Roosevelt Hotel erzählte ich dann Mister Henry John Candler aus Brooklyn, warum ich am Broadway und in diesem Zustand filmte.

Vielleicht war für ihn die unverhoffte Begegnung mit dem Tiroler Bergsteiger nur verblüffend, denn nie im Leben war mir Mister Candler vorher begegnet, und in meinen Filmen hatte ich doch bei Gott ein wenig anders ausgesehen als jetzt hier in New York. Ich weiß nicht, war es mein Zustand oder die Rolle, in die ich mich so vollkommen eingelebt hatte: Selten habe ich mich im Leben so gefreut wie an jenem Nachmittag, an dem mich ein fremder Amerikaner unter tausend Menschen am Broadway erkannt und in herzlicher und hilfsbereiter Weise angesprochen hatte.

Als einige Tage später unser Schiff wieder ostwärts in See ging, stand er am Pier neben vielen anderen amerikanischen Freunden und grüßte und winkte. Lange noch sah ich seinen hellen Hut, dann verschlangen die Nacht und das Meer Menschen und Gebäude. Die gewaltigen Blinkfeuer der Wolkenkratzer und die Millionen Lichter strahlten und flimmerten, bald nur mehr fernen Sternen gleich, über den dunkelglänzenden Fluten des Ozeans.

Lars Nielsens letzte Eismeerfahrt

Im Februar 1941 war ich einige Tage nach Berlin gekommen, um vielleicht doch noch ein Filmprojekt in Angriff zu nehmen. Der Leiter des Presseamtes im Oberkommando der Wehrmacht hatte mir den Vorschlag gemacht, einen Film in Narvik zu drehen. Da ich Norwegen von einer Expedition her kannte, hätte ich die Aufgabe gerne übernommen, aber die Durchführung scheiterte am Widerstand des Propagandaministers. Schon vorher hatte er mich aus dem Produktionsprogramm der Ufa gestrichen. Daß sich auch die Wehrmacht stumm vor ihm beugte, deprimierte mich sehr, und in schlechter Laune saß ich in meinem Arbeitszimmer, als es läutete.

»Hallo, wie geht es dir, alter Freund?«

Diese rauhe gute Stimme hatte ich seit vielen Jahren nicht mehr gehört, aber sofort erkannt. Ja, es war Lars Hansen, der nordische Erzähler und Schriftsteller, der mit mir vor Jahren in Spitzbergen gewesen war.

Die Filmgesellschaft, bei der ich damals verpflichtet war, hatte die fixe Idee, ich müßte einen Film auf Spitzbergen drehen. Ein Mann, der in den Bergen so daheim war, wie man es von mir glaubte, mußte wohl unbedingt auch mit dem ewigen Eis der Arktis vertraut sein. Ich war dies aber nicht und versuchte, dies meinen Herren Direktoren begreiflich zu machen. Da mir anscheinend die Begabung fehlte, Filmproduzenten etwas begreiflich zu machen, mußte ich nachgeben, denn ihr Vertrauen in mich war größer, als ich es verdiente, und so begann man, die Expedition vorzubereiten. Ich war nie in Norwegen und schon gar nicht in Spitzbergen gewesen, konnte zwar leidlich Ski laufen und wußte, wo Tromsö lag, aber ein wirklicher Kenner des eisigen Nordens mußte gefunden werden, um mir bei den Vorbereitungen zu helfen.

Zum Studium las ich einige Bücher des berühmten dänischen Forschers Rasmussen sowie auch andere Nordlandliteratur, darunter ein ganz ausgezeichnetes, im S. Fischer-Verlag, Berlin, erschienenes, furchtbar aufregendes Büchlein »Die weiße Hölle«, dessen Verfasser Lars Hansen hieß. Gleich nachdem ich das spannende Büchlein ausgelesen hatte, rief ich beim Verlag an und fragte nach Aufenthalt und Adresse des Autors.

»Sie haben Glück, er ist gestern aus Alaska gekommen, will in drei Tagen weiterreisen, nach Norwegen.«

»Wo wohnt er?«

»Im ›Anhalter Hof‹ am Anhalter Bahnhof.«

Noch in derselben Minute rief ich das Hotel »Anhalter Hof« an und ließ mich mit Lars Hansen verbinden. Eine rauhe, heisere Stimme antwortete im gebrochenen Deutsch, das mit norwegischen und englischen Brocken durchsetzt war. Die Stimme verriet viel Humor und wollte wissen, was ich von ihrem Besitzer wolle. Es gelang mir, eine Zusammenkunft für den nächsten Tag im Büro der Filmfirma zu vereinbaren.

Ich saß in einem jener nüchternen Filmproduktionszimmer der Friedrich-

straße. Die Tür ging auf, herein trat ein schlanker Mann in grauer Persianermütze, grauem Persianerkragen, helläugig, mit lustigen Augenbrauen, scharfem Blick, einer hakigen Nase, unter der ein weißhaariger Seehund-Schnurrbart den Mundbewegungen des Besitzers munter folgte, und sagte: »Ich bin Lars Hansen. Wer bist du?«
»Ich bin der Mann, der mit dir gestern telefonierte.«
»Sehr schön ist das! Was willst du von mir?«
»Wir fahren nach Spitzbergen, wenn du Lust hast.«
»Lust habe ich schon, aber kein Geld.«
»Das könnten wir verdienen.«
»Gut. Hast du eine Zigarette?«
Ich reichte ihm mein goldenes Zigarettenetui, es war ein Geschenk zur Erinnerung an die Uraufführung eines meiner Filme. Lars langte zu, nahm eine Zigarette und steckte meine Dose in seine Tasche. Aus seinen listigen grauen Augen blinzelte dabei ein vergnügter Funken. Lars weidete sich wohl an meinem Geiz oder meiner Angst. Ich hätte nichts sagen sollen, aber ich kam erst zu spät auf diesen Gedanken und sagte: »Lieber Lars, die Dose ist aus Gold, die möchte ich gerne wiederhaben.«
Erstaunt griff er in die Tasche: »Gold«, fragte er, »ist das? . . . Pfui Teufel, dann mag ich es nicht«, gab sie mir mit einem Ausdruck ehrlichen Abscheus wieder zurück und setzte sich mir gegenüber. Immer mit der Pelzmütze auf dem Kopf, fragte er: »Was wollen wir nun tun?«
»Wir werden mit der Filmgesellschaft einen Vertrag machen, und dann wirst du eine Expedition in das Eis Spitzbergens führen. Kannst du das?«
»Ich glaube schon, weißt du, ich habe da oben gelebt.«
»Hast du auch Eisbären gesehen?«
»O ja. Einige davon habe ich gegessen!«
»Werden wir ein kleines, nicht zu teures Eismeerschiff bekommen?«
»Ich werde die ›Hobby‹ chartern, das ist eine güte, güte Schiff. Wieviel Leute nimmst du mit?«
»Achtzehn bis zwanzig.«
»Gut. Schiffsmannschaft heuere ich an, und Polarhunde, die besorge ich bei meine güte Freund Leif Andersen in Tromsö, und Lars Nielsen nehmen wir mit, der hat schon viele Male in Spitzbergen überwintert, er ist der Beste von der ganzen Welt und hat immer eine güte Hümör.«
Sechs Wochen später zog die »Hobby« durch das nördliche Eismeer ihren Kurs. Das Wetter war kalt und sehr klar. Wir hatten einen furchtbaren Sturm hinter uns, und unser Holzkasten war drei Tage lang wie eine Nußschale von den wilden Wellen herumgeworfen worden, so daß wir alle seekrank waren. Viele gaben es zu, manche nicht. Ich gab es zu. Aber der alte Lars Hansen merkte nichts vom Sturm und vom Wind und nichts von der Kälte. Als Kind des Nordmeeres hatte er ein Leben hinter sich, das gewiß nicht spießbürgerlich verlaufen war: Sieben Jahre lang hatte er in Alaska bei den Indianern als Lachsfänger gelebt, war dann als Klempner
 auf den Wolkenkratzerdächern New Yorks herumgestiegen, hatte sich

später sein tägliches Brot als Holzfäller einer großen Sägemühle in Kansas verdient und war vor alldem einmal ein reicher Schiffsbesitzer gewesen, hatte eigene Seehundfänger auf Fang geschickt. Großzügig, kühn, phantasievoll und ohne bürgerliche Maßstäbe, wie fast alles im hohen Norden, hatte er seine Schiffe samt ihren Ladungen in einem einzigen Jahr vertrunken und verloren. Hemmungslos wurden Feste gefeiert, Schnaps mußte her, ob Sonntag oder Werktag, das Meer war ja reich, der Fang gut, warum sollte man nicht leben und leben lassen! Mädchen, Matrosen, Spitzbergenfahrer, Fangmänner, alles durfte und mußte mithalten, und Lars Hansen sah wohl schon weiße Mäuse in seinem Kontor herumhüpfen, als die Hiobsbotschaften von den versunkenen Schiffen eintrafen.

Seitdem aber waren Jahre vergangen, und Lars war nach Amerika zu den Lachsfängern gegangen, er hatte das getan, was eine starke Persönlichkeit in einem solchen Falle tut: Er hatte frisch und ohne zurückzuschauen neu angefangen. Sein köstlicher Humor half ihm dabei. Selten hatte ich in meinem Leben soviel gelacht wie mit Lars, wir liebten ihn sehr in seiner naiven, trockenen Art. Lars trank nie, obwohl ich ihn immer wieder aufforderte, ein Glas Wein oder einen Schluck Schnaps zu nehmen. Er blieb fest. Lars trank nicht.

»Warum trinkst du gar nichts?« fragte ich ihn eines Tages.

»Weil, wenn Lars eine Schnaps trinkt, dann Lars sofort eine ganz neue Mann wird, weißt du?«

»Ja, gut, aber das macht doch nichts?« sagte ich.

»Nein, mein Lieber. Weißt du, diese *neue* Mann will dann sofort *auch* eine Schnaps.«

»Na ja, und?«

»Und? Und diese *dritte neue* Mann will auch wieder eine Schnaps und so weiter und immer weiter, bis dann die letzte neue Mann unter den Tisch fällt und nicht mehr aufstehen kann.«

Das war schön gesagt, und Lars blieb mit einer bewunderungswerten Energie seinem Grundsatz treu, er trank keinen Alkohol.

Immer weiter nordwärts ging unsere Fahrt. Wieder kam grobe See. Die schweren Roller kamen von Ost und packten den Holzrumpf unseres Schiffes wild und hart an, kalt brauste der Sturm von der Barentssee her und wirbelte Millionen dünner Schneeflocken durch den grauen Himmel. Das Schiffsdeck war naß und ölig, Fässer rollten, Hunde jaulten und Taue wimmerten. Sturzwellen gingen über Bord, und wer auf Deck zu tun hatte, hatte nichts zu lachen. Wer im Schiffsrumpf lag, auch nicht. Unsere Besatzung bestand aus zehn norwegischen Seeleuten, welche dem Kapitän unterstanden, dazu kam mein zehnköpfiger Aufnahmestab, dann Lars Hansen und dessen Freund Nielsen, der hieß auch Lars.

Erst nach Tagen wurde die See wieder ruhig und spiegelklar, alle ihre Bos-

Kühner Sprung über den Abgrund im Karwendel-Gebirge

heiten vergaßen wir rasch, wir glitten im ruhigsten Meer und mildesten Sonnenlicht der Welt dahin, wie im Märchen, fast gewichtslos und unendlich fern von allem. Das waren unvergeßlich schöne, verzauberte Tage und Nächte im nordischen Mittsommer, unsagbar ruhig und wunschlos.
Spielende Seehunde tauchten aus dem Wasser, beobachteten unser Schiff und die merkwürdigen Gestalten darauf. Die Schiffsmannschaft erlegte viele. Die Beute gehörte der Besatzung. Wenn Seerobben oder andere Jagdbeute gemeldet wurden, hielt das Schiff. Die Jäger gingen in die Boote und sprangen im Verlauf der Schießerei auf die tanzenden Schollen und ihrer Beute nach. Ihr Anführer, der beste Fangmann weit und breit, Lars Nielsen, führte diese Ausflüge über die wogenden, wippenden, trügerischen und gar nicht immer sicheren Eisschollen. Größte Vorsicht und Vertrautheit mit dem Eismeer gehört zu solcher Jagd. Die Beute wird auf dem Eise rasch verarbeitet. Das Fleisch bleibt meist auf dem Eis liegen, und nur die Robbenhäute mit der dicken Tranfettschicht werden an Deck gebracht. Nur Tran, Fett und Felle sind gesucht.
Nach dem aufregenden Spiel einer solchen Jagd zog dann die »Hobby« mit ihren mörderischen Waffen und Menschen weiter, nordwärts, der raumlosen Lichtkuppel zu.
Lars blies an solchen Tagen auf der Flöte gerne seine norwegischen Lieblingslieder. Er trillerte mit Hingabe alle Melodien, die er kannte. Die meisten Töne blies er falsch, aber das machte gar nichts. So weit das Auge reichte, stilles, wogendes Eismeer und dazu des drolligen Freundes wunderliches Flötenspiel . . . So holte ich denn schließlich meine Geige aus der Kajüte und spielte mit Lars zusammen. Trotz der schauderhaften Dissonanzen gefiel uns unsere Musik sehr gut; ob sie auch den anderen gefiel, weiß ich nicht, aber Lars Nielsen war ganz hingerissen, er hockte am Boden, rauchte seine Pfeife und war im Himmel. Schöner könnte es absolut und ganz und gar nicht mehr sein auf dieser Welt, sagte er.
Wir kamen nach Advent-, Kings- und Amsterdambai, weitum hat uns die Fahrt den weißen Küsten entlanggebracht, bis wir schließlich im Eisfjord landeten.
Das menschenleere Land Spitzbergen hat uns mit seinen blauen Felsen und weißen Gletscherströmen die Erhabenheit jener weltweiten Stille, das Gefühl und das Ahnen jener unermeßlichen Größe, die über uns Menschen schaltet und waltet, tief ins Herz gesenkt. Die Zeitlosigkeit, die regungslose Weite, die ewig strahlende Dämmerung jener Tage ist wie ein unvergängliches Geschenk Gottes in unseren Seelen geblieben, alles war von einer unvergeßlichen und unbeschreiblichen Weihe und Stille.

oben: Frau Trenker mit den Söhnen Florl und Ferdl im Berliner Garten
unten links: Mit den beiden Söhnen
während der Aufnahmen zu »Liebesbriefe aus dem Engadin«
unten rechts: Mit der Mutter im Bozener Heim

Wenn aber der Sturm kam, wurde es vorher noch stiller, bis er dann, tobenden Göttern gleich, über uns hinwegbrauste. Das Meer schien zu brüllen, und pausenlos donnerten die zornigen Orgeln des gewaltigen Nordens. Aber auch wehmütig und dem Heulen eines verwundeten Tieres gleich konnte sein Lied klingen, wenn der Wind umschlug und aus dem Süden kam.

Die »Hobby«, das erste Schiff der Welt, wie sie sagten, lag nach einem schweren dreitägigen Schneesturm im Packeis des Fjordes fest. Ich fragte einmal den Steuermann, warum die »Hobby«, dieser schlingernde Holzkasten, den Ehrentitel eines »ersten« Schiffes der Welt bekommen habe. Er sagte, seinen Priem ins Eis spuckend: »Weil die ›Hobby‹ der erste Holzkasten sein dürfte, den die Menschen nach der Vertreibung von Adam und Eva aus dem Paradies gebaut haben.«

Also dieses erste Schiff der Welt lag samt uns allen im Packeis fest. Wir waren gefangen, und es war eine neblige, eintönige Zeit, wochenlang, Tag für Tag, einer wie der andere, und dies nach monatelangem Aufenthalt im Eismeer! Wir standen vor der Heimfahrt, aber das Packeis wich nicht. Tag um Tag schauten wir sehnsüchtig südwärts und westwärts, einmal mußte der erlösende Wind kommen, einmal mußte das Meer in Bewegung geraten, es war schon Mitte Juli, und ab Mitte August fror der Eisfjord zu, das hieß überwintern auf Spitzbergen. Dazu hatten wir weder Zeit noch Lust, wir wollten heimfahren, unser Material entwickeln lassen, unseren Film beenden.

Eines Morgens, nein, mitten in der hellen Polarnacht, erschallten frohe, freudige Rufe vom Ausguck am Toppmast, der Wind war gekommen, der Bann gebrochen, eine unaussprechliche Freude kam über uns, denn mächtig war die Sehnsucht geworden und der Wunsch, grüne Wiesen, Bäume und die Heimat wiederzusehen.

Noch ein paar Aufnahmen fehlten, und wir holten sie auf der Rückfahrt auf den tanzenden Eisschollen nach. Wir hatten allmählich viel Übung bekommen und bewegten uns wie alte Seehundfänger auf dem trügerischschwankenden Boden. Wir liefen, sprangen zwischen den tanzenden Schollen hin und her, trugen die Filmapparate hinaus und ließen uns oft weit vom Schiff hinaustreiben, dachten nicht viel dabei und hatten unsere Freude daran.

In den letzten Tagen vor Verlassen des Eismeeres geschah es, daß Lars Nielsen in den Abendstunden drei Eisbären erspäht hatte. Sofort war er mit Munition und Gewehr im Boot.

Hansen und ich beobachteten die drei Tiere durchs Glas. Lars Nielsen stieg, einen Mann in seinem Boot zurücklassend, auf eine Eisscholle und ging, das Gewehr schußfertig im Arm, auf die Eisbären zu. Die Bären kümmerten sich um das Schiff gar nicht. Manchmal stand der größte unter ihnen auf und schnupperte neugierig, sich über die Augen und die dunkle Schnauze wischend, zu uns herüber. Dann rieb er sich vergnüglich mit beiden Tatzen den Magen. Nielsen war auf fast dreihundert Schritte an ihn herangekommen, auf dem Bauch liegend, zielte und schoß er. Getroffen sank der Bär in den Schnee, die beiden Jungen sprangen ins Meer. Nielsen stand nun auf, sprang über einige Schollen seiner Beute zu, da sperrte ihm ein großer Abstand von der nächsten Scholle den Weg; Nielsen änderte die Richtung, schätzte die Entfernung zur nächsten Scholle ab, wippte in den Beinen, sprang zu, erreichte die kleine Scholle, stand den Bruchteil einer Sekunde aufrecht und versank stehend zwischen den Eisflächen in die eisigen Fluten.

Erstarrt standen wir da, bleich vor Schrecken, es würgte mich im Halse, ich konnte nicht rufen. Ein Schaudern überlief mich, als ich die beiden Eisbären blitzschnell untertauchen sah.

Lars Nielsen kam nicht mehr zum Vorschein, er blieb im Eismeer – die Scholle hatte ihn betrogen.

Nach wenigen Wochen trafen wir in Tromsö ein. In die Freude der Wiederkehr mischte sich das bittere Leid der Trauer um den braven Nielsen und der Schmerz seiner armen Frau und Kinder.

Fünfzehn Jahre waren seit jener Eismeerfahrt vergangen. Was war in der Welt alles geschehen in dieser Zeit! Lars Hansen stand mit seinen strahlenden Eismeeraugen vor mir und drückte mich an sein ehrliches Seefahrerherz. Er hatte seine Frische und seinen »Hümör« trotz der siebzig Jahre, die er lebte, noch nicht verloren. Er sagte nur: »Weißt du, meinen lieben Freund, die Nemesis ist auf dem Wege. Sie wird kommen.«

Und ich verstand seine Worte. Dann nahm er die Gitarre von der Wand und sang wieder ein Lied, das er oft an Bord der »Hobby« im Eismeer gesungen hatte! Ich sah wieder das unermeßliche Licht des Nordens, die stillen Fluten von nah und fern, den zum letztenmal über die Eisschollen laufenden Lars Nielsen, hörte den gewaltigen Orgelton der furchtbaren Schneestürme über die graue Fläche der Eisfjorde brausen und fühlte die Erhabenheit jener Stille, die so groß war und erwartungsvoll feierlich.

Als Lars die Gitarre wieder an die Wand hängte und stumm vor sich hin blickte, war sein Herz wie das meine inmitten der rastlosen, lärmenden Weltstadt von einer großen Sehnsucht nach jenem Land ergriffen, in dem es nichts gibt als die zeitlose Unendlichkeit.

Das Bad im Fjord

Das war eine große Freude, als unser Schiff im Hafen von Tromsö einlief. Die Angehörigen der Eismeerfischer, der Matrosen und auch Hilda waren da, lachten und riefen und wurden nicht müde, die Tücher zu schwenken. Vier Monate waren wir fortgewesen in Spitzbergens eisiger Welt, in seinen rätselvollen Fjorden.

Nach dem ersten Sturm des Wiedersehens wollten wir wieder die Köstlichkeiten des zivilisierten Lebens genießen, unsere Bärte fielen unbarmherzigen Rasiermessern zum Opfer, es wurde gebadet, gebügelt und gekauft, man richtete sich wieder auf das Leben in der wärmeren Welt ein. Der Hafen von Tromsö war voll von kleineren und größeren Eismeerschiffen. Das war ein Leben; es roch nach Seewasser, nach Abenteuern, Sturm und Ferne, nach Wind und Weite.

Helmer Hansen, der treue Begleiter Amundsens zum Südpol, war auch da, bescheiden, blauäugig und angenehm im Wesen, fast schüchtern, könnte man sagen. Ich bewunderte ihn. Welch ungeheure Energie mußte in diesem feinen Kerl stecken, und welch herrliche Bescheidenheit zierte diesen Mann. Lars Hansen, der unverwüstliche Geselle, hat mich mit Helmer bekannt gemacht, dann gingen wir gemeinsam zum Polarforscher Trygve Gran, wo wir einen Kaffee tranken und uns Geschichten aus Spitzbergen erzählten, und nachher zu Leif Andersen, der den schönen Pelzladen in Tromsö besitzt und unsere Expedition mit warmen Anoraks, Komagen, Skiern und allem Nötigen ausgestattet hatte. Seine freundliche junge Frau lud uns zu einem Abschiedsbesuch in den Lyngefjord ein; Lars, Hilda und ich nahmen mit Freuden an.

Neben dem Matterhorn, dem Gran Cañon und dem sternenübersäten dunklen Nachthimmel in den ungeheuren Sandwüsten Kaliforniens gehört die kühle Größe jenes Fjordes mit seinen jäh aus urtiefen Kristallwassern sich auftürmenden Felskolossen zu den mir unvergeßlichen Eindrücken.

Um Mitternacht stiegen wir an Land. Vor uns lag das Märchen des menschenverlassenen Felsgebirges, und von den Höhen stürzten, wehenden Fahnen gleich, weißschäumende Wasserfälle in die Tiefe.

Ein kleines Birkenwäldchen nahm uns auf. Frau Andersen hatte für alles gesorgt, und während Lars und Helmer zum Wasser hinunterstiegen, um ihr Glück beim Fischfang zu versuchen, fachten wir ein Feuer an und kochten Kaffee.

Die helle Mittsommernacht dieser Landschaft hatte etwas Mystisches. Opalfarben wölbte sich der Himmelsraum über uns, die Menschen verschwanden in diesen Dimensionen von Fels, Licht und Wasser. Eine heilige Ruhe ohnegleichen war über allem, gehoben noch vom geheimnisvollen Rauschen der von den Felsen niederschwebenden Wasser. In unberührter Schönheit und Stille lag der Fjord.

Lars schlief unter einem Schierlingsbusch zwischen Gras und Unkraut. Helmer träumte wohl im Halbschlaf von seinen großen Fahrten, bis Hilda die beiden mit einer himmlisch duftenden Tasse Kaffee weckte und Lars sich lächelnd entschuldigte:

»Gut geschlafen bringt gute Hümör, weißt du, Hilda. Du bist den schönsten Frau von dem ganzen Welt, und Frau Andersen hat die besten Koffee von der ganzen Welt gekocht.«

Bei ihm war immer alles herrlich und schön, denn Lars hatte bei Gott den besten »Hümör« von der ganzen Welt. Wir schlossen kein Auge in jener Nacht des hellen Nordens. Lars erzählte von seinen Erlebnissen in Alaska, New York und Grönland.

Eine Möwe kam fjordeinwärts gezogen und mahnte uns mit ihrem heiseren Schrei, daß es Zeit sei aufzubrechen. Nur schweren Herzens verließen wir die wildromantische Bucht, der Himmel war türkisgrün geworden, die Felsen ragten totenstill aus dem reglos blaugrünen Wasser, alle Farben waren von einer nie gesehenen Klarheit und Tiefe. Wieder zurückgekehrt nach Tromsö, ging es an die Abreise. Ein normaler, gut ausgestatteter Passagierdampfer nahm uns auf. Halb freuten wir uns, halb schmerzte es uns. Tief im Grunde unserer Seelen schlummerte nun die Sehnsucht nach jenem Zauber des ewigen Eislandes Spitzbergen.

Viele Freunde hatten sich zum Abschied am Hafen eingefunden. Diese Menschen hatten uns eine Gastfreundschaft entgegengebracht, wie man sie in den steinernen Städten des alten Europa kaum mehr kennt. Lange noch sah ich Smith und Helmer und Hogne am Pier stehen, zwischen ihnen Andersen und dessen Frau mit ihrer weißen Polarhündin Leila ...

Wir verließen das Schiff nach zwölf Stunden und nahmen Kurs über Narvik nach Schweden. Eine schmale, abwechslungsreiche Gebirgsstraße führte über einen Paß nach dem norwegischen Grenzort. Dort war ein Fjord auf einer Fähre zu übersetzen, und drüben endlich befand sich die Ausgangsstation der schwedischen Erzbahn.

Spät am Nachmittag fuhren wir aus Narvik in einem gemieteten Omnibus ab. Meine ursprünglich aus achtzehn Filmleuten bestehende Expedition war auf sieben Personen zusammengeschmolzen, die anderen waren auf dem Dampfer geblieben und über Oslo heimwärts gefahren. Die Fahrt über den Paß, dessen Namen ich vergessen habe, führte an einer Skiherberge vorbei; trotz der Sommerzeit lag noch Schnee.

Am anderen Morgen kamen wir an den erwähnten Fjord. Rasch wurde der Omnibus auf die Fähre gefahren; in einer Stunde sollten wir drüben auf der anderen Seite im Lapplandexpreß sitzen.

Voll Erwartung waren unsere Blicke auf das andere, steil und jäh ins Meer abfallende Felsufer gerichtet, wo auf der Landebrücke einige Männer standen und anscheinend auf uns warteten.

Frisch strich der kühle Morgenwind über den rätselhaften Spiegel des meergrünen Fjordes. Wir waren übernächtigt, müde und schlaftrunken. So träumten und dösten wir zwischen Wachen und Schlafen dahin.

Ich ahnte nicht, wie rasch und gründlich wir bald aus unserem Dahinduseln geweckt werden sollten.

Die Fähre war daran, mit unserem Omnibus am Landungssteg anzulegen. Ketten rasselten, die Brücke wurde heruntergelassen, wir wurden ersucht, im Omnibus zu bleiben, der gleich nach dem Verlassen der Fähre ein kleines Wegstück vom Fjordufer bis zur Straße hinaufzufahren hatte.

Erwartungsvoll schauten wir aus den Fenstern des nicht ganz neuen Vehikels, Hilda und ich hinter dem Fahrer, weiter rückwärts unser Kameramann Winderstein, daneben dessen Assistent, dann die Hauptdarstellerin unseres Films und die zwei übrigen Teilnehmer der Fahrt.

 Eine Stimme auf der Brücke rief: »Let's go, boys!«

Der Chauffeur ließ den Motor an, der Wagen fuhr ruckartig los und rollte von der Fähre auf die an Ketten gehängte Brücke.
Alles verlief normal wie wahrscheinlich alle Tage.
Da geschah etwas Unerwartetes. Die Brücke krachte, neigte sich nach rückwärts, anfänglich langsam, so daß der Fahrer sogar noch Zeit fand, den ersten Gang einzulegen und Vollgas zu geben, aber es war schon zu spät, unser plumpes Omnibus-Ungetüm fiel mit der Brücke zurück, schlug mit dem rückwärtigen Oberteil krachend an die Fähre und sank in die wildaufschäumende Flut.
Schrille Schreie, Angstausbrüche und das tödliche Kreischen klirrender Ketten war alles, an was ich mich aus diesen Sekundenteilen erinnere. Alle waren während des Fallens nach vorn gelaufen, instinktiv Rettung suchend, aber es gab keinen Ausweg: Wie in einer Mausefalle gefangen, sollten wir auf dem Grund des Fjordes ertrinken, die Wassermassen verschlangen die entsetzten Hilfeschreie. Eishände würgten meinen Hals, kaum spürte ich die hilflos sich an meinen Oberarm klammernden Hände Hildas. Jemand zog mich an der linken Schulter und hielt sich an meinen Haaren. Nur mit dem Aufwand meiner ganzen Kraft gelang es mir, mich vorn am Steuerrad festzuklammern, um Kopf und Hände so lange wie möglich aus dem Wasser zu halten . . .
Alles hatte sich beklemmend rasch abgespielt. Der Wagen schien zu schweben oder zu hängen, der vordere Teil, die Motorhaube und der Führersitz ragten noch aus dem Wasser, und das gleiche taten zum Glück auch unsere Köpfe. Ich wunderte mich, denn eigentlich hätten wir schon auf dem Meeresgrund liegen müssen. Neben mir sah ich Hilda und sechs verzweifelte Augenpaare, sechs zu Tode erschrockene Gesichter.
Man warf uns Stricke zu, schlug die vordere Wagenscheibe ein, und einer nach dem andern konnte eilig über die Motorhaube hinaufkriechen und den Todeskeller verlassen. Als erste schickten wir die ohnmächtig gewordene Diva auf den Weg, die diesmal ohne Spiegel, Schminke und Probe eine Szene gespielt hatte, wie sie ihr wohl in ihrem ganzen Leben nie mehr gelingen würde, dann Hilda, die erst anfing zu weinen, als sie auf dem sicheren Boden stand, und zum Schluß, wie ein Schiffskapitän, verließ ich den Omnibus. Was mich während der Rettungsarbeit in furchtbarer Spannung gehalten hatte, war der schauerliche Gedanke, daß alles nur an einem Faden hängen könne, daß der ganze Plunder jederzeit wie ein Stein auf den Meeresgrund sacken könnte. Aber nichts dergleichen geschah, und wie von einer Wunderhand geschützt blieb der Bus mit dem schweren Vorderteil über Wasser.
Wie alle anderen bekam auch ich zwei gute Schnäpse, die mir von den verlegen lächelnden Fährmännern freundlich eingeschenkt wurden.
»Ketter igge gut, ah ketter igge gut«, sagte einer und schüttelte zornig den Kopf.
»Skol«, setzte er hinzu, und ich sagte: »Skol und mange takk!« Das heißt soviel wie: »Gesundheit und vielen Dank!«

Der alte Fährmann schüttelte noch immer den Kopf, so was war ihm noch nie passiert.
Ein Sperrzapfen der Hängevorrichtung war herausgesprungen, und ehe sich's ein Mann versehen hatte, war der Omnibus hintenüber in den Fjord gerutscht. Alles schien verloren, aber blitzschnell hatte ein Hilfsarbeiter eine an den Brückenpfeilern hängende Drahtseilschleife erwischt, war vorgesprungen und hatte das linke Vorderrad damit eingefangen, das faßte, bremste und schließlich den durch die Wasserverdrängung verminderten Zug des schweren Kastens aushielt.
Lars schimpfte mit den Männern, lehnte alle Schnäpse ab und war böse. So fluchen habe ich ihn noch nie gehört, nicht einmal mit den Polarhunden, wenn sie rauften. Aber den braven Hilfsarbeiter Ole Oxaas umarmte er zehnmal.
»Er ist den bravsten Mann von ganz Norwegen!« sagte er zu mir. Dann nahm er Hilda am Arm, führte sie zu ihm und befahl: »Hilda, du mußt diese brave Mann unbedingt eine Kuß geben, er ist die Beste von ganz Norwegen!«
Ole Oxaas stand verlegen lächelnd vor uns und meinte, es sei nur Zufall gewesen, das Drahtseil sei eben dagelegen. Einige wollten ihm Geld geben, das nahm er nicht an. So gab ich ihm zum Andenken meine Uhr, die Diva gab ihm ihr Halstuch und Hilda einen Kuß.
Dann ging die Fahrt wieder weiter. Im gut geheizten, gemütlichen Lapplandexpreß, der uns von Kiruna in langer Fahrt nach Stockholm beförderte, erfaßten wir erst, wie nahe wir alle dem Tode gewesen waren.

Gedanken zu den Filmen »Der Rebell« und »Der Feuerteufel«

Die ersten Aufzeichnungen zu dem Buch »Der Rebell« machte ich im Winter 1930, weil mich die Geschichte des Tiroler Studenten Severin Anderlan aus dem Jahr 1809 als Filmstoff interessierte. Nach dem Film, der 1932 uraufgeführt und dann viele Jahre im In- und Ausland gezeigt wurde, bin ich gebeten worden, Anderlans Erlebnis auch in Romanform zu erzählen.
Sonst kein Freund von Vor- und Nachworten, halte ich es aus Anlaß der Neuherausgabe meiner Erzählung für angebracht, einiges zum Thema Heimat und Freiheit zu sagen.
Der Drang, frei zu sein, ist für den Menschen in den Bergen etwas so Ursprüngliches, Elementares, daß er sich ein Leben ohne Freiheit gar nicht vorstellen kann. Sie ist seine innerste, persönlichste Angelegenheit, die keiner Beeinflussung von außen her bedarf. Eher opfert er Geld, Gut und Leben, ehe er seine Freiheit preisgibt. Ja selbst der Glaube dient im letzten diesem elementaren Sinn für Freiheit! Tausendfach sind die Beispiele, da einfache, schlichte Menschen, die in Frieden ihre kargen Äcker pflügten,

sich unvermittelt erhoben und gegen jede Vernunft und bessere Einsicht bis zur Selbstaufopferung für ihre Freiheit kämpften.
Seltsamer Widerspruch: der Bauer, der wie kein anderer Mensch an seinen Hof, an seine Arbeit gebunden ist, zugleich als Träger des lebendigsten Freiheitsbewußtseins! Dieser scheinbare Widerspruch löst sich, wenn man begreift, daß echte, ursprüngliche Freiheit nur dort möglich ist, wo ihr natürliche Bindungen Grenzen setzen. Beide Kräfte, Bindung und Freiheit, bedingen sich gegenseitig. Wo sich die Bindung an Grund und Boden am unmittelbarsten auswirkt, ist der Sinn für Recht und Freiheit am stärksten.
In den überlieferten Rechtsformen zeigt sich nicht nur das Wesen des selbstbewußten, unabhängigen Bergmenschen, sondern auch sein Sinn für nachbarliches Zusammenstehen. Im Leitsatz des alten Landrechtes von Avers, einer armen, entlegenen, halb in den Himmel gerückten Graubündener Berggemeinde, ist dies in einzigartiger Form ausgedrückt: »Wir haben von Gottes Gnaden eine schöne Freyheit, wir haben Eigen gewalt und Macht zu setzen und zu entsetzen, wir haben Eigen stab und siegel, stock und galgen, wir sind Gott lob keinem fremden Fürsten und Herren nit schuldig noch unterworfen in kein weis noch weg.«
Jedes Jahrhundert der Geschichte liefert neue Beweise für die Tapferkeit der Bergvölker. Napoleon, selbst ein Sohn des korsischen Berglandes, das immer schon die Stätte fanatischen Freiheitswillens war, scheiterte im spanischen Feldzug am Rebellentum der Bergvölker. Seine Generäle wurden dreimal innerhalb eines einzigen Jahres aus Tirol vertrieben. Dieser Kampf der Tiroler im Jahre 1809 wird immer das leuchtendste Beispiel für die Tapferkeit eines Bergvolkes bleiben. Der letzte Brief, den Andreas Hofer kurz vor seiner Erschießung an Erzherzog Johann richtete, enthält eine große Wahrheit: »Tiroler Tapferkeit ist die Ursach von Österreichs so langer Bestandheit.«
Der Kampf war deshalb so hartnäckig, weil auf der Gegenseite nicht nur Franzosen standen, die größtenteils bergungewohnt waren, sondern Bayern; Männer gleicher Art, gleichen Mutes und nicht minder bergerfahren als die Tiroler. Man fragt sich, weshalb denn am Berg Isel dreimal gekämpft werden mußte, nachdem doch Andreas Hofer schon in der ersten Schlacht einen völligen Sieg errungen hatte. Die Antwort ist sehr einfach: Weil seine Schützen nach gewonnener Schlacht sogleich auf ihre Höfe heimliefen, um die Bergwiesen zu mähen. Dadurch gelang es den Truppen Napoleons abermals, Tirol zu besetzen. Andreas Hofer aber und seine Schützenhauptleute mußten die Bauern noch einmal auf den Berg Isel rufen. Wieder siegten die Bauern. Doch der Kornschnitt rief sie heim und gab das Land erneut den Feinden preis, so daß sie ein drittes Mal auf den Berg Isel ziehen mußten.
Man ist gewohnt, in Andreas Hofer den Träger des Tiroler Freiheitskampfes zu sehen. Das ist nur teilweise richtig; denn die Initiative im Kampf lag nicht bei ihm, sondern bei Josef Speckbacher, der als Persön-

lichkeit markanter und eindrucksvoller ist als der biedere Sandwirt. Andreas Hofer war der allseits angesehene, ausgleichende Oberkommandant des Bauernheeres, der das Land Tirol ungefähr so führte wie seinen Hof im Passeiertal. Als ihm am 15. August 1809, nachdem Tirol zum zweiten Male seine Unterdrücker besiegt und aus dem Lande verdrängt hatte, Bürger und Studenten der Stadt Innsbruck einen jubelnden Empfang bereiteten und ihn als Sieger hochleben ließen, unterbrach er sie barsch und wies mit der Hand zum Himmel: »Nöt schreien und musizieren, Leut! I nöt, ös a nit – der da oben!» (Nicht ich, nicht ihr – der da oben, das heißt, Gott hat es geschafft.)

Als Andreas Hofer durch Verrat den Feinden Tirols ausgeliefert wurde und Napoleon seine Erschießung befohlen hatte, blieb er tapfer und standhaft. Der letzte Brief, der zu den ergreifendsten Zeugnissen eines zum Tode bereiten Menschen zählt, enthält den Satz: »Ade, meine schnöde Welt! so leicht khombt mir das Sterben for, daß mir nit die Augen naß werden.«

Sosehr mich schon als Bub diese Gestalt bewegt hat – mein Herz gehörte noch mehr dem anderen, der sich, während Hofer in der Festung Mantua gefangensaß, heimlich im Stall seines Hofes ein Loch grub, um sich darin zu verbergen: Josef Speckbacher. Niemand fand ihn dort, obgleich ihn die Häscher überall suchten, denn er war der Stratege des Bauernkampfes gewesen, ihm hatte Tirol die Siege am Berg Isel zu danken.

Mit meinen Filmen »Feuerteufel« und »Rebell« wollte ich dem Freiheitsgedanken aller Menschen und aller Völker ein allgemeingültiges Symbol schaffen.

Über den »Feuerteufel« schrieb die bekannte New Yorker Kritikerin Wanda Hale in den »Daily News« vom 4. Januar 1941 unter anderem: »›The Heroic Fight of the Fatherland‹ ist ein seltsamer Film aus Deutschland. Sein Erfolg dort ist nur so zu erklären, daß die Begeisterten ihn wohl nur mit einem Auge gesehen haben, ohne den prophetischen Sinn dieses Werkes zu verstehen. Dieser Film hat eine doppelte Schneide und scheint eine deutliche Warnung an Hitler und seine Helfershelfer zu sein.«

Der Rebell

(Dieser Abschnitt aus dem Roman »Der Rebell« erzählt von der Flucht des Severin Anderlan.)

Eine Wegstunde oberhalb von St. Vigil liegt auf einem vorspringenden Hügel der Berghof Harrassers. Der Stadel ist leer, kein Tier steht mehr im Stall. Harrasser ist schwer von der Kriegsnot heimgesucht worden. Sein Sohn Ander ist am Berg Isel gefallen, die Bäuerin vor Jahren gestorben, sein zweiter Sohn geflohen, weil er nicht einrücken wollte in die fremde Armee.

Den Harrasser freut sein vereinsamter Hof nimmer. Er zieht durch das Land, hält Versammlungen ab und steht in ständiger Fühlung mit dem »Feuerteufel« Speckbacher und vielen anderen Bauernführern. Unterlercher in Innsbruck ist sein Schwager.
Beim Harrasser auf seinem Hof sitzen jetzt zur Nachtzeit die Freunde Anderlans um das Feuer des offenen Herdes. Sie holen sich Ratschläge und Weisungen.
Harrasser schickt den Hagspiel ins Gebiet von Landeck und Nauders, den Klotz ins Zillertal und den Rabensteiner nach Innsbruck. Sie bekommen genaue Anordnungen für den großen »Bittgang«, der verschoben worden ist. Die Laufbriefe Anderlans an »alle deutschen Brüder« sollen in Innsbruck vervielfältigt und immer wieder bei bayerischen und sächsischen Soldaten und Offizieren verteilt werden. In vier Wochen sollen dann alle drei wieder zurück sein und sich beim Unterlercher in Innsbruck weitere Nachrichten holen.
Hagspiel verkleidet sich als altes, krummes Männlein. Einen großen Rosenkranz und Wanderstock in den Händen, will er bettelnd von Ort zu Ort ziehen. Außer Anderlans Laufbrief hat er noch einen sogenannten »Bittbrief«, den er in sein Rockfutter näht. Den hat der Harrasser selbst verfaßt, obwohl Schreiben für ihn eine harte Arbeit ist. Als Vierzigjähriger hat er erst mit viel Mühe Lesen und Schreiben erlernt. Der Bittbrief ist so abgefaßt, daß ihn die Söldner Napoleons allesamt nicht verstehen können, auch wenn sie seiner habhaft würden. »Wenn das Korn reif ist zum Schnitt«, heißt es darin, »müßt ihr alle auf die Zeichen über den Bergen achtgeben und die Wetter anschauen. Und wenn der Inn das Holz führt und die Nächte hell bleiben vom Mond, geht das große Wallfahrten an . . .« Mit diesen und ähnlichen Worten wird alles gesagt, und die es angeht, wissen sie zu lesen.
Klotz und der bärtige Rabensteiner haben sich Kapuzinerkutten verschafft. Die Burschen sind zäh und ausdauernd und halten schon einen Krach aus. Auf sie ist Verlaß, und reden tun sie wenig. – Über Berg und Tal ziehen sie davon.

Capitaine Leroy findet in dieser Nacht keinen Schlaf. Ein »Laufbrief«, den er in einer Kopierpresse entdeckt hatte, gibt ihm doch sehr zu denken. Das Papier in der Hand, läuft er erregt in seinem Zimmer auf und ab. Mitunter bleibt er stehen, um wieder und wieder die wenigen höchst rebellischen Sätze zu lesen.
Unermüdlich arbeiten seine Gedanken. Im Lande geht es toll zu. Seit dem Frieden von Preßburg, der am 26. Juli 1805 unterzeichnet worden ist und in dem Tirol an Bayern-Frankreich abgetreten wurde, gibt es keine Ruhe mehr. Mißtrauen, Haß und Unzufriedenheit gehen um im Land.
Vier Jahre lang glimmt schon im Inn- und Etschtal das Feuer der Empörung an allen Ecken und Enden. Laufzettel gehen um von Dorf zu Dorf, von Tal zu Tal, von Hof zu Hof. In Hall wird im März ein großer Auf-

stand angesetzt. Blutige Bäche, Bretter mit Fähnchen auf dem Inn, Sägespäne auf den Flüssen und Feuer auf den Bergen sollen Alarmzeichen sein. Allenthalben kommt es zu blutigen Kämpfen, plötzlichen Überfällen und grausamen Vergeltungsmaßnahmen durch die fremden Truppen. Die Städte Schwaz und Rattenberg werden niedergebrannt. Jammer, Elend und schreckliche Not durchziehen Tirol. Die Soldaten hängen dutzendweise gefangene Bauern an Alleebäumen auf, und mit den Flammen von Schwaz lodert wieder doppelter Haß gegen die Truppen Napoleons auf.
In St. Vigil dagegen herrscht immer noch Ruhe. Nicht nur weil Riederer mit allen möglichen Mitteln versucht, die erregten Bauerngemüter zu beruhigen, sondern weil auch er – Leroy – nicht so scharf, drohend und rücksichtslos vorgeht wie die meisten Kommandanten an anderen Orten.
Die wichtigste und ausschlaggebende Entscheidung jedoch ist ihm noch gar nicht bekannt. Die ist oben in der Kirche von St. Jakob gefallen, als Severin Anderlan sich gegen einen Überfall auf die Bayern erklärte und als sich auf Harrassers und des Paters Veranlassung die Bauernführer entschlossen, abzuwarten.
So steht in St. Vigil noch Haus und Hof, und wenn Elend und Hunger auch groß sind in der Gemeinde, so haben die Menschen hier doch wenigstens noch ein Dach über dem Kopf. Anders dagegen im Unterinntal, da soll es schauerlich aussehen, so erzählen die Leute. Auch in der Bozner Gegend soll alles niedergebrannt worden sein, und in Defreggen gar ist der Gemeindevorsteher, ein rechtschaffener Bauer und Wirt, Vater von zwölf Kindern, als warnendes Strafbeispiel für seine rebellische Gemeinde vor seiner eigenen Haustür aufgehängt worden. Und zwanzig Bauern des Dorfes mußten auf Befehl achtundvierzig Stunden lang an der Leiche des Hängenden Wache halten. Die zwanzig Bauern hafteten mit ihrem Leben für die Durchführung dieses Befehls! Das war die »Strafexpedition« eines napoleonischen Generals im Pustertal.
Solche und ähnliche Nachrichten häufen sich in letzter Zeit immer mehr, und mit jeder neuen Schreckensbotschaft wächst die schwelende Unruhe und Erregung im ganzen Land. Leroy gibt sich über die Stimmung unter den Bauern keiner Täuschung hin. Er weiß, daß Tirol einem Vulkan gleicht und daß es äußerster Strenge bedarf, um unter den verzweifelten Einwohnern Ordnung zu halten. Trotzdem versucht er, alle Gewaltmaßnahmen so lange zu vermeiden, wie es irgend geht. Aber da ist dieser Severin Anderlan – ein verdammt gefährlicher Bursche, der ihm schwer zu schaffen macht. Er schürt das Feuer, wo er nur kann. In Obernberg zuerst – da schoß er ganz allein zwei französische Reiter ab. Dann der Überfall in der Sillschlucht – eigentlich ein kühner, verwegener Streich, an dem Leroys Soldatenherz schon seine Freude haben könnte, wenn dieser Streich für ihn nur nicht so verflucht unangenehm wäre. Mut hat er, dieser Student, das muß man ihm lassen. Und jetzt dieser Laufbrief. In seiner eigenen Kanzlei geschrieben! Das ist das tollste Stück. Wenn Leroy im geheimen auch dem Anderlan seine Achtung nicht versagen kann – jetzt muß

er mit allen ihm zu Gebote stehenden Mitteln gegen ihn vorgehen. Es wird höchste Zeit, daß er ihn unschädlich macht. Nun – bald wird er ihn ja haben, den Rebellen Severin Anderlan.

Severin schläft ruhig und geborgen im Heu seiner Hütte, während unten im Tal beim ersten Morgengrauen, noch vor Sonnenaufgang, ein Kommando von zwanzig ausgesuchten und erprobten Grenadieren unter Führung des Buckligen zur Alm aufbricht. Stumm, ohne ein Wort zu sprechen, steigt die kleine Schar bergauf, ihnen voran Krahvogel. Unruhig läuft er immer einige Schritte voraus, bleibt dann wieder stehen, schaut zurück, wartet und läuft dann wieder eine Wegstrecke voraus.
Gleichmäßig und im geübten Schritt des zähen, an lange Märsche gewöhnten Soldaten steigen ihm die anderen nach. Zwanzig Mann mit Gewehren. So wollen sie den Anderlan holen. Es ist weiter keine Affäre für sie. Der Krahvogel zeigt ihnen das Versteck. Er wird noch schlafen, der Anderlan. Sie brauchen ihn nur »herzunehmen«. So wenigstens hat es ihnen der Krahvogel gesagt.
Langsam nur und zögernd steigt die Sonnenscheibe hinter den Bergen herauf. Allmählich tauchen die zackigen Gipfel ins milde, weiche Licht des frühen Morgens.
Anderlan, der den ersten Teil der Nacht schlaflos verbracht hat – er ist am Abend beim Harrasser gewesen und hat den Panzl für einige Tage dorthin gebracht –, liegt jetzt im tiefsten Schlummer unter den Steinplatten, die seine Hütte decken. Die Tür hat er verriegelt. Die Steinplatten oberhalb seines Kopfes sind für alle Fälle gelockert. Er schläft fest wie ein Mensch, der müde ist, gejagt und gehetzt, trotz allem aber ein reines Herz hat und ein sauberes Gewissen. Er weiß, daß die Sache, für die er sein Leben einsetzt, ehrlich und gerecht ist.
Krahvogel ist mit den Soldaten vor der Hütte angekommen. Lautlos versinken ihre Schritte im weichen Samtboden der grünen Almwiese.
Der Bucklige deutet auf den Stadel. Zögernd geht er mit dem Sergeanten auf die Tür zu. Flüsternd erklärt er ihm, daß die Hütte nur diesen einen Ausgang habe, und sie sollten nur klopfen.
Niemand antwortet.
Zwei Mann hauen mit Gewehrkolben in die Türe; polternd stürzt drinnen ein Holztisch um, und krachend fliegt nach einigen schweren Schlägen die Tür auf.
Sie drängen in die Hütte, die Gewehre schußbereit in der Hand. Aber kein Mensch ist zu sehen. Eine Holzstiege führt zum Dachboden, dort finden sie ein Heulager. Der Sergeant ruft, keine Antwort kommt. Nun beginnen sie mit Bajonetten das Heu zu durchstechen. Der Vogel ist ausgeflogen. Dann entdecken sie oberhalb des Heubodens in einer Ecke ein fenstergroßes Loch im Dach – und wissen sofort –, da ist er entwichen.
Krahvogel ist vor der Hütte geblieben. Noch weiß er gar nicht, was los ist. Dann hört er Schüsse vom Dach, sieht plötzlich die Soldaten bergauf

laufen, hört Schreie, Flüche, Kommandos ... Und etwas höher sieht er gerade noch die Gestalt Anderlans in wildem Tempo über einen Hügel rennen und im Wald verschwinden.
Hinter dem Fliehenden her knallen Schüsse. Krahvogels Gesicht ist ganz verzerrt von einer boshaften Freude. »Jetzt hetzen sie 's Hasele«, denkt er. »Guete Hatz, werd nit mehr weit lafen, 's Hasele.« Dann wendet er sich, und ohne sich weiter um den Ausgang der Jagd zu kümmern, läuft er hinunter nach St. Vigil. Er hat seine Pflicht getan. Das andere ist Sache der Soldaten. Für ihn ist der Fall erledigt. Er will sein Geld holen! Fünfhundert Taler!

Die Soldaten hatten es sich doch gar zu leicht gedacht. So glatt und leicht wollte sich der Severin Anderlan nicht ergeben. Denn darüber war er nie im Zweifel gewesen: Wenn sie ihn einmal erwischen würden, war weder Gnade noch Barmherzigkeit zu erwarten.
Nun sind sie hinter ihm her. Hals über Kopf stürzt er sich in die steilen Felshalden eines Waldes und entkommt so seinen Verfolgern. Hinter einer lichten Zirbelkiefer Deckung nehmend, schaut er rückwärts. Sie laufen alle falsch, viel höher als er, oben an ihm vorbei.
Seinen Fluchtplan hat er sich oft genug in ruhigen Stunden überlegt. Hinunter durch den dichten Wald ins Tal, so weit als irgend möglich, dann quer durch das Tal hindurch und drüben wieder hinauf in die Höhe der Granitberge von Stubai. Dort ist es wild und einsam, dort sind Gestein und Bergform so steil, glatt und zerklüftet, daß sie ihm bestimmt nicht lange würden folgen können. Ist er erst einmal in der Höhe jener Grate, dann kann er drüben ins Schweizerische entkommen, und nie würden sie ihn erwischen.
Severin springt in gewaltigen Sätzen durch den Wald ins Tal hinab. Aber er weiß nicht, daß unter den Verfolgern auch einige bayerische Soldaten sind. Besonders zwei, die Grenadiere Kogler und Richter, haben es sich in den Kopf gesetzt, den gehetzten Flüchtling zur Strecke zu bringen. Sie kennen Severin nicht, wissen kaum, was er eigentlich angestellt hat. Sie wissen nur, daß sie ihn erwischen und einliefern müssen, denn dann – das wissen sie auch – gibt es bestimmt eine anständige Belohnung, ein Trinkgeld, vielleicht sogar einen Urlaub. Und sie als alte Jäger und Wilderer werden den Burschen schon noch erwischen. Die Franzosen befolgen sofort und gern die Weisungen des Richter, der sie ausschwärmen läßt und dann, als er den Verfolgten oberhalb der Baumgrenze nirgends sieht, sofort alle zwanzig Mann in den Wald hinunterjagt.
Severins Rechnung war falsch, denn zwei zähe Jäger als Verfolger zu haben, ist etwas anderes, als von ein paar faulen Grenadieren gejagt zu werden. Das erste Mal merkte er, daß sie ihm richtig auf der Spur sind, als er unten an der Hauptstraße warten muß. Das Tal ist frei und breit. Fuhrwerke und Truppen sind auf der großen Chaussee. Doch bald hört er die lärmenden Reden und Flüche der Verfolger hinter sich im Wald, und nun

beschließt er, ganz unauffällig, langsam und gemütlich über die Straße zu gehen, freundlich zu grüßen und dann drüben im bewaldeten Berghang zu verschwinden.
Sein Herz schlägt heftig, während er das Äußerste wagt. Langsam schlendert er über den Talboden. Er hält sich rechts, wo einige Stauden ihn den Blicken aus dem Wald entziehen. Jeden Augenblick kann ihn ein Schuß treffen. Nun ist er am Weg, grüßend gewinnt er die andere Seite, während die Soldaten die staubige Straße entlangmarschieren.
Severin ist kaum noch hundert Schritte vom jenseitigen Wald entfernt, da krachen mehrere Schüsse gleichzeitig aus dem Wald hinter ihm her. Er beginnt zu laufen, was die Füße nur hergeben. Die Soldaten auf der Straße wissen nicht, was plötzlich geschehen ist, und ehe sie noch ihre Karabiner von den Schultern reißen, ist Severin auch schon im Lärchenwald verschwunden.
Noch nie in seinem Leben ist er so durch einen Wald gelaufen, so schnell über Felsabstürze geklettert, so toll und leichtsinnig über Abgründe gesprungen.
Immer und immer wieder pfeifen Kugeln um seine Ohren. Es ist ein Wunder, daß ihn noch keine getroffen hat. Der baumlange Bayer Richter und der zähe Kogler sind am schärfsten hinter ihm her. Einige der Verfolger versuchen, ihn zu umgehen. Severin merkt das Manöver. Wie ein Hase rennt er im Zickzack weiter, scharf an Höhe gewinnend. Fast kann er das mörderische Tempo nicht mehr einhalten; er keucht, und die Knie zittern ihm und schmerzen. Er sinkt nieder, muß verschnaufen. Schon sind die Hetzteufel wieder da. Sie haben sich darein verbissen, ihn lebendig zu fangen, und versuchen, ihm einen guten Fangschuß zu geben. Severin rennt unter Aufbietung aller Kräfte weiter, läuft höher hinauf, den zerrissenen Grattürmen zu. Bald erreicht er ein Felsband. Mit letzter Kraft kann er auf dem Band geradeaus kriechen und sich in einem Kamin verstecken. Die Verfolger verlieren ihn aus den Augen, werden stutzig, suchen, schreien ... Severin rastet. Er gewinnt Zeit und kann neue Kräfte sammeln. Aber der verdammte Kogler kommt mit dem baumlangen Richter in seine Nähe. Severin späht vorsichtig in die Tiefe. Ein Schuß kracht. Er fährt zurück. Ein Franzose hat ihn erspäht. Severin kriecht, sich tief dukkend, über das schmale Felsband zurück. Plötzlich hört er Schreie von oben. Er ist umklettert worden. Ein Teil der Verfolger ist schon weit über ihm. Von tiefer unten knallen gleichzeitig zwei Soldaten ihre Gewehre auf ihn ab, die Bleipatzen schlagen klatschend dicht neben ihm in den Fels. Severin kriecht auf dem Bauche weiter in die hohe Wand hinaus und erreicht einen rinnenartigen Kamin. In diesen springt er hinein, aufatmend und froh, nun wenigstens sein Leben für einige Minuten gesichert zu wissen. Lange jedoch kann er auch hier nicht bleiben. Er muß versuchen, den Grat durch den breiten Kamin zu gewinnen, ehe ihm der Weg dahin abgeschnitten wird. Hinter dem Grat ziehen Gletscherberge in weite Fernen, und dort im Schnee werden sie ihm nimmer lange folgen ...

Erschöpft und heftig keuchend steigt Anderlan durch den Kamin in die Höhe. Als er aufschnaufend in der Mitte des großen Spaltes haltmachen will, krachen jählings schwere Felsbrocken mit wilder Wucht die Rinne herunter. Sie dröhnen, in ihrem Sturz unberechenbar zwischen den Kaminwänden hin und her springend und zerschellend, an Severins Schädel vorbei in die Tiefe . . .
Mit einem verzweifelten Aufschrei springt der Gehetzte wieder in die Wand hinaus, irgendwo unter einen großen Felsüberhang und duckt und deckt sich dort.
Der Überhang liegt gerade so, daß man von unten aus, wo die anderen Verfolger sich ebenfalls vor dem künstlichen Steinschlag decken müssen, nicht hinsehen kann. Verstimmt und müde sitzen die Soldaten an einem geschützten Platz. Sie haben teilweise ihre Tschakos weggeworfen, ihre Blusen sind weit offen; sie schwitzen, keuchen und fluchen. Nur der Sergeant, ein zäher, ehrgeiziger Südfranzose, ist bei den beiden Bayern oben am Grat.
Severin ist in der Falle. Hätten die unteren nicht Deckung gegen den Steinschlag gesucht, und wären sie nur ein klein wenig höher auf den gegenüberliegenden Felsabsatz gestiegen, dann könnten sie jetzt in aller Ruhe den Anderlan abschießen – wie ein matt gewordenes Wild. Aber die Soldaten sind erschöpft. Mag der Verfolgte entkommen – sie können und wollen nicht mehr weiter. Sie haben von dieser wilden Hetzjagd genug . . .
Severin benutzt die Unaufmerksamkeit der unter ihm hockenden Männer und beginnt, die drei schärfsten Gegner dort oben auf dem Grat zu umklettern.
Immer noch wälzen sie von oben schwere Felsklötze und große Gratstücke in den Kamin. Die Wand, welche Severin nur notdürftig schützt, wird von manchem Block getroffen, und hart am Kopf des Gejagten fliegen krachend und klirrend die Trümmer vorbei.
Anderlan muß, um leichter auf den höher gelegenen Gratteil zu kommen, den Kamin noch einmal queren. Während er auf den dazu geeigneten Moment wartet, überlegt er den Weiterweg. Seine Hände sind blutig, das Hemd ist zerrissen. Das rechte Knie schmerzt ihn wahnsinnig; ein Stein hat es im Niedersausen gestreift.
Von unten schallen Rufe herauf: Die Soldaten wollen zurückkehren, es sei schon bald Abend. Die drei am Grat schreien zurück, sie sollten unten aufpassen. Sie selbst würden jetzt durch den Kamin absteigen und dabei nach der Leiche des Verfolgten suchen, denn sicher sei er von den Steinen erschlagen worden.
Severin muß nun sofort aus der Wand in die Kaminrinne verschwinden. Mit wenigen Schritten ist er in der Sohle des Kamins – dann zwei weite Spreizschritte in die gegenüberliegende Wand, und schon kann er, sich duckend, zum Grat hinaufklettern.
 Endlich ist er oben; ohne sich aufzuhalten, hastet er weiter. Kaum ist er

einige Minuten gelaufen und glaubt schon glücklich entkommen zu sein, da hat ihn der Kogler, dieser verdammte Bayernteufel, bereits wieder entdeckt.
Im Schnee keucht Severin weiter bergauf, dem rettenden Gletscher zu. Immer tiefer wird die Schneelage. Kälte und Nässe peinigen den Ermatteten. Aus der Ferne hallen Gewehrschüsse und aufgeregte Rufe herüber. Kogler, Richter und der verfluchte Sergeant tauchen wieder auf.
Die Hände werden Severin starr vor Kälte. Fieberschauer schütteln seinen von der tollen Jagd überhitzten Körper. Er ist am Ende seiner Kräfte. Noch einmal rafft er sich auf, schleppt sich, tief im losen Schnee einsinkend, verzweifelt weiter, stürzt, fällt, steht auf und fällt wieder. Es ist aus. Er kann nicht mehr.
Auch seine Verfolger sind langsamer geworden. Die Röcke haben sie aufgeknöpft, um leichter zu steigen. Jetzt kann er ihnen nicht mehr entkommen. Sie sind zu dritt – sie werden ihn lebend überwältigen und ins Tal bringen!
Hochauf türmen sich die nahen Eisgrate vor Severin. Doch er erreicht sie nicht mehr. Sein heißes Gesicht liegt im kalten Schnee. Er spürt, es ist aus! Mühsam schiebt er sich auf einen hohen, vereisten Gratblock.
Verzweiflung und der eiserne Wille, seine Haut so teuer wie möglich zu verkaufen, stehen in seinem Gesicht, während er sich wie ein Panther zum Sprung duckt und die Pistole zieht. Schon erscheinen zwei von seinen Verfolgern unter ihm. Sie rufen ihm zu, er solle sich ergeben. Severin gibt keine Antwort. Als sie sich jetzt seinem Gratblock nähern, schießt er. Dieser erste Schuß trifft, ruhig gezielt, den langen Richter mitten in die Stirn. Lautlos fällt er vornüber in den Schnee. Gleichzeitig geht der zweite, der französische Sergeant, in Deckung.
Inzwischen hat Kogler von der anderen Seite her den ahnungslosen Severin umgangen. Auf den Knien liegend, paßt er den rechten Moment ab, dann schleicht er leise, Schritt für Schritt, lautlos im Schnee watend, Anderlan in den Rücken . . . Das ungeladene Gewehr in der Hand, steht er nunmehr zwei Meter hinter Severin. Der starrt unentwegt zur Felskuppe hinunter, hinter welcher er seine Verfolger vermutet.
Jetzt holt Kogler mit Bärenkräften aus, um den Gewehrkolben auf Severins Schädel niedersausen zu lassen. Der sieht im letzten Augenblick einen Schatten im Schnee, und blitzschnell dreht er sich um.
Der Kolbenschlag geht daneben, doch die Pistole fliegt Severin aus der Hand. Ein kurzer Aufschrei gellt durch die Luft, dann haben sich die beiden Gegner gepackt.
Ein wildes Ringen beginnt, hart am grausigen Abgrund schwanken die verbissen kämpfenden Gestalten.
Ehe noch der Sergeant helfend dazuspringen kann, stürzen schon die

Der Kilimandscharo, Afrikas höchster Berg (5895 m)

Körper der beiden Ringenden in verzweifelter Umklammerung über die Wand. Severin hat den bayerischen Soldaten mit in die Tiefe gerissen. Beide stürzen, sich immer wieder überschlagend, durch den aufstäubenden Schnee weit durch Fels und Gletscher hinunter. Voll Grauen und Entsetzen sieht es der Franzose. Sekunden später ist es wieder ruhig geworden, als wäre nichts geschehen. Lautlos treibt der Wind Schnee von den schweigenden Bergen ...

Den beiden ist nicht mehr zu helfen. Die sind tot. Der Sergeant hat, vorsichtig über den Rand einer Felskante gebeugt, noch feststellen können, wie sich beim ersten schweren Aufprall die Körper der beiden aus ihrer Umklammerung losließen. Der eine blieb regungslos liegen, während der andere, sich überschlagend, tief über die grausige Wand ins Kar abstürzte.

Nun hat der Sergeant hier oben nichts mehr zu suchen. Müde und mit zerschundenen Knochen kehrt er um. Er hat seine Pflicht getan.

Severin Anderlan ist tot. Und Kogler und Richter haben das gleiche Schicksal gefunden ...

So glaubt er wenigstens.

Tiefe Nacht ist bereits eingebrochen, als die Jagdpatrouille wieder in St. Vigil einrückt.

Sie meldet den Tod ihrer bayerischen Kameraden Kogler und Richter und – des Rebellen Severin Anderlan.

Die Nachricht vom Absturz und Tod Anderlans war über Nacht nicht nur in St. Vigil, sondern bis weit ins Inntal bekanntgeworden.

Kommandant Leroy war trotz dieses Erfolges mit dem Ausgang der abenteuerlichen Jagd seiner Leute nicht recht zufrieden. Er hätte aus vielen Gründen gern einmal den Rebellen, den Rivalen und unsichtbaren Gegner von Angesicht zu Angesicht gesehen. Hätte ihm gern einmal gesagt, daß jetzt der große Kaiser Napoleon nicht nur in Tirol, sondern in ganz Europa, von der Nordsee bis zu den Gestaden Afrikas, herrsche. Daß es keinen Zweck habe, von einer Freiheit zu träumen, die für Bauern weder nötig noch erreichbar sei! Man kann nicht sagen, daß Leroy diesen Anderlan haßte. Der Offizier war ritterlich genug, den Studenten so zu sehen, wie er war: ein Kerl, der sich tapfer schlug und wehrte.

Der Tag war mit Meldungen, Abfertigungen und Verhören einiger Bauern rasch genug vergangen. Erika hatte längst von dem tragischen Ausgang der Flucht Severins gehört und auch vom Verrat Krahvogels Kenntnis erhalten. Still war sie den ganzen Tag in ihrer Stube geblieben. Dem Amtmann entgingen ihre verweinten Augen nicht. Selbst ihm war es unendlich leid um den Tiroler, der auf so schmähliche Art von seinem eigenen Landsmann verraten worden war. Er selber hatte absichtlich die Verfol-

Basislager am 8125 m hohen Nanga Parbat (Himalaja)

gung Anderlans nicht so scharf und bis aufs äußerste durchführen lassen, wie es eigentlich seine Pflicht gewesen wäre. Und nun hatten sie ihn doch erwischt.
Er wußte von der Kirchenversammlung, er hatte den Einspruch Severins gegen den Bruderkampf erfahren, und er hatte den »Laufbrief« gelesen. Im Innern mußte er diesem Anderlan recht geben; als Amtmann durfte er es nicht.

Severin hatte unsagbares Glück gehabt. Beim ersten gleichzeitigen Aufprall nach der grausigen Luftfahrt vom Grat in die Felsflanken war der Grenadier durch Zufall zuunterst an die Felsen geschlagen, während Severin obenauf lag. Instinktiv ließ er sofort nach dem Aufprall den Bayern los. Beim Weitersturz gelang es Severin, der noch halb bei Bewußtsein war, seinen Fall so zu lenken, daß er in einer Schneemulde endete. Kogler, der wohl durch den furchtbaren ersten Aufprall besinnungslos oder vielleicht schon getötet worden war, stürzte vollends die ganze Wand bis ins Gletscherkar hinunter und war verloren.
Wie lange Severin im Schnee gelegen haben mochte, weiß er selber nicht. Eine wohltuende Ohnmacht hatte sich über seine Sinne gelegt. Als er erwacht, ist er starr vor Kälte. Nur seiner zähen Bergnatur hatte er es zu danken, daß er nicht erfroren war.
Lange Zeit hat Severin keinen rechten Begriff, wo er sich eigentlich befindet. Tiefe Nacht ringsum. Über ihm funkeln die Sterne. Unheimlich und wohltuend zugleich ist die Ruhe, die ihn umgibt. Schlafen, denkt er, schlafen. Aber was war denn eigentlich? Seine Gedanken kämpfen gegen den müden Leib – und langsam dämmert es in seinem schweren Kopf.
Er schaut in die Tiefe zum Gletscher, schaut hinauf zum Grat, sieht seine Sturzspuren. Er will sich aufrichten, aber aufstöhnend vor Schmerz sinkt er wieder zurück. Der linke Fuß scheint verrenkt oder zerschlagen zu sein. Das linke Auge ist von Blut überronnen. Mechanisch fährt er mit der Hand an die Stirn; oberhalb des Auges schmerzt eine Wunde.
Severin begreift: Er muß fort von hier. Schnell und in dieser Nacht noch, ehe es zu spät ist. Wenn er hierbleibt, erfriert er oder stürzt vollends ab. Mühsam erhebt er sich. Er kriecht mehr, als er geht. Er schleppt sich auf allen vieren wie ein wundes Tier vom Fleck . . .
Als die Sonne aufgeht, liegt Severin Anderlan wohlgeborgen im Heu einer einsamen Almhütte. Die Bauernburschen aus St. Vigil, die seine Leiche suchen und bergen wollten, sind seinen Blut- und Schneespuren nachgegangen. Erschöpft und kraftlos im Schnee liegend, haben sie ihn dann gefunden und hierher gebracht. In der folgenden Nacht schaffen sie ihn weit ins Passeiertal auf einen versteckten Bergbauernhof. Dort soll er bleiben und sich kurieren. Den zerschlagenen Fuß hat ihm ein Bader zurechtgerichtet im Guflerhof oben.
Der Aufenthalt Severins wird streng geheimgehalten, von seiner Auffindung kein Wort gesprochen.

In Obernberg aber schaufeln sie auf dem verwüsteten Friedhof nachts heimlich einen frischen Grabhügel auf und legen einen Kranz darauf. So kann es jeder wissen: Da liegt der Severin Anderlan begraben.

Es war um diese Zeit ein großes Warten im Lande. Jeder wartete – und jeder auf etwas anderes. Die Tiroler warteten auf den Kaiser Franz oder die Hilfe der Deutschen, andere ersehnten sich Rettung vom Erzherzog Johann oder vom Sandwirt Andreas Hofer, und wieder andere hofften nur noch auf sich selbst und warteten auf den großen Tag, da es losgehen sollte. Die Franzosen wiederum warteten auf Verstärkung durch die Bayern oder auf das endliche Eintreffen der so lange angekündigten großen französischen Strafarmee. Zuviel Glut war schon unter der Oberfläche aufgespeichert. Man mußte sie entweder zertreten und verlöschen – das wollten die Franzosen –, oder man mußte sie zu hellen, lodernden Flammen entfachen, die das Land reinbrennen würden von der fremden Bedrückung – das wollten eigentlich alle Tiroler.
Hagspiel, Klotz und Rabensteiner waren unterdessen eifrig an der Arbeit. Rastlos durchzogen sie die Täler und verteilten den Laufbrief. Über Matrei nach Innsbruck und von Innsbruck nach Hall, Volders und Schwaz auf der einen und bis Landeck und Mittenwald nach der anderen Seite durchstreiften sie die Inngegend.

Abgeschieden von aller Welt haust der Severin jetzt droben in der Berghöhle. Einmal noch ist der Gufler zu ihm heraufgestiegen und hat ihm Nachricht gebracht, daß die Bayern auf seinem Hof Quartier bezogen hätten, aber bald wieder abgezogen seien. Auch einige Lebensmittel hat er dagelassen. Dann ist es still geworden um den Severin. Ab und zu hallen Schüsse zu ihm herauf. Sein Essen kocht er sich immer nur in der Nacht, damit der aufsteigende Rauch seinen Schlupfwinkel nicht verrät. Qualvoll einsam vergehen seine Tage.
Der Tag naht heran, da die Versammlung in Wilten stattfinden soll. Vorher aber will Severin den Sandwirt Andreas Hofer noch sprechen. Sicher bekommt er von ihm wichtige Neuigkeiten. In einer dunklen Nacht macht er sich auf den Weg. Auf schmalen, kaum gangbaren Jägerpfaden pirscht er sich durch den Wald. Nach vielerlei Umwegen erreicht er St. Leonhardt. Beim Holzknecht, dem Gemeindevorsteher und treuen Anhänger Hofers, findet er Zuflucht. In der Nacht treffen sie sich. Da sitzen sie sich gegenüber, der Sandwirt – und der junge, geächtete Student.
»Warten müssen wir allweil noch«, sagt der Hofer. »Vom Kaiser is nix zu hoffen, aber der Erzherzog Johann will uns helfen. Einen Brief hat er mir mitgeben an die Tiroler, den kannst dem Harrasser bringen.«
»Der Kaiser muß helfen, nicht der Erzherzog«, murrt Severin.
»Wenn die Österreicher net mitmachen – alloan können wir Tiroler es net derpacken. Wir haben's schon erfahrn müessn«, beschwichtigt der Sandwirt.

»Und die Deutschen? Können die uns nit helfen? Ihr habt doch einen Boten geschickt an den Schill. Ist noch keine Antwort da?«
»Der Schill kann a net mehr kommen mit seinen Leuten. Den haben s' mit seinen Offizieren in Wesel erschossen.«
Severin blickt vor sich hin. Wieder eine Hoffnung zerronnen.
»Und jetzt wird's ganz grob«, sagt der Hofer. »Drei Armeen marschieren gegen uns. Von Osten durchs Pustertal die eine, von Süden und Westen die andern. Von drei Seiten zugleich wollen sie ins Herz Tirols stoßen, und dann – ist's ganz aus mit unserem Landl. Wenn's soweit isch – dann nimmst du drüben die Armee im Westen. Durchs Finstermünz wird sie wohl kommen. I mein, da könnt ihr sie leicht fassen – da in der engen Schlucht. Die anderen Armeen werden wir a auffangen auf guet Tiroler Art. Sag dem Harrasser, so ischt's dem Speckbacher sein Plan.«
Dann meint der Hofer noch: »Vielleicht, daß ös Pulver brauchts und Blei . . . In drei Tagen zieht eine Munitionskolonne von Brixen über den Brenner af Innsbruck zue. Zehn Wagen seins und nur so fünfzig Reiter dabei . . .«
Der Abschied ist kurz.
»Wenns mi brauchts – der Hofer is alleweil da, wenn's sein mueß! Sag dem Harrasser an Gruß von mir. Pfüat di Gott, Severin!«
In der gleichen Nacht noch bricht Severin auf. Über den Jaufen geht sein Weg nach Innsbruck.

In einem versteckten Haus in Wilten, in der Nähe des großen Stiftes, sitzen sie. Der unermüdliche Harrasser ist geritten gekommen. Auch der Hans Unterlercher ist da, hat seinen Kleider- und Trödelladen in der unteren Stadt zugesperrt. Sieben Kufsteiner, viele Vintschgauer und Inntaler Bauernführer hocken beisammen. Sie beraten. Die Armee des Generals Drouet ist auf dem Anmarsch; sie kampiert irgendwo zwischen Maloja und dem oberen Inntal. Welchen Weg sie nehmen wird, weiß kein Mensch. Sie kann entweder von Zernetz aus über den Ofenpaß ins obere Vintschgau und von dort über den Jaufenpaß ins Nordtirolische kommen oder über den Bernina ins Südtirolische hinüberziehen. Der nächste Weg wäre freilich durchs untere Engadin über Finstermünz, Pontlatz und Landeck nach Nordtirol, wobei es für Drouet eine Kleinigkeit wäre, einige Regimenter über Nauders und den Reschenpaß nach Meran zu beordern. Bisher war nichts zu erfahren gewesen. Alle Marschbefehle waren selbst im Lager der Truppen streng geheimgehalten worden.
Von Hagspiel begleitet, trifft Severin Anderlan ein. Harrasser umarmt ihn, den Totgesagten, und dann gehen sie, ohne viel Worte zu machen, an die Arbeit.
Severin kommt mit neuer Kunde aus Südtirol. Er hat viel zu berichten. Vor allem von seiner Unterredung mit dem Sandwirt Andreas Hofer. Er bringt Vollmachten aller Art mit und auch einen Brief vom Erzherzog Johann.

Sein Gesicht ist eingefallen. Hunger, Entbehrungen und Rastlosigkeit haben ihn gezeichnet. Seine Augen glühen in unheimlichem Feuer. Seine kraftvollen Bewegungen, mit denen er jedes Wort unterstreicht, sind noch knapper und entschlossener geworden.
Ob Drouets Truppen durch Finstermünz über den Ofenpaß oder über den Bernina ihren Weg nehmen, wird Anderlan in drei Tagen wissen. Überall sollen sie bis dahin bereit sein, Pulver und Blei herrichten und sich Lebensmittel verschaffen. Die Bauern haben Gruppen und Kolonnen nach Ortschaften, Weilern und Gehöften zu bilden.
In aller Stille müssen die Vorbereitungen getroffen, die Waffen gesammelt und verteilt werden. Einige französische Pulvermagazine und Gewehrlager sollen geplündert werden, denn die größte Sorge der Tiroler ist der Mangel an Waffen und Munition. Es fehlt ihnen eben am Nötigsten; sie haben wenig und nichts, außer ihren Herzen und Fäusten. Nur eins haben sie den Feinden voraus, die Bauern: Sie sind verwachsen mit dem Boden, mit den Felsen, den tannenbestandenen Hängen ihres Landes.
Der Morgen graut, als Anderlan aufsteht. Ernst und beschwörend klingen seine Worte: »Wir werden und wollen der Napoleonischen Strafexpedition den Empfang bereiten, den sie verdient. Wir werden sie nicht hereinlassen. Wir werden den Tiroler Landsturm noch einmal aufwecken, und dann soll der Totentanz losgehen, wenn er losgehen muß. Das Recht ist auf unserer Seite. Wir verteidigen unseren Boden, unsere Bräuche und unser einfaches Bergbauernleben.«
Kaum hat er ausgeredet, ist er auch schon zur Tür hinaus. Er trägt einen dunklen Mantel um die Schulter, und wenn er so mit seinen schweren Reiterstiefeln dahergeht, hätte jedermann in dem bronzefarbenen, eingefallenen, wetterharten Gesicht eher einen Offizier als den verfolgten Rebellen Severin Anderlan vermutet.

Es kommt jetzt alles darauf an, den genauen Einmarschplan Drouets zu erfahren. Dazu sind Innsbruck und der große Hofball gerade der rechte Platz. Unterlercher hat alles vorbereitet. Anderlan und Hagspiel wollen, als bayerische Offiziere verkleidet, ungebeten daran teilnehmen.
In St. Vigil darf sich Severin nicht mehr sehen lassen. Er gilt als tot, und er und seine Freunde müssen den Glauben an diesen Tod auf jede nur denkbare Weise unterstützen. So verbreiten sie eifrig das Gerücht, Bauern hätten den Studenten heimlich im Friedhof von Obernberg begraben, damit er in geweihter Erde liege ...
Severin lebt jetzt in Innsbruck. Das liegt weit genug von St. Vigil entfernt. Dort wohnen viele Menschen, und es fällt keinem auf, wenn ein Unbekannter mehr in der Stadt weilt. Um nicht entdeckt zu werden und um ein Erkennen auf jeden Fall zu vermeiden, geht er unter Tags nur in der Uniform eines bayrischen Dragoneroffiziers durch die Straßen. Er nennt sich Münzberger. Und Hagspiel, der schlaue Kerl, ist Leutnant beim gleichen Regiment ...

Eine Einladung zum Hofball, zu dem großen Fest Drouets, wird Unterlercher besorgen, genauso verläßlich und prompt, wie er die Uniformen geliefert hat . . .
Rabensteiner und Klotz leiten und überwachen während dieser Zeit den geheimen Ausbau der Verhaue und Verteidigungsanlagen am Finstermünzer Paß. Von Nauders, Pfunds, Tösens, Landeck und Imst sind die Bauern gekommen, um zu helfen.
Das eine hat Severin inzwischen schon herausbekommen: Während des Balles soll gleichzeitig eine Offiziersbesprechung stattfinden, über deren Inhalt jedoch bisher nichts, auch nicht das geringste zu erfahren war.

Aus Erika, dem jungen, frohen Geschöpf, ist ein trauriges, ernstes Mädchen geworden. Der Vater sieht es und leidet sehr darunter. Mit allen Mitteln versucht er, sie zu erheitern. Immer wieder bittet und beschwört er sie, Zerstreuung zu suchen. Das Fest in Innsbruck wäre die beste Gelegenheit dazu.
Aber Erika schüttelt auf des Vaters dringliche Bitten nur trotzig den Kopf. »I geh net tanzen. I mag net tanzen. Laß mich doch, Vater, wenn du siehst, daß i net mag!« Da reißt dem Amtmann die Geduld: »Gut, dann bleibst da. I geh tanzn. Ich muß ja tanzn, wenn die anderen pfeifen. Der Teufel soll's holen.«
»Aber i geh net, Vater, mach was du willst, i mag net . . .« Weinend läuft sie aus dem Zimmer.
Ratlos und bekümmert sieht ihr der Vater nach.

Severin denkt nicht nur an die Offiziersbesprechung, an den Einmarsch und an den Empfang, den er den Napoleonischen bereiten will. Seine Gedanken sind auch bei Erika. Zwei Monate hat er sie nicht mehr gesehen. Zwei Monate ihr kein Lebenszeichen mehr gegeben. So muß sie ihn – wie alle andern – für tot halten. Aber so sehr er auch darunter leidet, er darf jetzt durch eine Unvorsichtigkeit nicht alles aufs Spiel setzen. Denn sicherlich würde sich das ganze Wesen des Mädchens plötzlich ändern bei der Nachricht, daß er gesund und wohlauf sei, und Leroy hat bestimmt ein feines Gefühl für einen derartigen Umschwung im Leben Erikas.
So hat es Severin immer wieder verschoben, Erika wissen zu lassen, daß er noch lebt. Der Ball aber scheint ihm ein wundervoller Ausweg zu sein! Dort kann und muß er sie treffen! In der Uniform eines bayerischen Dragonerhauptmanns wird ihn niemand erkennen. Doch er muß ihr Nachricht geben. Aber wie?

In St. Vigil ist alles beim alten.
Erika sitzt wie gewöhnlich abends am offenen Fenster ihres Kämmerleins und näht, als ein Pfiff vor dem Hause sie aufhorchen läßt. Dem Pfiff folgt ein kurzer, knapper Jodler, und im nächsten Augenblick fliegt ein Hut in ihr Zimmer. Sie läuft ans Fenster. Niemand ist zu sehen. Verwundert

greift sie nach dem Hut. Sie behält ihn in der Hand, dreht und wendet ihn und findet schließlich unterm Band eingenäht einen Zettel.
Überrascht und voller Spannung liest sie ihn: »Severin lebt! Schau dir auf dem Ball die Offiziere gut an! Der Hagspiel.«
Fassungslos starrt das Mädchen auf das kleine Stück Papier in ihrer Hand. Ist es möglich? Severin lebt . . . Dieser Gedanke kommt so unerwartet und ist so überwältigend, daß sie ihn einfach nicht zu fassen vermag. Severin lebt . . . Er ist noch da auf der Welt, atmet, spricht, geht umher. Sie wird sein geliebtes Gesicht wiedersehen, seine Hände in die ihren nehmen können. Severin lebt, Severin lebt . . . Herrgott – Severin lebt!
Jubelnd stürmt Erika die Treppe hinunter. Sie muß zu ihrem Vater – sie muß mit irgendeinem Menschen sprechen – nur so sprechen – irgendwas –, denn sonst wird sie verrückt vor lauter Glück.
»Vaterle, ich hab' mir's überlegt. Ich komm' doch mit tanzen auf den Hofball nach Innsbruck!«
Ihre Augen strahlen, das ganze Gesicht ist ein einziges Leuchten, und ihre Stimme ist voll von verhaltenem Jubel.
Überrascht sieht der Amtmann seine Tochter an. Da kenn' sich einer bei den Weiberleuten aus! Eben noch blaß, verweint und traurig und jetzt strahlend vor Freude. Aber ihm ist's recht so, wenn sie vernünftig wird. Sie ist ja noch jung, und jeder Schmerz geht einmal vorüber.

Großes Feldlager im Bergellertal. Rings von Wald umgeben lagern die Regimenter General Drouets auf dem sonnigen Talboden. Die gewaltigen Eisgipfel der Fornoberge und die kühnen Felstürme der Scioragruppe starren reglos, massig und graniten in den südlichen Berghimmel. Vereinzelte Kühe weiden. Pferde trinken im Bergbach. Von irgendwoher ruft ein Alphorn.
Die Stimmung der Truppen ist gut, ihre Verfassung auch. Nur noch drei Tagemärsche, dann sind sie in Tirol. Ihr Weg führt sie durch das Engadinertal, dessen glücklichere Bevölkerung nicht anders über Freiheit und Recht denkt als diejenige Tirols. Doch dieses Tal ist ruhig, weil hier nicht die harte Zucht Napoleonischer Generäle herrscht.
Im Offizierszelt des sechsten bayerischen Dragonerregiments wird geraucht und Veltliner Wein getrunken. Hier ist noch gute Zeit, südwärts der Alpen. Überm Maloja drüben wird's ärger. Das wissen sie. Aber daß man noch immer nicht erfahren kann, ob's über den Ofenpaß nach dem Boznerischen oder über Finstermünz nach dem Innsbruckerischen geht – das ist ärgerlich.
»Vorhut spielen können mir Bayern alleweil. Dazu sein mir guet genug, aber Vertrauen haben's sonst wenig zu uns. Mir san lei die Wurzn, sag i euch, mir Bayern, ollweil mir Bayern. Und anschaffn tut der Napoleon. Nicht unser König!«
Der Sprecher fährt mit der Hand in die Tasche und zieht einen Brief heraus
 »Vertraulicher Laufbrief eines Tirolers . . .«

Der junge Hauptmann ist erst aus Bayern eingetroffen bei seinem Regiment. Ein Kamerad hat ihm den Brief in Innsbruck bei der Durchreise zum Lesen zugesteckt.
»So unrecht hat der Schreiber gar nicht«, meint einer, über den Brief gebeugt. »'s ischt ja wohr, mir Deutschen erschlogn uns gegenseitig, weil der Napoleon es will.«
»Dafür werdn mir a bezahlt und habn a guets Leben!« antwortete ihm ein ganz Gescheiter.
»Schäm dich, du, ums Geld rauft man net, ums Geld läßt man sich net erschießen, ums Geld ist man net treu . . .«
»Ja, und Vaterland gibt's jetzt schon gar keines nicht, das muß ein jeder zugeben«, ruft wieder ein anderer.
Da nimmt der Major den Wisch – die Ursache des Streites – und zerreißt ihn. »Ruhe! Wir haben unserem König Treue geschworen, und was er befiehlt, wird getan! Tirol hin oder her!«
Die Offiziere schweigen. Aber die Gedanken einiger von ihnen gehen andere Bahnen, als der Major vermuten mochte.
Im Lager erzählt man sich allerhand Neuigkeiten. So auch, daß General Lefèbre mit 4000 Mann Vorhut, lauter Bayern und Sachsen, dem Herzog von Danzig und seinen 25 000 Mann die Brennerstraße habe freihalten sollen. Man erzählt, daß es zu furchtbaren Kämpfen und Überfällen der Tiroler im Eisacktal gekommen sei! Und der Hofer soll geflüchtet sein! Auch wollte man wissen, daß in Wien ein Waffenstillstand geschlossen worden sei, laut welchem Tirol endgültig an Bayern-Frankreich abgetreten würde, während das übrige Österreich Frieden haben sollte.
Genaues aber wußte niemand. Es waren so Gerüchte, die man sich erzählte, während die Wachtfeuer brannten und aus den Zelten Soldatenlieder erklangen . . .

Der große, spiegelfunkelnde Ballsaal in der Hofburg zu Innsbruck hatte solchen Glanz wie heute schon lange nicht mehr gesehen. Seit der Kaiser Franz unter dem Druck der Waffenmacht Napoleons Tirol aufgeben mußte, war die Hofburg wie ein vergessenes Märchenschloß mit verhangenen Fenstern verödet geblieben. Es war kein Anlaß, hier Prunk und Glanz zu entfalten, Feste zu feiern, während das Land ringsumher bis zum Weißbluten litt.
Aber das französische Landeskommando hatte den vornehmen Prunkbau aus seiner Versunkenheit zu neuem Leben erweckt. Seine an kaiserliche Repräsentation gewöhnten Räume würden den rechten Rahmen für den glanzvollen Empfang abgeben, den man seiner Exzellenz, dem General Drouet, Oberstkommandierendem der heranrückenden neuen französischen Armee, hier in Innsbruck zu bereiten gedachte.
Diesen Tirolern und auch den bayerischen Verbündeten, die sich noch immer nicht so recht mit der Vormachtstellung des großen Korsen abgefunden hatten, wollte man wieder einmal eindringlich vor Augen führen, wie

turmhoch allein schon ein General Napoleons über ihnen allen stand. Und so war an nichts gespart worden, um für die festliche Begrüßung des Generals in der Hofburg einen Luxus und eine Pracht zu entfalten, wie sie kaum von Krönungsfeierlichkeiten übertroffen werden konnten. Die wuchtigen, kristallenen Kronleuchter, die wie funkelnde Riesentrauben von den Decken der weiten Säle herabhingen, erstrahlten in hellstem Lichterglanze, und ihre Reflexe brachen sich tausendfach in den Spiegelwänden und den vergoldeten Stuckornamenten der Decken. Der rote Damast, mit dem die Räume verschwenderisch bespannt waren, loderte dazwischen wie Feuer.

Die Träger der Krone Österreichs und die Erzherzöge, die ihnen als Staatsmänner und Feldherren im Laufe der Jahrhunderte zur Seite gestanden, schauten voll steifer Würde huldvoll lächelnd aus ihren von der Patina des Alters überhauchten Goldrahmen auf eine ungewöhnliche und bunte Gesellschaft herab. Sie hatten hier schon viele Geschlechter kommen und gehen sehen. Aber dieses von Orden und Goldtressen funkelnde Gewimmel französischer und bayerischer Offiziere, zwischen denen sich eine große Zahl schöner und eleganter Frauen bewegte, war geeignet, selbst ihre in Öl konservierte Ruhe und Erhabenheit zu erschüttern.

Die kunstvoll geschnitzten großen Verbindungstüren zwischen den ineinandergehenden Sälen sind weit geöffnet, so daß das Ganze wie ein einziger Raum erscheint. In dem größten der Säle drehen sich schon die Paare nach den Klängen eines Walzers, auf den sich die französische Militärkapelle, die hier spielt, ebensogut versteht wie ihre Wiener Kollegen. In dem anschließenden Saal wogt es paar- und gruppenweise promenierend durcheinander. Hier herrscht ein ständiges Kommen und Gehen. Ordonnanzen flitzen mit wichtigen Mienen durch die Menschenmenge, alte Kameraden feiern ein unverhofftes Wiedersehen und berichten einander von Heldentaten unter den Pyramiden Ägyptens, den Zypressen Italiens oder den Kiefern Preußens. Das Kampffeld ihres Herrschers ist ja so groß und reicht fast von dem einen Ende Europas bis zum anderen! Trifft man sich heute in Innsbruck, so wird man morgen vielleicht schon in alle Winde auseinandergerissen, der eine nach Rußland und der andere nach Sizilien. Wer weiß es ...

Auf seidenbespannten Ruhebänken und Sesseln, welche die Nischen und Ecken der Säle ausfüllen, sitzen jene der Offiziere mit ihren Damen, die eine behagliche Konversation dem Tanzen und Promenieren vorziehen. Hier halten vor allem auch die größtenteils schon weißhaarigen hohen Stabsoffiziere Empfang ab. In dichten Reihen umsteht man sie, denn da die meisten von ihnen eben erst aus Napoleons Hauptquartier eingetroffen sind, kann man von ihnen allerlei erfahren, wovon man in der Abgeschiedenheit der Tiroler Berge wenig zu hören bekommt. Besonders die bayerischen Offiziere sind sehr wißbegierig. Man hat etwas von einer geheimen Besprechung während des Hofballs geraunt, aber bis zu diesem Abend hatten diejenigen, denen Näheres bekannt sein konnte, nur mit

einem Achselzucken auf alle Fragen geantwortet. Ein Schimmer des Geheimnisvollen liegt über diesem rauschenden Fest, das sich nach außen hin so harmlos-heiter gibt.
Hauptmann Nachbauer, ein breitschultriger und robust wirkender bayerischer Offizier, fragt freiheraus einen der französischen Stabsoffiziere, was es denn eigentlich mit der Geheimsitzung auf sich habe, von der alle munkeln, aber keiner Sicheres weiß.
»Oh, mon camarade«, antwortet der französische Offizier mit einem liebenswürdigen Lächeln, »das will ich Ihnen sagen: Wenn die Uhr elf zeigt, hätte ich Sie ohnehin zu dieser Besprechung nach oben in den kleinen Saal gebeten. General Drouet will uns den Einmarschplan der neuen Armee bekanntgeben.«
Während Hauptmann Nachbauer sich dankend vor dem Obersten verneigt, geht ein Raunen durch die Reihen der Umstehenden. Das also ist das Geheimnis! Allzu sicher scheint man sich ja im Oberkommando nicht zu fühlen, sonst hätte man nicht solche Vorsichtsmaßregeln zu ergreifen brauchen, um den Einmarschplan vor unberufenen Augen und Ohren zu schützen. Wie ein Lauffeuer geht die Auskunft, die Hauptmann Nachbauer erhalten hat, durch die Säle und wird überall mit großem Interesse aufgenommen. Am meisten aber von einem jungen, braungebrannten bayerischen Offizier, der sich etwas abseits hält.
Mit doppelter Spannung wartet man nun auf die Ankunft des Generals Drouet und seines Gefolges. Und seine Exzellenz läßt auch nicht mehr lange auf sich warten.
Ein Wink zu der Musiktribüne hinauf, drei Stöße mit dem silberbeschlagenen Stabe des Zeremonienmeisters auf das Parkett – und die Musik bricht unvermittelt ab. Die Gespräche verstummen, und alles nimmt Aufstellung, wie es die Etikette vorschreibt, um dem Vertreter des großen Kaisers Reverenz zu erweisen. Mit einem Schlage fliegt die große Flügeltüre des Spiegelsaales auf, von der eine breite, teppichbelegte Treppe, die riesige mit armdicken Lichtern besteckte Leuchter flankieren, zur Halle hinabführt.
Die Marseillaise ertönt, und General Drouet steigt durch das Spalier der Offiziere die Treppe herauf, rechts und links mit einem leichten Kopfnikken verbindlich grüßend.
Der General ist von kleiner Statur, und sein schmächtiger Wuchs wird noch durch die füllige Heroinenfigur der Generalin besonders betont. Mit seinem markanten, geistvollen Kopf gleicht er eher einem Philosophen als einem Kriegsmann. Wer ihm in das beherrschte Gesicht sieht, vergißt freilich die wenig imposante Erscheinung des Generals. Solche Köpfe erblickt man nur selten unter den Offizieren. Hier sind Geist, Großzügigkeit und eiserne Energie in klaren Zügen gezeichnet.
Mit einem Blick überfliegt General Drouet, in der Mitte des Hauptsaales angekommen, die Versammelten. Ein kurzes, begrüßendes Kopfnicken – dann winkt er der Musik, und der Ball nimmt seinen Fortgang. So ist es

sein Wunsch. Jedes Aufsehen soll vermieden werden. Galant reicht er der Generalin den Arm, und nach ein paar Walzerrunden führt er sie zu einer der Nischen, wo seine Adjutanten ihn bereits erwarten.

Wohin man in den Sälen und ihren Nebenräumen blickt, überall blitzen bunte Uniformen neben den großen Toiletten der Damen. Nur vereinzelt taucht hier und da, fast schüchtern, ein Frack auf, der einem der wenigen hohen Verwaltungsbeamten gehört, die man zu diesem Fest geladen hat. Unter diesen Frackträgern ist auch Amtmann Riederer.

Er hat mit Erika heute seine liebe Not. Ist es das Fieber des ersten großen Balles, das in ihr steckt und sie so fahrig, so zerstreut macht?

»Ach, laß mi doch, Vaterl – warum hast mi denn mitgenommen?« entgegnet sie übermütig auf alle seine Ermahnungen. Und gleich darauf schaut sie einem vorübergehenden Offizier so auffällig ins Gesicht, daß dieser sich zu einem sehr vertraulichen Augenzwinkern ermutigt fühlt.

Riederer ist außer sich, als er das sieht. Aber seine Entrüstung nützt nur wenig. Alle Grundgesetze der Etikette und Erziehung vergessend, fixiert Erika dennoch jeden, der ihr in den Weg kommt. Da ist dem Amtmann die seltene Ehre widerfahren, als einer der wenigen Verwaltungsbeamten zu dem Militärball eingeladen zu werden, und nun gefährdet seine Tochter auf bedenkliche Art seine ohnehin nicht ganz sichere gesellschaftliche Position!

Vor Verlegenheit über das kindlich ungeschickte Benehmen seiner Tochter steht dem geplagten Vater schon der Schweiß auf der Stirne, als sich ein Retter naht. Freundlich lächelnd verneigt sich ein bayerischer Hauptmann vor Erika und bittet um einen Tanz. Gott sei Dank, Erika nickt dem Offizier zu, wenn auch etwas zerstreut, und sie tanzen davon. Jetzt kann er endlich ein wenig aufatmen.

Strahlend vor Freude tanzt der Offizier mit Erika über das spiegelglatte Parkett. Das ist einmal ein Mädel so recht nach seinem Geschmack, wie man sie hier nicht alle Tage sieht. Und Erika findet ihren Tänzer auch nicht gerade unsympathisch. Er scheint ein liebenswürdiger und harmloser Mensch zu sein.

»Sagen S', Herr Hauptmann«, nimmt sie die Unterhaltung auf, »wie heißen S' denn eigentlich, i hab's net verstandn!«

»Nachbauer, Hauptmann Nachbauer aus München!«

»Was, aus München sans? I bin nämlich auch daher!«

»Ja, so ein Zufall, grad aus München ist das Fräulein . . .«

»Erika Riederer.«

»Wunderbar! Also wissens, für den Namen Erika schwärm i überhaupt. Und tanzn könnens, Fräulein, wie a Engerl! Grad nur so dahinschweben tuns!«

»So, das sagens wohl zu jeder!«

»Aber gehns, Fräulein Erika, a einzigs Mal in München hab i so a gute

Tänzerin wie Sie gtroffn. Vielleicht kennens die gar! Dös war ein Fräulein . . . Na verflixt, wie hats denn geheißn? Grad hab i's noch gewußt! Die hieß doch . . .«
Lachend unterbricht ihn Erika: »Zerbrechens sich Ihren Kopf net. Is ja net so wichtig!«
»Ja schauns, dös is halt meine Schwäche, daß i allweil die Namen vergiß, aber Ihren werd i mir merkn, so an Namen kann man ja gar net vergeßn. Aber sagns amal, suchens jemand?«
Erika tut erstaunt und sagt mit treuherziger Miene: »Nein, warum denn? Wie kommens denn darauf?«
»Na, i dacht halt, weils immer so umanand schauen!«
»I? Aber i schau doch garnet umanand!?«
Doch ehe noch sie sich darüber einig werden, ob Erika nun geschaut hat oder nicht, ist der Tanz zu Ende. Winkend kommt der Amtmann schon herangelaufen, um seine Tochter wieder in Empfang zu nehmen. Erika verabschiedet ihren Tänzer, der ganz gern noch länger bei ihr geblieben wäre. So aber muß er sich damit trösten, daß ihm »der nächste Tanz« in Aussicht gestellt wird.
Wohlgefällig schaut Nachbauer ihr nach. Ein Kamerad tritt neben ihn und klopft ihm freundschaftlich auf die Schulter.
»Du, a fesches Madel war dös, gratuliere!« sagt er. »Wie heißt's denn?«
Nachbauer wird durch diese Frage ganz verwirrt. »Wie sie heißt? Ja, wart amal! Die heißt . . . na . . . zum Teufel . . . wart . . . die heißt . . . Oh, Herrgott sakra, jetzt hab i doch den Namen schon wieder vergessen!«
Der andere lacht ihn aus: »Nachbauer, du bist und bleibst doch ein Rindvieh. Ein so schwaches Gedächtnis bei solch einem Mädchen!«
Leroy, der jetzt zu den beiden bayerischen Offizieren herantritt, macht ihrer Heiterkeit ein Ende. Seine Miene verrät einen dienstlichen Auftrag. Halblaut sagt der Capitaine: »Es ist jetzt gleich elf Uhr. Ich bitte Sie, Punkt elf Uhr oben im kleinen Saal bei der Geheimkonferenz zu sein!«

Als die zierliche Rokokouhr auf dem Kaminsims die elfte Stunde schlägt, ist ein halbes Hundert bayerischer und französischer Offiziere in dem kleinen Konferenzsaal der Hofburg versammelt. Während der letzte Schlag der Uhr verklingt, öffnet sich eine Nebentür, und General Drouet, begleitet von seinem Stabe und von Capitaine Leroy, betritt den Raum. Ein kurzer Gruß, dann setzt der General seine Brille auf und breitet vor sich auf dem Tisch eine große Karte aus, auf der man blaue und rote Einzeichnungen erkennt.
In französischer Sprache erläutert Drouet in seiner knappen Art Truppenstärke, Marschroute, Aufenthalte, Zweck und Durchführungsweise der aus Paris vom Kaiser persönlich erhaltenen Befehle. Die bayerischen Offiziere verstehen von seinen Ausführungen nicht viel mehr als ein paar Ortsnamen und einige militärische Ausdrücke.
Doch nachdem der General geendet hat, erhebt sich Capitaine Leroy und

wiederholt in deutscher Sprache die Erläuterung des Aufmarschplanes: »Seine Exzellenz wünscht den bayerischen Kameraden folgendes bekanntzugeben: Der Einmarsch der aus Richtung Norditalien durch das Engadin heranrückenden neuen französischen Armee findet durch das Tal von Finstermünz statt. Es ist zu erwarten, daß die Spitze der Armee übermorgen in den ersten Morgenstunden die Brücke von Finstermünz passieren wird. Hier werden sich die Truppen trennen. Acht Regimenter Fußtruppen marschieren über Nauders und den Reschenpaß nach dem Etschtal. Ein Teil von ihnen wird dann durch das Pustertal nach Kärnten weitermarschieren. Der andere Teil der Truppen in Stärke von elf Regimentern Fußvolk sowie die Artillerie und Reiterei werden den Vormarsch über Landeck direkt nach Innsbruck fortsetzen. Das ganze Inntal, das Eisacktal und Etschtal werden besetzt, um mit unnachsichtiger, rücksichtsloser Strenge in Tirol Ordnung zu schaffen.
Wir haben wohl das Land in unserem Besitz, wir haben es mit unseren Waffen erobert, aber die Bevölkerung haben wir noch nicht besiegt. Ständig und überall werden unsere Truppen von Wegelagerern, Räubern und Rebellen überfallen, und es ist höchste Zeit, ihnen endlich eine Lektion zu erteilen, die sie nicht mehr vergessen sollen.«
Plötzlich stockt er, sein Blick bleibt an dem Gesicht eines jungen bayerischen Offiziers hängen. Einen Augenblick scheint es, als wolle der Capitaine seine Rede unterbrechen.
Verwundert schaut General Drouet zu ihm auf, doch Leroy hat sich schon wieder gefaßt und spricht weiter: »Auf allerhöchste Anordnung unterstehen die im Südkreis stationierten bayerischen Divisionen von heute ab dem ausschließlichen Kommando Seiner Exzellenz des Generals Drouet. Wünscht einer der Herren eine Frage zu stellen?«
Einige bayerische Stabsoffiziere räuspern sich vernehmlich. Aber das ist auch alles. Sie sind über diese neue Ankündigung nicht sehr erfreut, doch was sollen sie machen?
Wieder klammert sich Leroys forschender Blick eine Sekunde lang an das braungebrannte Gesicht des bayerischen Hauptmanns. Diesen Kopf hat er doch schon irgendwo gesehen?
Severin fühlt die forschenden Augen Leroys auf sich ruhen. Sein Herz klopft so laut, daß er fast fürchtet, seine Nachbarn könnten es hören. Sein Blut rauscht erregt durch die Adern, daß ihm die Schläfen heiß werden.
Severin weiß jetzt alles, was er wissen wollte, und noch mehr. Er wird schon dafür sorgen, daß die Strafexpedition mit ihrer Lektion richtig empfangen wird.

Wo steckt nur die Erika? Eben hat er sie noch an der Hand gehabt, und jetzt ist sie schon wieder verschwunden. Gerade jetzt, wo Ihre Exzellenz die Frau Generalin den Wunsch geäußert hat, die Tochter des königlich-bayerischen Amtmanns Riederer zu sehen! Ihr Glück kann sie dabei machen, das dumme Mädel!

Aufgeregt läuft Riederer treppauf, treppab, von einem Saal zum anderen. Himmelherrgott noch mal, die Blamage, wenn er sie jetzt nicht findet! – Endlich entdeckt er sie in einem der oberen Gänge, wo sie ganz allein auf und ab geht.
»Ja, sag mal, Erika, was tust du denn hier oben? Möchtest nicht vielleicht gar noch aufs Dach steigen?« bullert der Amtmann unwillig los.
»Geh, Vaterl, a bisserl Luft wollt ich schnappen und aus dem Trubl da drunten 'rauskommen!«
»Luft kannst a andermal schnappn. Jetzt kommst mit 'runter, die Frau Generalin will dich sehen. Aber daß di fein und sittsam benimmst! Das ist eine ganz große Sache!«
Er faßt sie fest bei der Hand, damit sie ihm nicht wieder entwischen kann, und während sie die Treppen hinabsteigen, erteilt er ihr unaufhörlich Verhaltensmaßregeln, wie sie zu grüßen habe und wie man Ihrer Exzellenz antworten müsse.
Erika nickt brav und hört gar nicht auf das, was er sagt. Ihre Exzellenz?! Wie unwichtig ist so eine Exzellenz, wenn es gilt, den Geliebten zu finden. Prüfend und forschend schaut sie den Offizieren ins Gesicht. Da – ihr Herz beginnt heftig zu klopfen –, da steht ein Offizier, schmal und schlank mit schwarzem Haar. Das wird er sein, der Severin! Doch als sich der Offizier umdreht, sieht ihr ein helles Gesicht mit blauen Augen entgegen. Er ist es wieder nicht!
Gewichtig und gnädig zugleich hält die Generalin in einer der rotseiden ausgespannten Nischen des Saales Empfang. Von hier aus läßt sich alles übersehen, und es war kein Zufall, daß die Generalin, die gern überall ihre Augen hat, diesen Platz gewählt hat.
Als Vater und Tochter sich dem Tisch von Madame Drouet nähern, nickt sie den beiden huldvoll zu. Der Amtmann bleibt in respektvoller Entfernung stehen, hält Erika fest bei der Hand und verbeugt sich tief, während Erikas Knicks nicht ganz so ausfällt, wie es die Hofetikette vorschreibt. Trotzdem betrachtet die Generalin durch ihr Lorgnon das junge Mädchen, das da etwas hilflos und verlegen vor ihr steht, recht wohlgefälligen Blickes. »Ein sehr liebes Mädel, Ihr Fräulein Tochter, Herr Amtmann! Wirklich reizend!«
Riederer ist überglücklich und benutzt diese Gelegenheit sogleich zu einer zweiten, noch tieferen Verbeugung. »Zu gütig, Exzellenz, zu gütig!« Sein Antlitz strahlt vor Freude und Stolz.
Die Generalin winkt: »Kommen Sie, mein liebes Kind, setzen Sie sich.« Mit einer einladenden Bewegung weist sie auf den freien Platz neben sich auf der Polsterbank. Erika ist über diese ehrenvolle Aufforderung nicht sonderlich erbaut. Sie hätte viel lieber ungestört die Offiziere gemustert, die eben gruppenweise die große Treppe herabkommen. Mit einem ungeschickten Knicks dankt sie und nimmt Platz.
»Nun, mein liebes Kind, wie fühlen Sie sich denn in Ihrer neuen Heimat? Gefällt es Ihnen hier?«

Erika ist mit ihren Augen und Gedanken ganz woanders. Ob der Severin wohl dort in der Gruppe von Offizieren ist? Sie bekommt bei dem Gedanken an diese Möglichkeit ganz kalte Hände vor Aufregung. Ach, nur nicht hier sitzen müssen!
Sie hört die Frage und antwortet mechanisch und abwesend: »O danke, sehr gut.«
Die Generalin lächelt. Sie ist eine kluge und gütige Frau und kann sich die Ursache der Zerstreutheit des jungen Mädchens, das sich so gar nicht zusammennimmt, schon denken – und verstehen.
Riederer aber, der über Erikas Verhalten in Verlegenheit gerät, versucht ihr zu helfen: »Danke der gütigen Nachfrage, Eure Exzellenz, es gefällt ihr ausgezeichnet. Aber es ist ihr erster Ball! Und da ist s' ein bisserl verwirrt. Eure Exzellenz entschuldigen schon!«
Sie nickt begütigend und wendet sich wieder an Erika: »Amüsieren Sie sich denn gut auf Ihrem ersten Ball, Fräulein Erika?«
»Ja, Exzellenz, es ist mein erster Ball, o je . . .« Erika verstummt mitten in ihrem Satz. Da oben an der Treppenbrüstung, da steht Severin! Er lebt!! Severin lebt! Ihre Augen starren unentwegt zu ihm hinauf, und ihr Gesicht ist ganz blaß vor Erregung. Sie sieht und hört nichts mehr, keine Exzellenz, keinen Vater, keinen Ball. Sie sieht nur einen bayerischen Offizier, einen Dragoner, sieht nur ein Gesicht . . . Allmählich weicht die Erstarrung von ihr, und eine Welle heißer Freude und unendlichen Glücks überflutet sie. Es ist, als ob sich tausend Himmel für sie geöffnet hätten.
Der Amtmann ist der Verzweiflung nahe. Er macht noch einen kläglichen Versuch, die peinliche Situation vor der Exzellenz zu retten: »Verzeihens, Exzellenz, Erika war wirklich noch nie auf einem Ball! Sie ist noch sehr jung und erst kurze Zeit aus dem Institut . . .«
Die Generalin betrachtet mit freundlichem Lachen das aufgeregte Mädchen. Sie ist gerührt von dem ungezwungenen, aufrichtigen Benehmen dieses Kindes, das sein Herz so offen zur Schau trägt, und lächelnd fragt sie: »Nun, mein Kind, wie heißt denn der Herzbube, den Sie entdeckt haben? Wollen Sie tanzen?«
»O ja, Exzellenz, lassens mi laufn, i möcht so gern tanzen.«
»Erika . . .!« Des Vaters Stimme ist voll verhaltenen Zornes.
Aber die Generalin hebt beschwichtigend die Hand. »Gehen Sie nur, Kind, und amüsieren Sie sich recht gut.« Dann zum Amtmann gewendet: »Ein reizendes Geschöpf ist Ihr Töchterchen, ein liebes herziges Mädchen.« Und seufzend setzt sie hinzu: »Wir waren doch auch einmal jung, nicht wahr, Herr Amtmann?«
»Ach, Exzellenz, jawohl, hm . . . ja, aber ich kenne doch Erika. Ich kenne sie ganz genau und weiß, daß ihr alle fremd sind«, beteuert entschuldigend und verlegen Riederer.
»Na, mein Lieber, da wären Sie wohl der erste Vater, der über seine Tochter so genau Bescheid weiß«, antwortet mit leisem Lächeln die Generalin und entläßt huldvoll nickend den Beamten.

Riederer verbeugt sich tief und geht. Donnerwetter, war das peinlich! Was ist nur mit dem Mädel los? Sich so unmöglich zu benehmen!
Hätte die alte Exzellenz nicht solch glänzende Laune, nicht soviel Herz, Gemüt und Verständnis bewiesen ... Es ist einfach nicht auszudenken, was da hätte passieren können.

Während der ganzen Offiziersbesprechung hat unten im Saal die Musik unermüdlich gespielt. Es ist ein herrlicher Anblick, von den Balustraden des oberen Stockwerks aus in das strahlende, farbenprächtige, von vielen hundert Kerzen auf gläsernen Kronleuchtern erhellte Gewoge zu schauen. Gavotten, Menuetts, Quadrillen und Promenaden lösen einander ab.
Während die Offiziere über die Treppe in den Saal zurückeilen, allen voran General Drouet und sein Adjutant, ist Severin oben auf der Galerie geblieben und hält nach Erika Ausschau. Und dort oben hat sie ihn während ihres Empfangs bei der Exzellenz entdeckt.
Inzwischen hat Erika sich durch die Tanzenden durchgewunden und ist schnell über die große Treppe hinaufgesprungen. Und jetzt steht Severin vor ihr. Sehnig, schlank und fröhlich lachend. Noch kann Erika das Glück nicht fassen. Still und stumm steht sie vor ihm. Sie kann ihn zunächst kaum erkennen, denn ihre Augen schwimmen in Tränen.
Sein dunkles Gesicht hat neue, scharfe Züge bekommen, die es früher nicht hatte. Härter noch und entschlossener ist es geworden. Aber jetzt, da er Erika gefunden hat, sieht er für eine kurze Spanne wieder frisch und froh aus, und seine Augen leuchten vor Glück. Endlich hat er sie wieder! Endlich kann er wieder einmal in dieses süße, junge Gesicht blicken, kann wieder ihr lang entbehrtes Lachen hören, dieses helle, klingende Lachen, das ihn alles andere vergessen läßt.
In einem kleinen, verlassenen Salon sitzen beide. Ganz still, ganz hingegeben dem Gefühl des Beieinanderseins. Zärtlich streichelt er ihre Wangen, ihre hellen Haare, legt liebevoll den Arm um ihre schmalen Schultern.
»Du, Severin, ich habe soviel gelitten um dich. Ich glaubte, ich würde dich nie mehr wiedersehen. Alle sagten, du seist tot!« Ein Weinen würgt in ihrer Kehle, und ihre Stimme zittert. »Versprich mir, Severin, daß du jetzt fliehen wirst, weg aus Tirol! Ich bitte dich von Herzen, tue es, laß mich nicht wieder so leiden ...«
Severin betrachtet sie lange und ernst. Er sieht, daß sie nicht mehr das harmlos-frohe Mädchen ist, das sie war, als er ihr zuerst begegnete. Er erkennt, daß Angst und Sorge sie gereift haben. Er sieht, daß ihr Gesicht schmaler und ihre Augen ernster geworden sind. Er bemerkt auch ganz feine, zarte Linien um ihren Mund. Linien, die das Leid um ihn in dieses junge Antlitz gezeichnet hat. Und plötzlich überkommt ihn das heiße

oben: Erster Schnee bei Mittenwald
unten: Grindjisee mit Matterhorn (Wallis)

Verlangen, der unwiderstehliche Wunsch, mit ihr zu fliehen. Irgendwohin. Irgendwo in der Welt wird es doch einen Flecken Erde geben, wo es keinen Krieg und keinen Haß und keinen Napoleon gibt. Einmal nur ganz einfach glücklich sein, einmal alles vergessen können und nur an sich denken.
Sekundenlang nur überläßt sich Severin diesem Wunsch, dann besinnt er sich wieder auf seine Pflicht. Nein, er darf nicht an sein persönliches Glück denken. Es geht um mehr.

Ich kaufe ein Stauwerk

1939/40 drehte ich einen Film, der die Tiroler Freiheitskämpfe in den Jahren 1809/10 zum Thema hat. Diesmal spielte ich die Rolle Josef Speckbachers; er war der eigentliche Feuergeist und schärfste Verfechter des Freiheitsgedankens gegen die Napoleonischen Armeen. Speckbacher galt als kugelfest, man sagte, er könne die ihm geltenden Kugeln mit der Hand abfangen, daher sein Name im Volksmund: »Feuerteufel«.
In der folgenden Geschichte erzähle ich eine Episode, die sich während der Dreharbeiten zum Film »Der Feuerteufel« im Karwendelgebiet abspielte.

Nach einem vierstündigen Weg weit ab vom Inntal saß ich mit meinem treuen Begleiter Hugo Lehner und einem Tiroler Forstmeister am Tisch, der Dackel saß darunter, ganz nahe am wärmenden Ofen. Wir plauderten und tranken Kaffee.
Ich hatte erfahren, daß es in dieser waldreichen, verlassenen Gegend noch alte Wasserstauwerke zum Holztransport gab, und wollte mir eine solche Klausenanlage einmal genauer ansehen.
Diese Holzklausen sind im Grund eines Bachbettes aus rohen Holzstämmen in Form von Wasserstaudämmen so gebaut, daß man in dem darin gefangenen Wasser größere Mengen Holz sich ansammeln lassen kann. Später, beim Öffnen der Schleusen, werden dann die Holzstämme von den wild ins Freie drängenden Wassermengen durch die Klausentore bis zur Auffanganlage am Ende des Wasserlaufes mitgerissen. Diese Art des Holztransportes ist billig, rasch, romantisch und abenteuerlich, hat aber den Nachteil, den Hölzern etwas hart mitzuspielen, besonders wenn der Weg der wilden Wasser felsig, schluchtig und steil ist.

oben links: Als Tiroler Freiheitskämpfer im »Feuerteufel«
oben rechts: Mit Joan Gardner in der englischen Fassung des Films »Der Berg ruft«
unten: Trenker führt Regie. Mit Kameramann Albert Benitz bei den Dreharbeiten zum »Feuerteufel«

Voller Interesse brachen wir auf, um uns eine solche Klausenanlage anzusehen. Nach zwei Stunden Weges standen wir vor ihr: Ein wuchtiges, aus mächtigen Stämmen errichtetes Sprengwerk ragte vor uns in die Höhe.
»Wieviel Wasser könnt Ihr damit stauen?«
»Beiläufig siebzigtausend Tonnen«, antwortete der Forstmeister.
Großartig, dachte ich mir und sah schon vor mir die gewaltige filmische Wirkung, wenn die gestauten, geballten Wassermassen nach der Sprengung fessellos und in furchtbarer Wucht, alles mit sich reißend, mit einem Schlag ins Tal stürzten.
Ich fotografierte die Anlage. Lehner betrachtete sie genau von allen Seiten. Dann sagte ich zum Forstmeister: »Wir werden hier die Aufnahmen bis zur Sprengung drehen. Zur Sprengung selbst verwenden wir dann ein Modell, das in den Verhältnissen genau wie dieses Werk hier errichtet wird. Ein Maßstab von eins zu zwanzig müßte gerade recht sein.«
»Werden Sie mit einem Modell die Wirkung erzielen, die Sie benötigen?«
»Hoffentlich«, sagte ich und war innerlich vom Gegenteil überzeugt. »Was soll man anders machen, die Errichtung einer solchen Klause würde sehr viel Geld kosten, und das bekommen wir nie bewilligt. Am schönsten wäre es natürlich, wenn wir diese Klause sprengen könnten. Stellen Sie sich die Wirkung vor! Siebzigtausend Kubikmeter Wasser!«
»Darüber ließe sich ja reden«, meinte zu meiner Verblüffung der Forstmeister und teilte mir vertraulich mit, daß die Klause alt und nicht mehr verläßlich sei, man habe große Sorge, daß sie dem Wasserdruck nicht mehr standhalten und brechen könne.
»Dann müßten Sie sowieso eine neue bauen?« fragte ich neugierig.
»Ja, natürlich. Das ist geplant.«
»Aber dann verkauft mir doch den Krempel, ich sprenge ihn in die Luft, und ihr erspart euch die Arbeit des Abtragens, außerdem bezahlt euch meine Auftraggeberin doppelt soviel, als uns die Errichtung eines Modells kostet.«
»Was kostet denn so ein Modell?« wollte der kluge Forstmeister wissen.
»Zwei- bis dreitausend Mark«, antwortete ich.
»Das wäre billig, eine solche Anlage kostet mehr als ein Haus«, handelte der pfiffige Waldmann weiter.
»Ja, schon, aber wenn sie euch nicht mehr nützt?«
»Sagen wir fünftausend Mark? Für Sie ist das ein großer Glücksfall, oder nicht?«
»Ja, ja«, gab ich zu und dachte an die Wirkung der siebzigtausend Kubikmeter Wasser.
Der Forstmeister telefonierte mit seinem Landesforstamt in Innsbruck, man wollte dort Genaueres wissen, Garantien haben. Die fünftausend Mark lockten natürlich. Noch am selben Tag kam ein Beauftragter der Forstdirektion zu uns in die Klause, und am nächsten Abend spät beim dritten Liter Wein wurden wir einig, die Klause gehörte uns und unserem Film.

Von nun an waren wir jeden Morgen schon um fünf Uhr früh auf und stiegen vom Forsthaus hinauf zur Klause.
Das Klausentor hatten wir schließen lassen. In drei Tagen, so rechnete ich nur aus, müßte das Staubecken voll sein, dann konnte die große Aufnahme vor sich gehen.
Kameramänner, Schauspieler, Fotografen, alle, die mit diesen Szenen zu tun hatten, waren inzwischen nachgekommen. Wir waren bereit.
Aber trotz des stetigen Zuflusses stieg der Wasserspiegel nicht über die jämmerliche Höhe von eineinhalb Meter. Die Klause selbst war, das erkannte ich erst jetzt, an hundert Stellen undicht, ja sogar der Grund ließ überall die Wässerlein durch, und der kleine Bach konnte liefern, soviel er wollte, es half nichts. Was oben hereinkam, rann unten wieder 'raus. Eine Sprengung konnte aber nur wirksam sein, wenn das Staubecken bis zum Rand voll war.
Besorgt teilte ich meine Bedenken einem alten, beim Stauwerk arbeitenden Holzknecht mit. »Hm, da dürfen S' erst wieder zur Schneeschmelze kommen im nächsten Frühjahr oder einen guten Wolkenbruch abwarten, nachher kunnt's scho sein, daß wir Wasser genug kriegen, aber so können S' warten, das wird nie voll!« lautete der Trost des Alten.
Die Gesellschaft, in deren Auftrag ich den Feuerteufel-Film herstellte, war ungeduldig und verlangte Aufnahmen, Taten! Zwanzig tüchtige Pioniere von einem im Inntal liegenden Bataillon waren mir zugeteilt, sieben Kameraleute warteten, viele Fotografen, Darsteller und Techniker, alles in allem an die fünfzig Mann. Das kostete Geld, und Tag um Tag verrann, ohne daß etwas Entscheidendes unternommen werden konnte.
Endlich, endlich setzte köstlicher Regen ein. Es regnete Tag und Nacht, und die Klause füllte sich langsam. Pioniere begannen die Holzkonstruktion an verschiedenen Stellen mit Ekrasitpatronen zu laden. Der Regen rann aber derart reich vom Himmel, daß wir die Arbeiten unterbrechen mußten, um die Apparate trocken zu halten und auch selbst etwas Wärme zu sammeln. Wir waren schon seit vier Uhr morgens unterwegs und bis auf die Haut durchnäßt.
Die Standorte der sieben Kameras hatte ich so gewählt, daß sie ein Maximum an Wirkung erfassen konnten. An eine Aufnahme bei diesem Wetter war aber nicht zu denken, ich brauchte dazu Sonnenschein, und so zogen wir uns einstweilen in eine höher gelegene Holzknechtshütte zurück, wo wir eine Rast einschalteten. Das Stauwerk war bereits halb voll, und die schwere Balkenkonstruktion bebte zitternd unter dem ungeheuren Druck der einbehaltenen Wassermasse.
Zufrieden saß ich im Kreise meiner Männer um den offenen Herd der winzigen Holzknechtshütte etwas oberhalb des Stauwehrs und wartete auf die ersten Sonnenstrahlen, die ja bekanntlich nach jedem Regen kommen sollen. Über dem Feuer hingen unsere nassen Kleider zum Trocknen. Einige Männer hatten sich in einer Ecke zu einem Gesangsverein zusammengetan, andere spielten in aller Gemütsruhe Karten. Als der Regen

nachgelassen hatte, stieg ich sofort durch den aufgeweichten Boden hinunter zur Klause. Aber wer begreift meinen Schrecken: Als ich über den Damm der Klause blickte, war diese kaum zur Hälfte gefüllt, der Wasserspiegel sank rapid, und ich wußte nun mit Gewißheit, daß keine Chance mehr für die Aufnahmen vorhanden sein würde.

Fluchend und triefend vor Nässe lief ich mit meiner schlimmen Nachricht zurück zur Hütte, alarmierte aber trotzdem alles, stellte Posten und Apparate auf und wartete auf Licht. Aber eine dicke graue Wolkenschicht verdrängte Sonne, Zuversicht und jegliche Hoffnung. Abends zogen wir, auf alle Klausen, Wetter, Förster und Filme schimpfend, unverrichteterdinge wieder in unser Quartier im Forsthaus.

Wir begannen das Stauwehr mit Hilfe der Pioniere so zu dichten, daß kein Tropfen Wasser mehr verlorengehen würde. Mit Teerpappe, mit Werg, mit Holzlatten, Lehm und Hanf, mit Moos, Fleiß, Schweiß und Steinen stopften die braven Soldaten jede Fuge und jedes Loch. Drei Tage und Nächte lang wurde fieberhaft gearbeitet. Dann warteten wir drei Tage, damit das zufließende Wasser sich staue. Nun mußte es gelingen. Zuversichtlich zogen wir hinauf, es war ein Sonntag, heute oder nie hieß die Parole. Hell schien die Sonne vom stahlblauen Himmel, und schon um sechs Uhr früh waren wir an Ort und Stelle.

Doch als ich die Klausenbrücke betrat, verschlug es mir fast den Atem. Noch nicht einmal halbvoll war sie, und um keinen Zoll war der Wasserspiegel gestiegen, trotz unseres geduldigen Arbeitens und dreitägigen Wartens. Die Produktionsleitung hatte mir diesen Sonntag als allerletzte Frist gestellt. Fertigmachen oder abbrechen, hieß es. Die hatten leicht reden, aber mein Film, mein schöner Film! Niedergeschlagen und hoffnungslos legte ich mich unter einen Baum und versuchte zu rauchen, aber die Pfeife schmeckte nicht. Dann schlief ich mißmutig ein. Gegen elf Uhr weckte man mich. Der Produktionsleiter war es. Es müsse etwas geschehen, sagte er, es sei schon bald Mittag. Ich wollte nichts hören. »Hat ja gar keinen Zweck, ohne Wassermengen bekommen wir keine Wirkung, und wenn der Kram einmal in die Luft geflogen ist, dann ist es zu spät«, sagte ich voller Grimm und Ärger, »wir müssen eben warten, koste es, was es wolle.«

Um zwölf Uhr bezogen wir Mittagsrast. Bis ein Uhr mittags ging ich herum, unschlüssig und verzweifelt auf ein Wunder wartend, das, wie ich wußte, ja doch nicht kommen würde. Nur ein gewaltiger Wolkenbruch konnte die verfahrene Situation noch retten. Aber der Himmel war blauer als blau, und es war geradezu frevelhaft, an einen Wolkenbruch zu denken.

Meine Leute machten Witze, andere brummten irgend etwas von Verrücktheit in ihre Bärte. Der Produktionsleiter war wütend. Gegen zwei Uhr entdeckte ich ganz weit im Westen ein kleines, kaum nußgroßes, winziges Wölkchen. Im Grase liegend, beobachtete ich es lange. Unter mir rann und plätscherte unangenehm das überall durchsickernde Wasser des

Staubeckens, dessen Spiegel unaufhaltsam weitersank. Ein Kuckuck spottete irgendwo im Wald. Der einzige lächerlich schwache Trost für mich war plötzlich jenes winzige Wölklein, das im Himmelsraume einem verlorenen Hauch gleich schwebte.

»Schaut«, sagte ich, »wenn aus jenem weißen Wölkchen am blauen Himmel eine Wolke entsteht und diese dann zu einem Gewitterhimmel wird, zu uns kommt und einen Wolkenbruch über uns ausschütten würde, könnten wir vielleicht sprengen!«

Meine Kameraden kicherten und zwinkerten mit den Augen. Einer maulte: »Gerade ausgerechnet für uns wird der Herrgott aus heiterem Himmel ein Gewitter herzaubern.«

»Man kann nicht wissen, was aus so einem Wölkchen wird«, sagte ich. Mein Gottvertrauen wurde mitleidig bestaunt.

Aber – das lichte Wölkchen wuchs und wuchs rasch zu einer wuchtigen Wolke; größer und immer größer wurde sie! Ihr zartes Weiß wurde schattig und blaugrau.

Als gar ein großer Tropfen fiel, sprang ich auf: »Habt ihr's gespürt? Da, wieder ein Tropfen!« rief ich und zeigte nach einem Wasserfleck auf einem Stein. Tatsächlich fielen die ersten Tropfen jetzt auch schon manchem ungläubigen Thomas auf die Nase. Die geradezu unheimlich gewachsene Wolke zog grau, schwer und rasch über uns hinweg, und ich hätte beschämt geschwiegen, wenn sich dahinter im Westen am blauen Föhnhimmel nicht schon eine zweite, noch größere und schwärzere auf uns zu gewälzt hätte.

Aufgeregt und freudig bewegt lief ich mit großen Schritten hin und her über Stock und Stein. »Wenn diese Wolke«, rief ich, »wenn diese Wolke hierherkommt und uns einen Wolkenbruch beschert, spende ich den Armen meiner dolomitenumrandeten Heimatstadt Bozen drei Sack Reis und fünf Klafter Brennholz für diesen Winter!«

»Jetzt ist er vollkommen verruckt geworden«, knurrte einer. Aber meine Hoffnung wuchs wie die allgemeine Erwartung unter den Leuten.

Es war halb vier Uhr nachmittags geworden. Ein alter Holzknecht blinzelte in die Höhe: »Kunt leicht sein, daß was wird«, meinte er jetzt. Der Mensch muß nicht nur ein Glück, sondern auch ein Vertrauen haben, dachte ich mir und wartete.

Eine Minute verging und eine andere und noch eine verrann in jener merkwürdigen elektrisch geladenen Spannung, die Mensch und Tier und Natur vor jedem großen Naturereignis erfüllt. Schneller wälzten sich die Wolken über die Wälder, das Tal in tiefes Dunkel hüllend, drohend und drückend wurde alles unter der schweren Wucht des plötzlich finster gewordenen Himmels.

Da! Ein Tropfen, schwer und voll, dort wieder einer, da, hier, dort ... Jetzt überall Tropfen, naß klatscht es nieder auf die Steine, und dumpf grollen die ersten Donner, fahl funken die Blitze, aufgeregt rauschen die Bäume, braust der Sturm und heulen die Wetter! Und eine wahre Sintflut

bricht über uns nieder, gerade über uns und über dem Einzugsgebiet unseres Stauwerkes. Es war, als hätte der Himmel alle seine Schleusen geöffnet und gerade nur über uns und nur für uns direkt über unserer Klause und für unseren Film.
Erdbraune Bäche stürzten nach wenigen Minuten von allen Seiten nieder, braune Schlammwasser überall, das kleine harmlose Bächlein war zum donnernden Wildbach angeschwollen. Die hölzerne Stützkonstruktion der Klause zitterte und bebte unter dem furchtbaren Druck der gestauten Wassermassen, die platschend überliefen, weil das Wehr sie nicht mehr fassen konnte.
Die Kameraleute standen in ihren gedeckten Unterständen bis zu den Knien im Wasser, die Pioniere arbeiteten, an Seilen gesichert, im Stauwasser am Wehr, die tollen Fluten hatten alle Zündleitungen zerrissen, es schien, als sei die Hölle los, überall unter, neben und über dem Stauwehr drängten die ungestümen Wasserfluten polternd, schäumend und ungestüm daher.
Der Forstmeister kam atemlos gerannt: »Nehmen Sie um Gottes willen die Pioniere da oben fort, die ganze Klause kann jeden Moment brechen, sie kann diesen Druck unmöglich aushalten!«
»Nein, nein, das darf nicht passieren, ich brauche ja Sonne zur Aufnahme, Himmelherrgottsakrament, jetzt nur drei Minuten Sonne, Sonne, Sonne . . . eine Minute wenigstens . . .!«
»Ja, jetzt wieder Sonne, der ist verrückt!« schimpfte einer neben mir.
»Noch zwei Sack Reis und fünf Klafter Brennholz für die armen Kapuzinerpater, wenn nur drei Minuten die Sonne scheint . . .«
Wir waren naß bis in die Knochen, doch das spürten wir nicht mehr.
Ein Loch in der Wolkenwand riß auf, näherte sich mehr und mehr der Sonne . . . für zwei, drei Minuten konnte man auf Licht rechnen. – Und so kam es, wir beobachteten die Wolken durch ein dunkles Glas, jetzt . . . jetzt war es soweit: Hell schienen die Strahlen auf uns nieder.
Rasch gab ich das Zeichen zur Zündung. Eine zehnfache Detonation erschütterte die Luft, dann stürzte eine gewaltige, 15 Meter hohe und 20 Meter breite Wasserwand senkrecht vor unseren Augen in die Tiefe, mit dämonischer Naturkraft alles zermalmend und mitreißend, was ihr im Wege stand. Zehn Filmkameras schnurrten, mir zitterten die Hände. Einige Operateure standen vielleicht zu gefährdet, wir hatten eine solch gewaltige Wirkung nicht erwartet.
Gleich nach dem großartigen Schauspiel war die Sonne wieder von Wolken verdeckt, und wo die alte Klause gestanden hatte, gähnte eine dunkle, leere und schlammige Talmulde.
Jeder Kameramann, jeder Darsteller, jeder Assistent hatte seine Arbeit gut und wie vorgesehen ausführen können. Die Holzknechte nickten mit den Köpfen, das war eine wilde Sache, sagten sie, und der Forstmeister, der mich so entsetzt angeschrien hatte, war glücklich, daß nichts passiert war.
Im Forsthaus wärmten wir uns, trockneten die Kleider und sangen bis tief

in die Nacht hinein schöne und erhebende Lieder von den Jagerbuabn und Gamsrevieren.
Auch der Herr Produktionsleiter war nun wieder guter Laune. Am meisten von allen soll sich aber der Guardian des Kapuzinerklosters in Bozen gewundert haben, als meine Frau Hilda bei ihm erschien und mein kleines Gelöbnis für die Armen einlöste.

»Liebesbriefe aus dem Engadin«

Auszug aus dem Drehbuch des Films. Der Inhalt:

Soeben hat Constance, die junge Witwe eines reichen Amerikaners, die Erfahrung gemacht, daß Lord Baxter sie nur ihres Geldes wegen heiraten möchte. Da kommt ihr eine Einladung nach St. Florian gerade gelegen. Unterschrieben ist der Brief von Toni Anewanter, dem Europameister im Sprung- und Langlauf. Man spürt aus jeder Zeile die ungeschickte, aber ehrliche Liebeserklärung eines Naturburschen.
Constance und ihre Freundin Dorothy fahren also in die Schweiz zum Wintersport. Ob sie auch ihre Reise angetreten hätten, wenn ihnen bekannt gewesen wäre, daß gleichlautende Liebesbriefe an die Adressen zahlreicher vermögender Damen in London, Paris und Rom gerichtet wurden? Der geschäftstüchtige Hotelbesitzer Viertinger in St. Florian wußte, warum er diese Briefe schrieb. Bloß Toni Anewanter wußte nichts davon. Er wunderte sich nur über die verliebten Augen, die ihm von den Damen seines Skilehrganges gemacht werden.
Auch Constance und Dorothy werden von ihm nicht gerade zart angefaßt. Die schöne Witwe tröstet sich sehr bald mit einem als Lord aufgemachten Kammerdiener, der ihr als das Idealbild männlicher Tugenden erscheint. Dorothy jedoch weiß es so einzurichten, daß Toni mit ihr auf das Silberhorn steigt und daß sie in einer Hütte übernachten müssen.
Aber dann werden Toni die gleichlautenden Liebesbriefe präsentiert, ein Haftbefehl wird ausgeschrieben, und Toni muß außerdem hinter der aus Liebeskummer abgereisten Dorothy herlaufen. Auf Skiern jagt er dem Engadin-Expreß nach, in dem die geliebte Dorothy sitzt.
So enden die »Liebesbriefe« mit einer schönen Trauungsszene in London. Der Skilehrer Toni Anewanter wird Schwager eines englischen Lords.

57. Bild. Ein Schneehang (nachts).

255. Totale
Es schneit dicht. Der Sturm treibt die Flocken. Schneestaub weht über den Hang.
(Pfeifen des Sturms)

256. Halbnah
Anewanter geht, mühsam gegen den Sturm ankämpfend, bergwärts.

257. Halbnah
Er kommt keuchend auf das Plateau. Er sieht . . .
Kamera schwenkt mit seinem Blick
258. Halbweit
. . . den dunklen Fleck im Schnee, den Körper Dorothys.
259. Nah
Der Körper Dorothys, Toni kommt, kniet nieder, hebt Dorothys Oberkörper auf, Dorothy liegt wie eine Tote in seinen Armen, sie spielt das meisterhaft.
260. Nah
Toni ist ehrlich erschrocken, er legt rasch sein Ohr an Dorothys Brust.
261. Groß
Tonis Kopf an Dorothys Brust.
262. Kamera schwenkt auf
Groß
Dorothys Gesicht, das spitzbübisch lächelt, dann aber wieder blitzschnell den Ausdruck einer Ohnmächtigen annimmt.
263. Halbnah
Toni trägt Dorothy auf seinen Armen in die Hütte, er beeilt sich dabei sehr, denn er hat ehrlich Angst um Dorothy.
264. Nah
Dorothys Kopf, der hintenüber von Tonis Arm hängt. Wieder ist ein spitzbübisches Lächeln um Dorothys Mund.
Überblendung.

58. Bild. In der Hütte (nachts).

265. Halbnah
Toni kommt mit Dorothy im Arm in die Hütte gelaufen. Der Sturm pfeift in die Hütte. Toni schlägt mit dem Fuß die Tür zu.
Kamera schwenkt mit,
schräg auf Toni, der Dorothy auf das Matratzenlager trägt, das in zwei Stockwerken an der Hüttenwand steht. Toni legt Dorothy sanft auf die Matratze.
266. Nah
Hastig zieht er ihr einen Schuh ab.
267. Groß
Der rechte Fuß Dorothys, von dem Tonis Hände jetzt den Strumpf ziehen und den nackten Fuß hinlegen und den zweiten vornehmen, um den Schuh aufzubinden.
268. Nah
Toni mit dem zweiten Schuh beschäftigt, den er hastig aufschnürt.
269. Nah
Dorothy schlägt die Augen auf, lächelt spitzbübisch.
270. Toni zieht auch vom zweiten Fuß den Schuh, nimmt die kleine Kognakflasche aus der Tasche, nimmt rasch einen Schluck, dann

gießt er Kognak auf den nackten Fuß und beginnt ihn zu massieren, aber schon hält er inne, hebt den Fuß hoch und sieht ihn von allen Seiten an.

271. Dorothys Kopf, die lächelnd heimlich zusieht, jetzt aber rasch wieder die Augen schließt, wobei ihr Gesicht einen leidenden Ausdruck annimmt.

272. Toni taste den Fuß ab, denn dieser ist ganz warm. Toni sieht rasch auf und sieht sich in der Hütte um.
Kamera schwenkt mit seinem Blick
Toni sieht . . .

273. Nah
. . . im Herd ein lustiges Feuer.

274. Nah
Tonis verblüfftes Gesicht, das Bein Dorothys in der Hand. Er sieht jetzt vollkommen perplex auf Dorothy, die wieder die Ohnmächtige spielt. Toni greift wieder nach . . .
(Kamera fährt zurück auf . . .)

275. Nah
. . . Dorothys Füßen, er befühlt sie.

276. Nah
Dorothys Kopf, die eben die Augen aufschlägt, sich etwas aufrichtet und sich mit gespielter Verlorenheit umsieht und sagt

DOROTHY
Wo bin ich denn?

Toni bläst sie heftig an

TONI
Ihre Füße sind ja ganz warm.

Dorothy sagt mit unschuldiger Miene

DOROTHY
Nicht erfroren?

Toni sieht auf Dorothy nieder, schüttelt nur den Kopf, sieht sich in der Hütte um

TONI
Nein! Ganz warm! So was hab ich noch nie erlebt . . .

277. Halbnah
Dorothy erhebt sich, bleibt am Bett sitzen, fragt mit unschuldigem Augenaufschlag

DOROTHY
Was?

278. Halbnah
Toni, sich noch immer in der Hütte wie ein Blöder umsehend, geht zum Herd,
Kamera folgt ihm
Toni sieht in den Topf. Er sieht auf. Seine Stimme hat etwas Drohendes

TONI

Mir scheint, Sie haben sich einen Witz mit mir gemacht. Und ich Tepp renn da auffa. Mitten in der Nacht!

Toni geht an den Tisch, wirft seinen Rucksack ab und beginnt ihn auszupacken.

279. Nah

Dorothy greift nach Schuhen und Strümpfen und steigt vom Lager

DOROTHY

Sie sind doch der Alpine Rettungsdienst?

280. Halbnah

Toni nimmt aus dem Rucksack eine Hausapotheke mit rotem Kreuz, stellt sie geräuschvoll auf den Tisch. Er nimmt eine große Kognakflasche und ein Glas heraus

TONI

Wie kommen Sie denn überhaupt da herauf?

Er stellt Flasche und Glas fest auf den Tisch.

Dorothy tritt ins Bild, aber auf die andere Seite des Tisches, anscheinend will sie Toni besänftigen, denn sie sagt sehr lieb und sanft

DOROTHY

Ich wollte eine Moonshine-Party machen.

Toni fixiert Dorothy scharf, die ihn unschuldsvoll ansieht

TONI

Und da haben Sie sich grad die Nacht ausg'sucht, in der ich Rettungsdienst hab?

Er hat eine Skispitze aus Metall aus dem Rucksack genommen, haut sie jetzt auf den Tisch. Er fährt Dorothy an, während er die Kognakflasche entkorkt

TONI

Legen Sie sich nieder, und schlafen S'. Damit ich Ihna net mehr siech! Sonst krieg i a Wut!

281. Nah

Dorothy, der es jetzt anscheinend zu gefährlich wird, sieht etwas ängstlich nach Toni, noch sanfter sagt sie

DOROTHY

Bitte! Trinken Sie nicht soviel!

282. Nah

Toni, der gerade ein Glas leertrinkt, setzt ab und bläst Dorothy an

TONI

Wenn ich an Zorn hab, muß ich saufen! Und heut hab ich einen Viechszorn!

283. Nah

Dorothy beleidigt

DOROTHY

Wo ist das Zimmer, in dem ich schlafen kann?

284. Halbnah

TONI (zieht seinen Rock aus, zeigt zur Schlafstelle).

Zimmer! Zimmer! Laut Hüttenordnung darf im Winter nur die Küche als allgemeiner Schlafraum benutzt werden. – Da legen Sie sich nieder!

285. Nah

DOROTHY

Und wo werden Sie schlafen?

Toni kommt ins Bild, setzt sich neben Dorothy aufs Bett

TONI

I? Das werden Sie nachher schon sehen! Höllteufelszeug ... verteifelts.

Dorothy geht aus dem Bild, Toni ruft ihr nach

TONI

Ich ersuche Sie höflichst, jetzt schlafen zu gehen, damit Sie morgen zur Abfahrt frisch sind.

286. Dorothy steht, zitternd vor Angst, beim Tisch

DOROTHY

Nein, bringen Sie mich jetzt ins Tal hinunter.

287. Toni sitzt am Bett, schnürt ärgerlich seine Schuhe auf

TONI

Damit wir beide unter eine Lawin' kommen und hin sein.

288. Dorothy, am Tisch stehend

DOROTHY

Das ist mir einerlei. Ich bleibe nicht hier ...

289. Toni richtet die Betten zurecht

TONI

Sie sein nicht das erste Madel, mit der ich auf einer Hütten übernacht.

Dorothy schleicht zu ihren Skiern, nimmt sie und will davon. (Skigepolter)

290. Toni läuft Dorothy zur Tür nach

TONI

Halt! Wo wollen S' denn hin?

DOROTHY (zitternd)

Fort.

Toni nimmt ihr die Ski weg

TONI

Seins verruckt, bei dem Schneesturm!

DOROTHY

Vor dem Schneesturm fürcht ich mich nicht.

TONI

Aber vor mir, was? Jetzt bleiben S' erst recht da!

Er stellt die Ski nieder.

Hitlers Leibstandarte kniet vor dem Papst

Im Jahre 1936 wurde vor den Toren Roms mit den Bauten zur berühmten Cinecittà begonnen. Man wollte der damals noch total darniederliegenden italienischen Filmindustrie neue Impulse geben. Regisseure aus Frankreich, Deutschland und der Tschechoslowakei wurden eingeladen, in Italien zu arbeiten.
Während ich 1935 mit Aufnahmen für meinen Film »Der Kaiser von Kalifornien« in den USA beschäftigt war, erreichte mich die telegrafische Anfrage der halbstaatlichen Filmdirektion, ob ich ein Angebot, in Italien zu drehen, annehmen würde. Ich war Gegner des Faschismus, aber natürlich liebte ich die Menschen, Kunstwerke und Landschaften Italiens. Deshalb nahm ich an und drehte 1937 einen Film aus der Renaissancezeit, der Zeit der großen Päpste und Heerführer. Der in zwei Originalfassungen hergestellte Film erhielt den Titel »Condottieri«. Er erlebte 1937 nach allerlei Schwierigkeiten in Stuttgart seine Uraufführung.

Im Sommer 1936 wurde der »Kaiser von Kalifornien«, noch bevor er zur Auswahl für Venedig kam, in der Reichskanzlei gezeigt. Damals befand sich die Tochter Mussolinis, die Gemahlin seines Außenministers Graf Galeazzo Ciano, in jenem an politischen Verhandlungen so lebhaften Sommer als Gast der Reichsregierung in Berlin.
Nach der Vorführung versammelte sich die Gesellschaft im großen Saal, wo Rudolf Bockelmann Arien aus Wagner-Opern vortrug. Edda Ciano saß während des Konzertes neben meiner Frau.
Nach Bockelmanns Vortrag setzte sich Himmler zu mir und fragte mich, ob ich Lust hätte, eine Expedition in das Himalajagebiet zu unternehmen. Er würde mir Wissenschaftler mitgeben, welche dabei Studien über die Herkunft und Heimat des arischen Menschen betreiben könnten. »Sie können von mir jeden Paß bekommen, den Sie brauchen, auch Geld ist vorhanden. Wäre das nicht eine Aufgabe, die Sie reizt?«
Ich hatte wenig Lust, ausgerechnet unter dem Protektorat Himmlers künstlerisch tätig zu werden, und nahm eine kurz vorher an mich ergangene Einladung des Ministers Galeazzo Ciano, in Italien zu drehen, zum willkommenen Anlaß, Himmlers Angebot abzulehnen.
Edda Ciano hielt sich in jenem Sommer 1936 mit einem Stab von Begleitern mehrere Wochen in Berlin auf. Der Chef des Protokolls, v. Bülow-Schwandte, lud mich gern ein, wenn es sich darum handelte, die Tochter Mussolinis zu unterhalten, weil ihm offenbar wenig Herren zur Verfügung standen, die die italienische Sprache beherrschten.
Gelegentlich eines Gartenfestes, zu dem Prinz August Wilhelm von Preußen, genannt »Auwi«, nach Potsdam eingeladen hatte, fragte mich v. Bülow-Schwandte in Gegenwart Edda Cianos: »Trenker, Sie sind doch Südtiroler, nicht wahr?«
»Ja, natürlich«, sagte ich.

»Bei uns heißt dieses Land Alto Adige«, bemerkte die Gräfin Ciano mit Nachdruck, »das meinen Sie wohl.«
Prompt reagierte Putzi Hanfstaengl, der dabeistand: »Jawohl, Gnädigste, bei Ihnen heißt es seit einiger Zeit Alto Adige, aber bei uns sagt man noch immer Südtirol, was ich gütigst zu entschuldigen bitte.«
Trotz allem, lieber arbeitete ich im Italien Mussolinis als unter der Schirmherrschaft Himmlers im Himalaja.
In Rom schlug mir Graf Ciano vor, die Lebensgeschichte eines Condottiere vom Typ des Bartolomeo Colleoni, dessen bronzenes Denkmal von Andrea Verrocchio auf dem Campo San Giovanni e Paulo in Venedig zu den herrlichsten Reiterstandbildern der Welt zählt, filmisch zu gestalten. Die Wahl fiel auf die in Italien besonders populäre Heldenfigur des Mediceers Giovanni delle bande nere, der in Florenz 1498, im Jahre, in dem Savonarola verbrannt wurde, zur Welt kam. Giovanni war ein Sohn der Catarina Sforza und der einzige Soldat in der Familie der Medici. Sein Onkel, Papst Leo X., holte ihn 1515 nach Rom und übergab dem kaum Achtzehnjährigen ein Reiterregiment. Bald wurde der junge Condottiere mächtig, sammelte Soldaten gegen den Nachfolger Leos X., der schließlich den Kirchenbann über ihn verhängte. In seinem Zorn stürmte Giovanni mit seinem Söldnerheer den Vatikan mit der Absicht, den Papst zu entthronen. Es kam aber zur Versöhnung, der Papst schickte ihn gegen die frundsbergischen Landsknechte, wo er in der Schlacht von Legnano 1526 schwer verwundet wurde und, kaum achtundzwanzig Jahre alt, starb. Florenz errichtete ihm ein Denkmal in den Uffizien, und das Volk sagte, wenn dieser Condottiere länger gelebt hätte, wäre es 1527 nicht zur berüchtigten Plünderung Roms durch die frundsbergischen Reiter gekommen, bei deren Erwähnung die Römer heute noch erbleichen.
Mit dem Vertrag zu einer deutsch-italienischen Gemeinschaftsproduktion in der Tasche fuhr ich wieder nach Berlin und begann unter Mitwirkung der Schriftsteller Mirko Jelusich und Kurt Heuser das Drehbuch zu schreiben, das in Rom und Berlin gutgeheißen wurde. Es war wohl so, wie es meist bei solchen Gelegenheiten zu gehen pflegt: Die einen verlassen sich auf die anderen. Mir gefiel das Buch noch nicht, weil aber die Autoren behaupteten, nichts mehr ändern zu können, und da die Zeit knapp war, bat ich Richard Billinger, die Vorlage zu überarbeiten. Billinger sagte zu meiner Freude gleich ja.
Sein Verleger hatte für ihn den Sommer über ein Häuschen in Kampen auf Sylt gemietet, wohin sich Billinger, um in Ruhe schreiben zu können, vertragsgemäß drei Monate lang zurückziehen sollte. Er nahm Drehbuch und Vorschuß entgegen und reiste ab. Ich wartete. In vierzehn Tagen sollte ich das von ihm bearbeitete Buch zurückerhalten, da sich aber nichts rührte, bat ich ihn dringend um Mitteilung, wie weit er sei.
»Ich habe mir bereits ein großes Bild, das einen Condottiere darstellt, gekauft. Es prangt über meinem Schreibtisch«, schrieb er zurück.
 Schön, dachte ich mir, das ist bestimmt gut. Es war die letzte Nachricht,

die ich in dieser Sache von Billinger bekommen habe. So blieb es bei der ersten Fassung des Drehbuches. Etwas ärgerlich wurde ich allerdings, als mich der mir gutgesinnte Generaldirektor des italienischen Filmwesens, Luigi Freddi, ersuchte, für die Presse eine offizielle Erklärung abzugeben, in welcher ich auf nicht vorhandene italienische Vorfahren hinweisen, also praktisch meine deutsche Abstammung verleugnen sollte.
»Immer die verdammte Politik, laßt mich doch in Ruhe!«
»Es wäre aus optischen Gründen notwendig«, meinte Freddi, im Hinblick auf die faschistischen Ansichten über Südtirol.
»Ich will gern in Italien drehen, wenn aber das nicht genügt, dann verzichte ich lieber auf den Auftrag«, sagte ich.
»Aber, Trenker, unterschreiben Sie doch den Wisch, was ist schon dabei«, meinte der Produktionschef der Tobis. »Hier in Berlin nimmt das kein Mensch weiter ernst.« Ihm war es darum zu tun, die vorbereitete Gemeinschaftsproduktion nicht zu gefährden.
Ich hörte nichts mehr von der Sache und konnte endlich im September mit den Aufnahmen beginnen, die mich von den Dolomiten über Venedig, Urbino, Gradara, Florenz nach Rom führten.
Reiter, Zelte, Scheinwerfer, Kostümwagen und ein Troß deutscher und italienischer Darsteller verliehen unserer Expedition Farbe, Leben und einen eigenartigen Reiz, besonders wenn wir in den mittelalterlichen Burgen und Palästen zu spielen hatten. Die Rolle der jungen Catarina di Medici wurde von einer Elevin gespielt, die ich in der neu erstandenen Filmschule der Cinecittà entdeckt hatte. Sie hieß Ethel Maggi. Ich freute mich, diese besonders interessante Begabung gefunden zu haben. Wir waren alle ein wenig in das schlanke Mädchen verliebt, obwohl sich Ethel Maggi die Männer auf Distanz hielt, ja, sich stets über ihre Verehrer in fröhlichem Übermut lustig machte. Sie war schön wie ein raffaelischer Engel, geistvoll und klug zugleich. Noch sehe ich, wie sie eines Abends im Schatten der düsteren Burg von Gradara die Ophelia aus Shakespeares »Hamlet« sprach, sich dabei in die Traumwelt der hoffnungslos Liebenden versenkte und ins Reich des Wahnsinns hinüberglitt.
»Trenker«, konnte sie am folgenden Tag jubeln, »heute bin ich eine Königin, die ganze Welt liegt mir zu Füßen, ich möchte euch alle umarmen!« Unvermittelt und plötzlich wieder wurde sie von inneren Gesichten und dämonischen Stimmungen gepackt. »Schau mich an, wie arm ich bin, eine hilflose Bettlerin! Mein Herz ist müde, meine Hände sind leer.«
Das Schicksal hatte diese Frau mit wundervollen Gaben ausgestattet, und doch wollten es die Götter anders. Ethel Maggi, das Mädchen mit den leuchtenden Augen und schwarzgeringelten Locken, ist kurze Zeit nach unserer Begegnung in geistige Verwirrung geraten und aus unserem Blickfeld verschwunden.
In der noch völlig erhaltenen Burg von Gradara, in welcher einst Sigismondo Malatesta und Francesca da Rimini ihr tragisches Ende fanden, arbeiteten wir mehrere Wochen. Die aufgerichteten Zeltlager, Kanonen, die

Reiter, Scheinwerfer, der Filmauftrieb mit allem Drum und Dran lockten auch Donna Rachele, die Gattin Mussolinis, als Zuschauer zu uns. Ihre Besuche verliefen unoffiziell und gemütlich. Sie konnte stundenlang dasitzen und unserem Treiben zuschauen, ohne ein Wort zu fragen oder die Arbeiten zu stören. Nachher, bei einem Glas Wein, erzählte sie von ihren Söhnen und deren kleineren Schwestern, die mit ihr in Rimini die Sommerferien verbrachten. Donna Rachele war still und mütterlich, ich konnte mir kaum einen größeren Gegensatz zwischen ihrer Art und dem theatralischen Temperament Mussolinis vorstellen.
In den Oktoberwochen, die wir an der Adria verbrachten, hatten wir sehr unter Regen, Kälte und Wind zu leiden. Die Pferde waren unter losen Zeltbahnen im Freien untergebracht, ebenso ein Teil der Soldaten, die man uns für die Massenszenen zur Verfügung gestellt hatte. Wir flüchteten dann schnell zu Carletto in die Grotte. Carletto bediente uns mit kühlem, rotem Wein aus irdenen Krügen, mit Schinken, Trauben, Käse, munteren Witzen und Späßen.
Eines Tages standen wir dann in Florenz vor dem quaderbewehrten Palazzo Vecchio, der furchterregend und begeisternd zugleich auf den Beschauer wirkt. In leichtgeschwungenen Bogen ruht gegenüber die Loggia dei Lanzi auf ihren Säulen, und aus der Ferne grüßt die mächtige Kuppel von Santa Maria del Fiore, Brunellescos Meisterwerk. Hier schreiten die schönsten Frauen Italiens mit zierlichen Schritten vorüber, und es ist kein Wunder, daß in dieser Stadt die Engel und Madonnen so wundervoll gemalt und besungen wurden wie sonst nirgends auf der Welt, denn hier leben Engel und Madonnen noch heute.
Im Laufe der weiteren Arbeiten kamen wir in das wundervolle alte Städtchen San Gimignano, das unweit von Florenz auf einem steilen, von Olivenhainen und Weingärten bewachsenen Hügel über Zeit und Raum zu liegen scheint. Über Jahrhunderte hinweg ist das Bild dieser Stadt unverändert geblieben. Noch stehen die alten stolzen Türme einer neben dem anderen. Unsere in mittelalterliche Kostüme gekleideten Darsteller erweckten mit ihren Zweikämpfen, predigenden Mönchen und kühnen Reitern in San Gimignano für wenige Tage die Zeit der Renaissance.
Für die Episode eines siebenjährigen Kindes wählte ich die kleine Graziella, das anmutige Töchterchen eines armen Korbflechters, aus. Wie rührend und tief gläubig bekreuzigte sich die Kleine auf den Stufen der Kirchentreppe, während der eifernde Mönch den Bannfluch gegen Giovanni di Medici über die Menge hinschleuderte!
Im Kostüm sah Graziella aus wie eine kleine mittelalterliche Prinzessin, in ihrem Alltagskleidchen war sie wieder bettelarm. So nahm ich sie bei der Hand und ging mit ihr in eine Konditorei, wo wir Torte aßen und Schokolade tranken. Dann gingen wir in einen Laden und suchten zwei Kleidchen aus, ein helles für den Sonntag und ein dunkles für den Werktag, wie sie sagte. Wenn ich heute an San Gimignano denke, an die stolzen
 Türme und bleichen Fresken, an Kirchenfassaden, bannschleudernde

Mönche und Scheinwerfer, stehen darüber die blauen Kinderaugen Graziellas, unvergeßlich und von unsäglicher Reinheit.
Im funkelnden Licht des südlichen Himmels fuhren wir weiter nach Rom. Bald verdüsterten Wolken das Firmament über dem Lande der Etrusker, die einst in diesen herben Ebenen zwischen Meer und Rom lebten. Die Landschaft hatte eine gar seltsame Weite und Verlorenheit, tragische Vergangenheit lag melancholisch über den weiten Feldern, Schafherden und Eichenwäldern. Wir kamen am düster dämmernden Lago von Bolsena vorbei, an dessen Ufer weder Städte noch Fischerdörfer zu sehen waren, weder Kirchen noch Tempel. Inmitten des stählernen Wassers stehen zwei düstere Inseln, die Todeszeugen jener Gotenkönigin Amalasunta, des großen Theoderichs Tochter.
Weiter ging die Fahrt, und bald öffnete Rom die gastlichen Tore, die Stadt der Konsuln, Kaiser und Päpste, Rom, die ewige Stadt, die einstmalige Beherrscherin der Welt.
Rom, auf dessen Fels Petrus vor zweitausend Jahren den Thron seiner Kirche errichtet hatte, Rom, die Stadt des Augustus, des furchtbaren Nero, des großen Julius Cäsar, des Volkskaisers Marc Aurelius. Rom, die Stätte der blutigen Christenverfolgungen und der Zirkusspiele, in denen Sklaven vom Pöbel zu Totschlag und Mord angetrieben wurden.
Täglich, am frühen Morgen schon, während noch die Nebel über den feuchten Gräsern lagen, waren wir auf den Hügeln vor Rom bei den Aufnahmen. Nachmittags überkam uns eine bleierne Schläfrigkeit, der wir fast zu erliegen drohten. Abends wurde die Luft wieder frisch und leicht, sie wehte vom Meer herein, und alle Müdigkeit war dahin. Die Stadt erwachte zum zweitenmal am selben Tag. Die Zeit verging rasch, und als die Arbeiten beendet waren, mußten wir Abschied nehmen von der Via degli Imperi, der Spanischen Treppe, der Engelsburg, dem Platz von St. Peter und den vierhundert Basiliken und Kirchen. Abschied nehmen auch von den freundlichen Wirten, Osterien und Kneipen, von der Sonne Roms und vom Himmel dieser wunderbaren Stadt.
Gern saß man abends an einem der vielen Tischchen, welche im oberen Teil der berühmten Via Veneto zum Verweilen einladen. Die einst vornehme Avenue hat sich im Laufe der Jahre leider zu einer der vielen vom Lärm und Gestank der Autos heimgesuchten Straßen Roms entwickelt.
Wer Ruhe finden will in dieser Stadt, der suche die vom Lärm verschonte Piazza Navona auf, die aufgrund der Initiative des römischen Publizisten Indro Montanelli nur mehr von Fußgängern betreten werden darf. Lärmten noch vor kurzer Zeit die Rowdies auf ihren knatternden Motorrädern rund um den wundervollen Platz mit seinen herrlichen Brunnen und Palästen, so können die Gäste nun wieder die Vornehmheit und den Zauber der Piazza Navona ungestört genießen.

Sils Maria in Graubünden

Als auch ich vierzig Jahre später, 1972, die Piazza Navona aufsuchte, um im Restaurant »Tre scalini« einen Tisch für Hilda und mich zu bestellen, kam mir ein Oberkellner entgegen, ein schmaler, älterer Herr in weißer Jacke, starrte mich mit weitaufgerissenen Augen erschreckt an, wich einige Schritte zurück, holte dann Atem und sagte stotternd, als traue er seinen Augen nicht: »Giovanni, ma signor Giovanni, Lei a Roma, benvenuto ... benvenuto!«

Verwirrt überlegte ich, mit wem mich der gute Mann wohl verwechselte. Rasch war der Fall geklärt. Er hatte mich schon vor vierzig Jahren während der Dreharbeiten zu »Condottieri« als »Giovanni delle bande nere« im Restaurant »Alfredo« mit Risotto, Frascatiwein und Cannelloni bedient. Schöne Erinnerung an die »Tre scalini«!

Im Herbst 1937 sprach mich, während ich in der Via Veneto meinen Espresso trank, eine kleine dunkelhäutige Frau mit wirren, in die Stirn hängenden Haarfransen an: »Sie drehen hier, nicht wahr, habe schon gehört. Ich weiß, ich bin klein und häßlich, aber ich bin eine gute Schauspielerin. Kommen Sie doch bitte abends ins Teatro delle belle arti, ich spiele die Anna Christie von O'Neill.«

Ich ging hin und sah – die Anna Magnani!

Anderntags traf ich sie wieder, ich konnte ihr aber keine Rolle anbieten, weil unsere Darsteller längst verpflichtet waren. Ich hatte jedoch erfahren, daß sie mit dem Filmregisseur Allessandrini verheiratet war.

»Warum arbeiten Sie nicht mit Ihrem Mann?« fragte ich sie.

»Ach, der mag mich nicht, sagt, ich sei für Filmrollen nicht geeignet, außerdem gefallen ihm nur blonde Mädchen aus dem Norden.«

Die kleine dunkle Frau tat mir leid. Ihre direkte, sehr persönliche Art hatte mich beeindruckt. Da ihr Mann, der als Regisseur einen Namen hatte, sie nicht beschäftigte, boten ihr andere Regisseure erst recht keine Rollen an. Anna Magnani hat sich durch eigene Kraft, durch ihren Fleiß und ihr Können dann doch als Weltstar durchgesetzt. Man erinnere sich nur an ihre Rollen in »Rom, offene Stadt« oder »Die tätowierte Rose«.

Als ich sie wieder einmal in Rom traf, sagte ich, wie schade es doch gewesen sei, daß Allessandrini, ihr eigener Mann, ihre große Begabung nicht erkannt habe. Aber sie lachte nur ihr breites, unbekümmertes Lachen: »Aber, Trenker, was sagen Sie da! Mein guter Mann hat vom Film nicht sehr viel und von mir gar nichts verstanden. Es ist alles gekommen, wie es kommen mußte!«

Im Laufe jenes Sommers hatte ich Italien erlebt; schöner denn je zuvor, und vorsorglich warf ich am Abend vor unserer Abreise aus Rom eine Kupfermünze in die Fontana di Trevi, mit dem Rücken zum Brunnen gekehrt, wie es der Brauch will, um bald wiederkommen zu dürfen.

Diese Münze hat mir dann auch wirklich Glück gebracht. Ich ahnte nicht,

 Trenker mit Herti Kirchner in »Liebesbriefe aus dem Engadin«

wie sehr mir Rom in den später folgenden Jahren willkommene Zuflucht und Gastfreundschaft gewähren würde.

Wieder in Berlin, machten wir uns an die Beendigung der Innenaufnahmen. Sie fanden in den Tobis-Ateliers in Johannistal statt. Das Innere eines Domes, in dem eine Trauung stattfand, und einige Räume des Vatikans waren dafür vorgesehen. Die Truppen Giovanni de Medicis zeichneten sich im Gegensatz zu den bunten Landsknechtshaufen durch einheitliche Kleidung und straffe Disziplin aus. Im Ufa-Gelände wurden für Soldatenaufnahmen meist dienstfreie Züge der SS-Standarten »Adolf Hitler«, »Göring« oder »Großdeutschland« verwendet. Die SS-Männer erhielten gute Tagesvergütungen und genossen offenbar gewisse Sonderrechte. Man hatte mir sechzig Mann der SS-Leibstandarte »Adolf Hitler« zugewiesen. In den schwarzen Panzern sahen die Kerle furchterregend aus. Die scharfen, kurzen Kommandos wurden mit solcher Präzision ausgeführt, daß einem italienischen Major von der Cavalleria Savoia, der mitspielte, vor Bewunderung einer derartig sklavischen Disziplin der Atem stockte.

»Sono assoluti!« rief er erschüttert. »Diese Männer stehen abseits von allem! Sono veramente terribile!« wiederholte er vor diesen unheimlich gedrillten Mannsbildern in ihren dunklen, metallenen Rüstungen und ausdruckslosen Gesichtern.

Als mein Film fertig war, zeigte ich ihn dem Verleihchef der Tobis-Terra, Fritz Kaelber. Zur Vorführung erschienen Hitlers Leibfotograf Heinrich Hoffmann, der Reichsleiter Bouhler und einige Freunde, auch der Bildhauer Josef Thorak. Während der stärksten Szene im Thronsaal des Papstes packte mich Thorak am Arm: »Du, das ist einmalig, wenn das nur gutgeht!«

Der Held des Films, Giovanni de Medici, stürmt mit seinem wilden Haufen gepanzerter, schwerbewaffneter Krieger alles zertrümmernd in den Thronsaal, findet den Heiligen Vater im vollen Ornat allein auf dem päpstlichen Thron. Mit erhobenem Schwert stürzt er auf ihn zu, hält wenige Schritte vor der majestätischen Erscheinung des Papstes, der ihn stumm erwartet, plötzlich ein. Eine Sekunde nur, da sinkt Giovannis Schwert nieder. Hundert Augen blicken gebannt zum Heiligen Vater, der sich nun langsam aufrichtet und in hoheitsvoller Gebärde die Hand zum Segen erhebt. Giovanni sinkt von seinen Leuten gefolgt in die Knie.

Damit ist die Versöhnung zwischen dem Papst und seinem Gegner besiegelt, ein glückliches Italien jubelt.

Wer aber nicht jubelte, war Goebbels. Und wer, wie mir berichtet wurde, während der nächsten Vorführung mitten in der Szene aufstand und zornig den Raum verließ, war Adolf Hitler. Er hatte wahrscheinlich eine andere Verwendung seiner SS-Leibstandarte erwartet als die, vor dem Papst knien zu müssen.

Mich schaudert's heute noch, wenn ich daran denke, welch ein Sturm der Entrüstung über mich hereinbrach. Anonyme Drohbriefe ließen mich am anderen Tag über die Aufnahme und Wirkung des Films nicht im unklaren. In Berlin zitierte man mich sogleich ins Ministerium und verlangte neuerlich Kürzungen, was ich ablehnte. Prompt kam es nach erprobtem Muster in einer rheinischen Stadt zu einem Zwischenfall. Hitlerjungen und Studenten schleuderten während der Papstszene faule Eier, Äpfel und andere Wurfgeschosse gegen die Leinwand. Damit war die Handhabe gefunden, alle neunzig Kopien aus dem Verleih zu nehmen und den Film so zuzurichten, wie es Goebbels paßte. Hatte er persönlich 1934 noch von seiner Loge aus den »Verlorenen Sohn« trotz der katholischen Grundkonzeption begeistert beklatscht, so tobte er 1937 wegen einer historischen Szene, in welcher sich ein Soldat mit dem Papst versöhnt.

Fernsehen – der große Verführer

Technischen Neuerungen bin ich immer gern ausgewichen, besonders auch dem Fernsehen, von dem ich ursprünglich gar nichts wissen wollte. Es ist ohnehin zuviel los auf der Welt, dachte ich, wozu soll ich auch noch ein Pantoffelkino in die Wohnung stellen. Schon vor vierzig Jahren in Berlin, als Hilda meinte, wir sollten uns ein Radio anschaffen, sagte ich zu ihr, wir gehen ins Kino und sehen die Wochenschau, reisen viel, treiben allerlei Sport, sind oft im Theater, von allen Seiten stürmen täglich neue Ereignisse auf uns ein, Automobile und Flugzeuge rasen durch die Gegend, in seinen vier Wänden will man doch ein paar ruhige Stunden haben, und da kommst du jetzt mit deinem Wunsch nach so einem Radiokrächzer.

»Du bist Max Schmelings Freund«, sagte Hilda. »Der Bericht über seinen Weltmeisterschaftskampf gegen Sharkey wird übermorgen früh vier Uhr im Radio übertragen. Willst du dir das etwa entgehen lassen?«

»Um Gottes willen«, antwortete ich, »den Schmeling-Kampf, den müssen wir natürlich miterleben . . .«

Seit jenem Sommer 1930 besitze ich einen Rundfunkempfänger.

Im Frühjahr 1959 traf ich in München einen Herrn vom Bayerischen Fernsehen.

»Wollen Sie sich nicht einmal bei uns in München-Freimann für ein Fernsehinterview zur Verfügung stellen?« fragte er mich.

Warum sollte ich nicht? Ich war ja auch schon einmal in einem Fernsehatelier gewesen. Das war etwa 1937, als man in Berlin ein Versuchsprogramm ausstrahlte. Da war eine winzige Bühne aufgebaut, etwa 3 mal 3 Meter groß. Das Ganze kam mir vor wie ein Kasperltheater.

1959 in Freimann hatte natürlich alles ein anderes Format, schön und hell die Ateliers mit neuartigen Scheinwerfern, die nicht so hitzten und blendeten wie die früher verwendeten Kohlelampen. Auch die ganze Atmosphäre, das Drumherum war nicht mehr so hektisch, wie ich es vom Film her gewohnt war, wo bis zur allerletzten Minute gehämmert, geredet, gestrichen und gelärmt wurde und wo nach jeder Szene stundenlang die Scheinwerfer umgestellt werden mußten, wo man dauernd »Ruhe« schrie, wo aber nach dem zehnten Ruf noch immer keine Ruhe herrschte – nein, wie gesagt: Das gab es in den modernen Fernsehateliers nicht mehr.

Bei der ersten Aufzeichnung saß mir gegenüber der Direktor des Unterhaltungsprogramms, der mich fragte, wie's geht, was ich vorhätte und so weiter. Die vorgesehene Viertelstunde war schon nach zwei Minuten vorbei, so schnell verging die Zeit unserer Livesendung. Nachher kam die Leiterin des Familienprogramms strahlend auf mich zu und schaute mich mit ihren großen Augen an: »Das war ja großartig! Ich bin begeistert. Möchten Sie nicht im Rahmen des Familienprogramms den Kindern etwas aus Ihrem Leben erzählen?«

»Nichts lieber als das«, sagte ich, und damit begannen meine regelmäßigen Sendungen für die Jugend.

Noch immer besaß ich keinen Fernsehempfänger; ich konnte mich aus vielen Gründen nicht zum Kauf entschließen, wollte abends meine Ruh haben, den Genuß gemütlicher Unterhaltungen nicht missen. Zwei Jahre lang hielt ich durch, gab aber schließlich den Wünschen von Frau und Kindern nach, und als man mich nach einigen Vorträgen im Siemenshaus wegen meines Honorars fragte, sagte ich: »Bitte geben Sie mir statt Geld einen Fernsehapparat.«

Mein Wunsch wurde erfüllt, und bald erkannte ich, was der Mensch versäumt, der keinen solchen Zauberkasten im Hause hat – bald aber auch, wieviel Zeit er nutzlos damit vertut, wenn er sich von den Augenblickseindrücken des so grandiosen wie gefährlich nivellierenden Massenmediums tyrannisieren läßt. Nun, der Zauberkasten war da, und ich gewöhnte mich rascher an ihn, als ich ursprünglich angenommen hatte. Allerdings vermied ich es von Anfang an, stundenlang davor zu sitzen. Zunächst vermied ich es sogar, im Programm meine eigenen Sendungen anzusehen, vielleicht aus Scheu vor dem eigenen Bild, vielleicht auch aus uneingestandener Feigheit, aus Lampenfieber oder was weiß ich. Später wurde dies anders, da schaute ich genau hin, merkte alle Fehler, vergessene Pointen und was es halt noch so gibt, und oft spielte ich dann vor dem Fernsehschirm die ganze Erzählung mit Vergnügen oder Mißvergnügen noch einmal mit.

In meiner ersten Sendung saß mir ein Partner gegenüber, der mich vergessen ließ, daß ich mich in einem Atelier befand und aufgenommen wurde. Bei den folgenden Sendungen stand ich allein vor den drei Elektronenkameras und mußte sehen, wie ich damit fertig wurde. Der Regisseur gab mir Anweisungen, nach ihm der Aufnahmeleiter: »Sie haben genau neunundzwanzig Minuten Zeit. Wenn vierundzwanzig Minuten um sind, gebe ich Ihnen ein Zeichen, fünf Finger, das heißt: nur noch fünf Minuten. Außerdem ist zu beachten, daß jeweils bei einer der drei Fernsehkameras eine kleine rote Lampe aufleuchtet; das ist der Apparat, in den Sie hineinsprechen müssen, um die Leute vor dem Fernsehschirm anzusprechen.«

»Ja, gern«, habe ich geantwortet, »von mir aus ... Ich mache alles, was Sie wünschen.«
Die Aufnahme begann, es war still, ich hatte natürlich etwas Lampenfieber, stotterte, war meiner Sache nicht recht sicher und blickte zur Kamera, wollte sehen, an welcher von den dreien das rote Lämpchen aufleuchtete, aber nichts war mit einem roten Lämpchen, so sehr ich auch hinblinzelte zu den drei Elektronenkisten, hinter denen geduckt die Operateure standen.
Nach der Aufnahme fragte ich: »Was war denn mit den roten Lämpchen, die aufleuchten sollten?«
»Die haben heute nicht funktioniert«, antwortete der Aufnahmeleiter.
Etwas größer war die Aufregung nach einer recht lebhaften Erzählung. Kam da der Regisseur und sagte: »Sie haben ein paarmal geflucht, das sollten Sie in einer Jugendsendung unbedingt vermeiden, das ist unmöglich.«
Bei der nächsten Aufzeichnung nahm ich mir vor, besonders vorsichtig zu sein und auf keinen Fall zu fluchen. Ich hatte ja nie ein Manuskript, überlegte mir jedesmal vorher beiläufig, was ich bringen wollte, aber dann fiel mir zwischendurch etwas ein, was ursprünglich gar nicht vorgesehen war, ja, und dann stand der Aufnahmeleiter neben der Kamera und zeigte die fünf Finger seiner ausgestreckten Hand: Das hieß also, noch fünf Minuten Zeit. Ich war dabei, noch eine gute Schlußpointe anzubringen – erschrak aber nicht wenig, als der Aufnahmeleiter plötzlich wieder vorsprang und mir mit erhobenem Zeigefinger den Vogel zeigte, wie man sagt.
Was zum Teufel habe ich denn jetzt wieder falsch gemacht, dachte ich. Noch deutlicher tippte der Mann auf seine Stirn, aber ich ließ mich nicht aus der Ruhe bringen – es war eine Livesendung! – und brachte noch meine Schlußpointe an.
Als abgeschaltet war, fragte ich: »Was war denn heute wieder falsch?«
»Wieso?« meinte der Aufnahmeleiter. »Es war ja alles in bester Ordnung.«
»Sie sind doch vorgesprungen und haben mehrmals aufgeregt mit Ihrem Zeigefinger auf die Stirn getippt, als ob ich weiß Gott was Dummes dahergeredet hätte.«
»Ach so, nein, ich wollte bloß andeuten, daß Sie nur mehr eine Minute Zeit hatten.«

Die Nachmittagssendungen für die Jugend liefen im Familienprogramm einige Jahre. Es gab glänzende Kritiken, zahllose Briefe von Zuschauern, das lief alles recht gut.
»Trenker, Sie müssen unbedingt ins Abendprogramm. Es ist schade, Sie nur im Nachmittagsprogramm zu sehen. Sprechen Sie doch einmal mit dem Programmdirektor des Bayerischen Rundfunks«, riet man mir.
Davor hatte ich nun eine merkwürdige Scheu. Was sollte ich, der ich nur so ganz einfach vor der Kamera der Jugend Geschichten erzählte, im

Abendprogramm? Andererseits überlegte ich: Schließlich habe ich eine Reihe erfolgreicher Spielfilme gedreht, die überall in der Welt gelaufen sind und mehrfach Preise bekamen. Meine Erfahrungen als Regisseur könnten doch auch dem Fernsehen zugute kommen.
In der Hoffnung, eine größere Aufgabe zu erhalten, bin ich zum Programmdirektor gefahren. Ich hatte doch immer davon geträumt, einmal als Reporter nach Mexiko oder nach Vietnam geschickt zu werden wie der Thilo Koch.
Mit solchen Vorschlägen stand ich nun vor dem Programmchef. Der schüttelte den Kopf, als dächte er: Was fang' ich bloß mit dem Mann an?
»Wissen Sie was«, sagte er nach einer Weile, »machen Sie eine schöne Sendung über Ihre Heimat. Erzählen Sie von den Dolomiten und aus Ihrem Leben, da haben Sie gewiß allerlei auf Lager.«
Über die Dolomiten sollte ich erzählen? Das hatte ich doch sowieso schon immerzu getan. Nein, davon war ich ganz und gar nicht begeistert.
»Ich gebe Ihnen ein gutes Kamerateam mit, Sie fahren vier Wochen hinunter und bringen uns Material für zwei schöne Sendungen. Wie wär's?«
Immerhin, es ist ein Auftrag, dachte ich, stimmte zu und fuhr mit den Leuten los.
Die Sendungen über meine Heimat kamen überraschend gut an – das war im Sommer 1960, als wegen der dummen Bombenwerferei in Südtirol der Fremdenverkehr völlig zum Erliegen gekommen war. Meine Schilderungen aber zeigten, daß Langkofel und Rosengarten immer noch dort standen, wo sie hingehörten, womit die Saison für beide Seiten gerettet war.
Von da ab wurde ich ins Abendprogramm geholt und hatte mit der 15teiligen Serie aus meinem Buch »Alles gutgegangen« einen Erfolg, den ich nie erwartet hätte. Das ist, glaube ich, eine Sache, für die es letzten Endes keine Erklärung gibt. Wenn ein Mensch gesund ist, dann muß er dem Herrgott danken, daß er gesund ist, und wenn er Erfolg hat, dann muß er dem Herrgott danken, daß er Erfolg hat. Und ich bin froh und glücklich, daß es mir vergönnt war, auf diese Art vielen Menschen ein wenig Freude zu bringen.
Eigenartigerweise hat ja das Fernsehen heute eine bedeutend stärkere Resonanz als damals in seiner großen Zeit der Film. Fast täglich gehe ich zum Café Luitpold hinüber, das ganz in der Nähe meiner Münchener Wohnung liegt, und wenn dann an der Kreuzung die Ampel rotes Licht zeigt und ich dastehe und warte, so winkt aus jedem zweiten, ganz bestimmt aber aus jedem dritten Auto jemand lachend und ruft: »Hallo, wie geht's?« Und es gibt wohl kaum einen Taxifahrer, der nicht schon nach zwei Minuten sagt: »Net wahr, Sie san's doch? Grad vorige Woche hab' ich Sie wieder gehört – ach, geben Sie mir doch ein Autogramm für meine Kinder.« Und er erzählt von seinen Sorgen und Freuden, als ob wir alte Bekannte wären. Genauso geht es mir, wenn ich mal Straßenbahn fahre oder mit der Bahn unterwegs bin. Man möchte gern etwas lesen und seine Ruhe haben – aber damit ist nichts. »Du, guck mal dort . . . das ist er . . .«

Da ist es mir schon lieber, wenn einer einfach hergeht und sagt: »Grüß Gott, wie geht's, wann kommt Ihre nächste Sendung?«
Einmal hat mich eine hübsche, resche Münchnerin mitten auf der Straße umarmt und mir links und rechts einen Kuß auf die Wange gedrückt. Einen Passanten, der verdutzt dastand und schaute, fragte sie: »Kennen S' den?«
»Naa«, antwortete er.
»Schamens Ehna!« rief die junge Frau und lief lachend weiter.
Wie großartig weitete sich Feld und Tätigkeit meiner Arbeit bei der ARD aus, wie freute ich mich, wenn freundliche Kinderaugen mich anlachten. Kinder sind köstlich, manche kommen strahlend daher, sagen: »Oh, ich kenn' dich schon, du hast die Geschichte mit den Ohrfeigen im Institut erzählt.« Andere schauen ein paarmal verschämt her, lachen ein bißchen, legen aber die Scheu gleich ab, wenn man sie freundlich anredet. Die Kindersendungen gehören zu meinen schönsten und dankbarsten Erlebnissen überhaupt; ich möchte keine einzige der vielen Programmstunden vermissen. Das Arbeiten war angenehm, weil ich kein Manuskript vorzulegen brauchte, sondern nur kurz vor der Sendung sagte, was ich so etwa erzählen würde.
Aus dem stetigen Kontakt ergaben sich immer wieder neue Aufgaben, neue Programme, so auch die Wintersportserie »Luftsprünge«, die wir in Kitzbühel aufgenommen haben. Außer einer größeren Anzahl Schauspieler und Sportler wirkten die gesamte Mannschaft der Kitzbüheler Skischule, viele Skimaiden und Pistenhelden, alles was da wudelte und wedelte, mit, das Wetter, der Schnee, es war trotz der konzentrierten Arbeit, die verlangt wurde, eine köstliche Zeit.
Noch interessanter gestaltete sich die von mir entworfene zehnteilige Serie »Berge und Geschichten«, die vom ZDF gemeinsam mit dem Österreichischen Fernsehen hergestellt wurde und unser Arbeitsteam durch die schönsten Gebiete der Alpen führte. Darin erzählte ich vom Ortler und Stilfserjoch, vom Großglockner und Kaprun, von Zermatt und den großen Führern Alexander Burgener, Imseng und Zurbriggen. Im wundervollen Gebiet des Dauphiné sprach ich von Emil Zsigmondys tragischem Tod an der Meije, von Tonio Dimai und unseren Kämpfen während des Ersten Weltkrieges in den Dolomiten, von den Unternehmungen Paul Grohmanns und von anderen interessanten Begebenheiten aus der goldenen Zeit des Alpinismus. Während der Aufnahmen zu solchen Sendungen weiten sich Horizont, Herz und Arbeitslust für Geist und Körper außerordentlich wohltätig aus. Herrlich war jener Sommer 1973, in dem wir mit den sympathischen Hubschrauberpiloten des Österreichischen Fernsehens über dem Monte Rosa kreisten, Adlern gleich über die Eisgipfel des Dauphiné flogen, im Dachsteingebiet und in den stillen Tälern der Julischen Alpen die gewaltigen Triglavwände kennenlernten, deren Geschichte Julius Kugy mit soviel Liebe und Hingabe beschrieben hat. Das Aufnahmeteam, anfangs etwas borstig-struppig, hatte durch die Mit-

arbeit einer kleinen Gruppe hervorragender steirischer Bergführer aus Schladming bald die rechte Einstellung zur Arbeit in Fels und Eis gefunden. Wir wurden gute Kameraden und hatten trotz unvermeidlicher Strapazen, stundenlanger Anmärsche, Quartiersuche und mancher Schlechtwettertage nie den Humor verloren.

Wäre ich ein wenig jünger – wie gern und mit welcher Begeisterung würde ich noch eine Serie »Berge und Geschichten« aus dem Himalaja bringen, nach Nepal, an die Basis des Mount Everest, dem Thron der Götter, fliegen, wie die Sherpas den höchsten Berg der Welt ehrfurchtsvoll bezeichnen, oder am Fuß des Nanga Parbat von den gewaltigen Leistungen der Bergsteiger erzählen, die ihre Wimpel auf den höchsten Gipfeln der Erde aufrichteten.

Es ist *eine* Sache, als aktiver Mitarbeiter über das Fernsehen zu urteilen, und eine *andere*, das Ganze von der passiven Seite des Konsumenten her zu betrachten; da sieht vieles natürlich anders aus. Wir wissen, wie sehr das Fernsehen den Film, den Rundfunk und die Literatur überspielt hat. Das Heimkino übersättigt den Wirtschaftswunderbürger mit einer Unterhaltungsware, von der ihm wenig bleibt, weil sie seine innere Leere nur sehr oberflächlich füllt. Viele Eltern, die, um Ruhe zu haben, ihre Kinder stundenlang wahllos vor dem Fernsehschirm sitzen lassen, ahnen nicht, wie sehr viel größer der Schaden solcher Erziehungsmethoden ist als der vermeintliche Nutzen. Natürlich gibt es erzieherisch wertvolle Programme, die vorbehaltlos empfohlen werden können, das wissen wir. Gewarnt sei hier nur vor dem nivellierenden Massenkonsum der vielen so bequem dargebotenen Unterhaltungsmöglichkeiten, die uns viel zu geben scheinen, aber gleich viel an Geist und Persönlichkeit nehmen. Auch sei auf die negative Rolle hingewiesen, die das Fernsehen im Zusammenleben der Familie spielt. Es trennt die Menschen oft mehr, als es sie zusammenführt. Sehr bedenklich finde ich es auch, daß sich im Fernsehen die Tendenz zur Verharmlosung von Gewalttaten immer mehr durchsetzt.

Sinn dieser kurzen Betrachtung ist der Wunsch, es möge dem Fernsehen, diesem gewaltigen, alle anderen Massenmedien überrundenden Zaubermittel, gelingen, seine bewundernswerten technischen Leistungen durch eine besonders verantwortungsbewußte Programmgestaltung zu übertreffen!

Nicht angeboren ...

»Sohn der weißen Berge« *hieß mein erster Skifilm. Der Produzent hatte große Sorge, mein Tiroler Dialekt könnte nicht verstanden werden. Ich beruhigte ihn und redete im Film, wie ein Skilehrer auch sonst im Leben redet. Der Kritiker der »Münchner Post« schrieb dazu: »Film und Darstellung sind großartig, nur sollte Trenker in Hinkunft vermeiden, den Tiroler Dialekt zu imitieren. So etwas kann man nicht lernen. Die dialektische Färbung muß einem Menschen angeboren sein. Nachahmen, wie es Herr Trenker versucht, kann man das nicht.«*

Heimat und Welt

Wer nie fortgeht, kommt nie heim

Ich hätte es in jungen Jahren kaum geglaubt, daß das Herz eines einzigen Menschen Raum genug hat, um beide so grundverschiedene Gewalten ganz in sich aufzunehmen, die unverrückbare Liebe zur angestammten Heimat ebenso wie den unwiderstehlichen Drang nach der Ferne. Damals glaubte ich noch, eines würde das andere ausschließen, es handle sich nur um bestimmte Phasen im Leben, die man durchlaufen müßte, um vom Dorfbuben zum Weltbürger zu werden. Ein zwar nicht mit irdischen Gütern, wohl aber mit Kindern reich gesegneter Kirchenmaler wie mein Vater war froh, wenn um die Suppenschüssel einer weniger wurde, der für den jeweils Kleinsten Platz machte zum Nachrücken. Noch von der Schule weg wurde ich als Schafhirte zu einem Bauern ins Nachbartal nach Colfuschg »ausgestiftet« und schickte, wenn mich das Heimweh quälte, von der Hohen Halde am Sass Songher sehnsüchtig den Blick zum Langkofel hinüber; denn solange ich den Langkofel sehen konnte, war ich noch nicht ganz aus der Welt. Als ich dann zum Studieren kam und, mit dem Trägerlohn eines guten Bergsommers versehen, nach Innsbruck zog, konnten meine Augen die heimatlichen Berge nicht mehr erreichen, das Heimweh wuchs sozusagen progressiv mit der Entfernung. Es kam der Krieg, es folgten Jahre ernsten Studiums. Ich absolvierte in Graz die Technische Hochschule und eröffnete in Bozen ein Architekturbüro. Häuser zu bauen war gewiß etwas Schönes. Häuser sind hoch, doch Berge sind höher.

Ich fand in Bozen keinen richtigen Boden, alles schien mir zu eng, zu beschränkt, zu bürgerlich. Die Berge ließen mich nicht los. Aber die Unruhe saß tiefer. Es war die Welt, die mich lockte und rief. Über Klettern und Skifahren kam ich zum Film, über den Film kam ich zur Welt. Ich fuhr die abenteuerlichen Wege hinaus, die meine Landsleute hinausfuhren, wenn sie sich irgendwo in Amerika Brot und Verdienst suchten, ich fuhr dem Grödner »Herrgott« nach, der aus der niederen, zirbelvertäfelten Stube des Bildschnitzers in alle Länder der Welt geht, die noch an den Herrgott glauben. Unstillbar war mein Hunger nach »Welt«. Nicht genug konnte ich an Neuem, Unbekanntem in mich aufnehmen. In der Einsamkeit der Arktis, da unser Schiff monatelang vom Eis blockiert war, lockte mich die Vorstellung einer Fahrt durch die Wüste. Aus den öden Wüsten von Texas und Kalifornien zog es mich wieder nach New York, in die Metropole. Doch kaum war ich dem eigentümlichen Zauber dieser Riesenstadt verfallen, erwachte die Sehnsucht nach dem stillen Gestade des Pazifik. So trieb mich die Weltlust, Erbe meiner Tiroler Bergheimat, von Land zu Land. Überall war ich zu Hause, überall traf ich Menschen, die man schätzen konnte. In vielen Sprachen der Erde lernte ich das sprechen, was nötig war, um den Menschen zu sagen, wie wohl ich mich bei ihnen fühlte und wie sehr mir die Arbeit und Aufgabe, die mir gestellt war, gefiel. Und doch, die seltsamste unter den vieltausend Entdeckungen jener

weltoffenen Jahre war – die Entdeckung der Heimat. Gewiß, die Welt war schön und gewaltig. Aber je mehr ich davon sah, desto schöner erschien mir die eigene Heimat, am schönsten dann, als ich sie endgültig aufgeben wollte; denn ich glaubte noch immer, der Mensch unserer Zeit könne sich überall heimisch fühlen, ja, ich hielt es geradezu für das typische Kennzeichen eines modernen Menschen, daß er an jedem Orte, in jedem Milieu, das ihm zusagte, Heimat finden könne. Und nun wurde mit einem Male gegen jede vernünftige Erkenntnis jenes eigentümlich widerspruchsvolle Gesetz des heimatlichen Bodens an mir wirksam, das besagte: Man muß die Heimat zuerst verlieren, um sie ganz zu besitzen.
Zwei an sich grundverschiedene Kräfte sind es, die den heimatverbundenen Menschen in die Fremde führen: einerseits ein in ihm schlummernder Drang, aus der Enge fortzukommen, den man im Gegensatz zum Heimweh als »Fernweh« bezeichnen könnte; denn es ist mehr als Lockung und Spiel, als Zielstrebigkeit, ein schmerzvolles Ausbrechen aus naturgegebenen Bindungen, ohne Fragen nach dem Wohin; andererseits die tatsächliche Not, wenn die sozialen Verhältnisse des Dorfes es dem Menschen nicht mehr möglich machen, sich Arbeit und Brot zu beschaffen. Dieser Drang in die Welt trifft keineswegs alle Menschen gleich. Es gibt Landschaften, die, wie etwa Enneberg, eine unerhört stabile und seßhafte Bevölkerung aufweisen, wo sich die Menschen lieber mühsam durchhungern, als daß sie die Heimat verlassen würden, dann wieder klimatisch, wirtschaftlich, sozial ganz gleichartige Täler wie Gröden, in denen es zum gewohnten Lebensstil gehört, ein paar Jahre in Argentinien, Kanada oder Australien verbracht zu haben. Augenfällig ist in dieser Hinsicht auch der stammliche Gegensatz zwischen Bayern und Alemannen. Während die Bayern seit Jahrhunderten unbeweglich und unbewegt sich gleichgeblieben sind und selbst von so tiefgreifenden Vorgängen wie vom Bauernkrieg kaum berührt wurden, ist das Schwabentum seit jeher »unterwegs« und in aller Welt zu Hause, so daß, wie man sagt, es genügt, in den Urwald von Ajojonga oder in den Dschungel von Krischnagar hineinzurufen: »Send Schwoba do?«, um sogleich Landsleute anzutreffen.
Ich habe in meinem Film »Der verlorene Sohn« für dieses Nebeneinander von tiefer Heimatliebe und ungestümer Weltsehnsucht ein Beispiel gefunden. Als Tonio Feuersinger entschlossen ist, die Berge der Heimat zu verlassen, blenden die in der hellsten Sommersonne stehenden Sellatürme, diese einzigartig schönen, stolzen Felsgebilde, die unmittelbar über die grünen Almwiesen des Sellajoches aufragen, in die Wolkenkratzer von New York über. Der höchste der Sellatürme verwandelt sich scheinbar unmerklich in das gewaltige Empire State Building: Die Heimat verschwindet, die Fremde lockt! Diese Überblendung aus dem »Verlorenen Sohn« gibt über die konkrete Filmhandlung hinaus dieser Zeit ein Symbol: Die Berge verschwinden vor den lockenden Zeichen der gewaltigen Metropole, und doch erweist sich am Ende das, was Menschenhänden entsprungen ist, als wesenlos gegenüber Gottes ewigen Bergen.

Heimat aus Gotteshand

»Heimat aus Gotteshand« – dieses Wort umschließt die Lebensauffassung unserer Bergbauern. Die Heimat ist nicht in erster Linie eine Angelegenheit der Menschen, vielmehr stellt der Hof nur ein Lehen dar, das aus der Hand Gottes kommt und dem Menschen für die Zeit seines Lebens anvertraut wird. Ich habe daher dieses Wort »Heimat aus Gottes Hand« als Titel eines Romanes gewählt, in welchem ich das Schicksal Südtirols während der Zeit von 1939 bis 1945 zu schildern versucht habe; denn diese Jahre stellten mein Heimatland vor eine Entscheidung, die vor dem Schicksal schwerer wog und tiefer in die Herzen der Menschen eingriff als alles Leid, das jemals über dieses Land gekommen war.

Ganz ungeteilt war Anselm nun Bauer auf Fioll.
Wie weit lag alles andere zurück! Ein flüchtiger Schatten kaum, der über den Weg fiel! Wie rätselvoll war doch der Gang des Schicksals. Als er in verbissenem Trotz um dieses Erbe gekämpft hatte, überzeugt, er könne im letzten doch erzwingen, was ihm als Ziel seines Lebens erschien, da verweigerte ihm das Schicksal seine Gunst und stieß ihn weit von sich. Als er den Kampf aufgegeben hatte und mühsam lernen mußte, was ihm das Schwerste im Leben war, zu dienen, Knecht zu sein, da warf ihm das Schicksal mit beiden Händen neidlos das Glück voll in den Schoß.
Trine, des Stampfeters Tochter, war nun die Fiollerin. Doch obwohl sie an der Seite ihres Mannes, des Fiollers, stand, gab ihr niemand diesen Namen. Sie hieß, wie sie immer geheißen hatte, die Trine. Bäuerin nannten sie die Dienstleute, wie es üblich war, doch sie war keine Frau, keine Herrin. Magd blieb sie auch auf Fioll, des Bauern beste Magd. Sie hielt, was ihre Sache war, gut zusammen. Zu einfältig war sie in ihrem Herzen, um das Leben anders zu nehmen, als es nun einmal vor ihren Augen lag. Doch sie war dem Fioller ein Weib, wie er es brauchte.
Die Jahre kamen und gingen.
Ein gutes Jahr im Korn, ein Knäblein in der Wiege – Gregor hieß es nach dem verstorbenen Fioller; denn nach dem Willen Anselms sollte wieder ein Gregor Hellensteiner Besitzer werden auf Fioll! Ein schlechtes Jahr im Korn, ein besseres im Wein – und wieder ein Knäblein! Oswald wurde es genannt nach Agnes' Vater. So wünschte es Anselm; denn er hielt darauf, daß zumindest in den Namen nichts von den Stampfeterischen in sein Geschlecht kam. Es genügte schon, wenn Gregor das runde, volle Kinn der Mutter bekam, das schlecht genug zu seinem schmalen, kantigen Schädel paßte, auf dem ein heller, fast weißblonder Haarschopf stand. Der kleine Oswald aber war ganz fiollisch, zumindest dem Aussehen nach.
Wenn Anselm den Pflug über den Grundacker zog und obenan Fioll sah, wie es in der Sonne lag, dieses gesegnete Bauernreich, so wünschte er in seinem Herzen bloß, daß das Leben immer so bliebe. Es war in jenen Jahren viel Unruhe in der Welt. Auch im eigenen Lande war dies zu spüren.

Es gab Menschen genug, die sagten, nun wäre die Zeit gekommen, um dem Lande wieder den richtigen Herrn zu geben. Doch wenn man sie fragte, wie sie sich dies eigentlich dächten, da doch Italien und das Deutsche Reich Verbündete wären und immer näher zueinander rückten, Österreich aber ganz ausgelöscht sei, schwiegen sie betroffen und zogen bloß die Schultern hoch.

Anselm kümmerte sich wenig darum. So weit die Zäune von Fioll reichten, fiel kaum ein Wort, weder für diese noch für jene. Im Frieden wuchs das Korn, im Frieden wurde es geschnitten. Anselm genügte es, wenn er, was das Geschehen in der Welt anging, den Auftrag des Vaters erfüllte, der auf dem Hof keinen Streit geduldet hatte und nur das eine von der Zeit forderte: Der Pflug mußte den Fiollern bleiben.

Fest und sicher lag der Pflug in den Händen Anselms, des Fiollers. Das Wort wurde gehalten wie der Pflug. Es war in dieser Zeit, als hielte Gott den Atem an, so ruhig ging das Leben auf Fioll.

Wenn einmal der alte Stampfeter auf den Rojenberg hinaufkam – den jungen hatte im vergangenen Jahr das »Schlagl« getroffen; wie hatten die Leute im Dorf gespottet, daß es ihn früher geholt hatte als den alten! –, konnte man ihn bis auf den Grundacker schnaufen hören. Anselm hörte es wohl und trieb den Handbuben, der die Rosse führte, zur Eile an; denn ehe der alte Stampfeter sich entschloß, die Fülle seines Körpers hinauf nach Fioll zu schieben, mußte schon etwas ganz Arges in der Welt geschehen sein.

Unfroh zog Anselm die Furche zu Ende. Da stand Trine am oberen Rain. Anselm wandte den Pflug so geschickt, daß es aussah, als habe er Trine gar nicht gesehen. So brachte er auch diese Furche noch zu Ende und, weil Trine wie angewurzelt am oberen Rain stehenblieb, auch die nächste noch. Vielleicht kam der Stampfeter bloß wegen des Schimmels. Da konnte er Trine zurückschicken, daß sie ihm sage: »Vater, laßt ihn erst den Acker zu Ende pflügen!«

Doch Trine wich nicht von ihrem Platz. »Du sollst zum Vater kommen«, sagte sie.

»Ich bin am Pflug, das siehst du!«

»Ja, das seh' ich wohl, Fioller. Aber du sollst doch zum Vater kommen!«

»Will er den Schimmel kaufen?«

»Kann sein, daß er ihn haben will. Aber es ist nicht deswegen, daß er gekommen ist!«

»Was dann?«

»Abwandern sollen wir!«

Anselm starrte sie mit großen Augen an. Da stand Trine, dieses Weib, und begriff wohl gar nicht, was sie da gesagt hatte.

»Sag es noch einmal!« stieß er hervor. Trine kannte diesen Blick der hellen Augen, sie fürchtete ihn. Doch gehorsam wiederholte sie: »Abwandern sollen wir!«

Aber Anselm hörte schon längst nicht mehr auf sie. Er warf dem Handbu-

ben das Leitseil zu und ging mit großen Schritten über den Acker gegen das Haus.
Seit der junge Stampfeter unter der Erde war, freute den Alten das Leben nimmer. Also soff er es, so gut es ging, zu Ende.
Er saß breit in der Stube und goß sich den Trebernschnaps in das Glas. Dann warf er den Kopf nach hinten und stürzte den Schnaps hinunter. Anselm sah das feiste, schwammige Gesicht. Es war ihm nie so widerlich vorgekommen wie in dieser Stunde. »Was ist Neues?« fragte er und blieb auf der Schwelle stehen.
»Schlecht ist er, dein Schnaps! Mir scheint, ich muß dir das Schnapsbrennen erst noch lehren!«
»Bist deswegen gekommen?«
»Das nicht! Aber mit Schnaps geht es besser!«
»Red!« stieß Anselm hervor.
»Hock nieder!« Der Alte schob ihm den Stuhl hin.
Doch Anselm blieb stehen. »Ich bin am Pflug. Halb im Acker bin ich . . .«
»Halb?« fragte der Alte. »Gar nicht mehr bist im Acker!« Er sah nicht auf dabei, als er dies sagte, und schenkte sich wieder aus der Flasche nach. »Ich habe es vom Bergater. Der Bergater hat es vom Adlerwirt in Gröden, und der hat es direkt von Bozen. Es waren etliche von draußen da, aus dem Reich. Von denen haben sie es.«
»Was haben sie?« So hart schlug Anselm das Wort hin, daß der Alte erschrocken aufsah. Früher hatte er solche Aufregungen gefürchtet. Jetzt, da er allein war, war ihm alles gleich.
»Optieren müssen wir!«
»Optieren? Das versteh' ich nicht! Red deutsch!«
»Das geht nicht auf deutsch. Optieren – der Pfarrer hat dem Bergater das Wort erklärt: Optima – das Beste, optieren – das Beste heraussuchen!«
Der Stampfeter lachte gezwungen. »Was sollen wir heraussuchen?«
»Frag nicht: Deutsch oder welsch!«
Anselm fuhr hoch: »Deutsch natürlich, was denn anders?«
Der Stampfeter nickte müde.
»Das sag' ich auch: deutsch!«
Anselm stand noch immer in der offenen Tür, die Hand an der Klinke. Die feuchte Erde des Ackers klebte an seinen Schuhen. »Dann gehe ich wieder zum Pflug!«
Der Alte hörte ihn nicht. Das Kinn war ihm auf die Brust gesunken. Elend sah er aus und müde. Anselm spürte wohl, daß das Ärgste noch nicht gesprochen war.
Der Stampfeter hob jetzt den Kopf und blickte ein wenig unsicher auf Anselm hin.
»So ist es halt: Deutsch sind wir auf die Welt gekommen. Können wir etwas dafür? Deutsch sind wir geblieben unser Leben lang. Kann das jemand ändern?«

Er griff nach dem Hals, als würge ihn etwas: »Soweit wäre alles recht. Aber . . .«
»Was – aber?« Heiser fragte es Anselm.
Da brach es aus dem Alten hervor: »Aber wer ›deutsch‹ sagt, muß abwandern, gehen, heim ins Reich, wie sie sagen, weiß Gott wohin, fort halt, alles dalassen!«
Anselm taumelte in die Stube. Er faßte den Alten an der Schulter, schüttelte ihn, schrie wie von Sinnen: »Du lügst, du Mensch, das ist nicht wahr!«
Und als der Stampfeter völlig dumpf alles mit sich geschehen ließ, mit letzter Kraft: »Sag, daß du lügst!«
Da schüttelte der Alte teilnahmslos den Kopf. Er sah nicht einmal auf. »Ich lüge nicht. Es ist, wie ich dir sage.«
Anselm trat an das Fenster, die Fäuste in die Taschen gepreßt. Keuchend ging sein Atem.
Schweigen, schweres, lastendes Schweigen, wie es zwischen den Schlägen der Blitze im Hochgewitter ist. Dann riß sich Anselm herum: »Und wer bleibt und nicht geht?«
»Der sagt: Italienisch!«
Der Alte sank ganz in sich zusammen, ein elendes Bündel Mensch. Selbst den Schnaps rührte er nicht mehr an.
Und wieder das starre Schweigen.
Dann schritt Anselm aus der Stube, mit sicheren Schritten, so schien es. Doch jenes Furchtbare saß ihm wie das leibhaftige Unheil im Nacken. Gebeugt, wie ein zu Tode Getroffener, trat er über die Schwelle.
Als Anselm draußen noch den Himmel über seinem Haupt sah und die Berge, die über dem Wald aufragten, die Wiesen auch, die Felder, da wurde ihm freier zumute. Tief zog er die Luft in die Brust. Die Welt stand noch, wie sie gestanden hatte zuvor. Der Herrgott lebte noch. Dort lag der Acker und wartete auf den Pflug.
Alles aber, was Gottes war, nicht aus dem Willen der Menschen, ging so ruhig und sicher seinen Weg, als wäre nichts in der Welt geschehen. Die Sonne stieg am Morgen über dem Langkofel auf und sank abends auf die weiten Flächen des Ritten nieder. Die Nacht kam mit ihren Sternen. Die Erde wurde wieder neu am Morgen. Ach, welcher Trost lag doch darin! Wie gut, daß es noch ein Festes, Unverrückbares gab, das Anselm in seiner Wirrnis die Richtung wies, etwas, woran er sein eigenes Tun messen konnte!
Sonntags nahm Anselm, wie es für den Bauern auf Fioll von alters her Brauch war, beim Kirchgang den weiten Weg über die Felder. An jedem Tage, die Woche lang, freute er sich auf diesen sonntäglichen Gang. Die Apfelbäume im Anger schlugen kräftig aus. Es schimmerte schon rot aus den Knospen. In der langen Wiese stand das Gras bürstendicht und fest. Die junge Saat auf dem Grundacker keimte stark. Vom oberen Ried aus konnte Anselm auch die Weinberge sehen, Arbeit hatte es genug gegeben

in diesem Frühjahr. Doch es lohnte sich. Schön setzte das Laub an, die Reben griffen mächtig aus. Wenn die Sonne hielt, was sie versprach, gab es einen guten Wein in diesem Jahre.

Ja, der Herrgott war noch mit Fioll.

Doch in den Menschen – welcher Aufruhr, welche Verwirrung! Es war, als hätte eine dunkle, unsichtbare Kraft tief in die Jahrhunderte gegriffen und aufgewühlt, was an Freude und Schmerz, an Lust und Qual, an verbissener Zähigkeit und ungebärdigstem Willen jemals in den Herzen der Menschen aufgewacht war. Weggerissen waren die Hüllen, unverstellt lag alles: nackte Gier, eitle Selbstsucht und ungezügelter Haß. Und doch auch tiefste Liebe, zu jedem Opfer bereit. Und alles dies mündete in die eine, die letzte, unentrinnbare Frage: bleiben oder gehen?

Es war das Furchtbarste, was jemals, seit Menschen in diesen Bergen lebten, über sie gekommen war. Es gab schlechte Jahre, gewiß, der Bauer trug sie. Der Hagel schlug ins Korn, die Sonne brannte die Wiesen aus, die Reben verdarben, der Sturm brach in den Wald. Krankheiten fielen über die Menschen. Seuchen liefen durch die Dörfer. Kriege kamen – doch was stand, blieb stehen, und Fioll blieb Fioll. Eine neue Saat in den Acker, Regen auf die Wiesen, Kraft in die Reben, Jungwuchs in den Wald – so kam alles wieder in die alte Ordnung. Seuchen und Krankheiten erloschen. Selbst der grimmigste Krieg ging einmal zu Ende. Bei jedem Unglück konnte der Bauer zufassen, konnte helfen, ordnen, bessern. Doch vor dieser furchtbaren Entscheidung brach alles nieder. Was half es, zu ernten, zu säen, was nützte es, rechtschaffen den Hof zu führen? Kein Ausweg, keine Hilfe! Umsonst, alles umsonst!

Da liefen junge Burschen herum und trugen eifrig lederne Aktentaschen unter dem Arm wie die Advokaten in der Stadt. Und von Hof zu Hof gingen sie und schrieben auf, jede Wiese, jeden Wald, jedes Stück Vieh. Der Fioller schüttelte nur den Kopf über so viel Eifer. Er hätte die jungen Burschen lieber auf den Feldern oder im Holz bei der Arbeit gesehen, aber es hieß, sie würden großartig bezahlt für das Herumlaufen von Hof zu Hof mit der Aktentasche unterm Arm. Manchmal, wenn ihnen einer entgegensprach, wurden sie auch drohend. Jeder müsse wählen, hieß es, und nachher werde man schon sehen.

Und der einäugige Federale lachte. Ja, es ging alles gut, und der Duce hat immer recht.

Aber die Höfe?

Höfe gibt es woanders auch. Noch viel bessere. So ein gutes Geschäft hätte man noch nie machen können.

Aber die Heimat?

Die Heimat ist überall, wo deutsch geredet wird, hieß es da wieder.

Der Fioller wußte nichts mehr, keinen Rat, nirgends Hilfe. Es war, als ob

Alpenglühen in den Dolomiten bei der Segantini-Hütte am Rolle-Paß

der Teufel selbst in die Menschen gefahren wäre. Nichts galt mehr. Nichts.

Den Herren von der Kommission der Abwanderungsstelle ging er aus dem Wege. Was sie sagen würden, konnte er sich denken. Sie standen vor der Kirche, deren Besuch ihrer Ansicht nach nur für Einfältige empfehlenswert war, und unterhielten sich. Nahmen, etwas hochmütig zwar und sich stets ihrer einmaligen Aufgabe bewußt, Anfragen, Gesuche, Bitten und Grüße mit der erhobenen Rechten entgegen. Man spürte es, sie standen in direkter Verbindung mit den Allerhöchsten im Reich draußen, mit Männern, die Geschichte machten. Für Anselm war das alles zu hoch, außerdem waren unter diesen Doktoren und Advokaten, die von der Bozener Kommission gekommen waren, nur wenige, die in dem Land geboren waren, für dessen Verwaisung sie sich einsetzten. Sie kamen im Auto und fuhren im Auto wieder davon. Die Burschen mit den Aktentaschen waren ihre geschäftigen Diener. Überall gründeten sie Ortsgruppen. Auch drüben überm Joch – in Gröden, in Abtei und wer weiß wo sonst noch. Es gab Versammlungen, je heimlicher sie aufgezogen waren, desto wichtiger wurden sie. So wenigstens taten sie, die Herren von der Kommission und ihre eifrigen Helfer. Geld war da. Und viel. Jeder bekam Geld und Versprechungen auf Vorschuß.

Anselm spuckte aus. Ihn ekelte vor dem allem.

Die dablieben, wo sie der Herrgott hingestellt hatte, die von Vatervaterzeiten her die Höfe betreut, den heimatlichen Bergboden, die gute Erde bisher gerodet und gepflegt hatten, sollten gehen, alles liegenlassen, Erinnerung, Arbeit, Haus, Stube, Kirche, Kindheit, die Berge, den Wald, den Bach und den Himmel lassen. Anselm blieb stehen, er mußte schnaufen. Der kalte Schweiß war ihm auf die Stirn getreten. Er mußte sich mit dem Sacktuch die kalten Tropfen von der Stirn wischen. Dieser Schweiß war ganz anders als derjenige, der von der Stirn troff, wenn er in der Mühe des Tages arbeitete mit Pflug oder Beil, Säge oder Sense, im Feld draußen. Die Erde von Fioll. Gut, er mußte sich bücken zu ihr, sich rackern in allen Wettern, allen Jahreszeiten, immer, sie grub ihm die Falten ins Gesicht, zerriß seine Hände, wog schwer und naß, zäh und lehmig, aber ja, sie, die gute, schenkte ihm das grüne Gras für das Vieh, das saftige Futter, sie gab ihm die goldenen Ähren, die roten Früchte, die Trauben, den Wein und das Holz. Ja, die Erde von Fioll war treu und gut, sie lohnte die Arbeit des Bauern, aber sie schenkte ihm nichts. Und jetzt sollte er sie lassen, er wußte nicht einmal wem, und gehen.

»Nach Burgund kommen wir«, sagten die einen, »nach der Krim«, die anderen. »Oh, dort ist es schön«, soll die Postwirtin in Gröden gesagt haben. Sie hat schon alles der Kommission übergeben und wartet jetzt nur noch

Mit dem jüngsten Sohn Josi auf der Raschötz-Alm
Im Hintergrund die Langkofel-Gruppe

auf die Abreise. Wütend spuckte der Fioller auf den Boden, zum zweitenmal.
Der Adlerwirt soll Zweifel bekommen haben. Er soll einige Herren von der Kommission auf die Seiseralm geführt und gesagt haben: »Das ist unsere Heimat. Könnt ihr uns etwas Gleiches geben?«
Was die Herren darauf gesagt haben, erfuhr niemand.
Auch der Adlerwirt schwieg. Das war alles. Und der Verleger, der große in Kristein, auch. Der wollte alle die Heimarbeiter mitnehmen in die Spielzeugfabriken. Er war Unternehmer. Was kümmerte ihn der Begriff Heimat! Das Bankkonto, die Buchhaltung, das Magazin, die billigen Einkaufs- und guten Verkaufspreise interessierten ihn. Die Almen, der Frühling, das Rauschen der Wälder oder den leuchtenden Herbst hatte er noch nie vernommen und noch nie erfaßt. Er roch die Konjunktur. Und diese war groß, noch nie so groß gewesen wie jetzt. Er war fürs Gehen, und wer von ihm abhing, mußte also tun, was er tat.
Drüben in Antermoja blieb es still. Niemand sprach ein Wort über die ganze Frage. Die Kommission wurde kaum beachtet, sagten die Leute. Die Versammlungen wurden, ob noch so laut verkündet, nicht besucht. Anselm wußte das, da Aldian die Nachricht der Mutter gebracht hatte, die in diesen Tagen in besonderer Verbindung mit Siron und Antermoja blieb. Aldian ging und kam oft . . .
Anselm ging weiter. Wohin man blickte, war alles in Auflösung und verkrampfter Abwehr. Die Frage war so furchtbar zweideutig und die Entscheidung angeblich dem einzelnen überlassen. Doch, fiel es Anselm nun wieder ein, warum wurden Leute, die laut ihre Meinung sagten, eingesperrt, wenn sie gegen die Herren der Kommission sprachen?
Warum wurde so viel von Volk und Blut und Boden geredet? War alles nur Trug und Schwindel, oder handelte es sich hier wirklich um Sein oder Nichtsein des Volkes in der Zukunft? Wer wußte die Wahrheit?
Anselm nahm den abgelegensten Weg, der über den Wald hinauf zur Kirche führte.
Was ist es, so dachte er, das mich in diese Entscheidung treibt? Die Welschen? Wohl hatten manche unter ihnen oft genug unverhohlen ihren Wunsch zum Ausdruck gebracht, die Südtiroler aus dem Land ihrer Väter zu vertreiben. In Zeitungen und auf Versammlungen wurde der Gedanke oft und deutlich erörtert. Ist es der Nachbar? Nein! Er steht wie ich selbst vor der gleichen bitteren Wahl. Ist es das Dorf, das Land? Nein! Das Land ist selbst, ohne es zu wollen, in diesen Zwiespalt hineingestoßen worden. Ist es das Volk, das große? Nein! Wie hätte es einem Menschen, der so selbstverständlich zu ihm gehörte, wie ein Baum zu seinem Wald gehört, einem Menschen des eigenen Blutes, der eigenen Art befehlen können: Gib auf, was du bist! Nein, niemals! Wie könnte es fordern: Verlasse das Land! Da es doch jahrhundertelang eines der besten, treuesten war?
Welch dunkle, satanische Gewalt trieb ihn also in diese Zweifel? Welch ein Zeitalter rückte da herauf, das Menschen nahm wie Tiere, nein,

schlimmer, übler noch; denn das Tier hat einen Raum, in dem es lebt, der Baum hat Erde, die Pflanze Boden! Sache bloß, Ware wurde der Mensch, billige Ware, die man dahin, dorthin schob, wie man sie eben brauchte, die man feilbot, die man kaufte, verhandelte ...

Anselm blickte zurück. Da oben, hell in der Morgensonne, stand Fioll. Was war es noch? Ein Objekt, das man verhandelte, schätzte, vertauschte, das heute diesem, morgen jenem gehörte.

Wie ein Alpdruck lastete die Entscheidung auf seiner Brust. Es gab Stunden, in denen er fürchtete, den Verstand zu verlieren, er Anselm, der Mensch, an dem alles klar und selbstverständlich war, er, der Inbegriff aller Nüchternheit!

Am furchtbarsten quälten ihn seine Träume. Was ihm das Leben den Tag über an Kraft der Einbildung verwehrte, warf es ihm nachts zu. Verzweifelt suchte er, den grausamen Bildern zu entfliehen. Wenn er die Augen schloß, drangen unheimliche Phantasien auf ihn ein, Spukgestalten, nicht fremde, unbekannte Wesen, vielmehr Erscheinungen der Wirklichkeit, nur grotesk verändert, bis ins Schaurige verzerrt.

Stunde über Stunde lag er wach, da er Angst vor diesen Träumen hatte, und starrte mit weit aufgerissenen Augen zur Decke empor. Er zählte die dunklen Flecken der Äste an den hellen zirbenen Tafeln, um von den marternden Gedanken loszukommen, und zählte doch nur, ohne es zu wollen, an ihnen sein Schicksal aus: gehen – bleiben – gehen ...

Wenig hatte die Mutter bei Tisch gesprochen, als sie von ihrer Reise heimgekommen war, wenig für eine so weite Fahrt: »Man soll nicht einen Menschen um die Heimat fragen, der selbst keine Heimat mehr hat!« Dies war alles.

Anselm aber fragte schon lange nicht mehr.

Ein einziges Mal hatte er in dieser Zeit einen Menschen gefragt, damals in der Stube des Bergaterhofes. Schwer genug war ihm diese Frage geworden: »Geht Ihr, Bergater, oder bleibt Ihr?«

In der Mitte der Stube, aufrecht hatte der Alte gestanden, beide Hände fest in den ledernen Gurt gepreßt, als wären sie ihm gefesselt, die Beine breit in den Boden verspreizt, festen Stand suchend, alles an ihm eisenfest und sicher. So erschien er wenigstens Anselm in jener Stunde.

Nichts an dem klaren, offenen Bauerngesicht des alten Bergater verriet, was in seinem Herzen vorging. Er sprach, als spräche er vom Korn, vom Holz oder vom Wein. Und doch! Stand nicht auch er, wie alle andern im Lande, schon mehr auf der Straße als auf dem Hof daheim? Er ließ nichts davon merken.

»Wenn es Zeit ist, Fioller, wirst du meine Antwort hören.«

Schon klebten die Anschläge an den Mauern, die den Termin und die Bestimmungen der Abwanderung dem Lande bekanntmachten. Anselm konnte auf keinem Wege mehr zur Kirche gelangen, ohne daß ihm nicht irgendwo eines dieser Plakate in den Weg trat. Wenige Tage noch, dann mußte sich das Land entscheiden.

Mit den letzten trat Anselm in die Kirche. Er blieb unter dem Chor stehen, den Rücken an die Wand gelehnt. Nur keinem Menschen in das Antlitz sehen müssen!
Die Orgel brauste durch den Raum. Durch die geöffneten Fenster drang sie hinaus in das Land, das weitum wartend lag, stieg hinauf zum Gewölbe des Himmels, in das Ewige.
Die hellen Stimmen der Kinder fielen ein. So innig und voll der Freude klang ihr Lied, als wäre nirgends ein Leid in diesem Lande gewesen! Ach, die Kleinen! In ihrem kindlichen Jubel ahnten sie nicht, daß nun die Gemeinde das letzte Mal einmütig in der Kirche versammelt war; denn schon saß die Qual der Entscheidung und mit ihr das Gift der Zwietracht in den Herzen der Menschen.
Das kleine, unschuldsvolle Lied ergriff Anselm. Wie im Traum zählte er die Häupter der Männer vor sich; zählte aus: Das trotzig erhobene Haupt des Schmiedes Ambosser! Gehen! Der in Demut gesenkte Scheitel des Bstoß: Bleiben! Der feurige Kopf des Krahuller: Gehen! Das sanfte Duldergesicht des Bauern von Emmaus: Bleiben! Der alte Royer: Bleiben! Dessen Söhne: Gehen! Der Rienzner drüben: Gehen! Der Rungger: Gehen! Der Solderer: Gehen! Der Trojer: Gehen! Es war erschreckend. Und die Höfe! Und die Höfe!? schrie es in ihm auf.
Der junge, noch nicht volljährige Trifoller war seinem Vater davongelaufen, hinaus über die Grenze, nun war der Alte allein, keine Nachricht, nichts. Und Anselm mochte hinschauen, wohin er wollte, überall nur Sorge, Grauen und Furcht standen in den Gesichtern der Frauen und Männer. Nur einige wenige blickten sehr zufrieden und froh in die Zukunft. Es waren die Burschen mit den Aktentaschen oder Leute, die nichts zu verlieren hatten, deren Höfe verwirtschaftet, verschuldet oder gar schon verkauft waren. Ja, die hatten es leichter. Aber er, Anselm, was sollte er tun?
Gehen, bleiben, gehen!
Wie würden die anderen wohl ihn, den Fioller, nehmen? Gehen, wenn sie seinen wilden Trotz sahen, bleiben, wenn sie dann dachten, wie schwer er um diesen Hof gekämpft hatte und was er ihm galt. Aufrecht wie ein Wetterbaum im Sturm, die breite, mächtige Gestalt des Bergater! Gehen! Bleiben? – Der Alte hatte noch nicht gesprochen. Er wußte, daß ein Wort im Lande umging: »Wie der Bergater tut, so tun wir auch!«
Dieses Wort aber machte ihm den Weg noch schwerer. Noch immer wies er alle ungestümen Frager von sich:
»Wenn es Zeit ist, werdet ihr meine Antwort hören.«
Der alte Pfarrer, Michel Perathoner, stieg auf die Kanzel. Wie lange er heute für die wenigen Stufen brauchte! Die Bauern hoben unruhig die Köpfe. Da die Stiege so tief lag, sahen sie nur seine zitternden Hände, die, fest an das Geländer geklammert, mühsam, Ruck für Ruck höher glitten, sahen, wie nun der schlohweiße Haarschopf des Alten über dem Kanzelgesims auftauchte.

Die Sonne brach schräg durch das Fenster, ein Bündel Licht fiel auf die Kanzel.
Das barocke Schnitzwerk des Kanzelstuhls leuchtete in Gold und Purpur. Lachend, scherzend, einander haschend sprangen die drallen, kräftigen Gestalten der Engel über die weißen und rosafarbenen Morgenwolken, die um die Kanzel schwangen, fingen einander, bliesen übermütig die runden Pausbacken auf und sangen aus Herzenslust. Welch ein Triumph der Freude, welch eine rauschende Hymne auf das Leben!
Auf der Kanzel stand die hagere, von der Not der Stunde tiefer noch gebeugte Gestalt des Pfarrers, das Gesicht wachsbleich und verfallen. So elend und hinfällig sah der alte Michel, wie ihn die Bauern nannten, heute aus, daß sie fürchteten, er würde diese Stunde nicht überstehen.
Als er zu sprechen begann, wurde es so still in der Kirche, daß man von den Fenstern herein den Wind in den hohen Pappeln rauschen hörte, die am Eingang des Friedhofes standen.
Der Rojener Pfarrer galt als ein guter Redner. In jungen Jahren war er einer der streitbarsten im Lande gewesen. Dreimal mußte ihm der alte Tischler Gutweniger das Kanzelgesims erneuern, so kraftvoll schlug sein Zorn darauf nieder, wenn es um Fragen des Glaubens ging. Der oberste der Engel aber, der aus dem Kanzelgestühl keck über den Rand gespäht hatte, mußte seinen Fürwitz teuer bezahlen. Der Pfarrer schlug ihm, als er eben über die Unmäßigkeit losdonnerte, das lockige Köpfchen ab, und es rollte – welch eine Fügung – gerade vor die Füße des Mutzen hin, dieses unverbesserlichen Trunkenboldes, den der Pfarrer vor allen anderen mit seinen Worten gemeint hatte. Seither blieb der Engel mit seinem aufgeleimten Köpfchen ein mahnendes Zeichen allen verstockten Sündern, die glaubten, der Herr Pfarrer wüßte nicht, wie es um ihr Herz stünde. Gerne pflegte er während seiner Predigt, besonders wenn sanftere Stellen im Text waren, das verwundete Hälschen des Engels zu streicheln, als müsse er ihm den Schmerz seiner Wunde damit lindern. Heute schien er selbst das zu vergessen.
Die Bauern liebten ihren Pfarrer, wenn er in heiligem Eifer die Faust auf das Gesims der Kanzel schlug. Denn so ein Gewitter, das von der Kanzel auf sie niederzuckte, machte den Himmel wieder klar.
Doch heute sprach der Alte anders. Kein Gewitter mehr, ein stiller, ruhiger Abend war in seiner Stimme, das Dunkel zog herauf, die ersten Sterne leuchteten aus dem Himmel.
Die Stimme des Pfarrers klang schwer von verhaltenem Leid, sanftmütig, voll Ergebung sprach er. Das ging den Bauern nicht ein; denn das Fluchen stand ihnen in diesen Tagen näher als ein demütiges Sichergeben.
Keiner von denen, die da in der Kirche waren, erwartete, daß ihnen der Pfarrer Antwort geben würde auf jene Frage, die ihnen auf der Seele brannte. Es war nicht seine Art, von Dingen zu reden, die nicht Gottes Werke, sondern Sache der Menschen waren, allzusehr Sache der Menschen. Er verachtete keineswegs das weltliche Regiment, doch er sah

streng darauf, daß es außerhalb des frommen Bezirkes blieb, den er sich bewahrt hatte.

Doch er wollte der Gemeinde helfen und wählte ein Wort der Schrift, das ihm für diese Stunde das beste zu sein schien: »Herr, nicht mein Wille geschehe, sondern der Deine!«

Die Bauern hörten es wohl. – Welch ein Wort in dieser Stunde, dachten sie bei sich.

Bitter war es, zweischneidig und hart, denn wer sagte ihnen, welches der Wille des Herrn sei?

Der Pfarrer fand keine Antwort darauf. Er wollte wohl auch keine finden! Daß er sagte, wie es nun einmal käme, müsse man es tragen – Michel, das war keine Antwort! Es »kam« ja nicht! Bei jedem selbst lag die Entscheidung! Bleiben? War dies der Wille des Herrn – oder gehen, dies? Zwiespältig blieb das Wort und ohne Trost.

Die Bauern waren unzufrieden. Ja, so weit war es nun gekommen. Bis in das Wort Gottes hinein sprang der Zweifel. Der Alte auf der Kanzel spürte wohl, daß das Wort, mit welchem er helfen wollte, die Qual der Herzen nur vermehrte. Oh, er kannte seine Bauern, Gesicht für Gesicht, wie sie da, halb zürnend, halb folgsam, zu ihm emporsahen. Eins im Herzen war er mit ihnen, seinen Bauern, geworden. Er wußte auch, was jene meinten, die trotzigsten von ihnen, die jetzt ihr Gesicht abwandten und zur Seite blickten. Doch wenn ihm auch ihre Augen fern waren, die Ohren blieben trotzdem bei ihm, dem alten Michel.

Etwa war es doch nicht so unrecht von ihm, dieses Wort zu wählen? War es nicht oft schon geschehen, daß die Bauern ihren Pfarrer erst lange nach der Predigt verstanden hatten? – Wir Menschen sehen nur nicht weit genug, meinte er, wir begreifen im Unglück des Tages nicht, was Gott mit diesem Jahr will. Es ist alles ganz anders, als wir es meinen. Die Macht Gottes kann es dulden, daß die Seinen eine Weile unter dem Schatten der Not und des Todes stehen, doch wird er keines seiner Kinder vergessen. In der Not der Erniedrigung aber bleibt uns nichts anderes mehr, als den Vater im Himmel anzurufen und auf ihn zu vertrauen. Wir wissen, daß auch die Jahre der Not Gottes Jahre sind, so wie es jene des Lebens sind. »Herr, Dein Wille geschehe«, hebt die Augen zu ihm auf, von dem allein Hilfe kommen kann aus tiefster Bedrängnis.

Doch plötzlich hielt der Pfarrer inne. Alle ahnten, daß nun sein letztes Wort käme. Die Köpfe, selbst die unwilligsten, wandten sich ihm zu. Aller Augen hingen an seinen Lippen, atemlos harrten die Menschen. Der Alte kannte diese Augenblicke, so selten sie auch waren, in denen es schien, als wäre sein Atem in aller Brust, als schlüge sein Pulsschlag in ihren Herzen. Aber noch nie war der Alte so eins mit seiner Gemeinde gewesen wie in jenem Augenblick, da er das Wort sprach:

»Ich gelobe hiermit, von hier nicht fortzugehen, solange noch ein einziger Bauer unserer Gemeinde in Rainalt bleibt. Der Hirte bleibt bei seiner Herde. Wenn die Herde im Begriff ist, sich zu verlieren und dem Verderben entgegenzugehen, so muß der Hirte sie mit aller Kraft daran zu hindern versuchen.

Ich werde erst gehen, nachdem der letzte Bauer Rainalt verlassen hat. Gott gebe, daß diese Stunde nie kommen möge! Und eines noch möchte ich raten: Entscheidet nicht nach materiellen Rücksichten, sondern gehorcht der Stimme eures Gewissens!«

Es war eine deutliche Antwort auf die Frage ihres Herzens, es war in dieser Stunde mehr: ein Einssein in höchster Not.

Die Männer blickten stumm, als hätten sie auf dieses Wort gewartet. Die Weiber schluchzten laut.

Der Bergater aber blickte zum Pfarrer auf und nickte ihm zu, um ihm für alles zu danken.

So ging das Land in seine schwerste Stunde.

Doch es gab viele im Dorf, die noch schwiegen; denn sie wollten mit ihrer Antwort noch warten, bis der eine, der alte Bergater, gesprochen hatte.

Die Nachbarn traten in der großen Stube des Bergaterhofes zusammen, auch Anselm, der Fioller, war unter ihnen, und warteten, daß der Alte käme und zu ihnen spräche.

Es wurde Nacht, bis er aus seiner Kammer herabgestiegen kam in die Stube. Sie hörten seine Schritte und zählten sie. Sie wußten wohl, daß ihm noch kein Gang so schwer geworden war wie dieser.

Nun stand er in der Tür, aufrecht, das Urbild des Bauern in den Bergen von Tirol.

Obwohl es ein Arbeitstag war wie jeder andere, trug er in dieser Stunde die Feiertracht des Dorfes, die dunkle Bundhose, den breiten Gurt, die weißen Strümpfe, das rote Wams, den lodenen Rock.

Seine hellen durchdringenden Augen gingen ruhig vom einen zum andern.

Totenstill war es in der Stube. Nur die Uhr an der Wand schlug ehern die Zeit.

Der alte Bergater bot jedem die Hand zum Gruß.

»Es sind viele, die auf mich warten«, sprach er und konnte lächeln, so eins war er nun mit sich selbst geworden.

Er richtete sich auf. »Nachbarn«, sprach er, »ihr wollt meine Antwort hören. So sage ich euch: Geht!«

Und als einige Männer, unschlüssig noch, zu ihm aufsahen, fügte er bei: »Auch der Bergater geht!«

Früher als die anderen, am nächsten Morgen schon, ging er, der alte Bergater.

Den Hof, dies erfuhren die Nachbarn erst später, hatte er am Tage zuvor seinem Sohn übergeben mit dem Auftrag, erst zu gehen, wenn der Befehl dazu käme.

Ihn selbst aber, den alten Bergater, fanden sie in der Thinnebachschlucht, ein Stück oberhalb Klausens, dort, wo ein schmaler Steg über dem Bach die Porphyrwände verbindet.

Er lag unten, das Gesicht am Boden auf den Steinen, sein Blut färbte den roten Fels noch röter. Man hatte ihn heimgetragen, und nun lag er im Bergaterhof, bis man ihn auf dem Friedhof von Rainalt begraben würde. So hatte er sich zu beidem entschieden: zu gehen und zu bleiben. Die Bozener Tageszeitung lehnte die Bekanntmachung der Umstände, unter denen der Bergater gestorben war, ab. Ebenso lehnte ihr Verwalter wegen angeblichen Platzmangels die Annahme einer Anzeige ab, in welcher die Zeiten der Seelenmesse für den Verstorbenen angegeben waren.

An diesem Abend, dem letzten vor der Entscheidung, stieg Anselm die Stufen des Turmes hinan. Wie oft hatte er in diesen qualvollen Wochen diesen Gang zur Mutter bedacht. Doch immer hatte er gezögert. Nun aber war es Zeit.

Er öffnete die Tür. Seine Hand blieb auf der Klinke liegen als Zeichen, daß er, was zu tun war, kurz tun wollte.

Agnes hatte gebetet. Über ihren Augen lag ein stiller Glanz. Mit dem Zeichen des Kreuzes erhob sie sich und trat ihrem Sohn gegenüber.

»Nicht zu fragen komme ich, Mutter«, sagte Anselm.

Ernst sah er aus, als wären ihm die Tage zu Jahren geworden. Mehr denn je glich er in dieser Stunde dem Vater.

»Ihr habt mir den Hof übergeben, Mutter. Ihr sollt meinen Entschluß erfahren.« Tief holte er Atem. »Mutter, ich werde gehen!«

Agnes hörte, wie schwer er dieses Wort, das schwerste seines Lebens, sprach. Alles, was sie jemals von diesem Sohn getrennt hatte, versank ins Wesenlose. Nichts war mehr als die Mutter und vor ihr der Sohn.

Ein Wort des Trostes wollte sie sagen. »Wir sind nicht allein, Anselm. Es gehen viele!«

Da antwortete er: »Auch der alte Bergater ging.«

Wie ein Schlag durchfuhr es Agnes. »Nein, Anselm! Es ist das erste Mal, daß ich, daß niemand im Dorf den Willen des alten Bergater teilen kann. Er befahl uns zu gehen, doch er ging nicht. Er wich der Entscheidung aus. Er floh in den Tod.«

»Er weiß nichts mehr von allem, Mutter!«

»Anselm!« Mit zwingendem Blick riß ihn die Mutter aus seiner müden Verzweiflung empor. »Christoph habe ich verloren durch meine eigene Schuld. Lukas ist ein anderer geworden. Er gehört mir nicht mehr. Dich, Anselm, habe ich allein noch, du . . .«

Wie von Sinnen war sie! Sie griff nach seiner Hand, führte ihn hin zum Bild des Gekreuzigten: »Beim Herrgott, schwöre es, Anselm! Sprich mir nach das Wort: Als ein christgewordener Mensch werde ich dieses Leben, das ich von Gott aus der Mutter Schoß empfangen habe, nie mit freiem Willen von mir geben. Nie. Ich will leben für Dich, mein Heiland, für mein Weib, meine Kinder!«

Gehorsam sprach Anselm nach, was die Mutter befahl, und schwor: ». . . Ich will leben für Dich, mein Heiland, für mein Weib, meine Kinder!« Und noch: »Leben für dich, meine Mutter!«

Anselm, der stolze Fioller, fiel nieder auf die Knie und barg sein Haupt in ihrem Schoß und weinte.

Niemand hat es gesehen.

Niemand hat je davon erfahren.

Doch Agnes fühlte, wie sie im Schmerz dieser Stunde eins wurde mit ihrem Sohn, der nun doch jemand noch gefunden hatte, der ihm Rat und Hilfe spendete in diesen Stunden der Not.

Wie ein Meer, unergründlich und tief, ist das Herz einer Mutter. Tosend stürzen die Bäche des Schmerzes hinein, die schweren, trägen Flüsse der Sorge kommen gezogen, die gewaltigen Ströme des nimmer endenden Leids. Sie alle münden in dies eine, einzige Herz. Und alle nimmt es auf und trägt sie hin und führt sie hinaus über Zeit und Raum in den Frieden, denn in ihrem Herzen ist das Wunder der Liebe, in dessen Namen sie lebt und ist.

Ein Bauernsohn aus Tirol in New York

Ein tödlicher Unglücksfall in den Bergen, an dem sich Tonio Feuersinger als Bergführer schuldig fühlt, veranlaßt ihn, seine Heimat zu verlassen. In New York versucht er, das tragische Geschehen zu vergessen. Aber hier ist er nicht der gefeierte Skiläufer und immer zuverlässige Bergführer. Hier ist er einer unter unzähligen Arbeitslosen, die vergeblich hinter einem Job herjagen, die im bittersten Elend leben, hungern und ihre Nächte auf Parkbänken verbringen. Aber die Sehnsucht nach seiner Tiroler Heimat und die Liebe zu seiner Jugendliebe, der schönen Barbl, die ihn im Steingebirge des Broadways übermannen, retten den »verlorenen Sohn«, bis ihm die Heimkehr gelingt.

Die tollste Ecke der Welt liegt in New York; es ist die Kreuzung des Broadway mit der Zweiundvierzigsten Straße.

Ein ungeheurer Menschenstrom flutet durch die tiefgeschachteten Kanäle dieser Straßen. Der Lärm ist so groß, daß die Menschen schreien müssen, wenn sie sich verständigen wollen. So braust eine tolle Symphonie mit dem bewegten Strom, den in jeder Richtung vier und fünf endlose Verkehrsschlangen begleiten: Wagen an Wagen, Auto hinter Auto. Die laufenden Bänder New Yorks, die ein unfaßbarer, geheimnisvoller Mechanismus zwischen den tiefen Straßenschluchten von Süd nach Nord, von Nord nach Süd, von Ost nach West und wieder von West nach Ost rollen läßt, sind unaufhörlich in Bewegung – sie stehen nie still.

Immer wieder hebt die gigantische Riesenschlange den Kopf. Zweistökkige Omnibusse, vollgefrachtet bis auf das Dach, überragen die Kette der Lieferwagen, der kleinen und großen Autos, der übereleganten Limousinen, in denen die »Bigs« zur Börse fahren. Die stets eilenden Einwohner dieser Stadt, von Matrosen, Exoten, Streunern durchmischt, füllen die

Trottoirs und strömen an Wolkenkratzern, Kaufhäusern, Schauläden und Drugstores vorbei. Da und dort fluten die Menschenwellen, wie von einer Turbine angesaugt, in die Häuser hinein, werden irgendwo ebenso unbarmherzig wieder ausgestoßen. Auch die Schaulustigen, die Müßiggänger, die den gleichen Habitus haben wie alle andern, hasten, als hätten sie etwas zu versäumen. Die armen »Buddies«, die Besitz- und Arbeitslosen, die nur das ihr eigen nennen, was sie auf dem Leib tragen, schwimmen am Rande dieser ewigen Flut mit. Über die Seitenstraßen dröhnen wie die Reiterscharen der Apokalyse die Hochbahnzüge; sie lassen die eisernen Dämme und Brücken erzittern, sie rasen, zornigen Ungeheuern gleich, durch Wolken von Staub, sie keuchen und brausen bald über, bald unter dem Boden dahin.
Mitten im Strudel stehen die kräftigen, glattrasierten Cops. Sie dirigieren mit erhobenem Stab die gigantische Symphonie. Eine erhobene Hand – und die Welt steht still. Die Hand senkt sich – und querend bricht die Lawine aus den Seitenstraßen. Ein winkender Knüppel – und das gestoppte Chaos, das unwillig mit Rädern und Bremsen stillestand, löst sich. Das Crescendo hebt von neuem an und wird zum Furioso.
Tonio Feuersinger, der nun schon seit langem staunend an dieser tollsten aller Weltecken steht, zieht kaum einen Blick auf sich. Diese Menschen haben nicht Zeit, nicht Ruhe – wozu sich umsehn? – Es brächte ja nichts ein – was bedeutet schon der einzelne? Und sähe er noch so ungewöhnlich aus; das Ungewöhnliche kommt ihnen so oft in den Weg, daß sie es nicht mehr beachten; nicht den Türken im Fes, nicht den Inder im Turban und nicht den zerlumpten chinesischen Kuli, der zwischen Pelzdamen und Börsenmännern im gleichen Schritt mitschiebt; also auch nicht den wettergebräunten Sohn der Dolomiten, der da, noch ganz »Berg« und »Einsamkeit«, vor ihnen steht. Er gilt lange nicht soviel wie die Sandwichmänner mit Tafeln auf Brust und Rücken, die Plakatträger – komische, überlebensgroße Figuren mit phantastischen Köpfen –, Schreier, laute Zettelverteiler oder stille Flüsterer, die ihre reelle oder unreelle Ware anpreisen.
So beachtet also niemand den jungen dunkelhaarigen Mann im weichen hellen Hut, der gewiß nicht »Made in USA« ist. Der steht wie festgenagelt an der Randsteinecke, steht und starrt und staunt.
Ein Cop hat ihn bemerkt. Die wachsamen Verkehrswächter haben scharfe Augen. Sie erkennen den Fremden, den Neuling, das Greenhorn sofort. Sie erraten wohlwollend seine Absichten. Mit einem kaum merkbaren Krümmen des Fingers holt der Polizeimann mitten im gestoppten Gewühl den unschlüssigen fremden Mann vom Randstein zu sich heran. Was der Polizist fragt, versteht er nicht. Aber er begreift, daß der Schutzengel in Dunkelblau ihn durch den Strudel bugsieren will. Er packt ihn fest an der Schulter, so mit einem richtigen Verhaftungsgriff: »German?«
»Yes . . . Austria, Tyrol!«
»Wohin wollen Sie, mein Herr?« fragt der Cop in deutscher Sprache.«

»Nur die Stadt ein bißchen kennenlernen, was sehen!«
»Wallstreet, Brooklyn Bridge, Empire, Chrysler, Woolworth, Chinatown?«
»Ja, alles!«
Da sind sie schon aus dem Gewühl. Der Polizist hat nach Süden gedeutet: »First Empire State Buildung, der nächste Skyscraper, dort unten on the left.« Und wie ein Automat hat er noch Erläuterungen dazugegeben, die jeder New Yorker in stolzer Freigebigkeit mit sich führt: »Höchstes Gebäude der Welt – einhundertzwei Stockwerke, dreihundertachtzig Meter hoch, siebenundzwanzig Lifts, fünfundzwanzigtausend Menschen drin.«
Jetzt steht er wieder drüben im Gewühl und dirigiert mit freundlicher Miene sein Konzert weiter.
Tonio geht mit gesenktem Kopf den Weg von der Park Avenue den Broadway entlang, geht und geht und überlegt. Jetzt ist die Sache allerdings anders geworden, ganz anders.
In seinem kleinen Zimmer im Ariston Hotel in der Nähe der Battery zählt er aufmerksam seine Barschaft und rechnet. Von den fünfhundert Dollar sind ihm noch hundertfünfzig geblieben. Viel Geld, wenn man es schnell verdienen müßte oder wenn Hardengers hier wären; wenig Geld aber, wenn man sich damit als Fremder, der von der Stadt und ihrer Sprache nichts versteht, eine Existenz aufbauen soll. Tonio rechnet: Zimmer, Frühstück, Mittagessen, Abendessen, Untergrundbahn!
Was also tun?
Möglichst bald aus dem Ariston Hotel ziehen und sich ein billigeres Quartier suchen. Man kann doch unter solchen Umständen für das schmale Zimmer nicht zwei Dollar fünfzig pro Tag zahlen!
Für fünfzig bis sechzig Cent findet man erträgliche Übernachtungsmöglichkeiten.
Vorerst aber: Arbeit finden!
Bergführer und Skilehrer wird man ja in New York kaum brauchen. Oder sollte ein verrückter New Yorker es sich in den Kopf setzen, unter Anleitung eines Alpinisten das Empire State Buildung von außen zu erklettern? Er würde es schon wagen.
Tonio lacht leise auf, und dieses Lachen hilft ihm. Es befreit ihn von dem schweren bösen Druck, der sein Herz zusammenpreßt. Es müßte ja mit dem Teufel zugehen, wenn ein Bursch wie er keine Arbeit finden würde! Vielleicht trifft er zufällig einen Bekannten? Wer kann das wissen! New York ist groß – und möglich ist alles. Und so beschließt er, vorläufig in seinem Hotel wohnen zu bleiben.
Nein, nein, ein junger Mensch, der selbständig neunzehn große Erstersteigungen in den Bergen durchgeführt hat, läßt den Kopf nicht hängen.

Es ist unterdes Winter geworden. Tonio friert bis in die Knochen, während er nun zum wer weiß vievielten Male Block für Block die Agencies der Sechsten Avenue abklopft. Erst hat er gemeint, einen Kerl, wie er einer ist, würde man bald gebrauchen können. Aber als er einsah, daß es auch ohne einen Tonio Feuersinger ging, gab er es billiger. Alles ist ihm nun recht. Sein Stolz ist gebrochen. Er hat alles versucht, um Arbeit zu finden. In allen Agencies hat er vorgesprochen, ob es nun deutsche oder italienische oder amerikanische gewesen sind. Hat sich als Heizer auf Schiffen angeboten, als Portier, als Fuhrmann, als Holzfäller für irgendwohin, als Handlanger, als Bauer, als Tellerreiniger, Autowäscher und Plakatkleber, als Stein- oder Erdarbeiter, als Kellner und Tischler; es ist alles vergeblich gewesen. Im Laufe der Zeit ist seine Barschaft – trotz äußerster Einschränkung – zusammengeschrumpft.

Am Fuße eines Eisenträgers der Manhattan Bridge starrt er ins plätschernde Wasser des Hudson.

Schwarz wie die Eisengiganten sind die Wellen. Schwarz ist auch der Nebel. Lange steht der einsame Mensch und weiß nicht, was er denkt, ob er etwas denkt. Dann gibt er sich einen Ruck und geht über das Pflaster einiger leerer Straßen Brooklyns. Er hat beide Hände in den Hosentaschen vergraben, den grauen Hut tief in die Stirn gedrückt, Kleider und Schuhe sehen mitgenommen aus. Anscheinend will er zum Pier vier, wo die deutschen Schiffe anlegen; aber plötzlich schlägt er einen Haken und geht am Lagerhäuschen und den dunklen Docks vorbei in einen Coffeeshop. Sägespäne liegen auf dem Steinboden, und die Gäste, die sich um die Bar gruppieren, sehen nicht liebenswürdig aus. Es wird wenig geredet. Still geht der unrasierte Mann an den Bartisch und holt sich eine Tasse Kaffee, etwas Brot mit Speck und zahlt dafür dreißig Cent. Dann setzt er sich in eine Ecke und schlürft das heiße Getränk.

»No job, no job, no job.«

Es ist immer und immer wieder dieselbe Antwort. »No job, no job, no job . . .« Es ist zum Verzweifeln! Tonio will es nicht mehr hören.

Herrgott, schließlich kann doch jeder begreifen, was er will: zufassen, anpacken, arbeiten. Wozu viel Worte? »Lieber Mann, wir haben hier selber genug Arbeitslose. Well, kaufen Sie sich ein Ticket und fahren Sie nach Europa zurück. Alles andere hat für Sie keinen Zweck.«

Tonio hat trotz härtesten Sparens nur noch achtundzwanzig Dollar in seiner Tasche, und er rechnet aus, wie lange er damit noch zu leben habe. Zwei bis drei Wochen kann er noch durchhalten.

Tonio ist nicht der Mann, die Flinte zu früh ins Korn zu werfen. Aber es ist, als hätte sich alles gegen ihn verschworen. Nun sind schon Monate vergangen, und nichts hat sich geändert. Immer dasselbe, auch die Gewerkschaften können ihm nicht helfen.

Der Kaffee ist ausgeschlürft. Also weiter! Er schleicht jetzt an der Manhattan Bridge die grauen Mauern der Lagerhäuser entlang, deren gleichförmige, endlose Fensterreihen ihn lieblos und unheimlich angrinsen. Er weiß hier in der Gegend einen guten Kerl, einen deutschen Barkeeper, der ihm schon einmal einen Teller warmer Suppe zugeschoben hat. Die Suppe bekommt er auch heute. Als er aber den Kopf hebt und nach einer Arbeitsmöglichkeit fragt, gibt's nur ein mitleidiges Kopfschütteln. Er löffelt den Teller langsam aus, jeden Schlürfer genießend, und steckt sich die Handvoll Chips, die er sich von der Theke holen durfte, für das Abendessen in die Rocktasche.

Und steht wieder auf der Straße, ziellos und hoffnungslos. Nur ein Zufall kann ihm helfen. Aber solche Zufälle gibt es nicht.

Er ist nun wirklich mit seiner Weisheit und auch mit seinem Besitz zu Ende. Was hat er noch? Ein paar Krawatten, ein Hemd zum Wechseln, Socken mit Löchern, gebrauchte Kragen – oh, ein paar feine Handschuhe, noch von der Überfahrt her, und dann den goldenen Arvenzweig . . .

Kalt läuft es ihm über den Rücken, wenn er daran denkt, daß er nun jeden Tag damit rechnen muß, aus seinem »Zimmer« gejagt zu werden, der kläglichen »Heimat«, die er im siebenten Stockwerk eines häßlichen Hauses in der Hundertzweiundzwanzigsten Straße bewohnt. Sie ist so elend und armselig, daß es ihm eigentlich keinen Schmerz bereiten könnte, sie zu verlassen. Seit drei Wochen schon ist er mit der Miete im Rückstand geblieben.

Was hält ihn eigentlich in dieser fremden, unwohnlichen Schlafstelle? Der wacklige Tisch, das angerostete Eisenbett, das nicht einmal mit Leinen überzogen ist, oder der Stuhl, der das »Mädchen für alles« abgibt: Ruheplatz für den müden Menschen, Kleiderschrank und Flurgarderobe, Waschtoilette und Speisemöbel. Der einzige Schmuck des Zimmers ist eine an die Tür geklebte Bilderserie aus dem bunten Kinderteil eines Magazins und eine Ansichtskarte vom Weißen Haus in Washington, die hinter dem angegilbten kleinen Spiegel steckt. Ein billiger Pappkoffer birgt den Rest von Tonios Habe. Freilich, das beste Stück, ein flotter Trenchcoat, ist bereits den Weg alles Irdischen gegangen. Einen Dollar hat er dafür beim Lombard-Broker bekommen. Ein Dollar: vier Mittagessen!

Tonio hält es nicht in der trüben Kammer. Es treibt ihn immer wieder auf die ruhelose Straße . . .

Ohne zu wollen, schlägt er den Weg nach der feinen Park Avenue ein, wo Leute seines Aussehens nichts zu suchen haben.

Es wird ein grausamer, zermürbender Tag mit nutzlosem Umherschwanken zwischen den Employment Agencies. Von Tür zu Tür! Von Street zu Street! Bis er, völlig entmutigt, laut mit sich selbst zu reden und mit den Armen in die Luft herumzufuchteln beginnt. So gelangt er, ohne zu wissen wie, zum Hafengelände. Unter den in der matten Sonne Lungernden setzt er sich auf den Steinboden und starrt zu den schaukelnden Barkassen, Dampfern und eilig hin und her eilenden Polizeibooten hinaus. Weit, ganz weit draußen sticht ein großer Überseedampfer in die offene See, das tiefe Brummen der Sirene schlägt an sein Ohr, verliert sich in der Ferne.

 Der Mann neben ihm fragt: »From where are you?«

»From Germany.«
Der Mann »leiht« schließlich Tonio ein paar Cent. »Du findest mich mittags immer hier«, sagt der Mann, »da gibt es gelegentlich schon kleine Arbeiten.«
Tonio dankt dem Landsmann, ohne zu fragen, woher er sei, und stammelt zwischen zusammengebissenen Zähnen ein paar unverständliche Worte. Die Welt sieht einen Augenblick nun ein wenig besser aus, doch plötzlich bleibt Tonio wieder stehen und sagt zu sich: »Hast du dich auch bedankt bei dem Gentleman?« – »Ja«, sagt er laut und tritt sehr selbstbewußt in den nächsten Drugstore, wo er für fünf Cents eine Tasse Kaffee nimmt. So kann er für weitere fünf Cents eine Anzahl Brote essen. Der Bartisch ist mit Leckereien aller Art überladen, Würste, Schinken, Käse, Torten, Schokoladen. Tonio schaut weg, um auf andere Gedanken zu kommen. Er muß jetzt scharf nachdenken, was geschehen soll. Er weiß, daß er alles verloren hat, Ansehen, Würde, Namen, Geltung.
Was ist ihm noch geblieben? Es geht mir schlecht, nein, dreckig, überlegt er, aber ich bin noch da, und es gibt noch so etwas wie eine Heimat drüben in Europa, dort gibt es vielleicht auch noch Freunde, Menschen, ein Elternhaus, einen guten fleißigen Vater, eine traurige Mutter, den Martiner, die Barbl . . . ja, die Barbara Gudauner, die gibt es auch . . . Lungern da in den Slums von New York nicht noch ärmere Menschen, als er einer ist. Menschen, die alles, gar alles verloren haben, keine Heimat mehr kennen und keine Hoffnung und keinen Glauben?
Weiße und Schwarze, Junge und Alte fristen da in der »Hellkitchen«, der Höllenküche, wie der New Yorker dieses Landstreicherviertel mitten in der Stadt nennt, ihr unstetes Dasein. Da liegen sie unter Brettern, die sie mit den Händen, mit rostigen Konservenbüchsen in die Müllhaufen eingegraben haben. Da hausen sie in Löchern und anderen »Wohnwinkeln«, die sie unter irgendeinem verbrannten Auto auf diesen riesigen Gerümpelplätzen der Weltmetropole aufgespürt haben. Sie leben schlimmer als Tiere. Andere haben es besser getroffen: Am Rand der Geschäftsviertel, steinwurfweit von den Prunkstraßen, gegen den Hafen zu, stehen leere, halbverfallene, stillgelegte Gebäude, Magazine, Fabriken; wenn auch die Tore sorgfältig versperrt und vielleicht auch bewacht sind, die findigen Bums haben sich in geduldiger Maulwurfsarbeit unterirdische, heimliche Zugänge ausgebuddelt.
In der Nacht kriechen sie wie die Ratten auf allen vieren in die Keller dieser toten Häuser und verschwinden in ihren Schlupfwinkeln, wo sie wenigstens vor Regen und bitterster Kälte geschützt sind. Sie fangen die Katzen der Docks, die ihnen nachts über das Gesicht laufen, und braten sie an den Speichen, die sie aus den Autotrümmern brechen.
Tonio ist in diesen Dingen kein Unerfahrener mehr, aber der Gedanke, unter diese Leute zu geraten, schüttelt ihn wie ein Fieberanfall. Nein, soweit bin ich noch lange nicht! Ich weiß ja den sicheren Port hinter mir, ich habe ja noch nicht alles verloren. Ich werde heimschreiben! Jawohl!

Es ist acht Uhr abends, als er auf den Zehenspitzen in sein Zimmer schleicht. Da fliegt die Tür auf, sein leerer Koffer kollert ihm entgegen, und eine Stimme faucht ihn an: »Get out here, no rent for three weeks! – Get out!«
»Ich werde ja schon Arbeit finden. Dann zahle ich Ihnen gern alles.«
»Das haben Sie schon oft genug erzählt! Nichts da! Weiter! Die Schuhe und das Hemd behalte ich mir. Das können Sie auslösen, wenn Sie wieder Geld haben!«
Das Gesicht der Frau wird nur noch härter. Sie droht ihm mit der Polizei, wenn er nicht schleunigst verschwände. Krachend fliegt die Tür zu, knallt durchs Haus wie der Schuß eines Selbstmörders.
So, jetzt kann er drunten in der »Hellkitchen« bei den Bums Quartier suchen. Irgendein Loch würde ja zu finden sein.
Er hat nun gar nichts mehr, keinen Cent, keinen Mantel und kein Paar ganze Schuhe. Der dünne Anzug schlottert, abgerissen und verbraucht, um seine Knochen; die Augen sind hohl und eingefallen, und kalter Schweiß steht ihm auf der Stirn. Daß er in einem Trödlerladen vierzig Cent für seinen Koffer bekommt, ist ein magerer Trost. Das bringt das vielleicht letzte warme Essen.
Elend und hilflos stolpert er durch die Zweiundvierzigste Straße. Den Rest seiner Habseligkeiten trägt er, in Zeitungspapier gepackt, unterm Arm. Der Wind fährt unbarmherzig durch seine schäbig gewordenen Kleider, der schmerzende Husten quält ihn, und seine Augen tränen. Ziellos irrt er bis zur Ecke des Broadway, bleibt im Brennpunkt des lauten Verkehrs hilf- und energielos stehen. Endlich beschließt er, hinauf zum Central Park zu gehen. Dort hat er oft Obdachlose auf den Bänken schlafen sehen.
Während des Gehens muß er immer wieder, auch wenn er den Blick wegzwingt, in die lebensvollen Drugstores, in die Restaurants, die Eisdielen und Automatenbüfetts schauen. Alles kaut mit vollen Backen, raucht, ißt und trinkt, schlürft voll Wonne, schneidet sich Fleisch ab in Scheiben, beißt in saftige Früchte, rührt Suppen, kostet, schluckt und schmatzt. Tonio wird schwindlig. Er hält die Hand flach gegen den Magen, um das Toben des Hungers zu erdrücken. Es ist sehr kalt.
Der flutende Menschenstrom schiebt ihn nach Norden. Er rollt mit auf dem laufenden Band der lebenslustigen Großstadtnacht. Aus der lähmenden Betäubung, die ihn umfangen hält, bricht immer wieder wie ein namenloses Aufschluchzen die Erkenntnis des verpfuschten Lebens. – Aus! Aus, mein Lieber!
Welch erbarmungsloser Fluch hat ihn diesen Weg getrieben?! Ihn, den kerngesunden, festen, ehrlichen Burschen, der eine Welt hätte aus den Angeln heben können und der jetzt als Obdachloser nur noch im Almosen eine Hoffnung sieht. Wartet nicht ein Hof auf ihn, der schöne Feuersingerhof? Gott im Himmel! Alles, alles hat er vertan, verspielt! Ach, nur nicht denken! Nur irgendwo schlafen können . . .! Nun ist er in der Park

Avenue und gleich darauf im Central Park untergetaucht. Dort, auf der anderen Seite, stehen Hotelkolosse mit Hunderten und Hunderten von erleuchteten Fenstern, glänzende Burgen der Lebenslust! – Nur eine hölzerne Bank, eine stille Bank!

Autos mit abgeblendeten Lichtern huschen leise über die Asphaltstraßen. Selten nur wird die Ruhe von kläffenden Hunden gestört. Da und dort schleicht ein Obdachloser um einen Buschwinkel.

Es ist seltsam! Hier, unter den stillen kahlen Bäumen, die trotz ihrer Dürftigkeit doch ein Stück Natur sind, fühlt er sich ruhiger, fester; nicht mehr so verloren. Die Platanen deuten mit dürren Fingern gegen den Nachthimmel. Endlich spürt Tonio wieder etwas wie Luft, den Geruch der Erde.

Ja, das war, wie er sich erinnert, immer so gewesen: Unter freiem Himmel, erdnahe, war er sich nie verlassen vorgekommen. Immer, auf allen seinen Bergfahrten, auf seinen häufigen Alleingängen, hat er die Erdheimat gespürt, die große, stärkende, wärmende Verbundenheit. Eine Spur von Glücksgefühl kommt in sein Herz. Ja, Wald, denkt er, Bäume! Wo hab' ich doch den letzten Baum gesehen? Das ist einmal gewesen. Lärchen! Holz! Wiesen!

Zwei Männer kommen im Gleichschritt quer durch den Park.

Es sind zwei Polizisten auf Parkpatrouille. Tonio erschrickt, geht aber energisch an ihnen vorbei, als wollte er sagen: Der Park? Mich geht der Park einen Dreck an! Als einer der Cops sich nach ihm umwendet, pfeift er mit trockenen Lippen vor sich hin: »Die allerlustigsten Leut . . .«

Im Dunkel, das immer wieder durch die Reflexe der Illuminationen der Weltstadt erhellt wird, erkennt er am Rande einer großen Grünfläche ein Riff aus hellen Felsen, das von großen, schweren Rhododendronbüschen eingefaßt ist. Das heimelt ihn an, und es ist ihm, als spüre er durch die Dunkelheit, daß man hier in dem Felsenriff Pflanzen aus den Bergen angesiedelt hat. In der Nähe entdeckt er eine Bank. Vorsichtig zieht er seinen Kreis um die leere Bank. Die Luft ist rein, kein Cop, kein anderer Schlafgeher stört hier.

Er nimmt Besitz von seinem Nachtasyl. Dankbar streicht er über das kühle Holz, schlägt den Kragen hoch, zieht den Hut ins Gesicht und wartet, bis ihm der Schlaf die Gedanken wegnähme.

»Lyons' Beer, Buddens' Tobacco, Cadillac! Cadillac!« schreit es in Lichtern drüben an dunklen Wänden auf. »Versichere dein Leben!« – »Komm ins Theater!« – »Fahre nur Essex!« Steil stehen die wolkenragenden Silhouetten der Hochtürme, wie vierkantige, strahlende Laternen sind die hell erleuchteten Fenster in die Schwärze geschnitten.

Jetzt gehen sie überall zu Bett, die Einsamen und die Nichteinsamen. – Was wohl die Barbl jetzt tut? – Sicherlich schaut sie, wenn sie abends

Auf dem Schweizer Gipfel des Matterhorns, 1971

hinauf in ihre kleine Kammer steigt, immer noch einmal nach dem Himmel, vielleicht nach dem gleichen Stern, den sein Auge über dem Nebeldunst vergeblich sucht.
Dort drüben in der Park Avenue geht vielleicht jetzt ein vornehmes Mädchen zu Bett, das ihm sehr nahestehen könnte. Nach den Sternen hält es wahrscheinlich keine Ausschau. Und es steigt auch gewiß nicht über eine schmale arme Holzstiege in eine kleine Kammer ...
Er ist allein, ganz allein.
Er kann trotz aller Müdigkeit nicht schlafen. Mit offenen Augen sitzt er da, kämpft mit der Dunkelheit, lauscht zur Park Avenue hin, legt sich zurück, macht die Augen zu, vergräbt beide Hände tief in seine Taschen, fest entschlossen, alle verwirrenden Gedanken auszuschalten, und fühlt schließlich, wie er in den Wolken schwebend über einem Gipfel dahinfliegt ...

Es mag halb sieben Uhr morgens sein. Dünner, kalter Nebel lagert über der ganzen Stadt. Einzelne hohe Bauten verschwinden im Grau. Unsicher und schemenhaft wachsen ihre Wände dem Himmel zu, auf ihren Scheiteln schimmern helle Lichtscheine. Sie scheinen im Unendlichen zu schweben, es scheint unwahrscheinlich, daß es Menschen gewesen sind, die sie errichtet haben.
Zwei Schutzleute kommen mit Knüppeln in der Hand daher. Sie halten ihren Morgenplausch und gehen dann grüßend auseinander. Jetzt biegt der eine ab und geht auf einen Mann zu, der, mit Zeitungspapier zugedeckt, auf einer Bank schläft. Er geht näher und versucht, ihn mit ein paar barschen Worten zu wecken; aber da es ohne Erfolg bleibt, klopft er auf die Fußsohlen des Schläfers. »Auf, 'raus! Mach, daß du Beine kriegst! Hier wird nicht geschlafen, verdammter Zigeuner! Der Park ist kein Hotel!«
Der Mann erwacht und sieht den Policeman an. Vor einem Policeman hat der New Yorker mehr Respekt als vor dem Bürgermeister. Der kleine, schlechtgekleidete Kahlkopf richtet sich umständlich auf, er murrt etwas gegen den Cop, tut dann aber doch so, als wolle er seiner Wege gehen. Schimpfend nimmt er die Zeitungen zusammen, die er nach bewährter Praxis als Wärmehülle verwendet hat, knüllt sie zu runden Knäueln und wirft sie auf den Asphalt. Dann bleibt er stehen und blickt zurück.
Der Cop ist gerade dabei, einen andern Stromer aufzuscheuchen: »Hallo, boy, get out here, scram, quickly, damned Bums!« Tonio richtet sich auf. Er geht schlaftrunken davon.
Lang ist er herumgepilgert. Bei Zirkussen hat er sich als Laternenputzer, in Kaffeehäusern als Tellerwäscher, in Lagerhäusern als Träger, bei Stra-

oben links: Als Erzähler vor der Fernsehkamera
oben rechts: Mit dem Trientner Bergsteigerchor auf Tournee
unten: Autogramme ... Autogramme ...

ßenbauten unten am Kai als Erdarbeiter angeboten. Sieben Tage lang weist ihn die kalte, ablehnende Geste, das böse, rauhe Wort »No job!« ab. Aber nur nicht nachgeben.

Aber dann hat er Glück und kommt bei einem italienischen Unternehmer an, der ein Baulos der großen New Yorker Umfassungstraße in Arbeit hat. Endlich, endlich ein »Ja« statt des »No job«.

Von früh sieben Uhr bis abends sieben Uhr, zwölf harte, lange Stunden, hat er mit Bohrhämmern Erdmaterial zu lockern. Das ist gesund und bringt vierundzwanzig Dollar zwanzig pro Woche. Ein bißchen Licht ist da, ein bißchen Hoffnung, und so kann er sich eine Schlafstelle mieten, eine Zigarette kaufen oder in ein Kino gehen! Die Zeiten bessern sich. Tonios Augen bekommen wieder ihren Glanz, er rasiert sich wieder. Nur Arbeit, dann würde es schon gehen!

Leider dauert dieses Glück nicht länger als zwei Wochen, dann wird die Arbeit wieder eingestellt. Das Geld, die Wirtschaft, Politik und Spekulation spielen eben ihr eigenes Spiel, hinter das man nicht sehen kann. Was auch dahinterstecken mag: Sechzehnhundert Erdarbeiter streiken.

Aber er konnte sich eine Zeitlang sattessen, hat wieder ein wenig Mut. So macht er sich unverdrossen auf neue Arbeitssuche, bis er endlich wieder eine Futterkrippe findet: Beim Bau eines Wolkenkratzers 'drunten am Times Square gibt es Handlangerposten mit anständiger Bezahlung. Nur fünf Tage in der Woche soll gearbeitet werden, aber sechs bis sieben Monate Arbeitszeit sind vorgesehen: Sechsundvierzig Stockwerke hoch soll das Gebäude werden, bis zum sechzehnten ist es bereits gediehen.

Schon am anderen Morgen bezieht er seine neue Arbeitsstelle am Times-Square-Bau. Das Eisengerüst des Wolkenkratzers ragt, einem stählernen Skelett gleich, himmelwärts, und ein Höllenlärm dröhnt aus allen seinen Gerüsten und Leitern. Er meldet sich beim diensttuenden Ingenieur. Dann unterschreibt er die üblichen Reverse, daß er bei Unfällen aller Art, wie und von wem auch immer verschuldet, keinerlei Ansprüche an die Gesellschaft oder an die Unternehmer stellen wird, daß er vielmehr bereit ist, alle Kosten, Prozesse und Folgen solcher Schäden ganz und gar allein zu tragen. Er nimmt zur Kenntnis, daß er nicht versichert ist und stündlich gekündigt werden könne. Er unterschreibt alles. Dann wird er zu einem Vorarbeiter geschickt, dessen Arbeitsgruppe Bodenbretter und Verschalung zu liefern, auszulegen und zu montieren hat.

Das ist nun der erste Beruf, die erste anständige Beschäftigung Tonios in New York. Das Tempo dieser Arbeit ist mörderisch. Einer hetzt den anderen, als stünde eine Sintflut unmittelbar bevor, und als ginge es bei diesem Bau um die Arche Noah. Die Arbeiter schwitzen trotz der Kälte, sie sprechen kein Wort miteinander, nur einzelne Stimmen kreischen und schreien zwischendurch aus dem Eisen- und Niethämmergetöse auf. Das himmelstrebende Stahlskelett, der riesenhafte Gitterkasten wirkt wie eine einzige rauschende Maschine; Schwung und Tempo und Schaffenswille reißen alle mit.

Die Tage vergehen und mit ihnen die Sorgen, und es scheint, als ob Tonio wieder der alte fröhliche Kerl werden würde. Er trägt den Hut wieder kecker und schaut dann und wann mit leichtem Lächeln, für Augenblicke verweilend, über die glänzende See ostwärts, bevor er zur Arbeit geht.
Er gewöhnt sich allmählich an die Stadt. Er wird heimischer. Die Zukunft ist nicht mehr so schwarz, und arbeiten will er, daß die Arme krachen; er will, er muß sich durchsetzen hier!
Heulende Sirenen zeigen in langgezogenen Tönen die Mittagspause an. An langen Seilen rutschen die Arbeiter von den höchsten Stockwerken im Kletterschluß, wie Matrosen aus dem Tauwerk, nieder in die tieferen, bereits ausgebauten Terrassen, kaufen sich ihren heißen Kaffee, ihr belegtes Brot und ihre Zigarette, setzen sich gruppenweise in die wärmende Sonne und lassen die Füße aus Kirchturmshöhe über New York baumeln.
Am selben Abend erhält er den Laufpaß. »You can go!«
»Warum gerade ich?« bringt der erschrockene Tonio noch heraus.
»Fragen Sie die Bau-Gewerkschaft. Es werden vierzehn Mann entlassen«, sagt achselzuckend der Aufseher und grüßt gleichgültig: »Bye-bye!«
Neue Arbeit ist nicht zu finden. Wieder quält ihn das stereotype »No job« Tag um Tag. Das ersparte Geld reicht nur für wenige Tage, vielleicht für eine Woche.
Er versucht immer wieder Arbeit zu finden.
»Foreigner?« – »Yes.« – »I am sorry.« Einerlei, ob es dem Abweisenden leid tut oder nicht.
Müde und bis auf die Haut vom Regen durchnäßt, war er in seine trostlose Kammer geschlichen und hatte sich in den nassen Kleidern niedergelegt. Nur ein Gedanke quälte sein Gehirn: Wo das bißchen Geld hernehmen, um wenigstens die Zimmermiete für die nächsten Wochen erlegen zu können?
Graue Tage, trostlose Wochen! Immer dasselbe Lied. Tonio versucht es in seiner Not nun anders. Aber jedesmal, wenn er nach langem Vorsichhinstarren mit verbissenen Zähnen sich dazu durchgerungen hat, einen Passanten um ein Almosen zu bitten, bleibt ihm das Wort im Halse stekken. Als er eines Tages auf einen Mann, der gut situiert und wohlwollend aussieht, zugeht, im letzten Augenblick aber nicht fähig ist, den Mund aufzumachen, und bloß vor sich hinstiert, hört er die Worte: »Sie sind wohl verrückt!«
Das Wort verfolgt ihn den ganzen Tag. Verrückt, verrückt, verrückt . . .
In diesem Zustand kommt er nach stundenlangem Gehen, bewußt oder unbewußt, wieder einmal hinunter zum Hafen. Sein Tritt hallt zwischen den leerenMagazinen und den Mauern der Dockhäuser; und jeder schlurfende Tritt tönt: »Verrückt, verrückt!«
Lange steht er da, fast den ganzen Abend, unschlüssig bringt er sich manchmal zu ein paar Schritten. Die müden Füße schmerzen, und im Magen wühlt der Hunger, würgt in der Kehle und brennt im Kopf. Das Wasser des Hudson zieht träge dahin.

Ein Dampfer unter deutscher Flagge zieht vorbei wie ein schönes großes Erlebnis aus einer anderen Welt, wie ein lieber Ruf und ein Gruß, wie ein entschwindender Traum. Die Bordkapelle spielt das Lied vom guten Kameraden. Tonio kann das Schiff durch die feuchten Augen kaum mehr sehen. Der ferne Rauch umflort es mit Dunst und Wolken. »Heimschreiben, heimschreiben«, schreit es in ihm. »Um Hilfe bitten!« Dort über dem Meer wohnt die Liebe, dort sind die Helfer, die Heimat! Aber es bäumt sich hartnäckig in ihm auf. Noch ist es nicht soweit. Noch hat er einen Willen. Aushalten! Nicht nachgeben!

Krank vor Hunger, irr vor Scham, schleppt er sich weiter. Noch ist sein Herz stark, aber der gequälte Leib unterliegt.

Wenn er nur wenigstens einen Schnaps hätte! Schnaps feuert an, schmeckt nach Kraft. Herrgott, wenn er nur einen Schnaps bekäme! Er überlegt: Wenn ich jetzt in den Drugstore zu dem bayerischen Kellner gehe? Das ist ein guter Kerl, der gibt mir gewiß noch einmal etwas. Ich kann ihm ja das Letzte und Beste geben, was mir noch geblieben ist, den goldenen Arvenzweig, ja, der bayerische Kellner versteht gewiß, was das ist, eine goldene Nadel, ein Skipreis, ein Talisman aus der Heimat.

In seiner Stube angekommen, packt Tonio alles, was er nicht auf dem Leib trägt, ein. Er will den Plunder los sein und soviel Geld dafür kriegen, daß er sich einige Tage sattessen und einen sauberen Kragen umbinden kann. Vielleicht wird er sich dann hochrappeln, noch einmal. Nur erst wieder Arbeit haben! Die Schuhe reparieren! Also fort mit dem Plunder, der ja wertlos ist. Hunger ist reell – Geld ist reell. Also fort damit!

Am anderen Tag erwacht Tonio, in Schweiß gebadet, müde und zerschlagen. Der verfluchte Hungerschmerz! Und Fieber und Schwäche! Er stützt sich auf seine Pritsche und versucht, zu denken, für den heutigen Tag ein Programm zu machen.

Sofort nachdem ihm der gute Bayer im Drugstore fünf blanke Dollar für seinen ganzen Krempel gegeben hatte, war er essen gegangen, hatte auch einige Schnäpse getrunken und die Zimmermiete für eine weitere Woche vorausgezahlt.

Im Gehen schielt er mit scheuen Blicken und trockenen Lippen immer wieder nach den Lebensmitteln, die links und rechts vom Gehsteig vor den Läden aufgebaut sind und die zum Kauf oder – zum Zugriff locken. Es ist, als ob ein Teufel alle Qualen der Hölle für ihn erfunden hätte.

Ohne Absicht ist Tonio über einen Platz gekommen, auf dem gerade Lebensmittelmarkt abgehalten wird. Hunderte von Metern lang ist Stand neben Stand aufgebaut. Da hängen Bananen in Büscheln, liegen gelbe und blutrote, blankpolierte Äpfel, saftige Birnen, duftende Ananas, Melonen, Treibhaustrauben mit talergroßen Beeren, Würste, dicke, feiste Speckschwarten, ganze Schinkenviertel, zart und rosig, Gemüse aller Art, von dem er das meiste kaum dem Namen nach kennt; Brot in Stapeln, Reis und Mehl in Säcken, Mais, bernsteingelbe Zwiebeln in Strängen, Orangen in Kisten, kopfgroße, goldgelbe Grapefruits, Butter in blockgroßen Ballen, Käse in roten Kanonenkugeln und halben Wagenrädern, gerupfte Hühner, Gänse, Eier in offenen Riesenkisten, Fische in allen Größen, Fleisch in ganzen Vierteln – alles ist in Unmengen da, und jedermann kauft und wiegt und bezahlt und kostet und bestellt. Tonio muß einen Augenblick lang an den Laden der Rosina Unverdorben denken, der ja auch »alles« führte, vom Feigenkaffee bis zum Schuhbandl ... und plötzlich dreht es sich ihm vor den Augen, er bleibt stehen, als wolle er etwas kaufen, greift hastig in die Tasche wie nach Geld, fragt, was ein Pfund Speck kostet, und tastet ihn prüfend an; er wartet aber nicht die Antwort des Verkäufers ab, lacht und geht rasch weiter. Er schluckt mit dem ausgetrockneten Gaumen und bleibt dann wieder hartnäckig vor einem Brotstand stehen. Brot, Brot, Brot – Brot, viel Brot liegt da in runden, appetitlichen Laiben, in dunklen, langen Wecken und dicken, honighellen Schnitten. »Gib uns heute unser tägliches Brot!« so beten sie daheim. Tonio blickt nach links und nach rechts; seine Hand macht probend eine tastende Bewegung, die niemand bemerkt. Nein, niemand merkt es. Alle sind mit sich selbst beschäftigt, mit der Ware, mit Geld, mit Kauf und Verkauf.

An der Ecke erscheint ein Policeman. Mit einem Blick überfliegt er den Teil des Marktes, an dem Tonio steht. Dann wippt er wie einer, der sich seines Amtes und seiner Würde bewußt ist, ein wenig auf den Absätzen und geht wieder. Tonio trottet noch an einigen Läden vorüber, bleibt stehn, geht wieder, steht still, dreht um und wendet sich dann, wie von einem Magnet angezogen, wieder dem Brotstand zu. Er sieht und denkt nur eins: Brot. Mit vorsichtigen, fast abgezählten Schritten rückt er auf die Beute los. Da liegt es wieder vor ihm, das gesegnete Brot! In seinen Augen zuckt ein Blick auf – fort! –, seine Hände greifen gedankenrasch einen Laib, schieben ihn unter den Rock, und nun tut er, von der Wucht des belasteten Gewissens gejagt, das Dümmste, was er tun kann – er beginnt zu laufen, was ihn seine Füße tragen, rennt dahin, das Brot unter dem Rock an sich gepreßt, rennt, hört hinter sich Geschrei. Irgend jemand will ihn aufhalten, er rennt, Schulter voran, den Menschen über den Haufen. Er sieht die Leute wie vom fahrenden Eisenbahnzug aus an sich vorüberwischen, ein Auto kommt in seine Laufbahn – macht nichts, es geht um Leben und Tod! – Er quert um Haaresbreite vor den Vorderrädern eines schweren Wagens über die Straße, überrennt zwei Geleise zugleich mit dahersausenden Stadtbahnen, windet sich zwischen stehenden und fahrenden Lieferkarren durch, biegt in eine leere Straße ein und flüchtet mit schiefem Blick zurück wie ein von der ganzen Welt Verfolgter.

Der Policeman und vier andere sind hinter ihm her. Sie können laufen, die New Yorker Cops.

Ich bin ein Dieb! zuckt es in Tonio auf.

Nein, schreit es in ihm, während er rennt, noch toller rennt als vorher – ich will das Brot wie mein Leben verteidigen. Der kalte Schweiß bricht ihm aus vor Schwäche, Aufregung und Not.

An der Ecke taucht der Cop auf, hebt die Pfeife zum Mund, die eine ganze

Polizeibelegschaft herbeirufen kann. Im Rückschauen springt Tonio in einen Kohlenschuppen; wie finstere Schlupfhöhlen warten die schwarzen Türlöcher auf ihn. Kein langes Überlegen: Mit zwei weiteren Sprüngen ist er durch eine Luke hinuntergesprungen. Seine Knie vertragen den Aufsprung nicht, er bricht nieder, fällt auf Kohlen, das Brot rutscht ihm aus – er greift danach, rafft sich auf, fällt erschöpft gegen einen großen Holzpfeiler und haut nun hastig und gierig die Zähne in das Brot. Nun mögen sie kommen, Wachleute und die ganze Welt, er hat sein Brot! Nun mögen sie ihn einsperren!

Der Cop hat ihn durch die Luke springen sehen. Er pfeift nicht, läuft nicht mehr, sondern kommt langsam näher. Tonio sieht ihn kommen, ißt gierig weiter und rührt sich nicht vom Fleck. Der Cop bleibt stehen, schaut, schüttelt den Kopf, läßt den Knüppel in die andere Hand tanzen, dreht um und geht wieder. Weiß der Himmel, dieser New Yorker Polizist wußte wohl, was Hunger ist.

Tonio kann, was geschehen ist, noch nicht recht fassen. Er begreift nicht und weiß nur, daß er jetzt sein Brot ißt. Dann aber sinkt er, vom Schwindel erfaßt, auf den kantigen Kohlenhaufen nieder. Wie lange er da gelegen und geschlafen hat, weiß er nicht.

Spätnachts geht er heim.

Dieb! sagt er zu sich selbst – immer wieder dasselbe Wort.

Er flucht auf New York, auf die ganze Welt und auf sich selbst. Und er sieht nun hart und klar: »Das ist das Ende.«

Irgendwo hockt er sich müde auf die dicken Bretter einer Verladerampe. Er ist furchtbar erschöpft. Seine Nerven sind schlaff und der Kopf dumpf. Die Zeit und die Nacht gehen dahin.

Aus einer finsteren Nebengasse kommen fünf Neger, zerrissen, zerlumpt und barfuß. An der nächsten Ecke stellen sie ein rundes Eisenrohr auf und zünden darin mit ein paar gestohlenen Kohlenstücken ein Feuer an. Sie wärmen sich die Hände, spucken auf den Boden und erzählen sich etwas. Vielleicht etwas vom Leben, vielleicht etwas vom Stehlen.

Immer mehr verfällt Tonio und sinkt in sich zusammen. Ein Radio wimmert weinerlich auf und sendet sehnsüchtige, traurige Weisen in die Nacht. Es ist eine gute, alte Melodie, die Neger summen sie mit und begleiten die Frauenstimmen mit ihren weichen Bässen – didldum, didldum, didldoo . . .

Es ist heller Tag, als er auf Zehenspitzen fröstelnd in seine Kammer schleicht.

Tonios Entschluß steht fest. Vor dem Einschlafen noch hat er Briefe an die Eltern und an Martiner geschrieben. Er teilt ihnen mit, daß er auf dem erstbesten Frachtschiff als Handlanger eine Möglichkeit zur Rückkehr suchen werde.

Die Briefe liest er sorgfältig noch einmal durch. Das fehlende Portogeld wird ihm der Bayer sicherlich geben. Es ist ein Trost, daß er Leute kennt, dort, jenseits des großen Wassers, denen er schreiben und sein Herz ausschütten kann.

Im stummen Zwiegespräch schläft er ein. War es nicht Barbl, mit der er sprach: Ach, Barbl! Es muß alles zu Ende sein. Nein, an sie will er nicht schreiben. Sie wird ihn verstehen, besser verstehen, wenn er schweigt.

Wirr und kraftlos erwacht er am Morgen. Kein Licht leuchtet ihm. Keine gute Stimme grüßt ihn, kein freundliches, brüderliches Gesicht lacht ihn an. Niemand steht im kahlen, leeren Raum. Die leeren, graukalkigen Wände umfangen ihn stumm. Es würgt ihn am Halse, als er seine Briefe auf dem Holztischchen liegen sieht. Gaumen und Mund sind ausgedorrt, der Magen hohl und leer. Nein, er wird die Briefe nicht wegschicken. Denn noch schimmern die wirren Traumbilder der Nacht in seinem Herzen nach und lassen sich nicht vertreiben: Martiner hat den Brief mit strahlenden Augen geöffnet, sorgfältig dann seine Brillengläser aufgesetzt und schmunzelnd gesagt: »Der Tonio, ja, der Tonio!« Im Lesen ist aber das Gesicht des Lehrers immer trauriger geworden, und dann hat es sich abgewendet. Am bittersten ist es bei den Eltern gewesen. Der Vater hat den Brief voller Freude geöffnet und ihn der Mutter gereicht, hat sich mit einer feierlichen Miene an den Tisch gesetzt: »Gott sei es gedankt! Endlich ein Lebenszeichen vom Tonio. Lies jetzt, was unser Bua schreibt!« Die Mutter hat laut und langsam zu lesen begonnen und ist dann immer stiller geworden, schließlich hat sie aufgeschluchzt, und der Vater hat sie, die wahrhaftig an alldem keine Schuld hat, grob angefahren. »Was liest denn nicht weiter? Was? Ha? Helfen soll i? Helfen, na! Von mir geht nix zu ihm. Da muß schon was von ihm zu mir gehen!« Nachher hat Tonio sich selbst gesehn: Zerrissen, zerlumpt und bettelnd schleppt er sich durch St. Laurein, überall an den Fenstern und Türen stehen Leute und zeigen mit den Fingern auf ihn: »Das ist der Feuersingersohn, das ist der ›Amerikaner‹!« Einzelne Männer stehen in Sonntagskleidern am Kirchplatz vor dem Adlerwirt. Als er unerkannt vorbeischleichen will, rufen einige Burschen ihn mit »Grüß di, Tonio!« an. »Bist nit Millionär worden drüben?« Und plötzlich sind ihm alle diese Menschen ganz fremd. Barbl scheint sich versteckt zu haben, und als er in seiner Seelennot einen Burschen nach dem Feuersingerhof fragt, deutet dieser zum Langkofel hinauf und grinst. Plötzlich steht nun auch der Sepp da und der Hans Grass und der Rizzer-Reto. Alle lachen. Als ob es etwas zu lachen gäbe! Weit hinten im Schnee aber steht ein durchsichtiger Mann mit rotem Haar und eingefallenem Gesicht und großen, gläsernen Augen. Der starrt Tonio regungslos an ...

Kalter Schauer fegt durch Tonios Brust. Seine Füße sind wie aus Blei. Seine Kehle ist zugeschnürt. Mit einem Male sinkt die einsame Gestalt drüben in den Schnee, und das Lachen verstummt. Einer sagt: »Der Jörg ist tot.« Und nun stieren sie alle stumm auf Tonio. Die Gestalten um ihn verblassen, lösen sich wie Schleier, wie Nebel, lösen sich in die Ferne.

 Im Halbschlaf noch hat Tonio nach Jörg, nach dem Sepp gerufen, nach der Barbl hat er gefragt. »Oh, die Barbl«, sagt eine von den Frauen und sieht ihn so merkwürdig an, »die Barbl wirst umsonst suchen. Die ist gestorben an gebrochenem Herzen. Die hat nämlich einen gerngehabt, der sie im Stich gelassen hat . . .«

Dann findet er sich in seinem armseligen Loch in Brooklyn in der Skystreet 2187 im siebzehnten Stockwerk, Raum 8114, wieder allmählich zurecht. Hier darf er nur aus Gnade bleiben. Er hat vergangene Woche keine Miete gezahlt.

Draußen regnet es ununterbrochen. Tonio rafft sich zusammen, steht auf, nimmt die geschriebenen Briefe und zerreißt sie alle wieder. Der böse Alpdruck hat ihn bis ins Innerste erschreckt. Was bleibt ihm jetzt noch übrig? Er will zur Mission gehen, um etwas Essen zu betteln, dann zu den Konsulaten, dann zu allen deutschen Vereinen, der Reihe nach. In der 100. Straße gibt es Deutsche genug.

Da ist irgendwo ein Bierlokal, das heißt »Zum General Steuben«. Über fünfhunderttausend Deutsche wohnen in New York, hauptsächlich in der Gegend, wo sich die 3. Avenue mit der 100. bis 120. Straße kreuzt. Am ehesten ist dort noch etwas zu finden. Tonio wundert sich, daß er nicht früher auf den Gedanken gekommen ist, sein Konsulat zu besuchen.

Als er nach endlos scheinendem Weg in die Gegend um die 120. Straße kommt, sieht er das gleiche Elend; arme Teufel, denen es ergeht wie ihm. Nein, hier hat er nichts zu hoffen.

Und so verbringt er den bittern, langen Tag wieder unter Menschen, die auf einen Job warten. In langen Reihen stehen, hocken und liegen sie, unbeweglichen Bündeln gleich, neben den Rinnsteinen und starren auf die gegenüberliegenden Fassaden. Dort hängen Tafeln: »No men wanted!« – »We do our part!«

Aber auch dieser Tag geht zu Ende. Es regnet still und monoton. Er tritt den Heimweg über den Times Square an.

Aus den Juwelenläden funkeln die goldgefaßten Edelsteine, aus Modepalästen strahlen die vornehmsten und teuersten Frauenkleider der Welt. Er kommt an den Schmuckläden französischer Parfümfabriken vorbei, an Dunhill, London, und gelangt in die Wunderstadt der Radio City. Wuchtig wie ein Berg steigt der Mittelbau aus den leuchtenden vier Riesenblökken des deutschen, englischen, französischen und italienischen Gebäudeteils in die magische Höhe. Scheinwerfer umzaubern seinen Gipfel. Wie aus einem tiefen Tal blickt der winzige Mensch zu diesem Koloß empor, der ihn gefangennimmt. Unten am Eingangstor ist in gewaltigen Ausmaßen eine Plastik aus Stein gehauen. Sie stellt Gottvater dar, wie er mit dem Zirkel die Welt einteilt. Aber für Menschen wie Tonio ist wohl nichts übriggeblieben dabei.

Von irgendwoher klingt das Singen schmeichelnder Negerstimmen, vom Wind bald verwischt, bald näher getragen. Geigenstimmen klagen, und ein Saxophon knarrt dazwischen.

Tonio torkelt mühsam die Radio-City-Front entlang. Mit einem Male ist

es, als würde sein Gesicht von einer seltsamen Freude überschüttet. Langsam, zögernd, als dürfte er seinen Augen nicht glauben, schaut er in die plakatfreudige Farbenpracht des größten New Yorker Reisebüros. Palmen, Pyramiden und sonnige Häfen fremder Gestade leuchten ihm entgegen, und Tonio vergißt Regen, Not und Fremde.
Und im Hintergrund sieht er die kühnen Kanten des Matterhorns königlich in die Höhe ragen, sieht die steilen Schleifen der Gornergratbahn sich an den Fuß des Monte Rosa winden. Und da, bei Gott, da ist der Langkofel! Sein Berg, der Berg seiner Heimat! Und daneben ein Bild vom Piz Palü, dem Berg, der ihm zum Schicksal wurde. – Und das hier mitten in New York! Ununterbrochen wechseln Lichtrufe in blauen, roten und grünen Lettern:
»Go to Europe – Go to Bavaria – Go to Switzerland – Go to Italy – Visit the Alps!«
Tonio kommt nicht mehr los. Er vergißt Kirche, Radio, Almosen, Regen, Hunger und Armut. Er sieht nur mehr die Berge, die Wiesen, den Wald. Wie lange steht er schon hier? Er weiß es nicht. Es plätschert und rieselt – er steht und starrt. Jetzt ist es Spätsommer geworden, beinahe ein Jahr ist er schon in New York. Wie leicht hat er sich alles vorgestellt! Wie leichtsinnig hat er, der einzige Erbe des Feuersingerhofes, Vater und Mutter verlassen!
Und auf dem Wege zur Skystreet, tief unten hinter der Brooklyn Bridge, überkommt Tonio wieder jenes Heimweh, jenes furchtbare Heimweh, das noch ärger ist als das Hungergefühl.
Tonio überlegt. In New York zu bleiben, das ist unter diesen Verhältnissen Wahnsinn. Aber Amerika, das unendlich große Land, ist ja halb leer sozusagen. Die vielen großen Staaten im Süden, Norden und Westen! Soll er denn wirklich und wahrhaftig hier in der wüsten Enge von einander überrennenden Menschen und übertürmenden Mauern sterben müssen, da doch das größte und reichste Land der Welt vor den offenen Toren wartet?
Los, Tonio – wach auf! Pack an! ruft es in ihm. Land bebauen, Äcker! Farmer werden!
Es ist neun Uhr, als er in die Nähe seines Quartiers am Hudson kommt. Von irgendwoher tönen die leisen Stimmen singender Frauen.
Im Halbdunkel sieht er eine Mission. Ein erleuchtetes Kreuz mit der Inschrift »Mister Morlay's Mission« hängt im Hintergrund an einer Hausfassade. Mehrere hundert Menschen stehen Schlange. Die Heilsarmee verteilt Suppe und Brot. Vier Mädchen singen dazu christliche Lieder. Eine Prozession des Elends und der Not, eine furchtbare Vision des Hungers, eine Anklage gegen die Menschheit, gegen alle Wirrnis der Großstadt und der Welt!
Tonio empfindet eines: Hier bei den Heilsarmeeleuten ist ein Funken Trost. Hier ist Hilfe! Suppe und Brot! Und verschämt schiebt er sich in die traurige Reihe.

Der Regen hat etwas nachgelassen. Geduldig singen die Mädchen, und geduldig teilen die gutmütigen Heilsarmeesoldaten Suppe und Brot aus. Die Ärmsten der Menschheit schieben sich weiter, sie schlurfen Schritt und Schritt vor, die Köpfe in die aufgestellten Rockkragen gedrückt, weich in den Knien.

Was hier an zerbrochenen Gesichtern, zerschellten Existenzen und erloschten Seelen einherwandelt, ist himmelschreiend ... dumpf, stumpf, grau, gleichgültig, Schritt für Schritt. Sie starren mit ausdruckslosen wäßrigen Augen auf die Suppen- und Brotkessel. Kopf an Kopf und Schuh an Schuh, so stehen sie im unsicheren Licht der Lampen, abgezehrt, eingefallen, zerrissen, verschüchtert, namenlos, glücklos, vor allem aber hoffnungslos.

Jetzt erhält auch Tonio seine Suppe, sein Brot, seinen Löffel und seine Schale. Dankbar sucht er nach einem Sitzplatz zwischen den Hunderten. Auf einer rostigen Eisentraverse läßt er sich nieder und schlürft das dünne heiße Getränk.

Von drüben klingt leise das Lied – aber ist das nicht wie ein alter deutscher Choral? Klingt da nicht die Stimme Barbls mit durch? Schwindel überfällt ihn, fast ist er am Umsinken. Seine Hände suchen Halt. Jaja, er kennt die Stimme doch, er kennt sie unter Tausenden, Barbls süße, unschuldige Stimme ist es ...

Tonios Blick hängt verklärt in der Luft. Er ißt nicht, er trinkt nicht ... er ist nicht mehr am East River in Brooklyn, er ist weit weg ... daheim, ja, daheim.

Die Heimkehr des verlorenen Sohnes

Mit viel Nebel und starken Schneefällen war in St. Laurein der Winter eingezogen. Es war ein herrischer, mächtiger Winter. Den Bauern war es recht so. Die Ernte war längst in Haus und Hof geborgen. In den runden, gemauerten Öfen der traulichen Stuben brannten die knisternden Feuer, und in den warmen, dunstigen Ställen dösten milchschwangere Kühe und junge Kälber an ihren Krippen.

Bauern und Knechte lobten den guten Schlittenschnee. Frühmorgens, noch bevor die Hähne krähten, holten sich die Burschen Schlitten und Werkzeuge. Mit derben Stiefeln und schwarzen Lodenjoppen, mit groben Fäustlingen und warmen Wollmützen stiegen sie, den leeren Hörnerschlitten auf dem Rücken, die steilen Waldwege hinauf, um von den Almen das Heu zu holen. Auch der Kaindl-Matthies war dabei. Er war immer noch ledig. Die Barbl hatte ja nicht wollen, und die reiche Silanerin hatte er noch nicht gefragt. Die Silanerin, Teufel, die hätte ihm schon fürs Leben gefallen können zum Zusammenhausen.

»Das Heiraten muß gut überlegt werden«, meinte er, »und die guten Küh kauft man nit auf dem Markt.«

Außerdem wollte er die Sonnwend abwarten, die große Rauhnacht, da mußte sich etwas entscheiden mit der Barbl oder mit der schönen Silanerin oder und oder . . . Und überhaupt: Heute und morgen und übermorgen hatte er mit dem Heu zu tun. Nur nit übereilen, besonders beim Heiraten, denkt er.
Auch der Sepp war auf dem Weg ins Heu und fast alle Jungburschen des Dorfes. Der Winter sah nicht schlecht aus für ihn. Er war wieder beim Adlerwirt als Skilehrer angestellt.
Im Grandhotel war als Ersatz für den Feuersinger dem Zermatter Führer Lehner die Leitung der Skischulen übertragen worden. Der hatte die Schule der Walliser Berge hinter sich, und wer am Fuße des Matterhorns daheim war und schon dreißigmal auf seinem Gipfel gefrühstückt und alle anderen Walliser Scheitel bei Schnee, Hagel und Sonnenschein überschritten hat, auf den war Verlaß.
Auf dem Almgebiet angelangt, verteilte sich die lange Kette der Heuholenden, weithin verstreuten sie sich auf den Steigen zu ihren Almhütten und Weiden.
Am Nachmittag begann die Abfahrt. Jäh, steil und in tollkühnen Schleifen führte der Weg hinunter ins Loch.
Mit Eisenketten, die um die Kufen gewickelt waren, wurde die wilde Fahrt gebremst, und unter der jagenden Last von mehreren Zentnern schossen die Schlitten und Burschen hinunter. Es war ein Wettbewerb und ein Sport, eine Freude und eine Kraftprobe. War man daheim, unterm Dach, dann wurden Geschichten von der Rauhnacht erzählt. Vom Wald und von den Almen, von den Bergen und von den Geistern, die in den kommenden Nächten ihr Wesen treiben würden. Es wurde von Zwergen und Unholden und auch von Hexen, die auf brennenden Besen junge, sündige Mädchen über die Grate verschleppten, erzählt.
Nach solchen Abenden konnte manch junge Magd in ihrem Bett keinen Schlaf finden: Die bösen Dämonen hatten es in den Erzählungen zu toll getrieben.
Schon seit Wochen war in den stillen Stuben der Mägde, in den Kammern der Knechte und in den Dielen der Höfe alles damit beschäftigt, Masken und Verkleidungen aus den Verstecken von den Dachböden zu holen, sie zu schmücken und schön zu machen. Nach Möglichkeit hielt jeder seine Maske geheim, um nicht erkannt zu werden, wenn er sie tragen würde. Auch so manche neue Maske wurde geschnitzt. Gudauner hatte alle Hände voll zu tun.
In den kleineren Seitentälern und umliegenden Gehöften wurden von alters her bestimmte Verkleidungen besonders gepflegt. So kamen aus den gletschernahen Lötschhöfen die Lötscherloter, die wilden Urmenschen ähnelten, aus dem unweit liegenden Imstertal die Schemenläufer mit ihren Schellern und Rollern und aus Innerlaurein die Perchten mit ihren gewaltigen Federhüten.

Ein Fieber war über die Laureiner gekommen. Schaf- und Bockfelle, Rupfen, Besen, Schellen, Baumstümpfe, Rollen wurden genäht, bemalt und gebunden, große Larven in phantastischer Weise angemalt, fletschende Pferdegebisse und -kiefer eingesetzt, Pferdehaare als Locken auf Stirnen genagelt, Kieselsteine von derben Männerfäusten als Augen eingesetzt. Mädchenhände nähten glitzernde Blumen und Silberkugeln um die kleinen, unglückabwehrenden Spiegel.

Draußen, zwischen Wald und Graben, in der verrußten Holzhütte des Kaserers, tagte der geheime Bauernrat über die Rauhnacht. Tief im Schnee versteckt lag das steinbeschwerte Schindeldach. Geheimnisvoll erging sich das Kasermandl in dunklen Andeutungen, Zaubersprüche vor sich hin murmelnd, schien er mit den Dämonen einen Pakt geschlossen zu haben. Der Gudauner, ruhiger und gelassener noch als früher, führte den Vorsitz. Von allen Hofgruppen waren sie gekommen.

Es kam jetzt darauf an, einen Ausweg zu finden. Der im vorigen Jahre gewählte Rauhnachtskönig Tonio Feuersinger war verschollen. Kein Brief und kein Lebenszeichen des Verlorenen hatten Aufschluß über dessen Verbleib bringen können. Er war wohl irgendwo an fernen Ufern zugrunde gegangen. Sein Wanderstab war nicht vom Glück gesegnet gewesen. Ein anderer mußte zum König bestellt werden.

»I erheb Einspruch! Mein Sohn wird dasein zur rechten Zeit«, wiederholte der alte Feuersinger. Seine zerfurchten Hände schlugen auf den Tisch.

»Dein Sohn ist seit Jahr und Tag verschollen. Wir wissen nit, ob er noch lebt. Er hat kein Lebenszeichen gegeben, nit amal dir!«

Starrköpfig antwortete der Alte: »In drei Tagen kann viel geschehn. I erheb Einspruch!«

Keiner bemerkte das versteckte Kopfnicken des Kohlenmandls; da man den weißbärtigen Alten nicht unnötig kränken wollte, bestimmte Gudauner: »Falls der zu Recht gewählte Rauhnachtskönig Tonio Feuersinger in der dritten Rauhnacht ab heut, also am 24. Dezember, um fünf Uhr abends nicht in sein Vaterhaus zurückgekehrt ist, wird Matthies Kaindl dessen Nachfolger, und die große Sonnwendfeier findet auf dem Kaindlhof statt!«

Alles nickte zustimmend, auch der alte Feuersinger fügte sich dem Spruch seines alten Freundes.

Keiner der Anwesenden glaubte an eine Rückkehr des Verschollenen, keiner. Bedrückt und tief verwundet war der alte Vater, der das Wort für seinen Sohn gegeben hatte und der in seinem harten Daseinskampf trotz vieler Sorgen und Nöte noch nie ein Versprechen nicht eingelöst hatte.

Vor den Fremden wurde alles geheimgehalten. Sie hatten bei diesem Fest nichts zu suchen. Sie hätten es auch nicht verstanden. Man wollte allein sein, unter sich. Eifersüchtig und stolz hegten die Bauern ihre Rauhnächte, ihre Wintersonnwend gegen alle Verschlepper und Fremde.

Spätnachts kehrte der alte Feuersinger zu seinem Hof zurück. Leise sperrte er das wuchtige Tor auf, leise schlurfte er über die Diele, langsam ließ er sich auf der Ofenbank nieder.

Er zündete die Lampe nicht an, denn er brauchte kein Licht. So saß er in der Dunkelheit, gebückt und müde.
Sein Anwesen sollte also ohne Erben sein, die Lebensarbeit ohne Gnade. Auch die Mutter wurde in ihrem Vertrauen stiller und weniger zuversichtlich. Auch die Barbl. Alle, alle. Wenn Tonio auch zur Wintersonnwend, die ihm die größte Ehre und das größte Vertrauen seines Heimatdorfes schenken sollte, nicht zurückkehrte, dann war er verloren, verloren für immer. Dann war er nicht mehr am Leben – oder er hatte die Heimat vergessen und verraten.
Nie hatte Tonio den Eltern, den Freunden, seiner Liebsten auch nur eine einzige Zeile geschrieben. Gudauner war überzeugt, daß Tonio schon lange tot und begraben sei. Barbl tat ihm maßlos leid. Immer noch zwang sie sich selbst den unerschütterlichen Glauben an die Rückkehr ihres Geliebten ab.
Wenn man es ihr nur ausreden könnte! Der Kaserer bestand darauf, daß Barbl trotz alledem in Maske und Verkleidung dem neuen König huldigen sollte. Er beschwor sie wie ein alter Hexenmeister, er sprang zwischen seinen vier Wänden umher, er ließ nicht eher locker, bis der alte Gudauner endlich nachgab. Der wußte, was er damit tat. Der wußte, daß die Wahl des Rauhnachtskönigs endgültig war. Die Maid, die der König sich auserkor, mußte sein Weib werden.
Barbl fand keinen Schlaf mehr.
Immer wieder schreckte sie aus ihrem Schlummer auf, betete, haderte mit sich selbst, schluchzte in die Kissen und betete wieder. »Er kommt, er kommt«, wiederholte sie immer wieder. Zehnmal, hundertmal, stundenlang: »Er kommt, sicher kommt er, ich weiß, daß er kommt, ich weiß es ganz gewiß! Ihr werdet es schon sehen, daß er kommt.« –
»Wird nicht recht viel werden mit den Rauhnächten heuer! Ist kein Rauhnachtskönig bestimmt?«
»Freilich ist er bestimmt. Beim Kaindlhies wird der große Tanz abgehalten. Na, jesses, wie i mi freu!«
Die Silanerin und die Rottenpuecherin nähten auf ihre Rauhnachtskleider tausend silberne Papiersterne. Sie probierten die glitzernden Kronen und ließen die feinen Schleier über ihre schönen Schultern fallen.
»Nachher wird am End die Gudaunerische doch noch mitmachen? Aber die will ja nur auf 'n Feuersingerhof, hab i glaubt?«
»Dafür flennt die Rosl Tag und Nacht, weil s' nit dabeisein kann.«
»Wundert mi, warum s' denn ausgerechnet die Rosl net mitmachen habn lassen!«
»Weil s' a Krämerin ist, und es solln ja nur Bauernmadeln dabeisein.«
»Geld hat s' aber. Und a guete Haut ist s' a . . .«
»Geld ist nit die Hauptsach – mir ist meiner Seel dös Kleidl z' eng gwordn!«
Die Silanerin zog aus Leibeskräften die Bluse über ihren Oberkörper zusammen. Es ging nicht. Die runden, festen Brüste gaben nicht nach.

»Schau her, jetzt mueß i's akkurat auftrennen und weiter machen«, schimpfte sie lachend.

Im Stall beim Puechenegger tanzte eine Stalldirn um einen gehörnten Geißbock. Sie lachte und freute sich, hatte eine goldene Mädchenmaske vor dem Gesicht und den Besen in ihrer Hand.

»Huhuhu«, lachte sie, »huhuhu«, krächzte ihre Stimme. Ein Spieglein hatte sie an der Futterkrippe aufgestellt. Darin sah sie sich und den Geißbock. »Huhuhu«, kicherte sie und stieß den Geißbock an den Hörnern, »schau, wie bin i schön gwordn, und erst wenn i 's Kleid anhab – dann lach i alle aus, die Lackl! Kennt mi keiner – huhuhu – hihihi«, tollte die Dirn im Stall, bis mit Kettengeklirr und Gebrüll ein furchtbarer Teufel vor ihr aus dem Heu sprang. Kreischend wollte sie fliehen, aber der Teufel war lachend schon wieder verschwunden.

»War gewiß der Großknecht – na, jesses, hat der mich derschreckt!«

Zwischen den Masken und Heiligen der Gudaunerwerkstatt stand Rosina bei Barbl. »Und i mag nicht, und i geh nicht. Wenn mich der Kaindl erwischt, mueß i sei Frau werden, und ich hab's ihm schon einmal gsagt, i mag nicht heiraten, will auf den Tonio warten.«

»Hast recht, Barbl. Schau, i schenk dir alles, was i hab, wenn d' mir dein Kleid und deine Maske leihst. Der Tonio kommt zur Sonnenwend ja gewiß nimmer. Daß er vielleicht zurückkommt, glaub ich selber, wenn auch alle sagen, daß er längst zugrund gangen is.«

»Ich weiß, er lebt, und ich weiß, daß er wiederkommt, und deswegen geh ich nicht zum Kaindlhof. Du – ich leih dir alles! – Da hast's« – Barbl schiebt der aufjauchzenden Rosina Rauhnachtskleid, Krone, Schleier, Maske und Besen zu –, »ich mach nicht mit, und wenn es zehnmal alle anders bestimmt haben . . .«

Rosina umarmt und herzt die Barbl: »Und der Sepp wird Rauhnachtskönig, siehst du's, mir hat ja schon ein paarmal träumt. Ich werde seine Rauhbraut, und dann heiraten wir, ja – schau ich nicht wie eine Königin aus mit der Kron?«

Ihre Augen sprühen vor Freude. Dann packt sie alles sorgfältig ein, damit niemand den Inhalt ihres Körbchens ahnen könne, und läuft Hals über Kopf aus der Werkstatt. Barbl bleibt allein. »Hätt's doch nit tun sollen!« sagt sie laut zu sich selbst. »Nie und nimmer hätt ich's tun sollen. Herleihn das Rauhnachtskleid! Und die Krone auch! 's ist gegen das Gesetz . . .«

Und sie bereute schon. Dann aber tröstete sie sich. Sie wird die heilige Christmette besuchen, inständig und lange zur Mutter Gottes beten. Und wird nicht zu finden sein, wenn die Rauhnächte kommen.

Die Greißlerin sprang währenddessen zurück in ihr Haus. In drei Tagen, am 24. Dezember, war die große Huldigung an die Sonne und die Wahl der Mädchen. Ihre Lippen jauchzten in seliger Lust. Nun gehörte auch sie zu den Erkorenen, Auserwählten! Nun mochten die dummen Jungknechte staunen, und der Sepp würde noch froh sein, wenn sie ihm nicht entwischte.

Nur den zwölf Rauhnachtsmädchen war es erlaubt, beim Tanz um den Sonnengott zu erscheinen. Die Glücklichen, Auserwählten nähten unzählige Sterne an ihre Kleider, schmückten ihre Kronen und strickten an ihren weißen Handschuhen.

Über Felsgrate und Schneewächten schleppten die Burschen Holztrümmer und Pechpfannen und stapelten einen großen Scheiterhaufen auf. Draußen vor Alt-Laurein auf dem Kreuzbühel hatten sie einen gewaltigen, hohen Holzstoß errichtet, auf den sie einen Strohmann stellten. Vor den größeren Bauernhöfen standen Holzstöße bereit, von überall sollten morgen die Feuer lodern und die Juchzer schallen. Große Pechräder würden feuersprühend von den Bergen ins Tal springen, flammende Scheiben in die Tiefe rollen, glühende Speere durch die Luft schwirren. Überall herrschten Spannung und Freude, Tollheit, Spott und Übermut.
Das stille Tal war verzaubert. Von geheimnisvollen Kräften wurden Burschen und Mädchen zueinander hingezogen, voneinander abgestoßen.
Die guten Mütter malten die Zahl des kommenden Jahres sowie drei Kreuze und die Anfangsbuchstaben der Heiligen Drei Könige: Balthasar, Kaspar und Melchior, an die Türbalken. Andere stellten brennende Kerzen vor die Fenster, versteckten die Kinder und sperrten die Tore, wenn es dunkelte. In den Ställen rumorten und schlugen die Tiere an den Ketten und Krippen. Knechte juchzten und knallten mit ihren Peitschen. Verkleidete und Vergewandete tauchten auf und verschwanden. Hexen ritten sausend durch die Luft, Teufel heulten über die Eisgrate, auf den Almen tobten die Berggeister, und in den Eis- und Gletscherbrüchen jammerten die ruhelosen Seelen der Unerlösten! Gespenstische Lichter huschten über verwunschene Almen und durch weglose Schluchten.
Von Abend zu Abend, von Nacht zu Nacht hatte sich das unheimliche, unfaßbare Wesen dieser Nächte gesteigert. Langgezogene Rauhnachtsrufe hallten durch die Gassen.
Der alte Feuersinger glaubte noch immer an die Rückkehr seines Sohnes. Während er im Heuboden das Futter für das Hausvieh richtete, traten zwei Männer zu ihm.
»Was gibt's? Was wollts?«
»Wir möchten die Sonnenmaske holen. Oben in der Holzerhütte wird heut der neue Sonnenkönig ausgespielt werdn, weil der Tonio nimmer kommen ist . . .«
Mit hartem Griff nimmt der Alte das goldene Flammenhaupt vom Holzbalken in der Hausdiele und reicht es den beiden.
»Tut uns leid, Feuersinger, aber es geht nimmer zu ändern. Mir gehn auf die Holzerhütten in Wald jetzt!«
»Grüß euch Gott und viel Glück!«
In der Hütte sollte der neue Sonnenkönig die Maske übernehmen, und dann sollten alle auf Skiern, als Perchten vermummt, mit Federn und Bändern geschmückt, talwärts sausen zum Hof des Neugewählten.

Barbl stand noch unschlüssig in der Werkstatt ihres Vaters. Starre Masken glotzten sie an, ein heiliger Florian schüttete Wasser auf ein brennendes Haus. Sie konnte die Einsamkeit dieser Umgebung plötzlich nicht mehr ertragen, und als sie das laute Geschrei von verfolgten Kindern, denen ein wilder Mann mit rasselnden Ketten und einem ungeheuern Korb nachlief, hörte, riß sie Schal und Kopftuch vom Ofen und rannte auf die Straße hinaus.

Wohin wollte sie? Sie wußte es selbst nicht. Sie wußte bloß, daß sie Angst hatte.

Es war nicht bloß Angst. Der Zauber der Rauhnacht hatte auch sie erfaßt. Alle Warnungen des Vaters waren vergessen. Sie hetzte durch den sogenannten unteren Weg in der Richtung zum Krämerladen Rosinas bergab. Sie wollte ihr Kleid wiederhaben, ihr Rauhnachtskleid!

Im tiefen Dämmerdunkel stapfte ein einsamer Mann auf schmalem Schneepfad durch den Wald. Er hörte die Stimmen der Lüfte und des Bodens, doch ruhig ging er seinen Weg, den Hut ins Gesicht gedrückt. Jetzt kam er in eine Waldlichtung. Seine Hand schob den Hut etwas zurück, seine Augen blickten hinunter ins Tal, hinunter zu den verschneiten Dächern Laureins. Noch einige Schritte ging er vor und spähte scharf, als suche er etwas ganz Bestimmtes.

Sein Gesicht erstrahlte, seine Augen leuchteten mit einem Male, seine Lippen bewegten sich, als flüsterten sie ein gutes, schönes Wort. Dann beugte er sich vor, bückte sich tief, seine Hand griff in den Schnee. Es schien, als lächle er.

Da knallten Peitschenschläge scharf wie Gewehrschüsse, und nun wanderte das Echo rauher Juchzer, von Wand zu Wand geworfen, durch den verschneiten Wald.

Der einsame Wanderer hob beide Hände zum Mund, um Berg und Tal zu grüßen. Ein heller Juchzer schallte aus seinem Mund.

Tonio Feuersinger, den es von fernen Meeresufern wieder ins Land geführt hatte, wollte heim, wollte weiter, heim! Ungeduld brannte in seinem Herzen.

Der Vater, die Mutter, denkt er in banger Freude. Wie werden sie mich aufnehmen nach der langen Zeit?

Und die Barbl? Heiß läuft ihm das Blut zum Kopf bei dem Gedanken, daß sie ihn vergessen hätte oder ihr etwas zugestoßen sein könnte.

Heute war Wintersonnwend, die größte, schönste Rauhnacht. Heute sollte auf seinem Vaterhofe der Rauhnachtskönig die Huldigung der Wiese, des Waldes und des Ackers entgegennehmen. Heute war die Wundernacht der zwölf Mädchen mit den goldenen Masken, heute sollte von Rechts wegen er, Tonio Feuersinger, auf dem Thron sitzen. Sein Kopf war

Freizeitunterhaltung auf der Terrasse des Bozener Heims

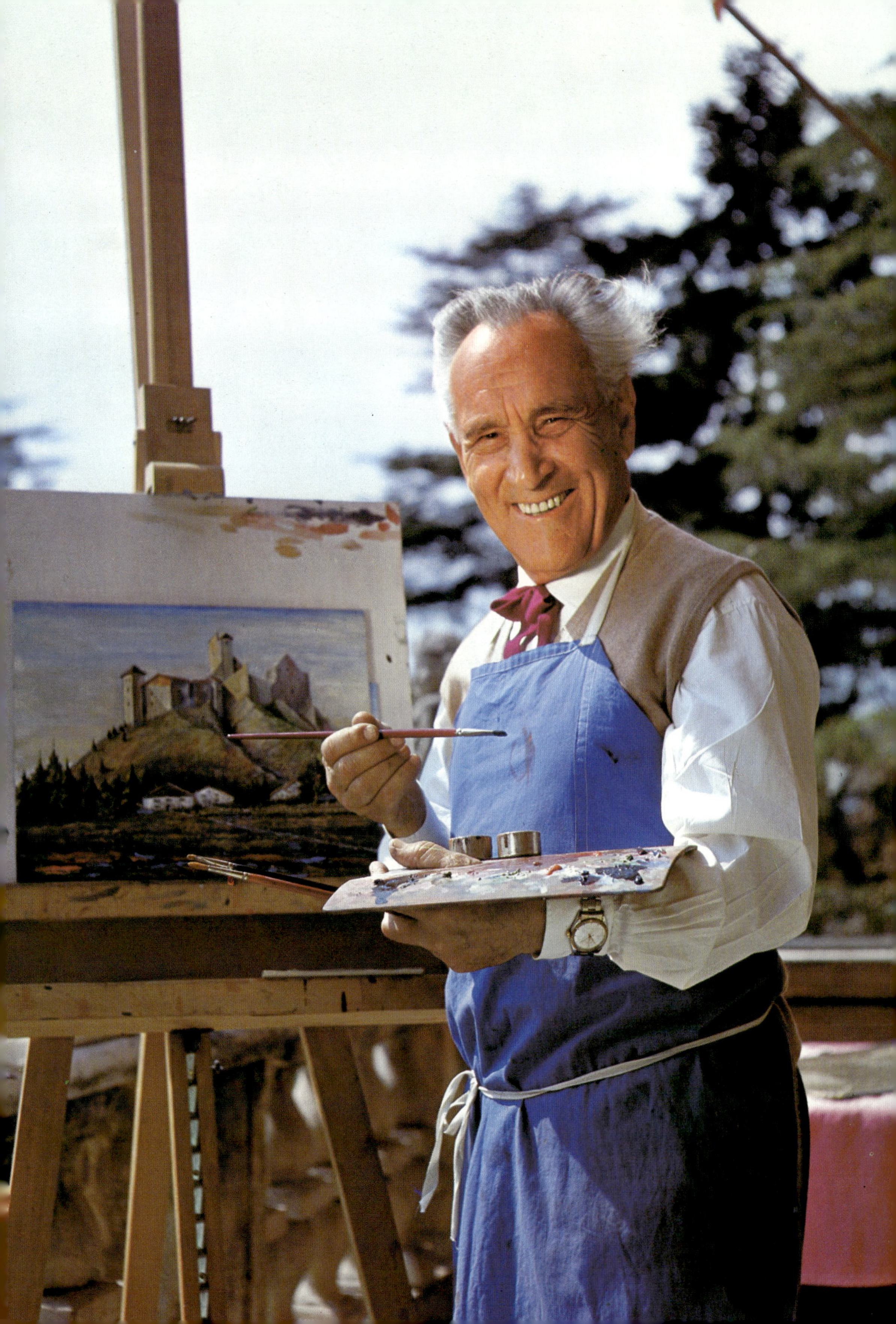

heiß, die Gedanken verwirrten sich, und heftiger, ungeduldiger wurde sein Schritt.

Eilig stapft er durch den tiefen Schnee, abseits von der Dorfstraße, mitten durch den lockeren Wald führt sein Weg, drüben unter den hellen nächtlichen Schneehängen leuchten die kleinen Fenster der Bauernhöfe.

Im Zwielicht des Waldes herrscht geheimnisumwitterte Stille. Hinter Tonios Schritten wird es lebendig, es ist, als ob die Erde erwachte, der Boden sich rührte, aus knorrigen, schwarzen Arvenstämmen und wildverwachsenen Wettertannen dämonische Gestalten sich rekelnd lösten und mit plumpen Armen sich vom Geäst ihrer tiefverschneiten Behausungen unter Stöhnen befreien würden. Wie aus schwerem, jahrhundertelangem Schlummer erwachen sie, gähnen, tappen in unbeholfenen Schritten aus ihrem Schattendasein daher. Lautlos begegnen sich die unheimlichen Riesen da, dort, weiter unten. Schief und listig blinzeln sie in das dunkle Schweigen des tiefen Waldes. Den weichen Schnee abschüttelnd, schwanken sie, an knorrigen Wurzeln und derben Stöcken sich stützend, eine Prozession von dumpfen Urgewalten, den Waldhang hinab. Irgendwo rief versteckt ein Waldkauz, jammerte eine Eule, klagte ein Reh.

Tonio hatte den unteren Waldrand erreicht. Vor ihm lag die dunkle Hütte des Kasermandls. Ein kleines Feuer brannte unter drei aufgehängten eisernen Drudenzeichen. Drei wuchtige Holzstöße waren vorbereitet. Weit drüben leuchteten die Lichter des Grandhotels.

Und dort auf dem Hügel . . . Tonio blieb stehen. Breit und gottesfürchtig ein altes Haus, ein ehrwürdiges, wetterfestes Haus, hoch und einsam, eine Wiege und eine Burg: der Feuersingerhof. Tonio fuhr sich mit dem Ärmel über die Stirn.

Alles stand noch wie früher, alles war, wie er es vor einem Jahr verlassen hatte. Schützend und schirmend ragte aus dem bewaldeten Bergrücken sein Freund, der Langkofel. Im Dämmer des versunkenen Lichtes stand der Berg vor ihm wie ein dem Himmel und der Erde dienender Altar.

Diesmal war es kein Traum. Tonio war daheim.

Unten schliefen die Schneedächer Alt-Laureins. Die Augen suchten das Gudaunerhaus . . . Freundlich lugte der Giebel hinter dem dickbauchigen Adlergasthof her, und von drüben auf der anderen Bachseite grüßte die alte St. Valentiner Kirche mit dem Zwiebelturm zu ihm. Alle Umrisse wirkten verwischt; weich und mild lugten die Winterschatten über dem verborgenen Bergwinkel, aus dessen winzigen Fenstern einzelne Lichter flimmerten.

Zwei Skiläufer huschten durch den Wald. Tonio wollte weiter. Von irgendwo klang das leise Klingeln eines Pferdeschlittens, fernes Gelächter schallte auf; dann wehten mit einem Male singende Knaben- und Männerstimmen daher. Tonio lauschte . . . Was war das? . . . Er trat zurück in den

Das Haus in Bozen-Gries

Schnee hinter das Geäst einer Fichte ... Tauchte dort aus dem Dämmerdunkel nicht ein leuchtender Stern auf? Im Wohllaut der Stimmen erklang das Lied der Heiligen Drei Könige aus dem Morgenlande.
Der Einsame hinter der Fichte wagte nicht, sich zu regen. Ruhig wie ein Baum stand er, unbeweglich, verwurzelt, wieder verwurzelt ...
Sie sangen in Demut und tiefer Gottesfurcht. Sie kamen mit dem Stern und mit Weihrauch und Gaben für das Jesuskindlein, das vor zweitausend Jahren in einer solchen Winternacht in einem Stall geboren worden war. Musikanten mit Horn und Oboe begleiteten die selige Melodie des weihnachtlichen Volksliedes. Eine Schar armer Leute folgte almosensammelnd. Sie trugen Säcke über den Schultern und humpelten gebückt, auf Stöcke gestützt, daher. Ihre Wollmützen und ihre Schnurrbärte waren weiß verschneit, und ihre Schuhe versanken tief im weichen Schnee.
Ohne den einsamen Mann zu bemerken, zogen sie, willkommene Boten des Friedens, an ihm vorbei. Die Knaben trugen auf ihren Mützen goldpapierene Zackenkronen, und goldene Papierkragen schmückten ihre Mäntelchen. Hoch schwebte der lichtspendende Stern über ihren Köpfen, und es duftete der Weihrauch aus dem Rauchfaß, das der kleine Adlerbub schwang. Drüben ging der jüngste Tarneller und trug das rotsamtene Kissen mit dem Schmuckkästchen. Und weil ja einer der drei Könige aus dem Morgenland ein Mohr war, so hatte er sich das Gesicht mit Ruß schwarz gemacht.
Jedes einzelne Wort des trauten Weihnachtsliedes kannte Tonio noch von der Schule her:

»Es ist geboren zu Bethlehem
Ein Kindlein selig in dieser Nacht!
Es segnet alle, die guten Herzens,
Und hilft den Armen aus tiefster Not.
Oh, dankt dem Heiland, der uns gerettet,
Der über Himmel und Erde wacht.
Ach, Kindlein, hilf uns
Und schenk uns Frieden,
Denn dein ist alle Himmelsmacht.«

Ja, jedes Wort kannte er und jeden der Sänger. Den Kirchner-Karele, der das Horn blies, den Schneider-Luis und den Wechselberger-Heindl. Den Steiner-Isidor, dem es immer schlecht gegangen war, und den Aschenwald-Hansl, der ebenfalls sein Lebtag nur blanke Not hatte leiden müssen. Merkwürdig, alle hatten, während sie an ihm vorbeizogen, auf Tonio den Eindruck einer tiefen Zufriedenheit hinterlassen, eine wohltuende Ruhe war von der Schar auf ihn übergegangen.
Allmählich verlor sich der Gesang. Sie zogen von Hof zu Hof, von Tür zu Tür und brachten den Segen des Glaubens mit sich. Milde Mutterhände schenkten ihnen Nüsse, Äpfel, Brot und Kleider.

Wilde Bockhornrufe hallten wieder auf, grelle Juchzer übertönten das verklingende Lied, krachende Peitschenhiebe zerschnitten die Luft. Tonio eilte erschüttert, verwirrt, voll Freude und Erwartung weiter. Schon schritt er am jenseitigen Hang dem Vaterhaus zu.
Ein Feuerstoß war abseits von Haus und Stadel auf einem kleinen Hügel errichtet. Niemand war um die Wege. In der Stube brannte ein stilles, kleines Licht. Tonio blieb stehn und hielt beklommen den Atem an. Er dachte an Barbl, aber unweigerlich zog es ihn zuerst zu Vater und Mutter. Zaghaft öffnete er die Tür und ging durch die dunkle Tenne. Er kannte jedes Brett und jede Säule, schaute schnell und heimlich in den Viehstall. Es war alles noch beim alten. Die Kühe lagen still und schnauften, die zwei Rösser waren auch noch da. Oh, wie roch der Stall warm und gut und nach daheim!
Dann sprang er über die Stiege zur Stubentür, öffnete sie leise und trat zögernd ein.
Zuerst stand er wie versteinert mit dem Hut in der Hand. Ihm gegenüber schlug die alte Wanduhr ihr unvergängliches Ticktack – Ticktack, als wäre nichts, gar nichts geschehen in der langen Zeit. Die dunkle Hauskatze saß zusammengerollt auf der wärmenden Ofenbank. Die Stube war blitzsauber aufgeräumt. Auf dem Tisch hinter dem gemauerten Ofen brannte eine Petroleumlampe. Dort schien jemand zu sitzen. Vorsichtig machte Tonio einen Schritt vorwärts, da sah er den Vater. Ein altes, zerlesenes Buch hielt er in der Hand. Er hatte den Angekommenen noch nicht bemerkt und las weiter. Fast hatte Tonio nicht das Herz, diese tiefe Ruhe zu stören. Wo mag die Mutter sein, fuhr es ihm wie ein schmerzender Stich durch den Sinn. Dann sagte er ganz einfach und still: »Vater!«
Der schaute langsam auf. Die Stimme kannte er! Ein verklärtes Lächeln huschte über sein Gesicht. Der Heimgekehrte spürte es, die Tür dieses Herzens war offen.
»Tonio, bist also wieder da! Hast wieder heimgefunden! Ich hab's ja gewußt!« Der Alte war bei diesen Worten sitzen geblieben und hatte seinen Sohn nur angesehen. »Die Mutter wird schaugn, ist in die Kirch gangn, beten für dich und die zwei anderen.« Und jetzt stand der Alte auf und ging ihm entgegen. Zwei Männerhände umfaßten sich hart, herzlich und lange.
»Hock dich jetzt her, Tonio, und rast. Mußt essen und mir etwas erzählen – und nachher schaust zu deinem Recht. Bist Rauhnachtskönig heut, bist rechtzeitig noch kommen, bringst die gutn Geister wieder, hast dein Wort eingelöst – wart, ich komm gleich wieder . . .«
Inzwischen suchten Tonios Augen die Sonnenmaske. Sie hing doch in der Diele, als er bei Nacht und Nebel die Heimat verlassen hatte. Wo mochte sie nur sein? Hatte sie der Vater fortgegeben?
Als der Alte mit Brot, Speck und Wein in die Stube trat, galt Tonios erste Frage der Mutter, die zweite der Barbl, die dritte der Maske. Der Alte erzählte von der langen Zeit, die sie gewartet und gehofft hätten, von Barbl

und von Kaindls Heiratsantrag und von der goldenen Sonnenmaske, die sie mitgenommen hätten.
»Die werd i mir schon wiederholen, noch ist ja Zeit.«
Tonio stärkte sich am hausgemachten Brot und Speck. Der Alte hatte zwei Weingläser gefüllt, und während sie tranken, kam die weißhaarige Mutter in die Stube.
Tonio ging auf sie zu, nahm ihre Hände und küßte sie. Zitternd und liebkosend fuhren ihre Finger über seinen Kopf hin. »Gut, Tonio, daß du wieder heimgefunden hast!«
»Mutter, verzeihst mir?«
»Ist nichts zu verzeihen – jetzt bist wieder da, jetzt kann ich ruhig schlafen – hab immer an dich denken müssen . . .« Müde und glückstrahlend setzte sich die Mutter, nahm ihr Taschentuch aus der Schürze und trocknete sich die nassen Augen: »In Gottes Namen Dank, daß nur der Bub wieder da ist.« Immer nur wiederholte sie: »Daß er nur wieder da ist . . .«
»Steh auf, Mutter, heul nit, freu dich, richt den großen Tisch her, heut wird Rauhnacht, Heimkehr und Sonnwend gefeiert«, drängte der Alte mit erregter Stimme. Er war nun vollends wach geworden, lebendig und feurig rief er Tonio zu:
»Lauf hinauf zur Holzerhütte. Sie sind oben grad dabei, einen andern z' wählen. Die große Sonnwendnacht muß auf unserm Hof sein, geh, Bub, lauf, hol dir die große goldene Sonnenmaske, ich werd derweil alle anderen verständigen!«
Die Nachricht von der Rückkehr des Feuersingersohnes eilte durch das Dorf wie laufendes Feuer. Allenthalben riefen es die jungen Knechte und Burschen: »Auf zum Feuersingerhof, zur großen Rauhnacht. Der Alte ladet alle ein. Sein Bub ist wieder da!«
Vor dem Feuersingerhof flammte ein Feuer auf. Das erste in der heutigen Nacht! Der Alte zündete es selber an. Nun mögen sie alle kommen, seinem Rufe Folge leisten! Überall sahen sie es.
Die Rufe wurden hundertfach, Böllerschüsse krachten.
»Rauuuuuuuhnaaaaaacht iiiiiist . . .!«
Auch Barbl hatte die Rufe gehört, hatte die Lohe des Feuers aufflammen gesehen. Sie konnte es nicht fassen: Tonio war wiedergekommen, war heimgekehrt! Sie wollte aufjauchzen, schreien vor Glück – aber eine plötzliche Schwäche übermannte sie, und hätte sie sich nicht mit letzter Kraft emporgerissen, so wäre sie im Schnee liegengeblieben, in den sie hingesunken war. Sie mußte ihr Kleid wiederhaben, mußte es wiederhaben.
»Rosina! Rosina!«
Draußen am Waldrand sprang das Kasermandl vor die Hütte. Der alte Gudauner stand bei ihm, schaute zum Feuersingerhaus, sah das große Feuer gen Himmel lodern, hörte das Johlen und Juchzen. Er wußte jetzt, warum der alte Zauberer unbedingt darauf bestanden hatte, daß Barbl ihr Rauhnachtskleid behalten sollte.

Der verlorene Sohn war heimgekehrt!
»Auf, auf zum Feuersinger!« hallten die Rufe von Hof zu Hof. Die Barbl klopfte verzweifelt an die Tür Rosinas: »Gib mir mein Kleid wieder, ich bitte dich, ich bitte dich, gib mir mein Kleid wieder!«
Niemand hörte sie, niemand öffnete die Tür. An ihr vorbei zogen vermummte, häßliche und schöne Perchten, wundersame Rauhnachtsmädchen, taumelnd, jodelnd, tanzend, alles, alles zum Feuersingerhof.
Ein Schlitten fuhr vor, hielt vor der Tür. Männer mit Bockshörnern standen dabei. Andere trugen schöne Masken mit bunten Bändern und Stäben. Keiner war zu erkennen. Es war ihr, als hätte sich die ganze Welt verwandelt.
Endlich öffnete sich das Tor. Heraus trat eine Königin im goldenen Gewand mit Krone, Schleier und Zauberbesen.
»Ich bitte dich, gib mir mein Kleid zurück, meine Maske. Der Tonio ist gekommen!« flüsterte Barbl der sternengeschmückten Rauhnachtsbraut zu. Aber die schüttelte nur stumm den Kopf, winkte mit der Hand und stieg in den bereitstehenden Schlitten, der unter dem Gelächter der merkwürdigen Begleiter davonfuhr. Weinend und verzweifelt rannte Barbl durch die Straße wieder zurück. Durch das Fenster eines Stalles sah sie eine Bauernmagd, die ihre Maske aufsetzte. Ohne zu überlegen, stürzte sie hinein: »Leih mir dein Kleid, Sabina – ich dank dir's tausendfach –, ich hab meines verliehen . . .«
Wie eine Hexe sprang die Bauernmagd ihr entgegen und lachte Barbl aus: »Schau, daß du weitergehst, nit um mein Leben geb ich's her, mein Recht – heut ist die große Wahl – du narrisches Luder, geh nur schnell wieder, geh – geh!«
Sie griff nach einer Mistgabel.
Barbl floh.
Das war ein jubelnder Radau, mit dem Tonio empfangen wurde, als er in die Holzerhütte kam. Die Burschen zerrten ihn in ihre Mitte, fragten nicht lang nach Wohin und Woher. Es genügte, der Tonio war wieder da!
»Freunde! Seid alle gegrüßt – i bin wieder da! Folgts mir alle zu unserem Hof!«
»Oho! Nix zu machen! Bist zu spat kommen! König bin heut i!« schrie der Kaindl und hielt drohend und hoch die Sonnenmaske. »Da könnt ein jeder kommen!«
Aber schon stand Tonio bei ihm. »Gib her und folg dem Gesetz!« sagte er und wandte sich hart zu den andern: »Wer ist nach Fug und Recht gewählt? Entscheidet!«
»Ausrufen!« – »Raufen!« – »Dreinschlagen!« schrien sie durcheinander.
»Maul halten! Gerauft wird heut net! Der Tonio ist Rauhnachtskönig!« riefen die Besonnenen, andre wieder protestierten. Der Rizzer-Reto packte den Kaindl am Arme: »Geh, sei gscheit, gib sie ihm!«
Kaindl zögerte – dann nickte er: »Deinem Vater zulieb, deinem Hof zulieb, Tonio – da, nimm sie!«

Ohrenbetäubender Lärm ging los. Viele hatten schon Skier an den Füßen, brennende Fackeln in den Fäusten. Alle waren vermummt, verkleidet, verzaubert; jetzt erst fühlte sich Tonio nicht mehr als Ausgestoßener, als Entfremdeter.

Meterhohe, federgeschmückte Hüte, seidene Bänder und lustige, erstaunte Larven aus Holz trugen die Perchten. Andere hatte sich Bocksfelle umgeworfen. Und da war auch einer, der sich riesengroß gemacht hatte: Auf langem Hals trug er den weitaufgerissenen Schnabel des Vogels Greif unter großen, glühenden Augen.

Hoch schwang Tonio das Flammenhaupt der Sonnenmaske.

»Mir nach, Burschen!« jauchzte sein Ruf in den nächtlichen Bergwald, und eine wilde, verwegene Jagd ging dahin, sauste durch den Schnee, vorbei an Winterbäumen, gespenstisch erleuchtet vom vorüberhuschenden Licht der Fackeln. Wilde Schreie durchgellten die Nacht: »Rauhnacht ist, Sonnwend ist!«

In hellen Gluten schimmerte das goldene Strahlenhaupt! Gespenstern gleich huschten die Männer zu Tal, brachen aus dem finsteren Dunkel des Waldes, verschwanden mit der Geschwindigkeit flammender Dämonen im Dickicht der Bäume. Bockfüßige Teufel hinkten hinterdrein. Ihr Licht versagte, ihre Fackeln gaben keinen Glanz, nur Rauch und schwefliger Gestank zogen hinter ihnen her.

Von allen Seiten strömten die Guten und Bösen zum Feuersingerhof. Der große Tennenraum konnte sie nicht mehr fassen. Auf dem Platz vor dem Hof waren schon viele versammelt. Auf Pferden, in Schlitten, zu Fuß waren sie gekommen. Der Zug nahm kein Ende.

Spiegel, Blumen, Gräser und Goldfäden wurden an den glühenden Feuerstößen vorbeigetragen. Auf geschmückten Stäben trugen die Männer Früchte und Brote. Langsam und plump kamen jetzt auch die Walddämonen daher. Ihre tief gebetteten Augen blickten gutmütig in die feuerlodernde Welt. Ungeschlacht waren sie, tolpatschig, dem Leben menschlicher Ansiedlungen vollkommen fremd.

Der alte Feuersinger stand vor dem Hof und wartete auf seinen Sohn.

Staunend standen die Gäste der großen Hotels auf den Terrassen.

»Sunnwend!« riefen die Buben und warfen Scheite in die Flammen.

Böller schnalzten, und Feuer prasselten in den Nachthimmel.

»Sunnwend! Sunnwend! Sunnwend!«

Barbl war in ihrer Verwirrung wieder nach Hause gerannt. Es mußte sich ein Rauhnachtskleid aufstöbern lassen! Sie zerrte Schubladen auf, sie ließ verrostete Schlösser aufspringen – Leinenballen und Stoffe, Krimskrams und Tand –, aber es mußte doch, um Himmels willen, ein altes Rauhnachtskleid zu finden sein.

Die erste Truhe war durchwühlt, die zweite. – Da hätte sie beinahe die Truhe auf dem Dachboden vergessen!

Die enge, steile Holztreppe in einem Satz hinauf! Die Truhe aus dem niedrigen Eck mit den letzten Kräften hervorgezerrt! Und unter jauchzender Freude war ein altes Kleid und eine guterhaltene Maske der Großmutter gefunden.

Da stand sie nun in der Stube, im Schein eines Kerzenlichtes, und betrachtete ihr von Krone und Schleier verschöntes Spiegelbild. Nun hielt sie behutsam die goldene Mädchenmaske vor ihr Gesicht und verzauberte sich selbst. Sie wurde zur Königin. Und die Königin reckte sich hoch, und ihre schlanken, weißbehandschuhten Hände strichen liebkosend über die seidenen Falten und goldenen Sterne des alten Gewandes.

Ihr Vater hatte die Nachricht vom verschenkten Kleide erst am Feuersingerhof erfahren. Ein Mädchen hatte sie ihm zugeflüstert. Gudauner, selbst überrascht, konnte nun nichts anderes mehr tun, als dem Tonio, der eben an ihm vorbeikam, zuzurufen: »Du weißt, Barbl kann nicht mitmachen: Sie hat nit gewußt, daß du doch heimkommen bist – da hat sie ihr Rauhnachtskleid verschenkt!«

Tonio reichte ihm die Sonnenmaske: »Bring sie dem Vater; red mit ihm, sag ihm, ich werde gleich wieder zurück sein.«

Rasch verkleidete auch er sich, wurde zu einem Perchten mit schwankendem Federhut. Als er wieder unter die Menge trat, erkannte ihn niemand. Gleich nachher war er verschwunden.

Alles war schon in der Halle versammelt. In Eile war ein Thron, groß und breit, aus gefüllten Getreidesäcken errichtet worden, weiter hinten hatte die Feuersingerin den Gabentisch aufgebaut. Kaum hatte der Alte vom Gudauner erfahren, daß Tonio fort sei, blitzte ihm ein Plan auf: Nun sollte, wenn es nach ihm ging, der Spaß erst seinen Anfang nehmen. War schon ein Durcheinand, so sollte es ein richtiges werden. Ein Durcheinand, daß sich niemand mehr zurechtfand. Und doch eines, das alle überstürzte Verwirrung des Tages zu einer guten Lösung brachte! Er, der Vater, hatte für seinen Sohn das Wort gegeben. Also mußte er für ihn einspringen. In der Tenne rief alles voll Ungeduld nach dem König. Alles wartete auf ihn.

Und da trat der König endlich ein.

Majestätisch anzusehen, wie ein Priester aus uralten Götterzeiten, so erschien er auf der Schwelle, wurde von Perchten, Schemenläufern, Klöcklern, Schellern, Hexen, Lötschern, Waldmännern, Dämonen und Bockspringern bejubelt und begrüßt.

Langsam schritt er durch die Tenne, blickte auf sein Volk, schweigend. Dann ließ er sich auf seinen Thron nieder.

Der Zeremonienmeister ordnete die Versammelten in Gruppen, gab das Zeichen zum Beginn der Huldigung. Nun wurde es still, nur draußen tobte der Taumel.

Der Acker, die Wiese, der Wald, das Feuer und der Wind standen im Halbkreis um den Thron. Der König selbst hielt die Linke auf eine Lehne gestützt, seine Rechte umklammerte als Zepter einen blumengeschmückten Stab.

 Alles schwieg in tiefer Erwartung.

Nun trat in schwerem Tritt der Wald vor und überreichte dem König einen jungen Baum mit Wurzeln und Erde.
Er verneigte sich und sprach:

»Ich bin der Wald,
Bin ur-uralt!
Ich hege den Hirsch,
Ich hege das Reh,
Ich feßle den Sturm,
Ich feßle den Schnee,
Ich bau euch die Hütte,
Ich heiz euch den Herd!
Bäuerlein, Bäuerlein,
Halte mich wert!

Das Flammenhaupt neigend, dankte der König.
Mit blütenumkränzten Schläfen tanzte die Wiese vor seinem Thron, kniete, Blumen vor ihn hinstreuend, nieder:

»Ich bin die Wiese,
Ich bin die Weide,
Trag bunte Blumen
Auf meinem Kleide,
Ich mach eure Herden
Glänzend und fett!
Den Burschen, den Mädeln,
Richt ich ein Bett!
Bäuerlein, Bäuerlein,
Ehrt mir die Wiese!«

Alles lauschte den Worten des nun vortretenden ährengeschmückten Ackers:

»Ich bin der Acker!
Goldenes Getreide
Ist mein Preis!
Wandelt ihr zu Brot!
Wenn ich nit wär,
Gäb's Not und Tod!
Bauersmann, Bauersmann,
Schau mich voll Ehrfurcht an!«

Vor dem Hofe standen die Rauhnachtsmädchen und warteten. Unerkannt hatte sich Barbl in die Gruppe geschlichen. Man war ein wenig vor ihr zurückgewichen, tuschelte und flüsterte. Da war doch jetzt eine zuviel! Da gab es ja dreizehn Rauhnachtsmädchen? Das ging nicht mit rechten Dingen zu. Aber Barbl mischte sich so unauffällig unter die anderen, daß bald keine mehr wußte, welche von den dreizehn eigentlich zu Unrecht im Kreise stünde.

Tonio war suchend durch das Dorf gehetzt. Er war zuerst beim Lehrer Martiner gewesen, war dann von Haus zu Haus gesprungen, hatte einen kurzen Blick in die Kirche geworfen, alles ohne Erfolg.

Er fragte nach ihr, wen er traf . . .

Niemand wollte sie gesehn haben. Zu guter Letzt lief er ins Gudaunerhaus.

In der Werkstatt und im ganzen Gebäude war niemand zu finden. Seine Rufe hallten durch leere Zimmer und Gänge. Er fand offene Türen und offene Schränke, offene Truhen und verstreute Kleider. Die wahllose Unordnung verriet ihm, daß hier jemand nach etwas gesucht hatte. Und da lag ein Spiegel. Und da stand ein Kerzenhalter mit einer Wachskerze, und der Docht war noch warm. Ja, gewiß, Barbl hatte sich verkleidet, war im Feuersingerhof unter den Zwölfen!

Vor dem König neigte sich tief der nasse Regen.

»Ich bin der Regen!
Acker muß sterben,
Wald muß verderben
Ohne mein Segen!
Quelle ernährt sich
Einzig von mir!
Alle erhalt ich,
Menschen und Tier!
Menschenkind, Menschenkind,
Lach, wenn der Regen rinnt!«

Mittenhinein sprang ungeduldig und wild das Feuer:

»O höre mich!
Ich bin das Feuer!
Hütet mich recht!
Denn ich bin gut
Und bin auch schlecht!
Ich bringe Reichtum
Und bring auch Not,
Ich bring das Leben
Und auch den Tod!
Bäuerlein, Bäuerlein,
Halte mich fest,
Sonst brech ich aus
Und fresse dein Nest

Und fresse das Vieh
Und fresse die Scheuer!
Hüte mich, hüte dich,
Ich bin das Feuer!«

Der König erhob sich. Er hob den Stab und gab das Zeichen zum Tanze der Mädchen.
Tief sich neigend, huldigte der Kreis dem Thronenden. Langsam und feierlich drehten sich die Gestalten im Tänzelschritt, neigten sich zu tiefen Verneigungen. Die Musik wurde unruhiger, aufpeitschender; und schneller folgte ihr der Tanzschritt der Mädchen.
Tonio betrachtete aufmerksam die dreizehn Tänzerinnen. Schleier, Maske, Krone, Kleid und Handschuhe verdeckten gänzlich jede Trägerin. Und jede wirkte wie die andere, und jede wirkte wieder ganz anders. Welche war nun Barbl, und welche war es nicht? Noch zögerte der König mit seiner Wahl.
Tonio erschrak plötzlich. Da war eine, die soeben vor dem König sich verneigt hatte – hatte sie nicht ein kleines, kaum merkbares Kreuzlein auf ihrem Goldgesicht?
Der König hatte sich erhoben. Jetzt breitete er weit die Arme aus und stieg die erste Stufe hinab, dem Halbkreis der Mädchen sich nähernd.
Tonios Pulse flogen, es galt jetzt, die Rechte zu finden, oder es war alles vertan. Noch immer zögerte der König. Schon war die nächste an der Reihe. Wald, Wiese, Feuer und alle andern warteten voll Spannung und Ungeduld.
Jetzt neigte sich demutsvoll ein Mädchen in unsagbarer Grazie. Sie mußte es sein! »Barbl!« flüsterten Tonios Lippen. Er wollte auf sie zustürzen – aber er blieb wie ein Gebannter auf der Stelle. Alle diese goldenen, starren Antlitze verwirrten ihn vollends. Alle waren gleich, alle waren starr und golden. Hätte er die eigene Maske und den Federhut herunterreißen können, dann hätte ihn Barbl sofort erkannt, aber das war nicht erlaubt. Der Fluch der Rauhnacht hätte ihn getroffen und zeitlebens verfolgt.
Schon neigt sich die nächste.
Wird der König sie wählen? Lange schaut sie kniend zu ihm auf. Des Königs Hände greifen nach ihr, wollen sie fassen, da springt Tonio mit einem Satz mitten in den Ring und holt das Mädchen, reißt es an sich und trägt es durch die verblüffte Menge hinaus zu den Feuern.
Wie ein einziger Aufschrei gellte die Überraschung durch die Halle. Alles wollte dem Eindringling, der das Gesetz nicht achtete, nachstürzen, aber der König, hoch sich reckend, befahl Ruhe. Schon war der Perchte mit dem Mädchen durch das Tor entkommen. Im grenzenlosen Tumult nahm nun der König die Sonnenmaske von seinem Gesicht und hielt sie hoch.
»Der alte Feuersinger ist's!« scholl es auf. »Wo ist Tonio? Wo ist der rechte König?« knallten die Rufe durcheinander. »Er hat die Rauhnachtsbraut gestohlen!«

Beruhigend und lachend rief der Alte! »Die Wahl ist geschehen, die Wahl besteht zu Recht. Das war der Tonio, mein heimgekehrter Bua! Er hat für mich gewählt!«
Im Lachen und Lärmen gingen die Worte des Feuersingers unter.
»Holt sie, holt sie! Die Gudaunerin ist's! . . .«
»Na – die Silanerin! Holt sie!«
Und dann griffen die Burschen nach den Mädchen, und alles drehte sich im wirbelnden Tanz.
Der Feuersinger gab das Zeichen zum großen Essen. Er setzte sich an die Spitze des gewaltigen Tisches.
Draußen im Schnee tobten noch die fröhlichen Geister. Andere saßen freßgierig im Schein des Feuers um einen am Spieße sich drehenden Ochsen, von dem das glänzende Fett triefte. Aus irdenen Humpen tranken sie den köstlichen Wein ihrer Berge, aus runden Schüsseln langten sie sich die Früchte ihrer Felder und Bäume, reichten sich das Brot und den Speck, und es war ein Wohlleben und Fressen und Saufen und Lachen und Wohlsein sondergleichen überall.

Zur gleichen Stunde zündete der Mesner die Kerzen vor dem Altar in der Kirche an. Sanft schwebte der Weihrauch, und im Zittern des Lichtes standen die schweigsamen Heiligen feierlich und allem Irdischen entrückt. Und oben bei der Orgel schlurften Schritte; das war der alte Martiner, der die Huldigung auf dem Feuersingerhof nicht mitgemacht hatte, der langsam, Schritt für Schritt, durch den Schnee gestapft war, zufrieden in sich selbst, legte er Mantel und Mütze fort. Nun räusperte er sich und hustete ein wenig. Glockenbuben kletterten die steile Turmtreppe empor und begannen die Seile zu ziehen. Tling – tlang – tliiing – tlaaang – riefen die Glocken. Und der Lehrer begann auf der Orgel zu spielen . . .
Von den Bergen stiegen die Bauern mit Laternen zu Tal, ihnen folgten die Frauen, die sich in warme, dunkle Tücher gehüllt hatten. Von allen Seiten kamen sie, stießen bei den Kreuzungen zueinander, stapften gemeinsam weiter, dem rot lodernden Tal zu. Es war Mitternacht. Es war die längste Nacht des Jahres . . .
Wintersonnwend . . .
Tonio führte das Rauhnachtsmädchen an der Hand.
Als sie in das Wäldchen zwischen dem Kirchenhügel und dem still gewordenen Bach kamen, verlangsamten sie ihre Schritte. Drüben, droben und allenthalben wurde es an den prasselnden Feuern ruhiger, verstummten mehr und mehr die gellenden Rufe. Aus dem Dunkel tauchten Perchten, Teufel und Hexen auf, gelangten in den milden Lichtkreis der Dorfkirche, warfen ihre Larven, Felle und Hörner vor der Kirchenmauer in den Schnee, verwandelten sich wieder in gute, brave Christen, traten still und barhäuptig in das Gotteshaus.
Tonio war im Schutze der Tannen am Waldrand unter dem Kirchenhügel geblieben, das geraubte Rauhnachtsmädchen in seinen Armen. Leicht

schmiegte es sich an seine Brust, fühlte den warmen Schlag seines Herzens.
»Tonio!«
»Barbl!«
Zwei Masken fielen in den Schnee, eine zarte, goldene mit Schleier und Krone und eine wilde mit kühnem Schnurrbart und Federhut.
»Barbl, bist du es wirklich?«
»Ja – Tonio – immer war ich bei dir . . .«, flüsterten ihre Lippen, dann schlossen sie sich zum innigen Kuß, und alle Feuer versanken für die beiden und alle Rufe im Glück ihres Sichwiederfindens.
Und dann hob sie ihr Gesicht: »Tonio, nicht wahr, jetzt gehst aber nimmer fort, jetzt bleibst bei mir?«
»Ja, jetzt bleib ich bei dir mein Leben lang, Barbl. Ich war weit fort und habe wieder heimgefunden. – Wer nie fortgeht, kommt nie heim, Barbl!«
Seine Hand koste mit so viel Liebe und Wärme über ihren Scheitel, daß sie nur den Kopf neigte, nichts mehr erwiderte, nichts mehr zu fragen wußte.
Währenddessen hatte die heilige Christmette ihren Anfang genommen. Die Kirche war voll von andächtigen, betenden Männern, Frauen und Kindern.
Von der Orgel brauste das Orate, und der Priester kniete vor dem Allerheiligsten. Weihrauch stieg zum schwebenden Altarbild der Muttergottes empor.
»Gehen wir in die Christmette, Tonio, wir wollen beten und Gott danken«, mahnte Barbl, und Tonio nickte wortlos. Aber als sie an das Tor kamen, war es schon versperrt. Der Mesner hatte es wegen ein paar betrunkener Hexen, die eindringen wollten, von innen verriegelt.
Es schneite noch immer. Leise schwebte das Meer der weißen Flocken vom Himmel nieder, und tiefer Neuschnee deckte die mitternächtliche Landschaft. Ein Hügel von weggeworfenen Masken lag halb eingeschneit vor der Kirchenmauer. Barbl und Tonio standen an der versperrten Kirchentür. »Jetzt sind wir zu spät gekommen«, sagte sie. Tonio wollte nachsehen, ob nicht die Turmtür offen wäre.
Aber Barbl ließ ihn nicht von ihrer Seite.
»Bleiben wir hier. Es wird schon jemand kommen und aufsperren!« meinte sie.
Die Rauhnachtsrufe waren verklungen. Nur das Gelächter der Zechenden drang von weit herüber.
Auf dem Kirchhof herrschte Frieden. In tiefster Ruhe schimmerten an den Grabhügeln kleine Bäumchen mit vielen Kerzenlichtern.
Tonio horchte zum Wald hin. Und nun hob auch Barbl ihr Gesicht.
»Du, Tonio, hörst du . . .?«
Die guten Könige sind es mit dem Stern. Sie kommen, sind müde, gehen gebückt einher und summen noch immer ihr Lied vom Wunder zu Bethlehem, und die arme Schar der Bettler und Musikanten folgt. Sie wandern

auf das Kirchentor zu, sie wandern an Barbl und Tonio vorüber, und siehe, das Tor öffnet sich von selbst der demütigen Schar, die in das Gotteshaus, in den Glanz der Kerzen, in den Duft von Weihrauch, in den Chor der Betenden einzieht. Tonio und Barbl folgen glücklich und ergriffen dem Stern, den sie tragen.
Der gute alte Lehrer an der Orgel spielt und singt und gibt den Buben den Takt, und zwischendurch – beim Credo und Sanctus – beugt er sich vor und schaut hinunter zu den Leuten . . . Nun sieht er seinen Tonio mit der Barbl vorn unterm Altar bei den ersten Bänken stehen.
Seine Hände greifen jetzt in die Register und Tasten, daß der Orgelgesang aufjubelt und das Lob und Lied unseres Herrn Jesus Christus weit über alle Welt zum Allmächtigen hinaufträgt:

»Nun kommet alle und kniet nieder
Vor Jesus Christus und singet laut:
Herr, sei gelobt durch tausend Lieder,
Und wend uns zu dein göttlich Haupt.
Du bringst uns Demut und Glück und Gnade,
Denn du bist groß durch alle Zeit.
Wir wollen dankbar vor dir uns neigen,
O göttlich Wunder, in Ewigkeit.«

Der Weg in die Fremde

Mit einem Schuldurteil beginnen die Geschehnisse, die den Buchdrucker Sutter aus Basel zu einer der abenteuerlichsten Figuren der neueren Geschichte werden ließen. Sutter wandert nach New York aus, hört von Kalifornien und reitet westwärts, bis er in dem trostlosen Indianerdorf San Francisco landet. In einer unerhörten kolonisatorischen Leistung kultiviert er riesige Ländereien. Auf seinen Besitzungen herrschen Wohlstand und Friede, bis das Inferno des kalifornischen Goldrausches alles hinwegfegt. Leben und Schicksal Johann August Sutters (1803–1880) schildern der Film und der Roman »Der Kaiser von Kalifornien«, aus dem hier ein Kapitel ausgewählt wurde.

Nicht um Kalifornien ging es ihm. Er wußte kaum etwas davon. Es ging ihm nicht einmal darum, Boden, Land, Reichtum zu gewinnen; denn er hatte soeben eine Erfindung gemacht, mit der er, der junge Buchdrucker Johann August Sutter aus Aarau in der Schweiz, glaubte, die Welt aus den Angeln heben zu können.
Und seltsam – es war die Liebe, genauer gesagt, die hübsche, blonde Professorentochter Annette Dübold aus Bern, die ihn, ohne es zu wollen, auf diese Idee gebracht hatte.

Diese Idee durchzuführen, bedeutete allerdings Verrat an der Tradition der Familie; denn Papier hatte dem Geschlecht der Rünenberger Sutter Ansehen und Reichtum gebracht. Wer sich als Sutter vor der Welt bewähren wollte, mußte sich am Papier bewähren und beim Papier bleiben bis an das Ende seiner Tage.

Gut. Er hatte getan, was man von ihm verlangt hatte. Er hatte die von seinem Großvater, Johann Sutter, gegründete Papierfabrik übernommen, hatte in der Druckerei, die sein Vater, August Sutter, dem Unternehmen angeschlossen hatte, die veralteten Perrotine herausgeworfen und durch neukonstruierte Zylinderpressen ersetzt, die ersten, die es im Lande gab, so daß die Suttersche Druckerei bald anderen Betrieben weit überlegen war. Doch jene seltsame Unruhe, die jedem dieser Sutter eigen war, trieb ihn unaufhaltsam weiter. Wohin? Das war die Frage. Eines stand fest. Es mußte etwas ganz Neues kommen, etwas, das dieses schwerfällige, in seiner Tradition festgefahrene Unternehmen auf eine ganz andere Basis stellte, etwas, daß so neu war, daß darüber nicht bloß die Eidgenossenschaft, sondern die ganze Welt erschrak.

Dies aber hieß für ihn: Los vom Papier. Konnte man nicht etwas anderes bedrucken als dieses öde, langweilige Lumpenzeug?

Ein heimlicher Gedanke nur war es, so fern der Wirklichkeit, daß man ihn gar nicht aussprechen konnte, eine Ahnung bloß. Doch Träume, Ahnungen waren für ihn oft wichtiger als Pläne und Programme, obwohl man ihn in der Stadt allgemein für einen nüchternen Geschäftsmann, einen richtigen Sutter hielt, tatkräftig, ziebewußt, energisch, mit beiden Beinen fest auf dieser Erde stehend.

Sutter aber, mit seinen einunddreißig Jahren Leiter eines wohlfundierten und angesehenen Betriebes, erlebte in jenen Tagen zunächst etwas anderes, als er erwartet hatte. Er verliebte sich Hals über Kopf in die zarte, blonde Annette, die Tochter des Professors Dübold, der an der Universität in Bern Botanik lehrte. Zufällig war ihm dieses junge, schlanke Mädchen, das seltsamerweise weizenblondes Haar und dunkle Augen hatte, begegnet. Nein, es war nicht Zufall. Waren ihm denn nicht schon genug andere Mädchen begegnet? Gewiß, aber sie waren ihm gleichgültig geblieben. Andererseits aber war verschiedenen Mädchen lange schon dieser tüchtige junge Mann aufgefallen, ein Mann, wie es keinen zweiten in der Stadt gab, so offen, so klug, so männlich. Nur Annette Dübold, die damals bei ihrer Tante in der Distelgasse wohnte, merkte lange nichts davon.

Dies also war die große, von den Dichtern so viel, so oft gerühmte Liebe. Er konnte nichts anderes mehr denken als Annette – Annette. Für ihn, der gewohnt war, sich jederzeit über Gedanken und Gefühle Rechenschaft zu geben, ein ungewöhnlicher Zustand.

An einem Abend im April, der aber so schön und mild war, daß man ihn schon dem Mai zurechnen konnte, sprach Sutter bei der etwas schwerhörigen Tante vor und bat sie, mit Annette in das Hocktal wandern zu dürfen. Die gute alte Dame erschrak: »Schon in das Hocktal?«

Dieser Name hatte nämlich eine ganz besondere Bedeutung. Sobald es in

Aarau von zwei jungen verliebten Leuten hieß, sie seien im Hocktal gewesen, galten die beiden in der Öffentlichkeit so gut wie versprochen. Die Tante willigte schweren Herzens ein. Annette machte sich bereit, mit dem jungen Buchdrucker aus der Glockengasse, von dem sie nur gehört hatte, das sei einer von denen, die am liebsten der Welt ein Bein ausreißen möchten, so viel Kraft und Ungestüm läge ihn ihm – etwas, das ihr mächtig gefiel –, in das Hocktal zu wandern.

Der junge Sutter aber, sonst so schlagfertig und redegewandt, brachte auf dem weiten Wege durch das blühende Tal kein einziges Wort über seine Lippen, auch nicht, als sie die alte Mühle erreicht hatten und sich bei Vater Hock unter die große blühende Kastanie setzten und sich den berühmten Hockwein kredenzen ließen. Noch immer war das entscheidende Wort nicht gefallen. Sein einziger Trost war, daß er zuvor in der Stadt ein seidenes Tüchlein für Annette eingekauft hatte, nicht sehr groß, aber schön, von karmesinroter Farbe und außen herum mit einer hübschen Borte versehen. Nun mußte eben diese zarte Seide aussprechen, was ihm selbst nicht über die Lippen kommen wollte. Er griff in seine Tasche, zog das Seidentuch hervor, faltete es auseinander und hielt es dem jungen Mädchen entgegen.

In diesem Moment aber, die Augen auf die leere Fläche des Seidentuches gerichtet, kam ihm jene großartige Idee, die seinem Leben eine neue Richtung gab, die Idee, der es, freilich auf mancherlei Umwegen und nach vielen Hindernissen, zu verdanken ist, daß die an der fernen Küste des Pazifischen Ozeans gelegene, noch unerschlossene Landschaft Kalifornien von einem Schweizer entdeckt und besiedelt wurde.

Sutter dachte, wie einfach wäre es, wenn auf diesem seidenen Tuch jene drei Worte stünden, die er sich vergeblich abzuringen versuchte: »Ich liebe dich!« Platz dafür war genug vorhanden. Man konnte das, was man sagen wollte, noch ausführlicher auf Seide bringen und diese drei etwas simplen und abgegriffenen Worte sogar poetisch umschreiben. Man müßte für den Druck die neue Bodoni-Antiqua nehmen, die mit ihren starken Grundlinien und den zierlichen Haarstrichen gewissermaßen symbolisch männliche Kraft mit fraulicher Zartheit vereinigte. Wenn man dann neben den sorgfältig ausgewählten, sauber gedruckten Text noch eine Rose setzte, war der Erfolg nicht mehr aufzuhalten; denn schließlich war Seide ein anderes Material als Papier, köstlicher, wertvoller und vor allem haltbarer. Und kam es nicht gerade bei Liebeserklärungen auf Haltbarkeit ganz besonders an?

Von dieser Stunde im einsamen Hocktal angefangen, in der die Seide leider noch stumm geblieben war, ließ Sutter der Gedanke, Seide zu bedrucken, nicht mehr los. So etwas gab es noch nicht. Man hatte zwar Kattun bedruckt, jedoch lediglich, um darauf Firmenbezeichnungen anzubringen. Etwas zartere Dinge ließen sich eben auf Kattun nicht so gut wie auf Seide sagen.

 Monatelang experimentierte er daran herum. Die handelsübliche Rohseide, die in heißer Seifenlösung degumiert wird, nahm die Druckfarbe nicht an. Er brachte durch verschiedene Versuche heraus, daß daran der Seidenleim, das sogenannte Sericin, schuld war. Nun versuchte er, unvollständig entbastete Soupleseide zu bedrucken. Auch dies mißlang, bis er endlich auf den Gedanken kam, die Druckfarbe beziehungsweise den Leinölfirnis, der dabei verwendet wurde, durch die Beimengung von Spiritus lösbarer zu machen und eine Art Imprägnierung zu erfinden, die Wasser gegenüber genügend widerstandsfähig blieb. Das bedeutete einen großen Schritt weiter. So besessen war er von seiner Idee, daß er darüber fast vergaß, was ihn ursprünglich auf diese Gedanken gebracht hatte. Das Jahr ging um. Nun war es soweit. Als er schließlich in der alten Stadtkirche zu Aarau mit Annette Dübold getraut wurde, überreichte er ihr noch am gleichen Abend ein Tuch aus zartgelber Ailanthusseide, auf dem in zierlicher Schrift die Worte standen: »Treue um Treue!«

»Darauf wird sich unser künftiges Glück gründen, Annette«, versicherte er seiner jungen Frau und schwenkte das Tuch stolz wie ein Siegespanier vor ihren Augen in der Luft.

Annette dachte nur an das schöne Wort, das auf der Seide stand, und war glücklich. Für ihn aber bedeutete dieser feierliche Augenblick, daß es damit zum erstenmal gelungen war, Seide in haltbarer Form zu bedrucken, und daß man diesen neuen Artikel nunmehr in den Handel bringen müsse.

Sutter setzte sich mit einer großen Seidenspinnerei in Lyon in Verbindung und bedruckte das nach seinen Angaben verfertigte Material mit kleinen, heiteren Gedichten – Goethe für die Deutschen, Maurice de Guérin, der damals sehr in Mode gekommen war, für die Franzosen –, druckte aber auch für besinnlichere Leute Bibelsprüche und Worte der Lebensweisheit auf Seide, Worte, die man auf diese Weise täglich vor Augen haben konnte.

Die Sache ließ sich gut an, weniger bei den nüchternen, sparsamen Schweizern als im Auslande. »Die sprechende Seide«, wie Sutter sie nannte, wurde vor allem bei den Franzosen ein begehrter Handelsartikel. Jahr um Jahr wuchs das Geschäft. Um die eingehenden Aufträge bewältigen zu könne, stellte Sutter die Papierbearbeitung ein. Seide war nun Trumpf geworden. Die in allen europäischen Ländern tätigen Vertreter lieferten ihm Vorschläge für neue, zugkräftigere Texte. Jahr um Jahr stieg der Umsatz. Sutter nahm bei seinen Lieferanten neue Kredite auf, um das Ausland noch stärker beliefern zu können.

Doch während Sutter noch voll Ungestüm das Geschäft ins Große trieb, erfolgte unvermittelt ein Rückschlag. Anscheinend waren doch nicht alle Liebhaber auf Gottes Erde so verlegen und schüchtern, wie er gewesen war, so daß man ihnen mit »seidenen« Liebeserklärungen hätte nachhelfen

Mein Südtirol

müssen, und die frommen Leute fanden, daß Seide keineswegs das richtige Material wäre, um darauf die Worte Gottes festzuhalten.
Wie immer es auch war – der Absatz stockte. Die »Sutterseide« blieb liegen. Schon gingen seine Akzepte zu Protest, und die großen Spinnereien kündigten ihm den Kredit.
Eine große Hoffnung aber gab es noch für ihn, Amerika! In der Neuen Welt jenseits des Ozeans war bedruckte Seide noch unbekannt. Vor wenigen Wochen hatte er dem spanischen Frachtdampfer »Prudencia« Waren im Werte von fünfunddreißigtausend Franken anvertraut.
Da traf eines Tages in Aarau eine furchtbare Nachricht ein. Die »Prudencia« war vor den Neufundlandbänken von einem Eisberg gerammt worden und innerhalb einer Stunde gesunken.
Vergeblich hatte sich Sutter seinerzeit bemüht, diese kostbare Ware versichern zu lassen. Nun steht er vor dem Ruin.
Tag und Nacht arbeitet er, um einen Ausweg zu finden, die Gläubiger drängen, sind ungeduldig und rücksichtslos.
Da fährt eines Morgens eine Kalesche durch die Glockengasse. Martin Birmann, der gute Vetter, stapft mit seinem derben Knotenstock die Treppe herauf. Auf seinem breiten Baslergesicht steht heute ein Gewitter. Annette, die den Vetter begrüßt, weiß, was es bedeutet. Flüchtig nur fährt Birmann dem jüngeren der beiden Knaben, dessen Pate er ist, durch das blonde Haar. Drei Tage lang sitzt er im Kontor, um die Bücher zu prüfen. Und das Ergebnis: »Die Seide hat das Papier ruiniert.«
Ein hartes Wort! Doch Martin Birmann ist nicht nur gekommen, um zu tadeln. Er will helfen. Er ist bereit, Sutter einen Teilbetrag vorzustrecken, mit dem die vordringlichsten Schulden bezahlt werden können.
Doch Sutter weigert sich, dieses Angebot anzunehmen. »Schulden bleiben Schulden«, erklärt er in seinem verbissenen Trotz.
Da steigt dem guten Basler Vetter der Zorn in das Gesicht: »Potz Cheib, weischt, was nachher kömmt?«
»Das weiß i!«
Annette versucht, zwischen den beiden Hitzköpfen zu vermitteln – es ist umsonst.
Ohne ein Wort, ohne Gruß verläßt Martin Birmann das Haus. Die Kalesche des reichen Baslers holpert über das Kugelpflaster der Glockengasse davon.
Sutter steht am Tor und blickt in die Nacht hinaus. Aufruhr über dem ganzen Firmament. Der Föhn bricht aus den Bergen, jagt die Wolken wehenden Fahnen gleich über den Himmel, den Mond in seinem trügerischen Glanz verhüllend, befreiend, verhüllend. Es ist, als müßte sich im Ungestüm des Frühlings die Welt erneuern. Sutter hat trotz aller Sorge und Bedrängnis das Gefühl, etwas Fremdes, Gewaltiges komme mit die-

Ruhige Stunde mit Hilda daheim

sem Sturm auf ihn zu, etwas, das alles Halbe, Morsche, Untaugliche in seinem Leben mit sich fortreißt, um einen neuen Menschen aus ihm zu erschaffen.
Seltsam, diese Ahnung, denkt er.
Er schließt das Tor, tritt, die Hand schützend vor die Kerzenflamme haltend, in das Haus zurück. Unruhig flackert das Licht. Die Bilder im Flur leuchten seltsam auf, das Bild des Vaters, der zu Kandern Papiermeister gewesen ist, das Bild der Mutter, der Christina Stöber, die eine Pfarrerstochter aus Liestal war. Sutter hat ihr Gesicht geerbt, dieses sichere alemannische Antlitz mit den hellen Augen, vielleicht auch mit dem quälenden Hang zum Träumen, mit all der Unruhe, die ihn von Ahnung zu Ahnung treibt.
Sutter steigt die Treppe empor. Das Licht der Kerze zaubert sonderbare Schatten an die Wand. Er erschrickt, als plötzlich ein Schatten vor ihm Leben gewinnt. Er hält die Kerze hoch, um besser zu sehen.
»Annette, du?«
Sie hat sich seinen Mantel über die Schulter geworfen; denn die Nacht ist kalt. Die Enden des Mantels hält sie über der Brust zusammen. Es sieht aus, als friere sie.
Er hebt die Kerze. Der warme, rötliche Scheint fällt auf ihr Gesicht. Es ist wieder das zarte, schmale Mädchengesicht, das für ihn zum Inbegriff alles Schönen und Liebenswerten dieser Erde geworden ist. Es sind acht Jahre vergangen, seit er die junge Annette Dübold geheiratet hat, und daß ihm Annette in diesen Jahren zwei Kinder geschenkt hat, zwei Knaben. Ja, das war es, mit jedem Kinde erschien sie ihm noch schöner, fraulicher, liebenswerter. Ihre Stimme ist heiser vor Angst und Erregung.
»Warum hast du das Geld, das dir der Vetter Martin angeboten hat, nicht angenommen?«
»Warum?« Sie erschrickt, als sie sein Gesicht sieht. »Warum? Warum?« Er zermalmt das Wort förmlich zwischen den Zähnen.
»Er meint es doch gut!«
»Er meint es gut. Aber – was wird damit anders? Nichts wird damit anders, Annette. Die Schulden bleiben, und ich muß bleiben, der ich bin. Verstehst du, Annette, worum es mir geht? Es ist alles zu eng hier. Trete ich drei Schritte vor das Haus, steht mein Fuß schon auf dem Grund des Nachbarn, und der gute Ueli Kyber zieht die Augenbrauen hoch und sagt: ›Gefällt es dir bei mir herüben, Sutter?‹ Und geh' ich nach der anderen Seite, steht schon der Stüehli, der Bärenwirt, beim Zaun und fragt: ›Wohin willst, Sutter?‹ Oft hab' ich das Gefühl, Annette, sie lauern alle rings um mich, sie warten nur, bis sie mir an die Kehle fahren können. Die Welt preist unsere Eidgenossenschaft als ein Land der Freiheit. Und was ist daraus geworden? Ich mag nicht mehr, Annette. Ich brauche Luft, um atmen zu können. Schulden – du erschrickst davor. Glaube mir, ich werde diese Schulden bezahlen, mit Heller und Pfennig, hörst du, mit Heller und Pfennig. Aber ich muß arbeiten können, schaffen . . .«

»Was hat der Vetter Martin mit dem ›Du weißt, was nachher kommt‹ gemeint?«
Da schüttelt er schweigend den Kopf, umfängt sie und spürt beglückt die frauliche Nähe, die ihm Heimat geworden ist.
Der Mantel gleitet ihr von den Schultern. Er spürt, wie sie am ganzen Leibe bebt. Enger schmiegt sie sich an ihn, als müßte sie ihn festhalten für immer.
Am 7. Mai des Jahres 1834 erläßt der Vorsitzende des Bundesgerichtes in Aarau, Peter Eschwyler, einen Sicherheits- und Realarrest über die Person und die gesamte bewegliche Habe des Kaufmannes Johann August Sutter, der sich, obwohl belastet mit einer Passivschuld von fünfundfünfzigtausend Franken, geweigert hat, seinen zahlreichen Gläubigern den Offenbarungseid zu leisten.
Man hat ihm das Schreiben des Staatsanwalts in das Haus gebracht. Er hat den Zustellungsschein unterschrieben. Damit ist sozusagen sein wirtschaftlicher Ruin amtlich besiegelt. Jede Stunde können sie kommen, um ihn zu verhaften. Doch seltsam, viel heftiger, als dieses amtliche Dokument berührt ihn etwas anderes.
Als er am Morgen vor das Haus tritt, sieht er etwas Buntes an der Tür hängen, ein kleines, viereckiges Tuch aus Seide. Es ist eines der Tücher, die er bedruckt und in den Handel gebracht hat. Doch statt einer Inschrift ist mit schwarzem Pinsel ein Kerkergitter auf das Tuch gemalt, fünf eiserne Stäbe horizontal und darüber vertikal wieder fünf Stäbe und die Fratze eines Mannes, den man hinter dieses Gitter gesperrt hat – sein Gesicht, sein eigenes Gesicht.
Wütend reißt er das Tuch herab, zerknüllt es in seiner Faust.
Wer war es? Er weiß es nicht. Es könnte jeder sein, Kyber, der Nachbar, Stüehli, der Bärenwirt, jeder, jeder, es gibt keinen Menschen, der es nicht sein könnte. Damit zerreißt das letzte Band, das ihn noch an dieses Land bindet.
Drei Tage später hat Aarau seine Sensation. Vorige Woche fiel Paul Stäppiswyler, der Malermeister in der Storchengasse, von der Staffelei und brach sich das Bein. Dann kam das mit Trümpi, Franz Trümpi, dem Tierpräparator, der sich eine Kugel in den Leib schießen wollte. Wollte, denn der Revolver, den er benützte, ging im entscheidenden Augenblick nicht los. Trotzdem brach der gute Trümpi, als der Hahn knackte, ohnmächtig zusammen. Inmitten der ausgestopften Vögel, Marder und Blaufüchse fand man ihn, leichenblaß und total erschöpft, ein Opfer dieser grausamen Zeit. Und jetzt marschieren die Landjäger durch die abendlich stillen Gassen, ein ganzes Aufgebot, sechs Mann, alle sechs in blauen Uniformen mit blankem Lederzeug und blitzendem Gewehr. Der Wachtmeister, der sie anführt, hält die Hand am Säbelknauf und sieht aus, als würde ihm schon im nächsten Augenblick das blanke Eisen aus der Scheide fliegen. Doch das ist nicht alles. An der Seite dieses Trupps schreitet ein Mann. Er trägt
 einen dunklen Bratenrock, einen schwarzen Hut, einen hohen Kragen,

einen Stock mit Elfenbeinknauf, um im Gegensatz zu den Uniformierten seine zivile Stellung besonders zu betonen. Doch wer ihm in das Gesicht blickt, weiß, daß er der gewichtigste, der gefährlichste dieser Männer ist, Polizeikommissar Spüry. Seine Augen sind starr geradeaus gerichtet, als könnte schon ein Blick zur Seite mißverstanden werden. Sein Mund ist geschlossen. Kein Wort zuviel. Das ist sein Grundsatz. Benedikt Spüry ist – ein Übel bei der hohen Funktion, die er ausübt – etwas zu klein geraten. Vergeblich sucht er mit den Männern der Eskorte Schritt zu halten. Es gelingt ihm nicht. »Langsam, Wachtmeister!« will er sagen. Doch er sagt es nicht, es könnte seinem Ansehen schaden. Hastig trippelt er neben den Landjägern die Laurenzergasse hinab, die Hände fest um die schwarze Mappe geschlossen.

Das ganze Städtchen ist in hellem Aufruhr. Die Frau des Bäckermeisters Kündig in der Sperrgasse, die eben die Fensterscheibe putzt, fällt schier vom Gesims. Im Gasthof »Zum Storchen« stürzen die Gäste an die Fenster, die vier Männer von der Tarockrunde, die Spielkarten in der Hand, starren auf die Eskorte, und unwillkürlich erforscht jeder sein Gewissen, weiß es absolut rein und findet es selbstverständlich, daß die Eskorte an ihm vorbeimarschiert. Trotzdem ist jeder, selbst der Rechtsanwalt Töndury, gewiß ein ehrenhafter Mann, erleichtert, als die Eskorte durch das Obertor in die Bärengasse einschwenkt. Aus allen Häusern kommen johlend die Buben geschossen und sammeln sich um den Trupp. Jetzt den Schlößliweg hinüber. Wem gilt es? Etwa dem alten Sylvester Gmür, dem Halsabschneider, bei dem die halbe Stadt in Schulden steckt? Sind sie ihm endlich auf seine dunklen Machenschaften gekommen? Der alte Gmür im Schuldturm – welche Affäre! Doch nein! Spüry, der Kommissar, deutet mit der Hand nach vorn, genauer gesagt, er streckt an der Hand, die an der gewissen schwarzen Mappe liegt, den Zeigefinger aus. Das Zeichen genügt dem Wachtmeister, um in die Glockengasse einzuschwenken.

Glockengasse? Die Spannung wächst ins Ungeheure. Einige Weiber haben rasch ein Schultertuch übergeworfen und sich der Jugend des Städtchens angeschlossen.

Der Kommissar hustet.

»Halt!« befiehlt der Wachtmeister.

Die Menge erstarrt. Glockengasse sieben. Die Druckerei des Johann August Sutter.

Die Landjäger postieren sich am Hauseingang. Der Wachtmeister pocht mit dem Griff seiner Pistole an die Türe. Der Kommissar blickt sich um, versucht mit herrischer Bewegung, die herandrängende Menge zurückzuweisen. Vergeblich! Schon geht es von Mund zu Mund, von Haus zu Haus, von Gasse zu Gasse: Um den Sutter geht es! Wundert es euch? War er nicht immer schon ein besonderer Mensch, dieser Sutter? Einer, dem die Glockengasse zu eng geworden ist, einer, der sich zu etwas Höherem berufen fühlte? Auf jeden Fall ein Unbequemer, ein Heimlicher. Doch so geht es im Leben, wer am höchsten hinausstrebt, fällt am tiefsten.

Sutter hört den Lärm auf der Straße, er hört, wie an das Tor gepocht wird, und tritt an das Fenster. Er sieht die Landjäger da unten stehen, die Gewehre über der Schulter, sieht den schwarzbärtigen Wachtmeister, sieht den Kommissar, diesen Spüry, der im Entlebuch ein verschlagener Klosterknecht war, ehe die Behörde seine Fähigkeiten als Kriminalist auszunützen wußte.
Sutter weiß, dies ist das Ende. Er hat spekuliert, er hat Schulden, die er nicht bezahlen kann. Nun wird ihm die Rechnung präsentiert. Das Gitter, fünf eiserne Stäbe von oben nach unten, fünf von links nach rechts – er kennt dies bereits.
Verfluchte Seide, denkt er. Die Welt verträgt nichts Neues. Hätte er sich doch an die Tradition seiner Familie gehalten! Wäre er doch beim Papier geblieben.
Hätte, wäre – damit ist nichts mehr zu gewinnen. Doch noch sinnloser ist es, sich in den Kerker werfen zu lassen. Ein Mann in der Vollkraft seines Lebens, ein Sutter, mit dem Ungestüm und der Unruhe seines Geschlechtes hinter Gittern, nur weil er versucht hat, den Menschen bedruckte Seide zu offerieren? Ein Fehlschlag, das sieht er ein. Doch zu gering, um das Leben eines Mannes für immer zu vernichten.
Also fliehen?
Sekunden, die sein Schicksal entscheiden.
Das Tor ist verschlossen. Der Spüry da unten wird schon ungeduldig. Aber noch wäre Zeit genug, den rückwärtigen Ausgang zu nehmen. Über den Hof, am Magazin vorbei, könnte er die Hintergasse erreichen, fünfzig Schritte, und er wäre im Walde.
Doch es widerstrebt ihm, wie ein Dieb aus dem Hause zu fliehen.
Da kommt ihm ein rettender Gedanke.
Wozu hat er seinen Militärdienst geleistet und ist als Offizier verabschiedet worden. Einen eidgenössischen Kapitän zu verhaften, dafür reichen die Befehle, die man Spüry gegeben hat, nicht aus, und vor allem eines: Der alte Wachtmeister wird sich weigern, einen Offizier festzunehmen.
Sutter liebt diese Uniform, nicht der goldenen Tressen wegen, die man ihm, dem jungen Kapitän, der ein Meister in allen ballistischen Versuchen war, an den Kragen geheftet hat. Diese Uniform erinnert ihn an jene Zeit seines Lebens, in der er sich am freiesten gefühlt hat – auf dem großen Schießplatz in Chasseron, oben im einsamsten Jura, bei den Manövern im Wallis, mit aufgeprotzten Feldgeschützen über die steilen, steinigen Bergwege Graubündens jagend.
Sutter reißt die Tür des Kleiderkastens auf. Da ist die Uniform! Kurz entschlossen schlüpft er in die graue Hose mit den eingenähten roten Streifen, zieht die knapp anliegende, in der Art einer Litewka geschnittene Uniformbluse mit dem hohen Kragen und den goldblitzenden Schulterstükken an, schnallt den Säbel um und drückt die hohe Mütze auf das Haar.
Das Pochen wird heftiger. Sutter eilt die Treppe hinab.
 »Wer ist es?« fragt er an dem verschlossenen Haustor.

»Im Namen des Gesetzes, öffnet!«
Sutter dreht den Schlüssel herum und öffnet weit das Tor.
Die Landjäger starren auf den Mann, der da auf der Türschwelle steht, und nehmen unwillkürlich Haltung an. Der Wachtmeister legt die Hand an den Schirm seiner Mütze.
»Was soll das?« faucht der Kommissar giftig und läßt seine Luchsaugen über die stattliche Erscheinung gleiten. Dann zieht er mit hastigen Fingern einen Bogen aus der schwarzen Mappe und fuchtelt damit aufgeregt in der Luft herum. »Sie sind verhaftet, Johann August Sutter.«
Regungslos bleibt Sutter stehen und blickt auf den Kommissar herab, der ihm kaum bis zu den Schultern reicht.
»Vorwärts jetzt!« befiehlt der Kommissar, und wieder kippt seine Stimme zu einem erregten Krächzen über.
Da geschieht das, was Sutter erwartet hat.
»Monsieur Spüry«, sagt der Wachtmeister und streift seinen schwarzen Schnurrbart zurecht – daß er den Kommissar bei seinem Namen nennt, ist ein Zeichen, wie überlegen er sich fühlt: »Ich nehme jeden Zivilisten in Haft, den Sie mir zu verhaften befehlen.« Ein paarmal schluckt er heftig auf. »Aber Monsieur Spüry, Sie können mir, dem Wachtmeister Peter Dändliker, nicht befehlen, einen Kapitän der eidgenössischen Artillerie zu verhaften!« Nun ist es gesagt.
»Kleiden Sie sich wieder um, Johann August Sutter!« ruft Spüry wütend.
Seine Wut gibt Sutter vollends die Ruhe wieder. »Schreibt Ihnen der Haftbefehl vor, Kommissar, in welcher Kleidung Sie diesen Johann August Sutter zu verhaften haben? Ich glaube nicht! Kommissar Spüry, ich fürchte, Sie haben Ihre Befugnisse überschritten.«
»Keineswegs«, faucht ihn der Kommissar an, »keineswegs!« und schießt verzweifelt hin und her, um einen Ausweg aus dieser peinlichen Situation zu finden.
Dann gibt er dem Wachtmeister wieder eines seiner heimlichen Zeichen. Die Landjäger rücken ab.
»Ich komme wieder«, ruft Spüry höhnisch, »ich lasse den Befehl abändern, und dann werde ich Sie verhaften, Johann August Sutter, und sollten Sie sich inzwischen als General kostümiert haben!«
»General, das hat noch Zeit«, lächelt Sutter und legt grüßend die Hand an die Mütze. Dann steigt er nachdenklich die Treppe empor; denn er weiß, was bisher geschehen ist, war nur Spiel.
Er erzählt Annette, was geschehen ist. »Ein Aufschub, mehr bedeutet es nicht. Und dann, ich möchte Herr meines Willens bleiben.«
Er blickt auf ihr Gesicht nieder, das ihm Zug um Zug so vertraut ist wie die heimatliche Landschaft, die er so oft durchwandert hat. Da ist vor allem jener seltsame Gegensatz, der ihn von Anfang an gefesselt hat, das helle Haar, leuchtend hell selbst jetzt im Dämmern des Abends, hell auch der zarte Bogen der Brauen, doch das Auge dunkel und geheimnisvoll. Die feine, etwas zu zarte Nase, die Professorennase, wie er sie scherzhaft

nennt, weil diese Nase unzweifelhaft ein Erbstück des Vaters ist, der Mund im anmutigen Schwung der Lippen leicht geöffnet. In dem Lächeln dieses Mundes liegt jenes sichere, entscheidende Ja, das ihm so oft in kritischen Situationen den Weg gewiesen hat. Merkwürdig, wie ihm gerade jetzt in der Stunde des Abschiedes all diese Einzelheiten wieder so deutlich werden.

»Annette«, sagt er, und es liegt alle Liebe um den vertrauten Namen, »das ist das Ende – oder ein Anfang, ein großer Anfang!«

Denn noch während er vom »Ende« spricht, spürt er zugleich, daß ihm die Ahnung, die ihm so oft mehr bedeutet als alles sichere Wissen, das Gegenteil offenbart. Ja, ein Anfang ist es, vor dem er steht, ein Aufbruch.

Er schweigt, horcht hinaus in die geheimnisvolle Nacht.

Da lächelt Annette und blickt ihn an. Aus ihren schönen Augen strömt ihm ihre ganze Liebe entgegen. So heftig ist diese Empfindung, daß er diese Liebe leibhaftig zu spüren vermeint. Und in diesem Blick, in dieses sichere Lächeln hinein spricht sie das Wort, auf das er mit Bangen gewartet hat: »Sie werden wiederkommen. Du mußt fort, Hans, jetzt, sogleich.«

Sie schlingt die Arme um seinen Hals. Ihre Stimme bebt. »Ich will nicht, daß sie dich finden, hörst du? Was immer du tun mußt, ich werde nicht klagen. Es wird mir recht sein. Nur frei sollst du bleiben, Lieber!«

Leicht legt er seine Hände auf ihre Schultern.

»Du mußt Vertrauen zu mir haben, Annette. Du wirst warten müssen, bis es uns wieder besser geht. Lange.«

Ihre Augen sind groß vor Angst. »Wo willst du hin, Lieber?«

Er versucht, mit einem Scherz über die Bangigkeit dieser Stunde hinwegzukommen. »Die ›Prudencia‹ ist gesunken. Meine Ware ist drüben nicht angekommen. Vielleicht ist das ein Wink des Schicksals, mich selbst umzusehen, was sich über dem Meere gewinnen läßt. Es muß nicht gerade bedruckte Seide sein, mit der ich drüben beginnen will.«

Das Blut weicht ihr aus den Wangen. Doch ihre Augen ruhen vertrauensvoll in den seinen. »Du willst über das Meer, Hans?«

»Ja, über das Meer, Annette. Amerika – dort werde ich finden, was ich suche. Ich werde in Basel mit Vetter Martin sprechen. Er wird einen Käufer für meine Zylinderpressen ausfindig machen. Es ist noch viel Blei da, gute Lettern. Und im Schuppen der Vorrat an Papier, sieben Ballen. Martin muß sehen, wie er es am besten an den Mann bringt; denn du wirst jeden Groschen brauchen.«

Ruhig hört ihn Annette an. Es sind die tausend kleinen Dinge, die besprochen werden müssen.

»Vor allem fürchte ich Veit Williger. Man wird ihm als dem Hauptgläubiger das Haus zusprechen. Martin Birmann muß dafür sorgen, daß du die Wohnung behalten kannst. Annette, du hörst mir gar nicht zu. Weißt du, was es bedeutet, wenn man diesem Wucherer das Haus zuspricht? Man wird dich mit den Kindern auf die Straße setzen. Ich müßte mit dem Williger sprechen, aber der hat ein Interesse daran, mich in den Kerker zu brin-

gen. Also wird er mich verraten, freundschaftlicherweise, mit dem Kuß des Judas. ›Ah, lieber Hans, da kommt eben Spüry in mein Haus . . .‹, wird er sagen . . .«
Annette steigt schweigend die Stiege hinauf und öffnet die Tür zu der Kammer, in der die beiden Knaben schlafen. Er folgt ihr nach. Draußen ist der Mond aus den Wolken getreten. In schrägen Strahlen fällt das Licht in den Raum. Dort sind die beiden Bettchen, tief in die Mansarde geschoben, die sich wie ein schützendes Zeltdach darüberspannt.
Kaum zu atmen wagt er, um die Kleinen nicht zu wecken. Da ist Johannes, der jüngere, der vor wenigen Tagen vier Jahre alt geworden ist. Ruhig und sanft geht sein Atem. Nur hin und wieder bewegen sich seine Lippen, als wollte er etwas sagen. Es muß etwas sehr Heiteres sein, denn ein lustiges Lächeln zuckt um seine Mundwinkel. Johannes ist ganz das Ebenbild seiner Mutter. Es ist alles in diesem hübschen Bubengesicht, was ihn, den Vater, an Annette immer so sehr entzückt, die feine, klare Stirn, die schmale Nase, fast zu fein, zu schmal für ein Bubengesicht, sogar das Grübchen in der linken Wange, das auf köstliche Weise die Symmetrie stört. Er beugt sich über das runde Gesichtchen und küßt die Wange. Martin im Bettchen nebenan, zwei Jahre älter als sein Bruder, hat wie immer vor dem Einschlafen einen erbitterten Kampf mit Polster und Decke geführt und sich so sehr in das rotgeblümte Bettzeug vergraben, daß man sich förmlich alles einzelne an ihm erst zusammensuchen muß, da ein Bein, dort ein weit vorgestreckter Arm. Übrigens scheint der Kampf noch nicht beendet zu sein, denn seine Fäuste sind noch geballt, und hin und wieder stößt er etwas Grimmiges durch die Zähne. Martin ist völlig ein Teil von ihm, Martin, das ist er selbst. An diesem Jungen erlebt er seine eigene stürmische Kindheit noch einmal. Dem Buben sitzt die Suttersche Unruhe im Blut. Mit leichtem Finger streift er ihm die blonde Haarsträhne zurück, die ihm in das Gesicht gefallen ist.
Schnell wendet er sich ab, um seine Rührung zu verbergen, steigt über die Stiege zu seinem Zimmer hinab und kleidet sich eilig um. Noch einmal blickt er aus dem Fenster auf den Platz, den das Mondlicht nun vollends verzaubert hat. Die hohe Linde, die mit ihren tausend und abertausend Blüten die Nacht mit ihrem Duft erfüllt, der Brunnen, aus dem das Wasser plätschernd in den Trog springt. Wie friedlich sieht dies alles aus . . .
Annette ist jetzt ruhig und gefaßt. Ja, sie lächelt sogar, als er sie zum Abschied umklammert. Und dann sagt sie etwas, das ihn lange auf seinem Wege durch die Nacht begleitet: »Wohin du auch gehst, ich werde immer bei dir sein.« – Ein paar Tage später – es ist der 5. Mai des Jahres 1834 – taucht Sutter in dem Dörfchen Rünenberg auf. Rünenberg ist die Heimat der Sutter. Von Rünenberg ist seinerzeit sein Großvater, Johann Sutter, ausgezogen, um in Basel das Handwerk des »Papierers« zu erlernen. Der Landschreiber dieses Dorfes, der alte weißhaarige Christoffel, soll ihm einen Paß für Frankreich ausstellen.
Das ganze Dorf starrt dem Fremden nach. Der gute, alte Christoffel sperrt

Mund und Augen auf, als er den jungen Sutter vor sich stehen sieht. »Hans?« Er ist manches von den Sutterischen gewohnt. Bei den Sutterischen hat es niemals ein Mittelmaß gegeben. Entweder ganz oben oder ganz unten – in der Mitte ist den Suttern nicht wohl, der eine landet im Basler Großrat, der andere im kantonalen Armenhaus.

»Christoffel, schreib mir einen Paß aus!«

Der Alte hat noch immer seine Sprache nicht gefunden. Mit offenem Munde starrt er den jungen Sutter an, so erschrocken, als sähe er ein Gespenst vor sich.

»Hörst du, Christoffel? Es eilt. Einen Paß nach Frankreich. Du hast ja alles, was du dazu brauchst!«

»Alles«, nickt der Alte, zieht mit zitternden Fingern unter den Papieren, die auf dem Schreibtisch herumliegen, einen blauen Bogen hervor und hält ihn Sutter entgegen. »Da lies!«

Und Sutter liest.

»Johann August Sutter, geboren am 15. Februar 1803 zu Kandern, beheimatet in Rünenberg bei Basel, wohnhaft zu Aarau, Glockengasse Nummer 7 ...«

Er ist überrascht, wie genau man dies alles gemacht hat, auch die Beschreibung seiner Person: aufrecht, mittelgroß, ein festes Gesicht, Augen blau. Sutter muß unwillkürlich lachen – Bart: Keiner. Das kann anders werden.

»Und deine Schulden?« seufzt der Alte vorwurfsvoll. »Fünfundfünfzigtausend Franken. Was ihr Sutter macht, das macht ihr gründlich, das kann man schon sagen. Eigentlich ...«, setzt er seine Rede fort, »eigentlich müßte ich gleich den Gemeindepräsidenten ...«

»Ich hab' nicht gewußt, daß dieser Steckbrief schneller ist als ich!«

Dem Alten steht die Angst in den Augen: »Du bist nicht da, ich hab' dich nicht gesehen! Geh! Ich weiß nicht, wer du bist ...«

»Und der Paß?« Als Sutter den guten Mann sieht, todblaß vor Angst, schluckt er die Frage hinunter.

Der Landschreiber geht an das Fenster. »Es ist schon dunkel draußen. Aber es ist besser, wenn du durch die Hintergasse hinausgehst. Bist nicht der erste Sutter, der Rünenberg durch die Hintergasse verlassen hat ...«

»... und über den Kirchplatz mit Böller, Musik und Girlanden wieder hereingekommen ist«, lacht Sutter.

»Geb's Gott, Hans!« meint der Schreiber und klopft sich schnell eine Prise Schnupftabak auf die Faust, hält auch Sutter die Dose hin. Doch dieser mag nicht. »Wäre nicht gut, Christoffel, wenn ich auf meinem Weg laut niesen müßte.«

»Deinen Weg«, der Alte hält Sutter, der sich zur Tür gewendet hat, am Ärmel zurück. »Kennst du den Weg über den Blauen?« fragt er. »Bei Mariastein in den Wald und immer die Höhe des Blauenbergs halten, bis du drüben die Lichter von Ferrette siehst. Dann nicht auf Belfort zu. Besser du gehst über Montbéliard und Besançon. Dann ist der Weg frei nach Paris und wohin du willst!«

»Gib mir den Steckbrief mit, Christoffel!«
Sutter greift schon nach dem Papier. Aber der Alte hält es fest. »Hast wohl noch viel zu lernen, Hans! Wärest wahrscheinlich der erste Delinquent, dem man bei der Leibesvisitation den eigenen Steckbrief aus der Tasche zieht.«
Der gute Christoffel! Als Sutter in der stillen, verschwiegenen Nacht auf einsamen, abgelegenen Feldwegen der Grenze zustrebt und zufällig, da die Nacht kalt ist, seine Hände in die Taschen steckt, greift er in der linken Rocktasche etwas Festes, Rundes. – Weiß Gott! Vielleicht ist es das letzte Goldstück gewesen, das der Alte bei sich hatte. Als Sutter vor Mariastein die kleine Brücke passieren will, die zum Grenzwald führt, tauchen plötzlich Landjäger vor ihm auf.
»Halt!«
In wenigen Sätzen erreicht Sutter die Brücke. Der Wald ist Deckung genug. Hinter ihm knallen Schüsse durch die Stille. Er sieht den grellen Blitz des Mündungsfeuers, hört den kräftigen hellen Knall. Die neuen Schweizer Gewehre, wie gut er sie kennt. Es ist das letzte, was ihm das Land seiner Väter zu sagen hat.
Der alte Christoffel hat ihm gut geraten. Niemand beachtet ihn, als er in Besançon den Postwagen nach Paris nimmt.
Einige Tage später trifft bei Peter Eschwyler, dem Vorsitzenden des Bundesgerichtes in Aarau, folgender Brief ein:
»Hochlöblicher Eidgenosse und Mitbürger!
Ich bitte Sie, diesen Brief mit Wohlwollen zur Kenntnis zu nehmen. Ich habe meine Heimat verlassen, nicht weil ich nicht wagen würde, die Verantwortung und die Konsequenzen meines Unglückes zu tragen, sondern weil ich als anständiger Mensch meine Schulden tilgen, meine Gläubiger befriedigen und das Schild meiner Bürger- und Menschenehre von dem Verdachte einer ungesetzlichen Handlung freihalten will. Sie werden begreifen, daß ich dies nur vermag, wenn mir die uneingeschränkte Freiheit des Handelns bleibt.
Hoher Bürger!
Ich hinterlasse ein Pfand, das mir mehr gilt als Ehre und Ansehen: meine Frau und meine beiden Söhne.
Glauben Sie mir, bitte, daß ich, sobald es die Umstände gestatten und mein Versprechen erfüllt ist, dieses Pfand einlösen werde.
Ich bin und bleibe mit höchster Achtung der Ihre!

Johann August Sutter.«

Liebe und Treue zur Heimat

Ein Tal kämpft um seine Existenz

Die Liebe zu den Bergen ist eine Synthese von vielerlei Empfindungen. Nicht nur Form und Farbe spielen dabei ihre Rolle, wir werden auch von historischen und literarischen Erinnerungen beeinflußt. »Die Schneefelder des Montblanc und die Felsen des Matterhorns«, schreibt Leslie Stephen, »würden auch in der einsamsten Wildnis ihren Zauber behalten. Ihre Schönheit wird aber erstaunlich gehoben durch eine wettergebräunte Hütte im Vordergrund, durch den Klang der Kuhglocken in der dünnen Luft, durch eine Ziegenherde, die am Abend in das stille Dorf heimkehrt . . . Wären die Berge des Lebens beraubt, das in Jahrhunderten an ihnen emporwuchs, das zu ihnen gehört wie die Flechten, die die Steinblöcke überziehen, dann hätten sie die Hälfte ihres Reizes verloren.« Leslie Stephen ist es erspart geblieben, die heute in vielen Gebirgsorten aus dem Boden wachsenden Betonklötze hoch und breit ausladender Wohnsilos mit ihren unerfreulichen Begleiterscheinungen zu erleben. Gewiß würde er seine warnende Stimme gegen die moderne Art der Zerstörung aller Schönheit in den Bergen erheben und in beschwörenden Worten gegen die Autopest und Musikboxen wettern, deren tiefere Ursache sich aus dem Bevölkerungsüberschuß im Verein mit der heillosen Vernachlässigung des Umweltschutzes ergibt.

Täglich erlebe ich, wie gefährdet allein unser kleines Südtirol in dieser Richtung ist. Die Seiseralm, früher ein wahres Kleinod, wurde in den letzten zwanzig Jahren durch rücksichtslose Autofahrer verschmutzt, von Maurermeistern durch improvisierte Pensions- und Hotelbauten verschandelt, gegen die unser Landschaftsschutz anscheinend hilf- und machtlos ist.

Als wir in unseren jungen Jahren einem Alpinismus ohne Sensationen huldigten und unsere Wege über Stock und Stein selber suchten, sagten wir: »Die Berge sind schön, aber unbequem.« Heute ist man versucht, zu sagen: »Die Berge sind bequemer geworden, aber nicht mehr so schön«, denn die Automobile und Explosionsmotoren dringen immer höher bis in die entlegensten Berghöhen hinauf. Saumpfade werden, wo es geht, verbreitert, Almwiesen und Wälder von Asphaltstreifen durchschnitten. Schwere Autobahnen bedrohen die wenigen noch heilgebliebenen Erholungsgebiete wie zum Beispiel das schöne stille Sextental im oberen Pustertal am Fuße der Drei Zinnen. Motorrad-Akrobaten turnen kühn bis zu den Einstiegen bergan. Es ist hohe Zeit, die sogenannte »Erschließung« unserer Bergwelt zu bremsen.

Von frühester Jugend an habe ich als Bergsteiger, Soldat und Südtiroler am Schicksal Sextens lebhaften Anteil genommen. Mit voller Überzeugung bin ich daher 1968 dem wachsamen Bürgermeister Franz Villgrater von Sexten und seiner Gemeinde im Kampf gegen die Zerstörung ihres bislang verschont gebliebenen Bergtales durch die projektierte Alemagna-Autobahn Venedig–München beigestanden, so gut ich konnte.

Nachdem Cortina mit Hilfe des hervorragenden Publizisten Indro Montanelli durch einen mit »Mord an Cortina« betitelten Leitartikel im »Corriere della Sera« die Zerschlagung seines von den gewaltigen Felsgruppen des Antelao, Sorapis, Cristallo und der Tofanen gekrönten Tales durch eine Autobahn strikt abgelehnt hatte, verfochten die Venezianer die Trassenführung Venedig–München über den Kreuzbergpaß durch das stille, am Fuße der Drei Zinnen liegende Sextental, ohne dessen Bevölkerung um ihre Meinung zu fragen. Es sah schlimm aus. Die Finanzgruppen der Alemagna stellten Sexten vor die angeblich vollendete Tatsache, doch scheute der Bürgermeister keine Mühe, um die Interessen seines Tales zu verteidigen.

Der Kampf ging hin und her, die Betonhyänen trumpften mit verführerischen Versprechungen auf, hatten eine entsprechende Finanzmacht hinter sich, gegen welche die kleine, arme Berggemeinde kaum Chancen hatte aufzukommen. Wir starteten eine Pressekampagne, welche in deutschen, österreichischen, italienischen und holländischen Kreisen ein unerwartet großes Echo fand. Trotz aller Vorhaltungen, Bitten und Proteste der Gemeinden Innichen, Toblach und Sexten wurde der Plan, die Autobahn über den Kreuzbergpaß und durch Sexten zu führen, rücksichtslos weitergetrieben, obwohl die Südtiroler Landesregierung eine ablehnende Haltung einnahm, obwohl Gutachten hervorragender Männer wie Professor Dr. Grzimek und Professor Buchwald gegen das Projekt vorlagen und obwohl der Club alpino, der Alpenverein und viele andere Organisationen dagegen Stellung genommen hatten.

Von Anfang an wurde immer wieder darauf hingewiesen, daß es neben der Trassenführung durch Sexten die Möglichkeit einer Verlegung durch das Höhlensteintal gebe; eine Route, die von Innichen südwärts verlaufen und durch die Untertunnelung der Cristallogruppe direkt in das weit sich öffnende Piavetal führen könne. Aber das wurde herablassend überhört.

Besonders unangenehm machten sich einige Pustertaler Gemeinden, vor allem die der kleinen Stadt Bruneck und einige Vertreter ihrer Nachbartäler bemerkbar, welche die Durchführung der venezianischen Interessen verlangten, womit sie den Sextenern bedauerlicherweise in den Rücken fielen. Als die von der venezianischen Handelskammer ausgehende Initiative in Bayern finanzielle Beteiligungen suchte und fand, waren wir von der Unterstützung unseres Standpunktes vom Norden her fest überzeugt. Doch das Gegenteil traf ein! Niedergeschlagen und fast aller Hoffnungen beraubt, richteten wir einen letzten beschwörenden Appell an die maßgebenden Herren der bayrischen Regierung mit dem Hinweis, daß durch das neue, sogenannte Unterflurprojekt, wenn es zur Ausführung käme, fast alle auf den Südhängen des Tales sich befindenden, zum Großteil seit Jahrhunderten in derselben Familie geführten Bauernhöfe der Vernichtung anheimfallen würden und mit ihnen durch den ständigen Durchgangsverkehr der Lastzüge auch der blühende Fremdenverkehr eingehen müßte. Eine gröbere Mißachtung, ja eine rücksichtslosere Zerschlagung

des gebotenen Naturschutzes in einem der letzten unberührten Dolomitentäler war unvorstellbar.
Nach vierjährigem Hin und Her erhielten wir in München die klare Zusage, daß Sexten, soweit es die Batia (Bayrisch-tirolisch-italienische Autostrada) anbelangt, verschont bleiben würde. Durch die Tatsache, daß für die Konzessionsvergabe letzten Endes Rom zuständig ist, bleibt allerdings immer noch eine gewisse Unsicherheit bestehen, doch werden die Sextener weiterkämpfen und nicht nachgeben, bis man auch dort von der Richtigkeit ihres Standpunktes überzeugt sein wird.

Was noch zu sagen wäre ...

Der Alpinismus erhält in unserer Zeit ein neues Gepräge. Die Berge bedeuten in diesem Jahrhundert einen Raum des Widerstandes gegen die nivellierenden Gewalten der Zeit. Wenn Ernst Jünger vom »Waldgänger« sagt, daß er »einen Weg suche, um den zermalmenden Giganten der Zeit zu entfliehen«, gilt dies noch im höheren Maße vom »Berggänger«.
Zu leicht ist der Mensch versucht, die Entwicklung, in der er augenblicklich steht, mechanisch weiterzutreiben, weil ihm die geheimen Triebkräfte verborgen bleiben, die ihn selbst in die heutige Misere gedrängt haben. Sagen wir es klipp und klar: Die Erfindung des Automobiles, die zwei Generationen erfreut und berauscht hat, ist trotz aller unbestrittenen Vorteile, Freuden und Möglichkeiten zugleich auch rücksichtsloser Feind der Menschheit geworden. In jedem Land zählt man jährlich Tausende von Todesopfern, die Zahl der Verstümmelten und Verkrüppelten geht in die Hunderttausende. Wie ein Krieg tötet der Straßenverkehr ohne Unterschied, läßt nur zu oft den Piraten am Steuer überleben und zerschlägt den Schuldlosen.
Gutgemeinte Verkehrserziehung, strenge Polizei und angemessene Geschwindigkeitsbeschränkungen versuchen zwar, die Zahl der Opfer zu verringern, doch gibt es noch zu wenig Schutzmaßnahmen vor Übeltaten der Motore, die zwar unblutig, aber nicht weniger katastrophal sind. Die Tatsachen, daß Autos und Motorräder immer schneller, beweglicher und stärker werden, rechtfertigt noch keineswegs die Forderung, daß die Zufahrt auch an Orte erlaubt wird, wo sie nicht hingehören. Erst die Zurückgabe einzelner Straßenzüge an die Fußgänger in einigen Städten hat uns gezeigt, in welche Misere wir im Laufe der Jahre geraten sind und wieviel Freude und Ruhe wir verloren haben. Die Straßen, ein metallener, lärmender, die Luft verpestender Strom, die Plätze, wimmelnde Blechansammlungen, wer hat da noch Augen für die architektonische Schönheit von Häusern und Palästen, für den Reiz malerischer Straßenzüge?
Von den großen Städten breitet sich die Plage auf die anmutigen Bergtäler, auf die Almen und Seeufer aus. Der Massentourismus fordert für seine Bequemlichkeit die Erschließung immer neuer Wege, und er bekommt sie.

Und wohin die Straßen vordringen, schießen, den düsteren Reitern der Apokalypse gleich, die Klötze häßlicher Betonkonstruktionen in die Höhe, wird die Anmut zerstört und die Ruhe zerschlagen.
Nur wenn mit ganzer Entschlossenheit, vorausblickender Planung und klaren Vorstellungen gehandelt wird, wird es möglich sein, die totale Zersiedlung, die unsere Alpen bedroht, wenigstens von den bisher verschonten Gegenden fernzuhalten. Das Übel beschränkt sich bisher – Gott sei Dank – auf die bekannteren Gebiete. Von Jahr zu Jahr aber geht der Angriff der Bagger und Betonmischer weiter, immer tiefer und immer höher; die Bazillen fressen eifrig am Berg, sie nennen sich »Nutzbarmachung der Alpengebiete«, »Bewohnbarmachung«, »fremdenverkehrstechnische Aufwertung«, »Wohnbauinvestitionen« oder auch »den Wünschen der Touristen entgegenkommen«, die doch zum größten Teil kaum Lust haben, lange Wanderungen im Gebirge zu machen, weil ihnen die Majestät der Berge verschlossen bleibt.
Bergfreunde, die über stille Wege durch Täler und Wälder wandern, werden immer öfter von Autokolonnen und keuchenden Bussen belästigt, müssen beiseite springen und werden in stinkende Staubwolken gehüllt. Wer nach beschwerlichem Fußweg die ersehnte Schutzhütte erreicht, traut seinen Augen nicht: Sie ist von einem riesigen Parkplatz umgeben, und es wimmelt von lärmenden Menschen, so wie einst unser Freund Tartarin von Tarascon seinen Augen nicht traute, nachdem er nach langem Anstieg mit Pickel und Seil den Rigi erklommen hatte und vor sich ein hellerleuchtetes Hotel, Herrschaften im Abendkleid und die Endstation der Zahnradbahn sah.
Um diese Entwicklung zu bremsen, gibt es nur ein Mittel: Das Verbot, in den Alpentälern mit Motorfahrzeugen Saumpfade, die nach oben führen, zu befahren. Ausnahmen sollten lediglich für die einheimischen Bauern und Wirte, für den Alpinen Rettungsdienst sowie für die Arbeitenden gemacht werden. Außerdem wäre ein Verbot nötig, in die einsamen Höhen neue Autostraßen zu bauen. Natürlich ist es wichtig, den Fremdenverkehr in den Alpengebieten zu fördern, um die harten Lebensbedingungen der Bergbauern zu verbessern, aber doch nur unter der Bedingung, daß Flora und Fauna, die Reinheit der Luft, die Ruhe und der Zauber der Einsamkeit erhalten bleiben. Wenn diese Werte zerstört werden, verliert die Landschaft den Reiz, um derentwillen wir sie lieben und aufsuchen.
Die Behauptung jener, die sagen, daß das Hochgebirge kein Monopol der Bergsteiger sein darf, sondern allen möglichst bequem zugänglich sein muß, ist haltlos und unbegründet. Seit es überall Seilbahnen und Sessellifte gibt, die jeden ohne Anstrengung auf die Berggipfel bringen, haben solche Argumente keine Berechtigung mehr.
Ich gebe zu, dies alles ist aus unserer Zeit nicht mehr wegzudenken, da es keinen Weg zurück gibt. Heute, da wir Millionen Skifahrer zählen und aus den bescheidenen Wintertouristen der Pionierzeit die rastlosen

Pistenfahrer geworden sind, muß man ihnen auch die Möglichkeit geben, dorthin zu kommen, wo der Schnee auch im Hochsommer liegt. Trotzdem: Die Inflation muß gestoppt werden, neue Anlagen sollten nur geschaffen werden, wo es für die einheimischen Bewohner lebensnotwendig ist. Vor allem sollten die Bergbahn-Stationen nicht Vorwand zur Ansammlung von Kramläden, Bungalows, Bars, Musikboxen, Würstelbuden und Tanzlokalen sein.
Daß es auch anders geht, zeigt ein Vergleich zwischen dem auf der Südseite des Matterhorn in den letzten dreißig Jahren neu entstandenen Wintersportort Cervinia und dem traditionellen an der Nordseite des Berges liegenden Zermatt: Dort planlos in die Höhe getriebene Betonklötze mit häßlichen Fassaden, Autos, Motorenlärm und Benzingestank wie in einem Mailänder Vorort, auf der nördlichen Seite des Theodulpasses hingegen im heimischen Stil errichtete, harmonisch in die Landschaft passende Chalets, Hotels, gemütliche Stuben und dazu eine göttliche Ruhe ohne Autolärm, Benzingestank und Omnibussirenen!
Unter all den Eindringlingen der Technik sind Seilbahnen und Lifte noch die saubersten, sie können der Gegend besser angepaßt werden, ihr leichtes Surren ist nicht störend wie das Heulen der Explosionsmotoren, und sie vergiften die Luft nicht. Wenn es schon nicht angeht, die Massen von den Hochgebirgstälern fernzuhalten, von den Seilbahnen werden sie doch einigermaßen zusammengehalten, so daß ihr Kommen und Gehen in den Kabinen oder in der regelmäßigen Folge der Sessel an den Liften in gewisser Weise geregelt wird.
Vor etwa vierzig Jahren entstand zögernd der Wunsch »Hütet die Berge«. Wir waren zunächst nur eine kleine Gruppe von Idealisten, die weiter nicht ernstgenommen wurden. Was einige von uns damals mehr ahnend als bewußt vertreten haben, ist inzwischen fast Gemeingut der gesamten zivilisierten Menschheit geworden. Wenn man heute von Umweltschutz spricht, weiß jeder, worum es geht. Umweltschutz ist zugleich auch Objektschutz, Abwasserreinigung, Abfallbeseitigung, Reinhaltung der Luft, mit einem Wort die Erhaltung dessen, was uns die Existenz auf dieser Erdkugel lebenswert macht: die vom Menschen unzerstörte Welt. Zahllose Vereine und Organisationen haben sich dieser Aufgabe verschrieben, in den Alpen allen voran die Bergwacht, die überall durchgreift, wo es notwendig ist, auch dort, wo es gilt, unsere Blumenwelt vor Raubbau und Ausplünderung zu schützen.
Das Edelweiß, das im Lauf der Jahre zum Symbol der Bergwelt wurde, prangte in tausend Sternen. Die Alpenvereine, die Gebirgsjäger, die Bergsteiger führen es in ihren Abzeichen. Aber die Unvernunft gedankenloser Wanderer zwang schon im Jahre 1890 zu Schutzbestimmungen. Egoistische Menschen reißen auch heute noch diese seltene Blume samt der

Mit Carl Zuckmayer vor dem Haus des Dichters in Saas-Fee

Wurzel aus dem Boden. In den Bergblumenbüchern von Paula Kohlhaupt kann man lesen, daß im Jahre 1959 einem Hirten im Ötztal 288 Edelweißsterne abgenommen werden mußten. Und wenn solcher Blumenfrevel im aufgeklärten Bereich Nordtirols vorkommt, dann kann man sich vorstellen, was wir in den Dolomiten immer wieder erleben müssen. Früher konnte man auf der Tschislesalpe handtellergroße Edelweißsterne finden, heute gibt es dort oben nur noch kümmerliche Überreste der einstigen Pracht.

Ein wenig besser geht es den Alpenrosen und dem stengellosen Enzian. Sie blühen bereits im Juni, gerade noch rechtzeitig vor der großen Sommerfrischlerinvasion, die erst Mitte Juli angeht.

Um den Bestand der Alpenflora zu schützen, hat die Landesregierung von Südtirol ein Gesetz erlassen, welches das Ab- und Ausreißen der seltenen, vom Aussterben bedrohten Blumen verbietet. Dazu gehören gewisse Arten von Anemonen, das Zwergrösel, das Edelweiß, die Pfingstrose, die leuchtende Feuerlilie, die Teufelskralle, insgesamt etwa zehn Arten. Von den anderen Gattungen dürfen höchsten zehn Stengel je Person und Tag gepflückt werden. Die Einhaltung dieser Verordnung wird von eigens dazu bestimmten Aufsehern kontrolliert. Übertretungen werden mit Geldbußen bestraft. Es ist kaum glaublich, daß trotzdem immer wieder Rucksäcke voll geraubter Blumen beschlagnahmt werden müssen. Hoffen wir, daß neben den Einheimischen besonders auch die Bergfreunde aus nah und fern mithelfen werden, den unwiderbringlichen Schatz unserer Alpenflora zu bewahren.

Dazu gehört auch die seltene Zirbelkiefer, die nur in den höheren Waldregionen gedeiht, wie die Lärche, die leider auch schon seltener wird. Von den Kiefernarten des Flachlandes unterscheidet sie sich durch büschelartig beisammenstehende Nadeln und die dunkelblauen Fruchtzapfen, in denen die kleinen, wohlschmeckenden Zirbelnüsse stecken, welche den Waldvögeln und Eichhörnchen als willkommene Nahrung dienen.

In diesem Zusammenhang noch ein Wort gegen den in Italien und Belgien grassierenden Vogelmord.

Aufgrund von Untersuchungen der Vogelwarte Radolfzell hat die Max-Planck-Gesellschaft eine alarmierende Meldung in die Welt gesetzt. Demnach hat der Bestand unserer Zugvögel innerhalb von zwei Jahren um mehr als die Hälfte, bei einzelnen Vogelarten bis zu 82 Prozent abgenommen.

Eine der wesentlichsten Ursachen hierfür ist die Massenvernichtung der Zugvögel in Italien. In diesem Lande gibt es 400000 Vogelfänger, sogenannte »uccellatori«, die mit Fang-, Schlag- und Klappnetzen, mit Leimruten, Spiegel- und Steinfallen unseren durchziehenden Vögeln nachstel-

Luis Trenker bedankt sich für Glückwünsche zum 80. Geburtstag

len. Von diesen 400000 konzessionierten Fängern unterhalten 3600 sogenannte »roccoli«, in denen ganze Vogelschwärme, die von diesseits der Alpen kommen, vernichtet werden.

Die EWG-Kommission in Brüssel hat vor kurzem ein öffentliches Warnschreiben an die Adresse Italiens gerichtet, in welchem sie die von dortigen Jägern und Fallenstellern erlegten Opfer unter den Zugvögeln mit mehr als 200 Millionen im Jahr angibt. Darunter befinden sich über 50 Millionen Singvögel wie Finken, Rot- und Blaukehlchen, Lerchen, Drosseln und Stare. Italien hat 1973 zwei Millionen Jagdscheine ausgegeben, über 400000 Vogelfänger erhielten Lizenzen. Nun richtet sich, da in Italien kaum mehr freies Wild existiert, die Schießwut der Gewehrträger, und das sind mit 2,4 Millionen mehr als alle in Europa stationierten Nato-Soldaten, auf die aus dem Norden einfliegenden Zugvögel. Die aus Afrika im späten Frühjahr wieder heimkehrenden Tiere werden schon im Mai auf offenem Meer abgeschossen.

Endlich regt sich auch in Italien der Widerstand gegen den bestialischen Vogelmord.

Am 25. Oktober 1972 übergab der Präsident des »Internationalen Antijagdkomitees, Turin, Graf Elio Carlo Ferrero, der italienischen Regierung über eine Million Reiseboykott-Androhungen aus fast ganz Europa. Aber auch dieser massive Protest hat zu keiner entscheidenden Änderung führen können.

Waffenfabrikanten, Hersteller von Jagd- und Fangausrüstungen, Vogelfleischkonserven-Fabrikanten, bestochene Politiker, zum Teil selbst begeisterte Jäger, verhindern mit Erfolg auch die geringsten Schutzbestimmungen für die durchziehenden Vögel.

Wenn Italien mit diesem Skandal nicht fertig werden kann, muß Europa dagegen antreten; denn das ganze Europa ist dadurch auf das schwerste betroffen. Alle europäischen Institutionen, die sich mit Umweltschutz befassen, müssen in einer harten, massiven Aktion die italienische Regierung veranlassen, diese Verbrechen endlich zu verbieten. Allenfalls bliebe nur noch die Reaktion der Ferienreisenden als Druckmittel. Die Verluste aus dem Tourismusgeschäft könnten Rom am ehesten zum Einlenken in dieser traurigen Angelegenheit veranlassen.

Unsere natürlichen Lebensgrundlagen – Luft, Boden, Tier und Pflanze – sind in Gefahr.

Vielleicht klingt es in diesem Zusammenhang geradezu ketzerisch, wenn ich behaupte, daß die Bergwelt in Zukunft der Menschheit noch viel mehr bedeuten wird als bisher. Das aber wird nur möglich sein, wenn die Alpenlandschaft vor dem totalen Ausverkauf geschützt wird. Die Welt unserer Alpen stellt ein bedeutendes und unersetzliches Gemeingut dar, aber eben nur solange sie sich vom Stadtbild aus Beton unterscheidet. Sowohl für den Bergbewohner als auch für den erholungsbedürftigen Städter muß die Landschaft in ihrer gesunden Eigenheit und Schönheit erhalten bleiben. Es muß vermieden werden, daß in einer Zeit, in welcher

der Tourismus kommerzialisiert, kanalisiert und manipuliert wird, der Alpinismus dank der Autostraßen, Bergseilbahnen und Hubschrauber mehr und mehr ein technisches denn ein seelisches Erlebnis zu werden droht, womit sich der Tourismus selbst zugrunde richtet.
Es gibt glücklicherweise sehr lebendige Anzeichen dafür, daß die Probleme, die aus der Konfrontation zwischen dem Fremdenverkehr, dem Alpinismus und dem Ausverkauf der Natur erwachsen, in ihrer ganzen Tragweite verstanden werden. Die für die Erhaltung der Bergwelt in ihrer Ursprünglichkeit verantwortlichen Institutionen, seien es nun alpine Vereine, Naturschutzbünde oder Regierungsbeauftragte, wissen, welch große Bedeutung die Landschafts- und Naturschutzpflege für uns alle hat. Inzwischen gab es das europäische Naturschutzjahr 1970, eine Umweltdeklaration des Europarates, welche die Zerstörung der natürlichen Lebensgrundlagen zu verhindern bemüht ist. Wir wissen, daß der Fremdenverkehr vom Grundkapital der Bergwelt lebt, das es zu verteidigen gilt. Dazu gehört die Landpflege durch den ansässigen Bauern ebenso wie die Kontrolle jener »Erschließer«, deren »wirtschaftliches Denken« die Grundlagen zu zerstören droht, von denen sie leben.
Nichts stimmt trauriger als eine ausgeplünderte Landschaft, und wer kann berufener sein, dem drohenden Ausverkauf unserer Bergwelt entgegenzutreten, als der Bergsteiger! Er weiß, daß wir nur durch Ehrfurcht und Bescheidenheit bestehen können, zugleich aber auch durch manchen kleinen Verzicht auf einen fragwürdigen größeren Wohlstand, wenn es gilt, die Berg- und Wunderwelt unserer Alpen einer dankbaren Nachwelt zu erhalten.

Zuversicht

Seit ich von meiner Bergheimat hinausgezogen bin in die Welt der Städte und mich in den Trubel einer Arbeit begab, die mich weit herumführte in die Länder, mir wenig und im Laufe der Jahre immer weniger Ruhe und Beschaulichkeit gewährte, stellte sich, zuerst leise nur und selten mahnend, später lauter und sich öfter bemerkbar machend, ein heimlicher Wunsch in meinem Wesen ein, ein freundlicher, stetiger Begleiter, mir immer nahe und daher bequem, so daß ich ihn liebzuhaben begann und ihn auf allen meinen Wegen hegte und pflegte wie einen guten Freund.
Die ganze Sache war anfangs nichts anderes als eine Spielerei, später schon ein fester Gedanke und schließlich mein Lieblingswunsch: irgendwo sich eine heimliche Almhütte bauen, irgendwo zwischen ein paar Lärchenbäumen eine Hütte besitzen mit einem steinbeschwerten Schindeldach, unter dem ein warmer Herd und ein breites gutes Lager zur Rast und Ruhe einladen. In der Nähe müßte ein kühler Bach sein, ein paar Forellen würden sich wohl auch darin ihres Lebens erfreuen und im Stall vielleicht eine Kuh oder zwei Ziegen, Holz konnte man sich im Wald holen, ja, so eine kleine

Einsiedelei, die erträumte ich mir alle Tage und alle Wochen wieder neu. Der Wunsch wechselte fast immer mit der Landschaft und Gegend, in der ich arbeitete. Da mich mein Beruf als Regisseur weit herumbrachte und meist in sehr schöne Bezirke unserer Welt, fand mein Begleiter, meine stetige Sehnsucht nach einer stillen Zuflucht, dieses ewige Heimweh, überall neue Nahrung und Anregung. War es nicht mehr die Almhütte, so träumte ich mir ein zwischen Birken ruhendes weißes Häuschen an einem südlichen See zurecht, zeitweise war es auch die kleine schiefe Dachkammer in meinem Vaterhaus. Und schlafen müßte man können, ruhig, und allen Lärm vergessen dürfen und alle Sorgen. Man würde arbeiten, schreiben, über den Sinn des Lebens nachdenken und träumen. Man würde Holz hacken, Feuer machen, die Tiere füttern, kochen, Fische fangen, das Dach ausbessern oder die Netze flicken. Niemand sollte etwas von dieser verlorenen Eremitage erfahren, kein Telefon gäbe es, kein Geschwätz und keine Besuche. Mitten in der Natur sollte das Herz ruhen, im Pulsschlag der Wälder und im Kommen und Gehen der Tage.

Wo ich hinkam, immer war meine Sehnsucht, mein Heimweh wach, überall und unbewußt hielt ich stets Ausschau nach jenem stillen Plätzchen, das mir einst Zuflucht und Erfüllung sein sollte.

Unter dem Monte Pelmo in den Dolomiten, an den Ufern des Gardasees, in den weiten Wiesen des Arlberges, im Salzkammergut, in den sonnentrunkenen Hügeln der Romagna, im winterweißen Engadin und endlich weit nordwärts im seligen Schweigen eines rätselvollen Fjordes, überall und immer wieder suchte, fand und verlor sich mein Traum, meine stille Hütte. Aber nie kam ich dazu, meinem mich stets begleitenden Freund, der an mir nagte und zehrte wie ein leises Fieber, zu sagen: Hier also bleiben wir, dieser Platz muß es sein, morgen ziehen wir her, das wird unsere Eremitage werden. Jedesmal, wenn es ernst werden sollte mit der Erfüllung, traten Hindernisse, Hemmungen und Ausflüchte auf. Sie zerstörten den Traum einmal rasch und jäh, ein andermal leise und langsam. Ich sah, wie mich mein Freund immer wieder irregeführt, mir Falsches vorgegaukelt oder mich gar gröblich betrogen hatte. Die Fremdheit um mich her zeigte mir, daß alles nicht so war, wie er es mir eingeflüstert hatte, ich spürte die Seelenlosigkeit und Leere einer solchen Flucht in die Winkel der Welt immer wieder. Und so verlor ich nach und nach die Freude an meinem Lieblingsgedanken, nahm ihn nicht mehr sehr ernst, wenn er sich meldete, versuchte ihn zu vergessen. Aber allzu tief hatte sich der Vogel im Laufe der Jahre in mein Herz genistet, und es gelang ihm zwischendurch immer wieder, mich mit seinen Liedern zu überzeugen, die Oberhand zu gewinnen, doch mit demselben Ergebnis wie früher, es zerstob alles in die Winde, er flog davon, wenn ich ihn ernstlich fassen wollte, und es blieb die Trauer und leise Enttäuschung allein zurück, und das Herz war dann leer und verlassen.

Mit den Jahren wurde es stiller um diesen zähen Begleiter und Freund, der mich schon so viel gekostet hatte, ohne mir etwas dafür zu geben, und ich begann der vielen Kraft, die er mir genommen hatte, nachzutrauern, und die vielen Gedanken, die ich daran gewandt, als Verlust zu empfinden und als Sinnlosigkeit.

Von da an begann ich den Freund, wenn er sich meldete, sofort zu verscheuchen.

Erst langsam, aber dann immer mehr und stärker, wurde es mir bewußt, daß das, was ich als Zuflucht in der Form einer Almhütte, eines Häuschens am See oder im Fjord gesucht hatte, nichts anderes war und sein konnte als ein Winkel für mein eigenes Herz. Ein neuer, besserer Freund begann sich mit der Zeit zu regen, ein anderer Wunsch stärker zu werden, der bisher nur als kleines Flämmchen geleuchtet hatte, und ich fragte mich, ob ich denn blind und taub gewesen war die vielen Jahren vorher. Die Sorgen und Leiden hatten mich endlich gelehrt, wo das ewige Heimweh nur allein gestillt werden konnte, und ich wurde friedvoller, denn ich erkannte: Wo deine Seele daheim ist, nur dort wird das unruhige Herz ruhig, das Herz, von dem Thomas von Aquin sagte: »Mein Herz wird erst ruhig, wenn es ruhet in dir, o Herr!«

Viele Stunden und Tage habe ich an meinem Lieblingswunsch gebaut, bei meinen Bergfahrten, bei meinen Reisen, daheim am Schreibtisch und in den weiten Fernen. Aber nun wußte ich es:

Ob die Hütte klein oder groß, ob sie ein Palast geworden wäre oder ein Stall, das alles war nebensächlich und unwichtig. Die Heimat ist dort, wo unser Herz ist und unsere Seele. Und seither hatte ich diesen anderen, neuen Wunsch, diesen neuen Begleiter gefunden, dem ich viele meiner Gedanken gerne und ohne Reue opferte, es war kein Traum mehr, sondern eine Erkenntnis. Ich habe sie mir selber errungen, und als ich sie freudig und immer stärker empfand, da wußte ich: Nun ankerte mein Schifflein wieder tiefer und fester, sicher und vor allen Gefahren gefeit, es ankerte in meinem gottgläubigen Herzen, da fand es Zuflucht und schützenden Hafen, mochten Stürme rasen und Wolken brechen, Blitze flammen und Donner grollen. Mein Begleiter und wirklicher Freund war von da an eine neue Kraft, die mir Zuversicht gab. Es war nun nicht mehr nur ein ständiges Spielen mit erträumten Annehmlichkeiten des Lebens, sondern vielmehr Vertiefung, kraft derer ich aus der trüben Erregung in die Klarheit des Schauens hinüberschritt.

Erst jetzt, nachdem ich den Sprung gewagt hatte, fühlte ich besser und stärker die Unmittelbarkeit einer innigen Verbundenheit mit der Welt. Ich wußte nun, daß die Einsamkeit des Menschen mehr ist als ein offen sichtbarer Lebenslauf, und erlebte damit an mir selber, daß, wer nicht wagt, nicht gewinnen könne.

So fühlte ich mich freier, ich behütete die also gewonnene Zuversicht, sie erweckte neue Kräfte in mir und schenkte mir neue Ausblicke für das Leben.

Ausklang

Wieder hat mich das heimatliche Tal aufgenommen. Der Langkofel, ernst und würdig wie immer, begrüßt mich zuerst. Dann finde ich die alten, längst vertrauten Wege wieder, die mich in meine Kindheit zurückführen. Ich besuche den Vater, die Mutter, deren Liebe noch immer mein Leben überstrahlt. Vater und Mutter, sie sind für mich nicht tot. Sie ruhen bloß oben im kleinen Friedhof ein wenig aus. Und wenn ich durch das Dorf gehe, sehe ich den alten Pfarrer Anderlan über den Kirchplatz herunterkommen und uns Buben freundlich zuwinken. Er hatte ja Kinder so gern. Und dort auf der Führerbank sitzt mein Freund, der allzeit fröhliche Hans Pescosta, wie immer voll lustiger Einfälle, und lacht mir von weitem zu. Dort unten geht Onkel Leo den rauschenden Bach entlang, bleibt von Zeit zu Zeit stehen und wirft die Angelrute aus. Und vor dem sonnigen Stadel des Großvaters sitzt der gute Mansueto und verbindet mir geduldig den blutenden Finger.

Sie sind alle dahingegangen; aber nein, sie sind für mich noch da; denn sonst wären auch wir alle nicht mehr da, auch nicht die Berge ringsum und die Wälder und die Wolken und die Sonne. Da spielen doch draußen auf den Wiesen die fröhlichen Kinder, meine eigenen Kinder, die längst groß geworden sind. Vor dem Fenster singen die Vögel, es ist Frühling, die Blumen leuchten im sonnigen Grün, es ist alles, als wäre die Welt erst an diesem Tage neu erschaffen worden, so unberührt und wie ein Dank an den Herrgott im Himmel.

Ja, es läßt sich in Südtirol wieder gut leben; es hat sich manches verändert und zum Guten gewendet. Vorbei sind die Tage, in denen in diesem Lande die Gewalt Trumpf war. Man hat sich inzwischen ausgesprochen, hat sich bemüht, erträgliche Lösungen zu finden und miteinander auszukommen. Das war für die einen, denen dieses Land seit tausend Jahren Heimat ist, so gerecht wie für jene, die es seit einem halben Jahrhundert der Herrschaft endlich einzusehen begannen. So gewinnt denn Südtirol, ohne das Lebensrecht der einen oder anderen zu schmälern, allmählich wieder seine Mittlerrolle zwischen dem Norden und dem Süden zurück.

Die Probleme, vor denen heute die gesamte Menschheit steht, sind bei uns vielleicht deutlicher zu spüren als anderswo, weil wir die Impulse aus beiden Richtungen, von Süden wie von Norden her, empfangen. Unter einer schönen, beschaulichen Fassade von Behaglichkeit und Wohlstand gärt es auch bei uns. Lieber als an die »Experten« halte ich mich an die Dichter und unterschreibe völlig, was mein Landsmann Hubert Mumelter kürzlich in einer seiner Abhandlungen ausgesprochen hat:

»In solcher Südtiroler Landschaft ein Leben zu verbringen, gleicht wohl irgendwie der Verpflichtung eines alten Baumstammes, der sich noch in das Grundbett des reißenden Stromes verkrallt, um in der Flut kollektiver Verrücktheit und kultureller Substanzdeformation unserer Weltverwandlungsepoche rundum den eigenen Kopf zu behalten. Dabei taucht unwillkürlich immer entscheidender die Frage auf, als was sich unser zwischen die Mühlsteine dieser irrsinnig rotierenden Welt geratenes Land, und als was sich ein alteingeborener Südtiroler noch begreifen soll. Für mich ist es eine Frage über den Tod hinaus. Die allgemeine Mülleimerzukunft könnte mir egal sein. Doch die Beschwörung der erdgeistlichen Kraft unseres Alpenlandes entbehrt nicht der Notwendigkeit und der Hoffnung, daß es bei der Großreinigung unserer gottverlassenen Erde doch gelinge, etwas von seiner alten Bestimmung hinüberzuretten in eine neue Menschenzeit.«

Nördliches und Südliches vereint sich in unserem Lande. An beidem wollen wir Anteil haben. Darin liegt Sinn und Aufgabe unseres Lebens. So möchte ich denn dieses »Hausbuch«, das ich mit den Worten der Mutter, die den Kindern von der Erschaffung der Erde erzählt, begonnen habe, mit jenen Worten schließen, mit denen die Mutter ihren Kindern die besondere Eigenart dieses Landes schildert.

». . . und so hat Gott denn dieses unser Land geschaffen. Was ihr in dem Fenster, hier zu meiner Rechten, seht: die hohen Berge, die tiefen, schattenden Täler, die weiten Wälder, Äcker und Wiesen und was ihr gegenüber zu meiner Linken im anderen Fenster seht: die hellere Sonne, die heiteren Hügel, auf denen alles in Pracht und Fülle gedeiht.

Zwischen beiden, dem rauhen Land im Norden und dem wärmeren südlichen Land, legte Gott sich einen besonderen Garten an, worin er von beiden Bereichen sammelte, was ihm besonders gefiel, den dunklen Wald und die hellere Sonne, den Ernst und die Kraft.

Die Menschen aber, die von den rauhen Bergen wie jene von den milden Gärten, alle sind Kinder Gottes. Denn in jedem Menschen, auch dem letzten, dem geringsten, liegt noch etwas, das von Gott ist.«

Zeittafel

1892, 4. Oktober	Geboren im Dolomitendorf St. Ulrich/Gröden.
1898–1901	Volksschule in St. Ulrich/Gröden.
1902–1903	Dreiklassige Bürgerschule im Knabeninstitut Josefinum, Bozen.
1903–1905	Bau- und Kunsthandwerkerschule in Bozen.
1905–1912	k.u.k. Realschule in Innsbruck.
	Diplom als Bergführeraspirant und Bergführerprüfung.
	Mehrere Erstersteigungen.
1912–1914	Im Winter Architekturstudium an der Technischen Hochschule, Wien.
	Im Sommer Bergführertätigkeit in den Dolomiten.
1914, August	Einberufung zum Kriegsdienst; russischer Kriegsschauplatz Galizien.

1915	Abkommandierung nach Südtirol, Lavarone, Offiziersschule.
1915, Mai	Kriegseintritt Italiens.
Bis 1916	Im Sperrfort Verle.
1916, Juni	Als Patrouillenoffizier verwundet.
1916	Im Herbst als Ausbildungsoffizier für hochalpine Truppen in den Ötztaler Bergen, dann in den Dolomiten. Im Frühjahr Übernahme einer Bergführerkompanie. Frontdienste an der Dolomiten- und Ortlerfront. Verschiedene österreichische Auszeichnungen und Tapferkeitsmedaillen.
1917–1918	Platzkommandant in Cortina d'Ampezzo. Alpiner Referent beim Divisionskommando Bruneck.
1919–1920	Versuch als Kaufmann in Italien, der Schweiz und der Tschechoslowakei.
1920–1922	Beendigung der Studien, Staatsprüfung an der Technischen Hochschule Graz, Architektur-Diplom.
1922–1924	Eröffnung eines Architekturbüros in Bozen gemeinsam mit Professor Clemens Holzmeister. Entwurf und Ausführung mehrerer Bauten in Südtirol.
1925	Erste Filmarbeit mit Dr. Arnold Fanck; Hauptdarsteller im »Berg des Schicksals«.
1926–1927	Hauptrolle im Ufa-Film »Der heilige Berg« unter der Regie von Dr. Arnold Fanck.
1927	Einstellung des Architekturbüros in Bozen wegen Nichtanerkennung der in Österreich erworbenen akademischen Titel durch die faschistische Regierung in Rom. Entschluß, beim Film zu bleiben, und Übersiedlung nach Berlin.
1927–1941	Fester Wohnsitz in Berlin.
1927–1929	Erste selbständige Filmarbeit: »Der Kampf ums Matterhorn«. Erste schriftstellerische Versuche nach Anregung von Theodor Wolf.
1929–1930	Erster Tonfilm: »Der Sohn der weißen Berge«. »Berge in Flammen« in deutsch-französischer Gemeinschaftsproduktion, Hauptdarsteller und Regisseur (gemeinsam mit Karl Hartl).
1931	In Hollywood englische Fassung des Films »Berge in Flammen«. Der Roman »Berge in Flammen« erhält den Preis der Stadt Wien als »das beste Buch des Jahres«.
1931–1932	»Der Rebell«, deutsch-amerikanische Gemeinschaftsarbeit; Manuskript und Hauptrolle, Regie mit Curt Bernhardt. Der gleichnamige Roman erscheint 1933.

1933–1934	Manuskript, Regie und Hauptdarsteller im Film »Der verlorene Sohn«. Auf der Biennale in Venedig Preis des römischen Kultusministeriums. Vorabdruck des gleichnamigen Romans in der »Berliner Illustrirten«. »Kameraden der Berge« erscheint im Ernst-Rowohlt-Verlag.
1935	Reise nach Kalifornien, Aufnahmen zum »Kaiser von Kalifornien«, dem Film über den Schweizer Johann August Sutter. Auf der Biennale in Venedig: Pokal für den besten Film des Jahres.
1936	In Italien: »Condottieri«, ein Film aus der Renaissancezeit, deutsch-italienische Gemeinschaftsproduktion. Biennale in Venedig 1937: Pokal der Generaldirektion für das Filmwesen für die beste Darstellung von Schönheit und Kunst italienischer Architektur in einem Spielfilm. Ablehnung des Films (wegen angeblicher katholischer Tendenz) durch Goebbels u. Hitler. Goldenes Ehrenzeichen des deutschen Skiverbandes.
1937	Zurück in die Berge: »Der Berg ruft« in deutscher und englischer Gemeinschaftsproduktion mit Londonfilm. Regie und Hauptrolle in beiden Fassungen. Auszeichnung: Offizierskreuz des Ordens der italienischen Krone.
1938	»Liebesbriefe aus dem Engadin«, ein fröhlicher Wintersportfilm aus der Schweizer Bergwelt.
1939	Preis für den besten Sportfilm auf der internationalen Journalisten-Tagung in Cortina d'Ampezzo.
1939–1940	»Der Feuerteufel«, ein Freiheitsfilm aus den Bergen Tirols. Ablehnung der von Hitler und Mussolini dekretierten Abwanderung der Südtiroler; daraufhin, von Goebbels veranlaßt, ein Verbot jeglicher Tätigkeit im deutschen Film als Autor und Regisseur. Wohnsitz nach Rom verlegt.
1941–1942	Im Auftrag des Vatikans künstlerische Betreuung des Jubliäumsfilms für Papst Pius XII.: »Pastor Angelicus«. Nebenher wird in Rom ausnahmsweise eine Beschäftigung als Darsteller im Ufa-Film »Germanin – Bayer 205« erlaubt.
1943	Ein Film am Montblanc für Cines, Rom: »Im Banne des Monte Miracolo«. Aufenthaltsverbot in Südtirol durch Gauleiter Hofer.
1944–1945	Zwei Kulturfilme in Venedig.

1945–1947	Wieder in der Heimat. Vorstudien zum Roman »Heimat aus Gotteshand«.
1947–1949	Roman »Heimat aus Gotteshand«. Verschiedene Kulturfilme, z.B. »Aus König Laurins Rosengarten«.
1950	»Duell in den Bergen«, eine italienische Produktion über Rauschgiftschmuggel. Roman mit demselben Titel.
Seit 1950	Wohnsitz München und Bozen.
1950–1960	Romane: »Glocken über den Bergen«; »Schicksal am Matterhorn«; »Das Wunder von Oberammergau«. Bildbände: »Berge und Heimat«; »Meine Berge«; »Berge im Schnee«. Einige Spielfilme.
1955	Große Goldmedaille auf dem Filmbergfestival in Trient.
1956	Vom Bergführerverein Zermatt als Ehrenmitglied aufgenommen.
1960–1965	Roman »Der Kaiser von Kalifornien«; »Helden der Berge« (Erzählungen); »Sohn ohne Heimat«.
1960	Ehrenbürger der Heimatgemeinde St. Ulrich (Gröden).
1960–1965	Fernsehfilme: »Die goldene Zeit, die eiserne Zeit«; »Zwei Wege, ein Gipfel«; »Der Tageslauf eines Bergpfarrers«. Laufend Erzählungen im deutschen Fernsehen (ARD) für die Jugend. Im Abendprogramm: »Alles gutgegangen«, Lebensbericht in 15 Fortsetzungen. Bildband: »Mein Südtirol«.
1966	Komturkreuz für Verdienste um die Förderung des Fremdenverkehrs in Südtirol und Italien. Buchausgabe der Erzählungen für die Jugend: »Luis Trenker erzählt«
1967	Bildband »Bergferien im Sommer«.
1968	Bildband »Bergferien im Winter«.
1970	Neuauflage »Kameraden der Berge«, Buchausgabe Trenker-Anekdoten.
1971	(ZDF) Filmbericht: »Liebeserklärung an Südtirol«. Neuausgabe »Berge in Flammen«. Neuausgabe »Der verlorene Sohn«.
1972	Trenker-Trilogie »Der verlorene Sohn« – »Berge in Flammen« – »Schicksal am Matterhorn«. Bildband: »Bergwelt – Wunderwelt«.
1972 und 1973	(ZDF) 10teilige Fernsehserie »Berge und Geschichten«.
1974	»Vom Glück eines langen Lebens«. (ZDF) Filmbericht »Paradies Tirol Meran«. »Das große Luis Trenker-Buch«.

Ein Nachwort von Hanns Arens

Man darf ruhig von einem Phänomen Trenker sprechen, wenn man bedenkt, wie lange er sich schon im Bewußtsein seiner Leser und Filmfreunde gehalten hat, obwohl manche intellektuellen Zeitgenossen ihn literarisch in die Nachbarschaft der »Volksschriftsteller« rücken, die nach ihrer Meinung nicht zur Literatur zählen. Aber diese Einschätzung haben sich auch andere gefallen lassen müssen.

Es ist schwierig, diesen Trenker-Mythos zu erklären. Vielleicht gibt eine Glosse von Telemann (Martin Morlock) im »Spiegel« vom August 1961 darüber Auskunft. Damals schrieb er über Trenkers ersten Fernsehauftritt: ». . . Hatte schon das hinterkehlige Kratzgeräusch dem Ohr verraten, daß hier ein Tiroler zu reden anhob, so ließ der Augenschein keinen Zweifel, was ›Nam‹ und ›Art‹ dieses Tirolers war: So viel Älpler-Anmut und Skilehrerschalk, so viel verwitterten Bergfex-Appeal trägt im weiten Umkreis nur einer zur Schau, nämlich der Trenker-Luis . . .

Man hörte ihm zu, dem Luis Trenker aus St. Ulrich, nahm ihm sein krauses Drauflos-Geplauder so gutwillig ab wie sein Anzengruber-Pathos, ja, man entdeckte, daß da zum erstenmal seit Bestehen des Deutschen Fernsehens ein Mensch vor der Kamera saß, der es versteht, den Zuschauer wirklich ›anzusprechen‹. Selbst erklärten Publikumslieblingen gelingt das nur unzureichend. Immer spürt man, da ist ein Studio, sind Lampen, Kabel, Kulissen – und der Liebling, so sehr er sich auch müht, Millionen ins Auge zu fassen, schaut unverkennbar in ein totes Objektiv. Nicht so Luis Trenker. Er lächelt tirolerisch-leibhaft in jedermanns Wohnstube.«

Telemann weiß nicht, wie er das anstellt, der »deutsche Südtiroler«. Er weiß nur: »Falls den Anstalten daran gelegen ist, solchen Intimeffekt häufiger zu erzielen, werden sie ihre TV-Plauderer wohl künftig anderen Kreisen entnehmen müssen: Kreisen, die Ihrer schöpferischen Phantasie so überreichlichen Spielraum lassen wie der Grödner Flunkerluis.«

Da steht der Satz: »Trenker, der es versteht, den Zuschauer wirklich anzusprechen.« Das ist sein Geheimnis – auch als Schriftsteller.

Zum erstenmal sah ich Luis Trenker 1926 im Schwarzwald, wo er einen seiner frühen Skifilme drehte. Ich war vom ersten Augenblick an von ihm fasziniert, von seiner natürlichen, temperamentvollen Art, von seiner Menschlichkeit. Weiß blitzten seine Zähne, und seine Augen strahlten aus dem braungebrannten Gesicht. So also sah der »Mann der Berge« aus, der so viele begeisterte – auch mich. Hier begann unsere Freundschaft. Einige Jahre später begegnete ich Luis Trenker in Berlin wieder, als dort sein Film »Der Kampf ums Matterhorn« im Ufa-Palast am Zoo lief. Als ich ihn anrief, sagte er: »Wenn Sie Lust haben, dann kommen Sie heut abend zu mir in die Dernburgstraße.« Es war nicht schwer, seine Wohnung zu finden, denn an der Seitenfront des Hauses erkannte ich schon von weitem ein überlebensgroßes hölzernes Kruzifix aus seiner Tiroler Heimat.

Trenker war so, wie ich ihn auf dem Feldberg kennengelernt hatte: fröhlich und temperamentvoll, witzig und charmant. Sein Temperament wirkte ansteckend, es war durch nichts zu drosseln; auch seine stille und stets um einen Ausgleich bemühte junge Frau Hilda war machtlos, wenn es den Luis gepackt hatte. Obgleich er schon sehr bekannt war, hatte er nie Starallüren. Seine Freunde, von denen auch einige an diesem Abend bei ihm waren – Schauspieler, Schriftsteller, Bergführer und Skiläufer –, diskutierten über den neuen Trenker-Film »Der Rebell«, der demnächst gedreht werden sollte. Besonders freute es mich, als Trenker mir beim Abschied sagte: »In acht Tagen gehe ich nach Tirol auf Motivsuche – haben Sie Lust, mitzukommen?« Für mich ein Erlebnis von besonderem Reiz!
Trenker hat es sich mit all seinen Filmen nicht leichtgemacht, was jeder weiß, der »Rebell«, »Berge in Flammen«, den »Verlorenen Sohn« und »Kaiser von Kalifornien« gesehen hat. Im Atelier wurde wenig gedreht. Die Stoffe seiner Filme erforderten die Natur als Kulisse.
Man muß Trenker und seine Leute bei der Arbeit erlebt haben, um zu verstehen, unter welchen Schwierigkeiten seine Filme entstanden. Als Drehbuchautor, Hauptdarsteller und Regisseur vereinigte er in sich die wichtigsten Positionen, die ausschlaggebend für das Gelingen eines Filmes sind. Er schonte weder sich noch seine Schauspieler, die zum Teil durch ihn zum ersten Male vor der Kamera standen und dann später in anderen Filmen Erfolg hatten, wie zum Beispiel Maria Andergast, Victoria von Ballasko, Felix Bressart, Claus Clausen, Gino Cervi, Herbert Dirmoser, Heidemarie Hatheyer, Marianne Hold, Judith Holzmeister, Bruno Hübner, Eduard Köck und Luise Ullrich.
In Berlin sprachen wir oft über moderne Kunst, über die Maler und Bildhauer der Gegenwart. Trenker war immer ein unbequemer Partner, weil er jedes Kunstgeschwätz haßt und weil er auch in Fragen der Kunst die Allgemeinplätze meidet. Besonders gut erinnere ich mich an seinen Zorn über die neuen Herren, die damals, 1937, die Kunst nach ihrem Gutdünken dirigieren wollten.
Zu Trenkers Freunden gehörten in jenen Zeiten, neben Käthe Dorsch, Hans Albers, Fritz Kampers, Max Schmeling und dem schwierigen Regisseur Jürgen Fehling, auch bildende Künstler wie Nolde, Kokoschka, Käthe Kollwitz und schließlich Carl Hofer, den er wegen seiner Landschaftsbilder besonders schätzte. Wo es irgendwie möglich war, setzte er sich für gefährdete Kollegen ein, wetterte gegen die Willkür, mit der man sie behandelte, was ihm dann später, als er auch noch die Südtirolpolitik Hitlers verdammte, ein totales Arbeitsverbot einbrachte. Mir ist, als höre ich heute noch seine Worte über Nolde, Kokoschka und Barlach. Von Nolde zeigte er sich besonders beeindruckt. »Wissen Sie, wenn mir hier in Berlin manchmal der Mut zu versagen droht«, sagte er einmal, »dann richte ich mich nach Nolde, der so verspottet und bekämpft wurde, weil er sich den Kunstpäpsten nicht unterordnen wollte. Im ungleichen Kampf fand er weder Trost noch Hilfe bei Kollegen . . . Großstadtmüde, fremd

und arm, erinnerte er sich an glückliche Tage in den Schweizer Bergen, von denen er Hilfe erhoffte. Mit zwei Freunden erstieg er unter schweren winterlichen Verhältnissen das stolze Matterhorn, das ihm neue Kraft, Mut und Hoffnung wiedergab.« Kaltschnäuzig hatte man Nolde aus der Künstlervereinigung Sezession ausgeschlossen. Wie um 1910/12 die einen, so verdammten ihn fünfundzwanzig Jahre später die Nationalsozialisten.

Wenige Tage nach diesem Gespräch rief Trenker mich an und fragte, ob ich Lust hätte, mit ihm im Wagen nach dem Ostseebad Bansin zu fahren; er wollte seine Frau und die Kinder dorthin bringen. Auf der Rückfahrt würde er in Güstrow Ernst Barlach besuchen. Da ich im Gespräch über die »Entartete Kunst« meine Bewunderung für Nolde und Barlach bekundet hatte, schien ich ihm der richtige Besuchspartner. Es hieß, daß Barlach »schwierig« sei und scheu wegen der heftigen Angriffe, die gegen ihn und seine Kunst von den neuen »Richtern« erhoben wurden, und daß er nur ungern Besuche empfange.

Nachdem wir im Dom zu Güstrow das von ihm geschaffene Ehrenmal, eine wundervolle Bronzeplastik mit dem Gesicht der Käthe Kollwitz, gesehen hatten, fragten wir nach Barlachs Haus, das etwas außerhalb von Güstrow lag. Im neuen Bau, genannt »Der Heidhof«, trafen wir den Meister im Atelier. Durch die große, offenstehende Tür sahen wir ihn in seinem weißen Kittel vor den acht großen Holzplastiken, dem »Fries der Lauschenden«, auf einer Kiste sitzen. Er kam uns freundlich entgegen. Dieser kleine, zierliche Mann mit dem von einem kräftigen Backenbart umrahmten Gesicht war ganz und gar nicht »schwierig«. Er hatte seit 1933 unendlich viele Kränkungen erfahren; es war keine Überraschung mehr, als Hitler und seine Männer ihn als »undeutsch«, als »entartet« ablehnten. Barlach unterhielt sich mit uns über seine alten und neuen Arbeiten, von denen uns besonders stark »Das böse Jahr« und »Der Zweifler« beeindruckten. Dann bat er uns ins »alte Haus«. Als wir in der kleinen Stube beim Kaffee zusammensaßen, fragte er Luis Trenker: »Wieso interessieren Sie sich so sehr für Bildhauerei?« Als Barlach, der Trenkers Namen beim Vorstellen nicht richtig verstanden hatte, erfuhr, daß er den bekannten Film-Mann vor sich hatte, war seine Frage schon beantwortet. Während Trenker von seiner Heimat und seiner Arbeit erzählte, betrachtete ihn Barlach eingehend und sagte: »Wenn Sie mal wieder zu mir kommen, möchte ich Ihren Kopf in Holz schneiden . . .«

Auf der Heimfahrt nach Berlin saß Trenker, der sonst so Gesprächige, schweigend am Steuer seines Wagens, den er mit überhöhter Geschwindigkeit über die Strecke jagte, als wolle er durch das Gedröhn der Kompressoren die Nachwirkungen des Erlebten drosseln. Als Trenker mich spät in der Nacht an meiner Wohnung absetzte, sagte er: »Was die mit dem armen Barlach treiben, ist ein Verbrechen, Saubande, verfluchte!« Ein Jahr später, am 24. Oktober 1938, ist Barlach in Güstrow gestorben.

 Von Anfang an empfand Goebbels, der »Reichspropagandaminister«, zu

Trenker eine Art Haß-Liebe. Psychologisch verständlich, denn Goebbels, alles andere als ein Sporttyp, sah in Trenker den Draufgänger, der durch seine Filme so etwas wie ein »Volksheld« war, der die deutsche Jugend begeisterte. Diesen Mann wollte er durchaus für seine Pläne einspannen. Trenker, der überzeugte Katholik, wollte und konnte keine Konzessionen machen. So begannen die Reibereien, die nie aufhören sollten, solange es ein »Drittes Reich« gab. Wer Trenker kennt, der weiß, daß er nicht der Mann war, der dem gewaltigen Herrn im Propagandaministerium »nach dem Munde« redete. Ich kann mir sehr wohl vorstellen, wie aalglatt und »charmant« Goebbels mit Trenker konferierte, um ihn für sich zu gewinnen, und wie der »listige« Tiroler geschickt und temperamentvoll dem »kleinen, abgefeimten Lügner«, wie Kästner Goebbels einmal nannte, parierte!

Vor rund fünfzig Jahren errang Luis Trenker mit seinen ersten Filmen große Erfolge. Er besaß die Ausstrahlung, die der Film als unabdingbare Voraussetzung fordert: die Persönlichkeit. Hinzu kam die Tatsache, daß er ein hervorragender Kletterer und Skiläufer war, für den alpine Schwierigkeiten kein Problem waren. Seine Regie- und Erzählerbegabung ermunterte ihn bald, eigene Filme zu machen, die dann viele Jahre hindurch Millionen begeisterten.

Nach 1945 sah und hörte man wenig von Trenker. Hatte er, dem die Filmgewaltigen gegen Ende des Dritten Reiches arg mitgespielt hatten, resigniert? War nach der Flut ausländischer Filme kein Platz mehr für bereits geplante große eigene Vorhaben, die er nach dem Zweiten Weltkrieg hatte realisieren wollen? Es gab – und nicht nur für ihn – allerlei Gründe, die ihn hinderten, im deutschen Filmbetrieb nach eigenem Ermessen zu arbeiten.

Aber eines Tages war er wieder da, und zwar im Fernsehen. Schon nach der ersten Sendung hatte er gewonnen. Das war ein neuer, hundertprozentiger Trenker! So kannte man ihn noch nicht, abgesehen von alten Freunden, die seit eh und je seine Erzählkunst bewundert hatten.

Dieser erste Auftritt im Fernsehen erfolgte im August 1961. Seitdem gingen über 60 Sendungen über den Bildschirm, mit denen er sich seine außerordentliche Popularität und die Zustimmung seiner Verehrer neu eroberte. Seine Bücher erschienen in Auflagen, um die ihn manche Kollegen beneiden können.

In Trenkers »großer Zeit«, den dreißiger Jahren in Berlin, waren Trenker-Filmpremieren Ereignisse, von denen man tagelang sprach. Bekannte Kritiker der großen Zeitungen des In- und Auslandes würdigten jeden seiner Filme und reihten ihren Schöpfer ein in die Gruppe jener Regisseure und Schauspieler, die dem Film als Kunstwerk neue Impulse gaben.

Sein Comeback im Fernsehen löste abermals eine »Trenker-Welle« aus und wurde begeistert kommentiert. Dr. René Drommert, profilierter Redakteur der Wochenzeitung »Die Zeit«, schrieb über die Fernsehserie »Berge und Geschichten« folgende kritische Betrachtung:

»Es gibt ja eine Welt, die manche von uns, abweisend oder gar verächtlich, ›heil‹ nennen: die sie für ein historisches Relikt oder für einen Ort unzeitgemäßer Beschönigungsversuche halten. In Wirklichkeit existiert diese Welt dennoch, wenigstens in Schlupfwinkeln (wenn die Metapher erlaubt ist). Am Sonntag war sie, repräsentiert durch Luis Trenker, dreißig Minuten lang auf dem Bildschirm zu besichtigen ...

Während *unsere* Welt doch mitbestimmt ist von Problemen, von Unsicherheiten, Gewissenskonflikten, Aporien und Frustrationen, war in seiner naiven Welt davon dreißig Minuten lang nichts zu entdecken: Statt Unsicherheiten Mauerhaken, statt Gewissenskonflikte Eispickel, statt Aporien vierfache Seile, statt Frustration das triumphale Erklimmen noch nie erreichter Gipfel.

Die Naivität nicht des Bergsteigers, aber des Regisseurs und Romanciers Trenker war verblüffend und zuweilen erschreckend. Er scheint in einer anderen Welt zu leben, in einer heilen. Ihn aber deshalb abzuweisen und ihn als Zeitgenossen nicht anzuerkennen, hieße vorschnell geurteilt.

In unserer pluralistischen Gesellschaft sollte man ihnen allen einen Platz einräumen: den Großen und den Kleinen, den Linken und den Rechten und den Deppen, den Fortschrittlichen und dem Trenker.«

Erst die persönliche Bekanntschaft mit Trenker erschließt den »ganzen« Menschen. Er ist keineswegs nur der »Sohn der Berge«, wie er so gern genannt wird. Auch wenn die Charakterisierung stimmt, so trifft sie doch nur eine Seite seines Wesens, das differenzierter und vielschichtiger ist. Wenn ein Gesprächspartner glaubt, er könne ihn aus den »Angeln« heben, dann pariert er überraschend mit einer geistvoll und zugleich witzig geführten Gegenrede, die es an Schärfe und Zielsicherheit nicht fehlen läßt. Da er Humor besitzt und Charme, wird er nie ausfallend oder verletzend.

Im Laufe der Jahre lernte ich ihn als einen Menschen kennen, der auch in der Welt der Musik, der bildenden Kunst und Dichtung zu Hause ist, ganz zu schweigen von der Architektur, denn nicht von ungefähr hat er, gemeinsam mit Professor Clemens Holzmeister, über eine Zeit seinen Beruf als Architekt ausgeübt. Und hätte die faschistische Regierung den Südtirolern damals, 1933, nicht die in Österreich erworbenen akademischen Titel für ungültig erklärt, wäre er vielleicht seinem Beruf treu geblieben.

Will man einen Künstler richtig kennenlernen, dann muß man ihn in seinem privaten Bereich aufsuchen. Das gilt auch für Trenker. In seinem Bozener Haus kann man viele Kunstwerke sehen, die er im Laufe seines Lebens gesammelt hat, Bilder und Plastiken, darunter kunstvoll geschnitzte Madonnen, denen seine besondere Liebe gilt. Hier findet er Zeit und Ruhe zu Betrachtungen, zu schöpferischer Arbeit. Hier fühlt er sich ganz zu Haus, hier ist seine herrliche Heimat, die mehr für ihn ist als nur ein geographischer Begriff.

Dieses Buch enthält Beiträge aus folgenden Büchern:

»Mein Südtirol« (Mein Südtirol); »Vom Glück eines langen Lebens« (Die Mutter · Der Vater · Vaters Worte auf dem Gipfel); »Kameraden der Berge« (Mein Freund Mansueto · Der Fuhrmann mit den zwei Schimmeln · Der Stern von Bethlehem · Heimweh und Sehnsucht · Gruß an den Langkofel · Die Zigeunergeige · Osterfahrt auf die Wildspitze · Die stummen Reiter · Kalifornische Reise · Lars Nielsens letzte Eismeerfahrt · Das Bad im Fjord); »Die schöne Münchnerin« (Ilona); »Berge und Heimat« (Wie ich Bergführer wurde · Wer nie fortgeht, kommt nie heim); »Helden der Berge« (Schneesturm am Fermedaturm · Vor dem eigenen Denkmal · Der Bergführer und sein königlicher Freund · Ein Leben im Glanz der Dolomitensonne · Der erste auf dem Kilimandscharo · Das Unglück an der Meije); »Rocca Alta« (In der Furchetta-Nordwand); »Alles gutgegangen« (Besuch bei Carl Zuckmayer · Ein schicksalhafter Traum · Tod eines Freundes · Wie ich zum Film kam · Ich kaufe ein Stauwerk · Ein Tal kämpft um seine Existenz · Hitlers Leibstandarte kniet vor dem Papst); »Der Rebell« (Der Rebell · Nachwort zum Rebell); »Heimat aus Gotteshand« (Heimat aus Gotteshand); »Der verlorene Sohn« (Ein Bauernsohn aus Tirol in New York · Die Heimkehr des verlorenen Sohnes); »Kaiser von Kalifornien« (Der Weg in die Fremde); aus dem Manuskript: Der Mann mit den Aprikosen · Fußball und Kurzschluß · Die alte Lederhose und die neue Tante · Patscher-Pauli · Der Kampf ums Matterhorn geht weiter · Mount Everest – verlorene Chance · Nanga Parbat · Bon di – bon an · Anekdotisches · Der feurige Elias · Ende einer Dienstsache · Vor fünfzig Jahren am Lagazuoi · Fernsehen – der große Verführer · Was noch zu sagen wäre · Zuversicht · Ausklang. – Mit Ausnahme von »Kameraden der Berge«, »Rocca Alta« (Amalthea Verlag, Wien · München) und »Vom Glück eines langen Lebens« (Schwaben Verlag, Stuttgart) sind diese (und andere) Trenker-Bücher im C. Bertelsmann Verlag, München, erschienen.

Bildquellennachweis

Ernst Baumann/Bad Reichenhall (286); Damm-ZEFA (213); R. EVERTS-ZEFA (69, 87, 177); Ghedina (69); F. u. E. Heimhuber/Sonthofen, Oberstdorf (123, 340); Robert Holder/Urach (34); E. Hummel-ZEFA (159); Lesley-Press/Klausen (286); Robert Löbl/Bad Tölz (52, 141, 231); Uschi Messner/Villnöss (214); Werner H. Müller-ZEFA (33, 231); H. Planinschek/Bozen (88); Toni Schneiders/Lindau (51, 52, 105, 249); Foto-Sessner/Dachau (160); Jack Zehrt/Shostal (177); Archiv Trenker (34, 70, 88, 106, 124, 142, 178, 195, 196, 232, 250, 268, 285, 303, 304, 321, 322, 339)